SPRACHWISSENSCHAFTLICHE STUDIENBÜCHER

GRIECHISCHE GRAMMATIK

TEIL II

Satzlehre
Dr. HANS LINDEMANN †

Dialektgrammatik und Metrik
Dr. HANS FÄRBER †

Dritter, unveränderter Nachdruck

Universitätsverlag
WINTER
Heidelberg

Bibliografische Information Der Deutschen Bibliothek
Die Deutsche Bibliothek verzeichnet diese Publikation
in der Deutschen Nationalbibliografie;
detaillierte bibliografische Daten sind im Internet
über *http://dnb.ddb.de* abrufbar.

Die erste Auflage erschien 1957
im Bayerischen Schulbuch-Verlag,
München

ISBN 978-3-8253-1371-5
3. Auflage 2010

Dieses Werk einschließlich aller seiner Teile ist urheberrechtlich geschützt. Jede Verwertung außerhalb der engen Grenzen des Urheberrechtsgesetzes ist ohne Zustimmung des Verlages unzulässig und strafbar. Das gilt insbesondere für Vervielfältigungen, Übersetzungen, Mikroverfilmungen und die Einspeicherung und Verarbeitung in elektronischen Systemen.

© 2010 Universitätsverlag Winter GmbH Heidelberg
Imprimé en Allemagne · Printed in Germany
Druck: Memminger MedienCentrum, 87700 Memmingen

Gedruckt auf umweltfreundlichem, chlorfrei gebleichtem
und alterungsbeständigem Papier

Den Verlag erreichen Sie im Internet unter:
www.winter-verlag-hd.de

VORBEMERKUNG

Mit dem vorliegenden Nachdruck des 2. Teils des von Hans Färber herausgegebenen *Griechischen Unterrichtswerkes* liegt die an Schulen wie Universität gleichermaßen erfolgreiche und geschätzte griechische Grammatik wieder vollständig vor. Der von Hans Lindemann und Hans Färber erarbeitete 2. Teil vertieft und erweitert systematisch die in Teil 1: Hans Zinsmeisters Laut- und Formenlehre erworbenen Grammatik- und Vokabelkenntnisse. Der Band umfaßt die Satzlehre mit ausführlichen sprachgeschichtlichen Erläuterungen sowie eine kompakte Dialektgrammatik, die die wichtigsten grammatischen Besonderheiten und lautgeschichtlichen Veränderungen der einzelnen griechischen Dialekte in übersichtlicher Form vorstellt. Vor allem für die Lektüre der homerischen Epen, der lyrischen Dichtung, Herodots Geschichtsschreibung sowie des Neuen Testaments liegt damit ein handliches Nachschlagewerk vor. Ein kurzer Abriß der griechischen Metrik rundet den Band ab.

ZUR EINFÜHRUNG

Die vorliegende griechische Satzlehre wurde für Lernende geschrieben. Den Schüler zum Verständnis für sprachliche Vorgänge — auch seiner Muttersprache —, zu logischem Denken und zu sprachpsychologischem Empfinden zu erziehen und ihm dadurch nicht nur das Erlernen des Griechischen wesentlich zu erleichtern, sondern zugleich einen dauernden Gewinn für seine geistige Entwicklung zu verschaffen, ist ihr besonderes Anliegen.

In einer Zeit, in der die Sprache zunehmend verwildert, verflacht und ihre Ausdruckskraft zu verlieren droht, mag es berechtigt erscheinen, gerade im Unterricht der griechischen Syntax, dem letzten Grammatikunterricht, den der Schüler am Gymnasium erhält, die Grundformen syntaktischer Ausdrucksweise aufzuzeigen. Dazu war es nötig, vieles neu durchzudenken, von mechanischen oder gar unrichtigen Regeln zu befreien und in sinnvolleren Zusammenhang zu bringen. Daß man beim Einordnen eines Sprachgebrauchs gelegentlich verschiedener Auffassung sein kann, ist dem Kenner der Literatur nicht unbekannt.

Für das Verständnis der Laut- und Formenentwicklung ist die Sprachgeschichte von größter Wichtigkeit. Wer jedoch in der griechischen Syntax allein dem historischen Gesichtspunkt folgen wollte, könnte sich unmöglich aus der Undurchsichtigkeit der sich durch Analogie, Kasusvermischung und Bedeutungsverschiebung ständig wandelnden Gebrauchsweisen zu der Ordnung durchfinden, die für den Lernenden unabdingbar ist, ganz abgesehen davon, daß sich eine Reihe entscheidender Sprachwandlungen bereits in vor- oder urgriechischer Zeit vollzogen hat und zum Teil nur mit zweifelhafter Sicherheit erschlossen werden kann.

Daher wurde der logische Aufbau des Satzes aus der Grundform „Gegenstand und Aussage" zum Ausgangspunkt der Darstellung gemacht. Dabei wird keineswegs die Auffassung vertreten, als könne jede sprachliche Äußerung mit den Mitteln der Logik völlig geklärt werden; denn bei weitem nicht alle ausgesprochenen oder niedergeschriebenen Gedanken der Menschen haben logisch vollendete Gestalt gewonnen. Aber es wäre falsch, deshalb das Gefüge der menschlichen Sprache grundsätzlich als unlogisch abzutun.

In der Gliederung wurde freilich von der logischen Folge dann abgewichen, wenn methodische Gesichtspunkte vordringlicher erschienen.

Die Urgestalt jeder vollständigen sprachlichen Äußerung eines Gedankens erweitert sich auf der Seite des Nomens durch das Attribut, auf der Seite der Aussage durch Objekt und Adverbiale. Das Verständnis für diese Kernstücke des Satzes bleibt eine methodische Notwendigkeit und ist grundsätzlich nicht zu entbehren, auch wenn in dem wogenden Strom der Sprachentwicklung nicht in allen Fällen eine reinliche Scheidung möglich ist.

Der Unterschied zwischen Nomen und Verbum stammt schon aus der indogermanischen Ursprache. Das Nomen machte durch seine Endungen deutlich, ob es den Gegenstand der Aussage oder eine Ergänzung zur Aussage bezeichnete. Das erlaubte im Griechischen auch freie Wortfolge, im Gegensatz zu den modernen Fremdsprachen — abgesehen vom Deutschen —, bei denen die fehlende Beugung des Nomens ein streng geregeltes Nacheinander von Subjekt, Verbum, Objekt und Adverbiale erforderlich macht.

Die näheren Umstände einer Aussage werden ursprünglich mit den Augen erfaßt und daher örtlich bestimmt. Selbst die Zeitangaben erscheinen räumlich gesehen, als Raumbilder, z. B. „beim Morgengrauen", „mit (= inmitten) dem Aufgang der Sonne", „nach (= nahe) dem Mittagessen". Auch für den Ausdruck der Verwendung eines Instruments ist das räumliche Vorstellungsbild bestimmend, z. B. „mit einer Axt". Dagegen setzt die Angabe des Grundes folgerndes Denken voraus, das räumlich oder zeitlich Erfaßtes durch ursächliche Beziehungen verknüpft und Schlüsse zieht.

Da die Satzlehre einen zweijährigen Anfangsunterricht voraussetzt, in dem bereits eine Fülle von syntaktischen Erscheinungen geübt wird, konnte in den Beispielen manches erst später Erklärte schon früher gebracht und in den Regeln gelegentlich auf nachfolgende Paragraphen verwiesen werden. Die Übungssätze, bei denen, soweit möglich, auf Inhalt und immanente Wiederholung großer Wert gelegt wurde, stammen aus den Rednern sowie aus Xenophon, Platon und Thukydides, zu einem geringeren Teil aus Homer und den Tragikern. Soweit es nötig schien, wurden sie geringfügig vereinfacht. Die Regel steht voran; an den ausreichend gebotenen Beispielen soll sich die Regel bestätigen.

Daß auf manche nur für die lateinische Grammatik passende, aber aus alter Gewohnheit auch auf das Griechische übertragene Begriffe verzichtet wurde, dürfte kaum Tadel finden. Für den Schüler ist wichtig, daß er die Eigenständigkeit griechischer Spracherscheinungen gegenüber dem Lateinischen erkennt, auch wenn gleichartige Begriffe verwendet werden. Er muß z. B. verstehen, warum der „A. c. i." im Griechischen vielfach da erscheint, wo er im Lateinischen nicht stehen darf, daß ein Konjunktiv im Temporalsatz in der Bedeutung wie etwa nach „cum historicum" für griechisches Sprachdenken unverständlich ist, daß es im Griechischen ein „Plus-quam-perfekt" und ein „Futur exakt", also Zeitangaben, die den früheren Vollzug einer Handlung gegenüber einer Vergangenheit bzw. Zukunft („Vorzeitigkeit") bezeichnen, streng genommen nicht gibt. Deshalb wurden diese Begriffe als irreführend vermieden und, wie man wohl zugeben mag, durch bessere ersetzt. Dasselbe gilt für das Gebiet der sog. Aktionsart, des Aspekts, das für eine Schulgrammatik wohl zu schwierig ist. Es schien empfehlenswert, nur die Grundvorstellungen in vereinfachter Form zu bieten.

Das Werk war ursprünglich als Neufassung der verdienstvollen Satzlehre von OStD Dr. Karl Rupprecht geplant. Verschiedene Umstände und neunjährige Beschäftigung mit dem Stoff führten dazu, daß es völlig andere Gestalt gewann. Trotzdem hat OStD Dr. Rupprecht sich in selbstloser Weise der mühevollen Arbeit sorgfältiger Überprüfung unterzogen und so den Verfasser nicht nur zu tiefem Dank verpflichtet, sondern auch zu immer neuem Durchdenken der Probleme veranlaßt. Besonderer Dank gebührt außerdem Herrn Geheimrat Dr. Ferdinand Sommer sowie OStR Dr. Alfons Frank, OStR Dr. Raimund Pfister, StP Dr. Cyrill Bader, und schließlich den unbekannten Gutachtern des Bayerischen Staatsministeriums für Unterricht und Kultus, die durch feinsinnige Beobachtungen die Arbeit vielfach bereichert und deren Brauchbarkeit für den Schulunterricht erheblich gefördert haben. Nicht zuletzt sei den Herren OStR Erich Freund, OStR Hans Zinsmeister und StP Max Edsperger für ihre entsagungsvolle Mithilfe beim Lesen der Korrekturbogen und für manche wertvolle Anregung auch an dieser Stelle aufrichtig gedankt.

Der von Hans Färber verfaßte Beitrag bietet neben der Einführung in die Metrik sowie einer Übersicht über die Maße, Gewichte und Münzen und über die Zeitrechnung vor allem eine Dialektgrammatik der nicht-attischen Schulschriftsteller. Eine solche erschien notwendig, um die Lektüre, vor allem Homers, Herodots, der lesbischen Lyrik, des attischen Chorliedes und des Neuen Testaments nicht mit grammatischen Fragen zu belasten. Die Dialektgrammatik ist jedoch nicht als Lernstoff gedacht, sondern soll dem Schüler lediglich die Möglichkeit zum Nachschlagen der Abweichungen vom attischen Formenbestand bieten. Dargestellt ist sie zum Unterschied vom 1. Band mehr deskriptiv als historisch, da die Entstehung der Dialektformen meist nur durch Vergleich mit dem Indogermanischen erklärbar ist und daher über den Rahmen einer Schulgrammatik weit hinaus ginge. Für die Lektüre genügt die Kenntnis der Tatsachen.

Benützt wurden hierzu neben Schwyzer I und Hoffmann-Debrunner (Geschichte der griechischen Sprache, Göschen 1953/54) besonders Fr. Bechtel, Die griechischen Dialekte, 1921/24, A. Thumb, Handbuch der griechischen Dialekte, 1909—32, sowie die neutestamentlichen Grammatiken von L. Rademacher, 1925, und Blass-Debrunner, 1943. Für Homer wurde neben der führenden Grammaire Homérique von P. Chantraine, 1948/53, der 1. Band des Homerischen Vokabulars von Godehard Brune, 1930, zugrundegelegt. Einen zuverlässigen Rückhalt bot der stets bereite Rat und das sprachgeschichtliche Wissen von Hans Zinsmeister.

Der Abschnitt über die Metrik ist als erste Einführung für den Schüler und als Nachschlagemöglichkeit gedacht; für den Lehrer empfiehlt sich die Einführung in die griechische Metrik von Karl Rupprecht, 1949, und die Griechische Metrik von Bruno Snell, 1955.

Möge die Arbeit vielen den Zugang zu den unvergänglichen Werken griechischer Denker erleichtern, auf deren Schultern das Abendland ruht!

Abkürzungen

ahd.	= althochdeutsch	mhd.	= mittelhochdeutsch
Anm., A.	= Anmerkung	nhd.	= neuhochdeutsch
dt.	= deutsch	Part.	= Partizip
eig.	= eigentlich	P., Pers.	= Person
engl.	= englisch	Pl.	= Plural
frz.	= französisch	Sg., Sing.	= Singular
got.	= gotisch	s. o. (u.)	= siehe oben (unten)
idg.	= indogermanisch	u. ä.	= und ähnliche (Ausdrücke)
Imp.	= Imperativ	Verg.	= Vergangenheit
Impf.	= Imperfekt	vgl.	= vergleiche
it.	= italienisch		
Jh.	= Jahrhundert		
jd.	= jemand		
jm.	= jemandem		
js.	= jemands		

Ein * vor einem Wort, Ausdruck oder Satz der Syntax bedeutet, daß es sich um einen in der klassischen Zeit nur dichterischen Gebrauch oder um ein Zitat aus der griechischen Dichtung handelt.

INHALTSÜBERSICHT

Zur Einführung		V
Abkürzungen		VII
Inhaltsübersicht		IX

Erster Teil: Der Satzbau

A. Der einfache Satz	§§ 1—8	3
I. Das Subjekt	§ 2	3
II. Das Prädikat	§§ 3—5	4
III. Übereinstimmung zwischen Subjekt und Prädikat (Kongruenz)	§§ 6—8	5
B. Der erweiterte Satz	§§ 9—106	6
I. Die Ergänzung des Nomens: Das Attribut	§§ 9—25	6
Begriff des Attributs	§§ 9—10	6
Stellung des Attributs	§§ 11—12	7
Das Genetivattribut	§ 13	9
Das pronominale Attribut	§§ 14—28	10
1. Das bestimmende Pronomen	§§ 14—26	10
α) Der Artikel	§§ 14—22	10
β) Das hinweisende Pronomen (Demonstrativpronomen)	§ 23	14
γ) Das besitzanzeigende Pronomen (Possessivpronomen)	§ 24	15
δ) Der Gebrauch von αὐτός	§§ 25—26	15
2. Das nichtbestimmende Pronomen (Indefinitpronomen)	§§ 27—28	17
II. Die Ergänzungen der Aussage: Prädikatsnomen, Objekt und Adverbiale	§§ 29—86	18
a) Die Ergänzung im Akkusativ	§§ 30—45	18
1. Der Akkusativ als Objekt	§§ 31—36	19
2. Der Akkusativ als Prädikatsnomen	§ 37	22
3. Der adverbiale Akkusativ	§§ 40—42	23

4. Mehrere Akkusative bei einer Aussage	§§ 43—44	25
5. „Beziehungslose" Akkusative	§ 45	27
b) Die Ergänzung im Genetiv	§§ 46—70	27
1. Der Genetiv als Prädikatsnomen	§ 47	28
2. Der Genetiv als Objekt	§§ 48—56	29
3. Der adverbiale Genetiv	§§ 57—70	33
c) Die Ergänzung im Dativ	§§ 71—86	40
1. Der Dativ als Objekt	§§ 72—80	40
2. Der adverbiale Dativ	§§ 81—86	44
III. Die Verhältniswörter (Präpositionen)	§§ 87—106	47
a) Verhältniswörter mit Dativ	§§ 89—90	49
b) Verhältniswörter mit Genetiv	§§ 91—95	50
c) Verhältniswörter mit Akkusativ	§§ 96—97	52
d) Verhältniswörter mit Genetiv und Akkusativ	§§ 98—100	53
e) Verhältniswörter mit Dativ, Genetiv und Akkusativ	§§ 101—106	55

C. Das Verbum als Träger der Aussage ... §§ 107—135 ... 60

I. Die Aussageformen (Genera verbi)	§§ 108—114	61
a) Das Aktiv	§ 108	61
b) Das Medium	§§ 109—110	61
c) Das Passiv	§§ 111—114	63
II. Zeitstufe und Vollzugsstufe (Tempora verbi)	§§ 115—120	65
a) Der Präsensstamm	§ 116	66
b) Der Perfektstamm	§ 117	67
c) Der Futurstamm	§ 118	67
d) Der Aoriststamm	§ 119	68
e) Das Zeitverhältnis zweier Aussagen	§ 120	69
III. Die Aussageweisen (Modi)	§§ 121—129	70
a) Der Indikativ	§§ 121—127	70
b) Der Konjunktiv	§§ 128—130	73
c) Der Optativ	§§ 131—134	74
d) Der Imperativ	§ 135	76

D. Die Formen der Frage ... § 136 ... 78

E. Die Negation ... § 137 ... 79

Zweiter Teil: Satzreihe und Satzgefüge

A. Die Beiordnung: Bindewörter und Schattierungswörter	§§ 139—142	82
B. Die Unterordnung:	§ 143	87
I. Die nominalen Formen des Verbums als Satzglieder	§ 143	87
a) Der Infinitiv	§§ 143—150	87
1. Das Prädikatsnomen beim Infinitiv.	§ 144	88
2. Der Infinitiv als Adverbiale des Grundes	§ 145	88
3. Der Infinitiv als Akkusativobjekt. Der Akkusativ mit Infinitiv	§§ 146—149	89
4. Der substantivierte Infinitiv.	§ 150	92
b) Das Partizip	§§ 151—158	93
1. Das Partizip als Ergänzung der Aussage	§§ 152—154	93
2. Das Partizip als Angabe der näheren Umstände	§§ 155—157	96
3. Das Patrizip als absoluter Akkusativ	§ 158	98
Anhang: Das Verbaladjektiv auf -τός und -τέος	§ 159	99
II. Der abhängige Satz	§§ 160—174	99
Die bedeutungsgeschichtliche Entwicklung der Konjunktionen	§ 161	100
a) Die abhängige Aussage als Objekt	§§ 162—163	102
1. Die Äußerung einer Tatsache, Meinung, Wahrnehmung. .	§ 162	102
2. Die Äußerung einer Befürchtung	§ 163	103
b) Die abhängige Aussage als Adverbiale	§§ 64—171	104
1. Die Angabe der Zeit	§ 164	104
2. Die Angabe des Verhältnisses „Grund und Folge"	§ 165	105
α) Die begründenden Sätze (Kausalsätze)	§ 165	105
β) Die Folgesätze (Konsekutivsätze)	§ 166	105
γ) Die Zwecksätze (adverbialen Finalsätze)	§ 167	106
δ) Die Bedingungssätze (Kondizionalsätze)	§§ 168—170	107
ε) Die Zugeständnissätze (Konzessivsätze)	§ 171	110
c) Der Relativsatz	§§ 172—173	110
d) Die abhängige Rede (Oratio obliqua)	§ 174	113

*

Die Sprache der nichtattischen Schulschriftsteller

A. Die griechischen Dialekte	§§ 175—178	117
I. Das Ionische	§§ 175—176	117
II. Das Achaiisch-Aiolische	§ 177	119
III. Das Nordwestgriechisch-Dorische	§ 178	120
B. Die Literatursprachen	§§ 179—209	121
I. Dichtung	§§ 180—203	121
a) Die episch-ionische Dichtung	§§ 180—200	121
b) Das aiolisch-lesbische Sololied	§ 201	137
c) Dichtung in dorischer Sprachform	§ 202	138
d) Das attische Drama	§ 203	139
II. Prosa	§§ 204—209	139
a) Die ionische Sprachform Herodots	§§ 204—208	139
b) Die attische Prosa	§ 208	145
c) Die hellenistische Gemeinsprache	§ 209	146
Abriß der Verslehre	§§ 210—218	148
Maße, Gewichte, Münzen, Zeitrechnung	§§ 219—221	155
Verzeichnis der in den §§ 1—174 verwendeten grammatisch-syntaktischen Begriffe		159
Verzeichnis der in den §§ 1—174 behandelten griechischen Wörter . . .		161
Register zur Dialektgrammatik		
a) Sachregister		169
b) Wortregister		171

METHODISCHE VORBEMERKUNG

Die vorliegende Satzlehre ist in ihrem Gesamtumfang *keineswegs zum Auswendiglernen* bestimmt, sondern in erster Linie zum *Nach*-denken. Wer die syntaktischen Erscheinungen mit dem Verstand erfaßt und die Beispielsätze mit den Regeln vergleicht, prägt sich allein schon einen großen Teil des üblichen Lernstoffes ein. Aus mehreren Gründen empfiehlt es sich, die schriftliche Arbeit über ein neu durchgenommenes Stoffgebiet erst am nächsten Unterrichtstag zu stellen.

Die meisten Einzelheiten der Satzlehre wurden bereits im I. und II. Teil des Übungsbuches in zahlreichen Beispielsätzen behandelt, sind also vielfach nur Wiederholungsstoff. Wichtig ist, daß der Schüler nunmehr in der Ordnung der Syntax die Sinnzusammenhänge begreift und die *Grundvorstellungen* gewinnt, die etwa zum Gebrauch des Artikels oder eines Kasus, einer Zeitstufe oder einer Aussageweise führten. Dazu muß die Methode der Darbietung und der Einprägung vom Auswendiglernen auf das in die Tiefe gehende, verstehende Lernen umgestellt werden. Deshalb sind auch die bei den Kasus aufgereihten Verba und Adjektiva nicht eigentlich Lernstoff — soweit nicht ihre Wiederholung an sich empfehlenswert erscheint —, sondern vorzüglich ein Hilfsmittel, um den Anwendungsbereich der Regel überschauen zu können.

Die Anmerkungen dienen der Erläuterung und Ergänzung. Dieser Zweck bestimmt auch, in welchem Umfang sie jeweils herangezogen werden sollen.

Hans Lindemann

SATZLEHRE

ERSTER TEIL: DER SATZBAU

A. *Der einfache Satz* §1

Der einfache Satz besteht aus Aussagegegenstand (**Subjekt**) und Aussage (**Prädikat**). Alle übrigen Bestandteile des Satzes sind, abgesehen von den Bindewörtern (Konjunktionen) und Schattierungswörtern (Partikeln), **Ergänzungen**

    entweder **zum Subjekt** (z. B. Attribut, Apposition)
    oder   **zum Prädikat** (Prädikatsnomen, Prädikatsattribut, Objekt, Adverbiale).

I. DAS SUBJEKT §2

Das Subjekt wird ausgedrückt

a) durch ein **Subjektswort** im Nominativ
(Substantiv oder als Substantiv gebrauchtes Wort, wie z. B. Adjektiv, Partizip, Pronomen, Zahlwort, Infinitiv),

b) durch einen **Subjektssatz** (Nebensatz, besonders Relativsatz),

c) durch die Form des **Verbums**.

1. Ὁ στόλος ἀποπλεῖ. 2. Ἔνιοι (τρεῖς) ἀπέθανον. 3. Ὑμεῖς τοὐναντίον δρᾶτε. 4. *Νέοις τὸ σιγᾶν κρεῖττόν ἐστι τοῦ λαλεῖν. 5. Ἃ εἶπον, ἀληθῆ ἦν (§ 6 A. 3). 6. Ὀρθῶς ἔλεξας.

Ohne Subjektswort finden sich auch

a) Ausdrücke des *militärischen* Sprachgebrauchs, wie

ἐσάλπιγξεν   es hat geblasen (= der Trompeter hat geblasen),
ἐκήρυξεν   es wurde bekanntgegeben (= der Herold hat verkündet),
ἐσήμηνεν   das Signal wurde gegeben (= der Hornist gab das Signal).

1. Ἐκήρυξε τοῖς Ἕλλησι συσκευάζεσθαι. 2. Ἐπεὶ ἐσάλπιγξεν, οἱ στρατιῶται ἐπῇσαν.

b) *Naturerscheinungen*, wie

ἀστράπτει (Ζεύς) es blitzt, βροντᾷ es donnert, νίφει es schneit, ὕει es regnet, ἔσεισε es entstand ein Erdbeben (auch ἔσεισεν ὁ θεός).

c) *unpersönliche* Ausdrücke, wie

δεῖ man muß, χρή es ist nötig, ἔξεστιν man kann, darf, πρέπει es ziemt sich.

d) unbestimmte Ausdrücke des *Sagens* und *Meinens*, wie
λέγουσιν, φασίν man sagt, καλοῦσιν man nennt, οἴονται man glaubt,
Φασὶ τοὺς σοφωτάτους μάλιστα ἐθέλειν μεταγιγνώσκειν.

Dem deutschen unbestimmten Subjektswort *man* entsprechen auch

1. τις: εἴποι τις ἄν man könnte sagen,
2. die 2. Pers. Sing. des Potentialis (§ 132): Δὶς εἰς τὸν αὐτὸν ποταμὸν οὐκ ἂν ἐμβαίης.
3. das persönliche Passiv: Λέγονται Πέρσαι ἀμφὶ τὰς δώδεκα μυριάδας εἶναι.

Anm. 1. Das persönliche Pronomen erscheint als Subjekt in der Regel nur wenn es hervorgehoben werden soll.
1. Ἐγὼ οὕτω γιγνώσκω. 2. Ὑμεῖς ἐστε στρατηγοί.
Der Nominativ des fehlenden persönlichen Pronomens der 3. Person wird, wenn er betont ist, durch ἐκεῖνος ersetzt; für die übrigen Kasus stehen die Formen von αὐτός (§ 26).

Anm. 2. Auch ungefähre Zahlenangaben mit εἰς, περί, ἀμφί, κατά im Akkusativ können Subjekt sein. 1. Ἐξέρχονται εἰς δισχιλίους ἀνθρώπους. 2. Περὶ διακοσίους ἀπέθανον.

II. DAS PRÄDIKAT
§ 3

Das Prädikat wird ausgedrückt

a) durch das **Verbum**
   1. ohne nähere Bestimmung: Ὁ ἄγγελος ἦλθεν.
   2. mit Objekt: Πᾶσι δουλείαν ἔφερεν ὁ βάρβαρος.
   3. mit Adverbiale: Διῆγον ἐν Αἰγύπτῳ.

b) durch die **Formen von εἶναι**
   1. mit Prädikatsnomen: 1. Ἡ γυνὴ φυγὰς ἦν. 2. Οἱ Θηβαῖοι ἄθυμοι ἦσαν.
   2. mit Adverbiale: 1. Οἱ ἄνδρες ἔξω ἦσαν. 2. Καλῶς ἔσται, ἢν θεὸς θέλῃ.

§ 4

Mit Prädikatsnomen im Nominativ werden, außer εἶναι, auch verbunden

ὑπάρχειν	(vorhanden) sein	λέγεσθαι, καλεῖσθαι, genannt werden
πεφυκέναι, φῦναι	(von Natur) sein	ὀνομάζεσθαι
φαίνεσθαι, δοκεῖν	(er)scheinen als	νομίζεσθαι, κρίνεσθαι, gehalten werden für
γίγνεσθαι, καταστῆναι	werden	ὑπολαμβάνεσθαι
αἱρεῖσθαι, ἀποδείκνυσθαι	gewählt werden zu	

1. Τὸ χωρίον καρτερὸν ὑπάρχει. 2. *Ἁπλοῦς ὁ μῦθος τῆς ἀληθείας ἔφυ. 3. Ἡ παρὰ τῶν θεῶν εὔνοια φανερὰ ἐγένετο τῇ πόλει. 4. Παράδειγμα τοῖς Ἕλλησιν ἀνδραγαθίας νομίζεσθε. 5. Κικέρων ὑπὸ τῶν Ῥωμαίων ὕπατος (consul) ᾑρέθη.

§ 5

Ἐστίν ist im Griechischen oft **entbehrlich**

1. in **Sentenzen**[1]): 1. Ἀνθρώπινον τὸ ἁμαρτάνειν. 2. *Ἀμήχανον δὲ παντὸς ἀνδρὸς ἐκμαθεῖν ψυχήν. 3. *Πολλῶν τὰ χρήματ' αἴτι' ἀνθρώποις κακῶν.
2. in **unpersönlichen Ausdrücken**: 1. Ὥρα ἀπιέναι. 2. Δῆλον ὅτι τοῦ ὁρᾶν ἕνεκα ὀφθαλμῶν δεόμεθα. 3. *Φέρειν ἀνάγκη τὰς παρεστώσας τύχας.

---
[1]) Vgl. *Keine Rose ohne Dornen. Wie der Herr, so der Knecht.*

3. beim **Verbaladjektiv**: 1. Ἡμῖν οὐκ ἀθυμητέον. 2. Οὕτω κατάδηλον γίγνεται, πῶς βιωτέον. 3. Τί ποιητέον;

4. in **kurzen Fragen**: Πῶς οὔ; wieso nicht? Τί τοῦτο; was weiter? Τίς οὗτος ὁ ἀνήρ; wer ist dieser Mann? Τί ὑπόλοιπον πλὴν βοηθεῖν ἐρρωμένως;

5. bei **οἷος** und **ὅσος**: Ὑπουργήσω ὅσα δυνατά ich werde helfen, soweit möglich.

III. ÜBEREINSTIMMUNG ZWISCHEN SUBJEKT UND PRÄDIKAT (KONGRUENZ)

§ 6

1. Das **Verbum** stimmt mit dem Subjekt in Person und Numerus überein.

Anm. 1. Bei **mehreren Subjekten** richtet sich das Verbum nach dem nächststehenden oder es steht im Plural. Dabei erhält die 1. Person den Vorrang vor der 2. oder 3., die 2. vor der 3. Person.
1. Οὕτω καὶ ἐγὼ καὶ ἡ γραφὴ λέγει. 2. Πάρειμι καὶ ἐγὼ καὶ Πολυκράτης. 3. Ἔπεμψέ με Ἀριαῖος καὶ Ἀρτάοζος. 4. Καὶ ἐγὼ καὶ σὺ πολλὰ εἴπομεν. 5. Οὐ σὺ μόνος οὐδὲ οἱ φίλοι ταύτην τὴν γνώμην ἔχετε.
Wenn sich das Relativpronomen als Subjekt auf eine 1. oder 2. Person bezieht, steht auch das Verbum des Relativsatzes in der 1. bzw. 2. Person[1]). Οἵτινες τὸν αὐτὸν ἄνδρα λάθρα ἐλοιδορεῖτε, φανερῶς φίλον ἐνομίζετε.

Anm. 2. Ist eine **Dualform** Subjekt, so steht das Verbum im Dual oder im Plural.
1. Τὼ φάλαγγε τρία στάδια διειχέτην (διεῖχον). 2. Δύο αὐτῷ οἱ υἱεῖς ἤστην (ἦσαν).

Anm. 3. Ist der **Plural eines Neutrums** Subjekt, so steht das Verbum, jedoch nicht das Prädikatsnomen, gewöhnlich im Singular[2]). Bei Homer und in der nachklassischen Literatur findet sich häufig der Plural.
1. Πάντα ῥεῖ. 2. Γυμνάσια εἰς ὑγίειαν ἀγαθά ἐστι. 3. Πλοῖα ὑμῖν πάρεστιν.
Der Plural steht immer, wenn das pluralische Neutrum Personen oder Zahlbegriffe umfaßt.
1. Τὰ τέλη (die Regierung) τῶν Λακεδαιμονίων Βρασίδαν ἐξέπεμψαν. 2. Ἐγένοντο εἴκοσι τάλαντα.

§ 7

2. Das **Prädikatsnomen** richtet sich im Kasus und, soweit der Sinn es erfordert, auch im Numerus und Genus nach seinem Beziehungswort.

a) im Nominativ: Ἡ χώρα δῶρον ἐδόθη ὑπὸ βασιλέως (als Geschenk).
b) im Genetiv: Ἔτυχον αὐτοῦ ζῶντος ich traf ihn lebend an.
c) im Dativ: Δημοσθένης Ἰσαίῳ ἐχρήσατο διδασκάλῳ (als Lehrer).
d) im Akkusativ: Θεμιστοκλῆς τὴν θάλατταν ἀσφαλῆ ἐποίησεν (machte sicher).

Anm. Ein **substantiviertes Prädikatsadjektiv** richtet sich nicht nach dem Geschlecht des Beziehungsworts, sondern steht im Neutrum Singular, oft verdeutlicht durch χρῆμα oder πρᾶγμα.
1. Ἔστιν ἡ Χαιρώνεια ἔσχατον τῆς Βοιωτίας. 2. Ἄπιστον ταῖς πολιτείαις ἡ τυραννίς. 3. *Δεινὸν οἱ πολλοί. 4. *Ἄπορον χρῆμα δυστυχὴς δόμος.
Dies gilt besonders auch für substantivisch gebrauchte hinweisende oder fragende Pronomina, die das Wesen eines Begriffs bezeichnen.
1. Τί ἐστι θεός; was ist Gott (seinem Wesen nach)? 2. Τοῦτό ἐστιν ἡ ἀρετή das ist (das Wesen der) Tapferkeit.
Als Subjekt gleicht sich das substantivisch gebrauchte Pronomen meist an das Prädikatsubstantiv an.
1. Πάντες οὗτοι νόμοι εἰσίν, οὓς τὸ πλῆθος ἔγραψεν. 2. *Αὕτη τοι δίκη ἐστὶ θεῶν das ist die Strafe der Götter.

§ 8

3. Bezeichnet ein Subjekt im Singular eine Mehrzahl (z.B. *die Menge*), so stehen **Verbum** und **Prädikatsnomen** oft im Plural (σχῆμα κατὰ σύνεσιν).

1. Τὸ πλῆθος ἐψηφίσαντο πολεμεῖν. 2. Ἱκανοί εἰσιν εἷς ἕκαστος Λακεδαιμονίων ἐν ταῖς πόλεσιν ὅ τι βούλονται διαπράττεσθαι.

---
[1]) Vgl. *Vater unser, der du bist im Himmel.*
[2]) Zur Erklärung s. Zinsmeister, Gr. Grammatik I, E 20 (S. 202).

B. Der erweiterte Satz

I. DIE ERGÄNZUNG DES NOMENS: DAS ATTRIBUT

§ 9 **Begriff des Attributs**

Durch das **Attribut** wird das Subjekt wie jedes Substantiv in seinem Begriffsumfang abgegrenzt und in seiner Eigenart veranschaulicht.

Als Attribut (auf die Frage: *was für?*) erscheinen

a) **Adjektiv,** als Adjektiv gebrauchtes Partizip, Pronomen, Zahlwort:
πλούσιοι ἄνθρωποι, οἱ νικήσαντες στρατιῶται, οἱ ἡμέτεροι πρόγονοι, ἡ μήτηρ αὐτοῦ, τὸ ναυτικὸν ἡμῶν (unsere Seemacht), ἐννέα στρατηγοί, ὁ λεγόμενος (καλούμενος, ὀνομαζόμενος) βασιλεύς (der sogenannte König).

b) **Adverb** in adjektivischem Gebrauch[1]):
αἱ πρόσθεν ἡμέραι   die vorhergehenden Tage   ἡ ἄγαν ἐλευθερία die allzu große Freiheit
ἡ ἄνω ὁδός   der Weg landeinwärts   ἡ κάτω Ἀσία   Kleinasien
αἱ ἐγγυτάτω κῶμαι die nächstliegenden Dörfer   ἡ σφόδρα ἄγνοια völlige Unwissenheit
ἡ ἀεὶ μελέτη   dauernde Übung

c) **Substantiv im Genetiv oder mit Verhältniswort (Präposition):**
ὁ τῶν πολεμίων φόβος, τρία τάλαντα χρυσίου, ἡ καθ᾽ ἡμέραν τροφή (die tägliche Nahrung), οἱ ἐκ Κρήτης τοξόται.

d) **Satz,** besonders **Relativsatz:**
1. Σόλων ἐμίσει οἵους οὗτος ἀνθρώπους (Menschen wie diesen, derartige M.). 2. Ἀφίκοντο πρὸς χωρίον (Gegend), ὃ οἰκίας οὐκ εἶχεν.

§ 10

Die **Apposition** ist ein substantivisches Attribut im gleichen Kasus. Sie erläutert

1. ein **Wort**

α) als Angabe von Stand, Rang, Herkunft, Zugehörigkeit:
* Ἄναξ ἀνδρῶν Ἀγαμέμνων. Ξενοφῶν Ἀθηναῖος. Παυσανίας, ὁ Κλεομβρότου, Λακεδαιμόνιος. Ἡμεῖς οἱ στρατηγοί. Ὦ ἄνδρες οἱ παρόντες. Ὦ ἄνδρες σύμμαχοι. Θεμιστοκλῆς ἥκω παρὰ σέ (Brief des Th. an den Perserkönig).

β) als Angabe von Zahl und Maß bei Aufgliederung eines Mehrzahlbegriffs[2]):
1. Πελοποννήσιοι καὶ οἱ σύμμαχοι τὰ δύο μέρη εἰσέβαλον εἰς τὴν Ἀττικήν (zwei Drittel der P. und der Bundesgenossen). 2. Λῦπαι αἱ μὲν χρησταί εἰσιν, αἱ δὲ κακαί.

2. einen **Satz:**
τὸ (δὲ) μέγιστον, τὸ (δὲ) δεινότατον, τὸ (δὲ) κεφάλαιον, τὸ (δὲ) θαυμαστόν was das Größte, Furchtbarste, die Hauptsache, verwunderlich ist (war).
Τὸ δὲ πάντων θαυμαστότατον, ὁ ἀνδριὰς κατέβη ἀπὸ τῆς βάσεως.

---

[1]) Vgl. engl.: *the very thought startles* schon der bloße Gedanke erschreckt, *the above idea* obiger Gedanke. Im Deutschen werden solche Adverbien mit Endungen versehen und dekliniert: *jetzig, hiesig, dortig, sofortig* u.ä., z. B. *eine ungefähre Zahl;* aber auch: *der Mann dort, das Haus da drüben.* Vgl. lat.: *Tres deinceps turres prociderant.*

[2]) Vgl.: *Victores ad centum quadraginta, victi amplius ducenti ceciderunt. Volsci maxima pars caesi sunt.* Im Deutschen: *Sie gingen der eine hierhin, der andere dorthin.*

Stellung des Attributs §11

a) Das Attribut steht, wie oft im Deutschen, in der Regel *vor seinem Substantiv*, besonders wenn es stärker betont ist. Es kann aber auch, wie eine Apposition, seinem Beziehungswort, gegebenenfalls mit dem (wiederholten) Artikel, *erklärend nachgestellt* werden[1].

1. *Αἱ δεύτεραί πως φροντίδες (Gedanken) σοφώτεραι. 2. Τὰ μεγάλα δῶρα τὰ τῆς τύχης ἔχει φόβον. 3. Δοκεῖ ἅπαν τὸ πρᾶγμα τὸ περὶ σὲ ἀνανδρίᾳ τινὶ τῇ ἡμετέρᾳ πεπρᾶχθαι. 4. Ἡ πόλις, ὦ ἄνδρες στρατιῶται, ἡ ἡμετέρα δοκεῖ εὐδαίμων εἶναι.

b) Wegen der schwächeren Betonung stehen auch folgende **Genetivattribute** *nicht zwischen Artikel und Substantiv*, sondern meist nach dem Beziehungswort:

1. der Genetiv der *persönlichen Pronomina:* μου, σου, αὐτοῦ, αὐτῆς, ἡμῶν, ὑμῶν, αὐτῶν: ὁ ἑταῖρός μου, τὸ παράδοξόν σου τῆς ἐσθῆτος, αἱ εὐχαὶ αὐτῆς, οἱ πρόγονοι ἡμῶν, τὸ φάρμακον ὑμῶν, οἱ πολλοὶ αὐτῶν.

Anm. Dagegen steht das **Reflexivpronomen** (§ 26) als Attribut wegen des stärkeren Nachdrucks **zwischen Artikel und Substantiv.** Ἀποβλέψατε πρὸς τὰ ὑμῶν αὐτῶν πράγματα.

2. der Genetiv eines Substantivs als Angabe des Ganzen, von dem das Beziehungswort einen Teil bezeichnet (*genetivus partitivus, genetivus totius,* s. § 13 e): τὰ σώματα τῶν ἀνθρώπων (Gegensatz: αἱ ψυχαί), ἡ λαμπρότης καὶ ἡ τάξις τοῦ στρατεύματος die prächtige Ausrüstung und die Disziplin des Heeres.

Anm. Das Land, in dem ein Ort liegt, steht häufig *vor* dem Namen des Orts im Genetiv (s. § 57).
1. Ἐστράτευσαν τῆς Ἀρκαδίας ἐς Παρρασίους. 2. Ὡρμίσαντο (anlegen) τῆς Χερσονήσου ἐν Ἐλαιοῦντι.

§ 12

c) Viele adverbiale Angaben von Ort und Zeit, Grad und Reihenfolge, Maß und Menge, Art und Weise werden durch Adjektive ausgedrückt, die im Kasus ihres Beziehungswortes stehen, aber *nicht zwischen Artikel und Substantiv* wie andere adjektivische Attribute. Wegen ihrer engen Beziehung zum Prädikat könnte man sie **Prädikatsattribute** nennen[2].

1. **Ortsangaben:**

ἐναντίος	gegenüber, entgegen	μετέωρος	hoch, in der Höhe, in die Höhe
μέσος	in der Mitte	ὑπαίθριος	unter freiem Himmel
ἄκρος	oben, an der Spitze, an der Oberfläche	ὕπτιος	kopfüber, rücklings

1. Μέση ἡ νῆσος διεφθάρη (in der Mitte; aber ἡ μέση νῆσος die mittlere Insel!). 2. Οἱ στρατιῶται μετεώρους ἐξεκόμισαν τὰς ἁμάξας ἐκ τοῦ πηλοῦ (Schlamm). 3. Σκηνοῦμεν ὑπαίθριοι.

2. **Zeitangaben:**

ὄρθριος	am frühen Morgen	παννύχιος	die ganze Nacht hindurch
ἑσπέριος	am Abend	τριταῖος	am dritten Tag
σκοταῖος	bei Dunkelheit		

---

[1]) Vgl. im bayr. Dialekt *der Hanswurst der traurige* u. ä., andererseits die Entstehung des zusammengesetzten Substantivs aus der Verbindung mit dem vorangestellten, tonstärkeren Genetivattribut: *Kindergarten, Hungersnot, Monatslohn;* frz.: *lundi* (< *lunae dies*). Vgl. auch den sogen. sächsischen Genetiv im Englischen: *the visitors' arrival, my father's brother, three miles' distance.* Sehr häufig im Mhd.: *daz Nibelunges swert, diu Stvrides hant, die Hagenen recken.*

[2]) Die deutsche Grammatik kennt eine Fülle solcher Prädikatsattribute, die häufig das Ergebnis der Tätigkeit bezeichnen: *Er hat sich die Augen naß geweint, die Füße wund gelaufen, sich satt gegessen, sich heiser geschrien, sich krank gelacht* usw. (= so daß er ...). Vgl. lat.: *Tristis abiit, laetus rediit.* Nicht das Weggehen ist traurig, sondern der Weggehende.

1. Ὄρθριοι (ἑσπέριοι, τριταῖοι) ἀφίκοντο. 2. Κατέβαινον εἰς τὰς κώμας ἤδη σκοταῖοι. 3.* Εὗδον παννύχιοι.

3. Angaben der Reihenfolge:

πρῶτος	zuerst, als erster[1])	πρότερος	weiter vorn, früher (bei zweien!)
ὕστατος	zuletzt, als letzter	ὕστερος	weiter hinten, später (bei zweien!)
τελευταῖος	am Schluß, zuletzt	ἔσχατος	ganz draußen, ganz am Schluß

1. Πρῶτος τοῦτ' ἔγνωκα. 2. Πρότερος ἐπανῆλθεν. 3. Αὐτὸς ἐφέψομαι τελευταῖος. 4. Ἔσχατοι ὀπισθοφύλακες ἰόντων.

Anm. Durch die Adverbien πρῶτον, πρότερον usw. wird nicht ein Substantiv, z. B. das Subjekt, sondern allein die Aussage näher bestimmt. Ἐς Ἰωνίαν ὕστερον οἱ Ἀθηναῖοι ἀποικίαν ἐξέπεμψαν (nachdem sie vorher schon in eine andere Gegend Siedler geschickt hatten).

4. Maß- und Mengenangaben:

πᾶς, ὅλος	ganz (Plur. alle)	ἄφθονος	reichlich
πολύς	in Menge	μόνος	allein[2])

1. Πᾶσα ἡ πόλις κατεκαύθη die Stadt wurde ganz niedergebrannt. 2. Πᾶσαι αἱ πόλεις ὡμολόγουν die Städte stimmten alle zu. 3. Εἶχον ἄφθονα τὰ ἐπιτήδεια. 4. Μόνος ἀπέθανεν ὁ παῖς (als „einziger"; aber τὸν μόνον μοι παῖδα ἀπέκτεινεν „den einzigen Sohn"!). 5. Οἶνος πολὺς ἦν. 6. Πάντες οἱ παρόντες χαίρετε (seid gegrüßt).

Anm. 1. Als Attribut bedeuten **πᾶς** und **ὅλος** *ganz = gesamt, sämtlich.*

ἡ πᾶσα πόλις	die gesamte Stadt	σὺν τοῖς πᾶσιν (ἀνδράσιν)	mit der gesamten Mannschaft
οἱ πάντες Βοιωτοί	das gesamte boiotische Volk	οἱ πάντες ἐννέα	insgesamt 9

1. Περικλῆς λέγει τὴν πᾶσαν πόλιν τῆς Ἑλλάδος παίδευσιν (Bildungsstätte) εἶναι. 2. Τὰ πράγματα τοῖς πᾶσι καθ' ἡμέραν (täglich) χαλεπώτερα ἐγίγνετο. 3. Οἱ Συρακόσιοι τὰς πάσας ναῦς τῶν Ἀθηναίων κατεδίωκον. 4. Ἐν τούτῳ ἡ πᾶσα εὐδαιμονία ἐστίν;

Anm. 2. Die Weglassung des Artikels nimmt dem Begriff πᾶς die Bestimmtheit (vgl. § 14ff.); πᾶς bedeutet dann im Sing. *ganz, völlig, jeder,* im Plural *lauter, alle (möglichen).*

πᾶσα πόλις	eine ganze Stadt, jede beliebige Stadt
παντὶ σθένει	mit ganzer (aller) Kraft
ἐν πάσῃ ἀπορίᾳ εἶναι	in völliger Verlegenheit sein
πάντες ἄνθρωποι	alle (möglichen) Menschen, alle Welt
πάντα ποιεῖν	alles mögliche tun, alle erdenkbaren Mittel anwenden

1. Ἀνδρῶν ἐπιφανῶν (berühmt) πᾶσα γῆ τάφος. 2. Ὁ δικαίως τὸν βίον διελθὼν εἰς μακάρων νήσους ἀπιὼν οἰκήσει ἐν πάσῃ εὐδαιμονίᾳ. 3. Ἄδηλον παντὶ ἀνθρώπῳ, ὅπῃ τὸ μέλλον ἕξει.

5. Angaben der Art und Weise:

ἑκών, βουλόμενος	freiwillig, mit Zustimmung
ἄκων	unfreiwillig, ungern, gegen den Willen
ὑπόσπονδος	unter dem Schutz, nach den Bedingungen des Waffenstillstands
ἥσυχος	ruhig
ἄσμενος	gern, voll Freude
αὐτόματος	von selbst
ἄπρακτος	unverrichteter Dinge

1. Ἑκόντες πένονται (mühen sich ab). 2. Ἐμοὶ βουλομένῳ τοῦτο χαρίζεσθαι ἠθελήσατε. 3. Οἱ Πλαταιῆς τοὺς νεκροὺς ὑποσπόνδους ἀπέδοσαν τοῖς Θηβαίοις. 4. Οἱ Ἕλληνες ἐνταῦθα ἀνέπνευσαν ἄσμενοι ἰδόντες πεδίον. 5. Τὰ μέλλοντα αὐτόματα οἴεσθε σχήσειν καλῶς. 6. Ἄπρακτοι ἐπανῆλθον.

---

[1]) Vgl. frz.: *il arriva le premier* er kam als erster an; *il a parlé le dernier* er hat als letzter gesprochen.
[2]) αὐτός *selbst* ist aus Gründen der Zweckmäßigkeit in §§ 25 u. 26 behandelt.

Das Genetivattribut § 13

Das Genetivattribut bezeichnet

a) Subjekt, Objekt oder adverbiale Ergänzung einer im Beziehungssubstantiv ausgedrückten Tätigkeit (gen. subiectivus, gen. obiectivus)

1. αἱ Κύρου πράξεις (Κῦρος πράττει) das Leben und Treiben des Kyros
   ἡ τῶν ἐχθρῶν διαβολή (ἐχθροὶ διαβάλλουσιν) die Verleumdung der Feinde
2. ἡ τῆς ψυχῆς ἐπιμέλεια (ἐπιμελεῖσθαι ψυχῆς) die Sorge für die Seele
   αἱ θεῶν εὐχαί (εὔχεσθαι θεοῖς) die Gebete zu den Göttern
   ὁ θεῶν φόβος (φοβεῖσθαι θεούς) die Furcht vor den Göttern
   οἱ θεῶν ὅρκοι (ὀμνύναι θεούς) die Schwüre bei den Göttern
3. ἀπαλλαγὴ τοῦ βίου (ἀπαλλάττεσθαι βίου) Trennung vom Leben
   σωτηρία τῆς ἀπορίας (σῴζεσθαι ἀπορίας) Rettung aus Not

Anm. ὁ ἡμέτερος φόβος bedeutet auch *die Furcht vor uns*.

b) Zugehörigkeit oder Herkunft (gen. possessivus, gen. originis)

αἱ Ἀθηναίων νῆες	die Schiffe der Ath.	Αἴας ὁ Τελαμῶνος	Aias, der Sohn Telamons
ὁ Σωκράτους βίος	das Leben des S.	τῆς Ἰταλίας Λοκροί	Lokroi in Unteritalien
οἱ Μένωνος	die Leute des Menon		(§ 11 b 2 A.)

c) ein Raummaß, Zeitmaß oder Wertmaß[1]) (gen. qualitatis, gen. pretii)

τεῖχος ἑπτὰ σταδίων eine Mauer von sieben Stadien (etwa 1,3 km)
παῖς (ὡς) δέκα ἐτῶν ein (etwa) zehnjähriger Bub
μισθὸς δυοῖν μηνοῖν Lohn für zwei Monate
οὐσία τριῶν ταλάντων ein Vermögen von drei Talenten
δίκη χιλίων δραχμῶν eine Geldstrafe von 1000 Drachmen

d) den Stoff, aus dem etwas besteht oder mit dem etwas gefüllt ist[2]) (gen. materiae, gen. copiae)

1. στήλη λίθου   eine Säule aus Stein   δέκα χρυσοῦ τάλαντα   10 Talente Gold
   ἀγέλη βοῶν   eine Rinderherde
2. κοτύλη οἴνου ein Becher Wein   πλοῖα σίτου   Getreideschiffe

Über den prädikativen Gebrauch des unter b—d genannten Genetivs s. § 47.

e) das Ganze eines erwähnten Teils (gen. partitivus, gen. totius; über die Stellung s. § 11 b 2)

ὁ δῆμος τῶν Ἀθηναίων   (Gegensatz: ἡ βουλή oder οἱ ὀλίγοι)
οἱ στρατηγοὶ τῶν Ἑλλήνων   (Gegensatz: οἱ στρατιῶται)
τῶν ἄλλων ὁ βουλόμενος   von den übrigen jeder, der will (wollte)
τὸ λοιπὸν τῆς ἡμέρας   der Rest des Tages
εἰς τοῦτο (τοσοῦτο) μανίας   bis zu solchem Wahnsinn gehen, kommen
ἰέναι, ἀφικνεῖσθαι

---
[1]) Vgl. *Abteil zweiter Klasse, Arbeit dreier Monate, ein Monatslohn*.
[2]) So noch in den neueren Sprachen und bis ins 19. Jh. auch im Deutschen: *ein trunc wazzers, eine Menge Goldes, ein Fäßchen besten Weins*; frz. *un pilier de pierre, un verre de vin*; engl. *a glass of water, a cup of tea*.

1. Ποῖ ἀσελγείας (Unverschämtheit) προελήλυθεν ὁ ἄνθρωπος; 2. Ἐς πᾶν μοχθηρίας προῆλθεν. 3. Εἰς τοῦτο προθυμίας ἀφικόμην.

Anm. 1. Beachte: οὐδὲν καλόν nichts Schönes (aber *nihil pulchri* neben *nihil pulchrum*), καλόν τι etwas Schönes.

Anm. 2. Als Substantiv gebrauchte Adjektive, die einen Teil des Ganzen bezeichnen, richten sich in Genus und Numerus oft nach dem abhängigen Genetiv.

ὁ ἥμισυς τοῦ χρόνου die Hälfte der Zeit   ἡ πλείστη τῆς χώρας   der größte Teil des Landes
αἱ ἡμίσειαι τῶν νεῶν die Hälfte der Schiffe   τὸ πλεῖστον τοῦ στρατεύματος der größte Teil des Heeres

Anm. 3. Meist dichterisch findet sich der attributive Genetiv statt einer Apposition[1]) (gen. explicativus): *Τροίης ἱερὸν πτολίεθρον die heilige Stadt Troja, Ἰλίου πόλις die Stadt Ilion, πηγῆς ὄνομα der Name „Quelle".

Die Attribute bei Adjektiven sind im Zusammenhang mit den entsprechenden Verben behandelt.

Das pronominale Attribut

1. DAS BESTIMMENDE PRONOMEN

§ 14   α) Der Artikel

Der Artikel ist ursprünglich ein hinweisendes Pronomen; so noch bei Homer. Er bestimmt wie im Deutschen, einen Begriff genauer und bezeichnet ihn

a) *sondernd* als einen bestimmten, bekannten, schon genannten oder durch eine nähere Bestimmung von anderen unterschiedenen Einzelbegriff,

b) *verallgemeinernd* als Gattungs- oder Sammelbegriff.

a) 1. Βλέψον εἰς τὰ ὄρη καὶ ἰδέ, ὡς ἄβατα πάντα. 2. Ὁ Ξενοφῶν (der eben erwähnte X.) ἀναγνοὺς τὴν ἐπιστολήν (von dem eben die Rede ist) ἀνακοινοῦται Σωκράτει τῷ Ἀθηναίῳ περὶ τῆς πορείας (über den geplanten Feldzug).

b) 1. Ὁ ἄνθρωπος θνητός ἐστιν. 2. Τοῦτο δεῖ πράττειν τὸν πολιτικὸν ἄνδρα.

Verallgemeinernde Begriffe sind auch

ἡ ἵππος	die Reiterei	ὁ βάρβαρος	die Barbaren
ὁ πεζός	das Landheer, die Fußtruppe	ἡ ἀσπίς	die Schwerbewaffneten
ὁ Μῆδος	die Meder, Perser	τῷ στρατιώτῃ	für jeden Soldaten

1. Ὁ πεζὸς ἀνεχώρησεν ἀπὸ τῶν τειχῶν. 2. Ἡ ἵππος ξυνέβαλον (§ 8) τοῖς Ἀθηναίοις. 3. Ὁ βάρβαρος τῷ μεγάλῳ στόλῳ ἐπὶ τὴν Ἑλλάδα δουλωσόμενος ἦλθεν.

§ 15

Hinweisende Bedeutung ist beim Artikel noch erhalten in

ὁ μέν — ὁ δέ	der eine — der andere	τῇ μέν — τῇ δέ	einesteils — anderteils
	dieser — jener	ὁ δέ, ἡ δέ, τὸ δέ	der, die, das aber
τὰ μέν — τὰ δέ	das eine — das andere	πρὸ τοῦ	vordem, früher
	teils — teils	ἐν τοῖς (πρῶτοι)	bei weitem (die ersten)
τὸν καὶ τόν	den und den		

---

[1]) Vgl. engl. *the city of London, the month of May, the title of king*; deutsch: *die Tugend der Enthaltsamkeit, die Gnade der Erkenntnis, der Begriff der Tragödie*.

1. Τισσαφέρνης τοὺς μὲν ἀπέκτεινε, τοὺς δ' ἐξέβαλεν. 2. Τισσαφέρνης διαβάλλει τὸν Κῦρον πρὸς τὸν ἀδελφόν· ὁ δὲ πείθεται. 3. Οὐ πάσας χρὴ τὰς δόξας τῶν ἀνθρώπων τιμᾶν, ἀλλὰ τὰς μέν, τὰς δ' οὔ.

§ 16

Der Artikel ersetzt in sondernder Bedeutung oft das deutsche unbetonte **Possessiv**pronomen oder bezeichnet etwas als *mit Recht zukommend, verdient, nötig*.

α) 1. Κῦρος ἀνέβη ἐπὶ τὸν (sein) ἵππον. 2. Κῦρος τὸν (seinen) θώρακα ἐνέδυ. 3. Τὰ σώματα διεσωσάμεθα καὶ τὰ ὅπλα (unsere).

β) 1. Τὸ μέρος τῶν ψήφων οὐκ ἔλαβεν (die *nötige* Zahl von Stimmen). 2. Κλέαρχος ἔχει τὴν δίκην (*seine* Strafe). 3. Εἴχομεν τὰ ἐπιτήδεια (die *erforderlichen* Lebensmittel).

§ 17

Aus der ursprünglich sondernden Bedeutung des Artikels erklärt sich, daß

a) beim *Prädikatssubstantiv* **kein Artikel steht,** wenn dieses einen umfassenderen, dem Subjekt übergeordneten Begriff darstellt[1]).

1. Ὁ θάνατος μετοίκησίς ἐστι τῆς ψυχῆς εἰς ἄλλον τόπον. 2. Ἡ γεωργία τῶν ἄλλων τεχνῶν μήτηρ καὶ τροφός ἐστιν (Amme). 3. Σωτῆρες ἐγένεσθε ἡμῶν.

Anm. Auch Superlativ und Ordnungszahl haben als Prädikatsnomen keinen Artikel. 1. Αἴτνη μέγιστον τῶν ἐν τῇ Σικελίᾳ ὀρῶν ἐστιν. 2. Οὗτοι πρῶτοι ἦσαν ἐν τῇ πόλει.

b) beim *substantivierten* Prädikatsnomen, besonders beim prädikativ gebrauchten *Partizip* und *Infinitiv*, **der Artikel steht**.

ὁ αὐτός der nämliche (§ 25), τὸ ἐναντίον das Gegenteil, θάτερον (= τὸ ἕτερον) das eine (von beiden).

1. Οὗτος ἦν ὁ ἀδικήσας. 2. Ἐγώ εἰμι ὁ ὑμᾶς σῴζων. 3. Τί ἐστι τὸ κωλῦον αὐτόν; 4. Ἐγὼ μὲν ἀεὶ ὁ αὐτός εἰμι, ὑμεῖς δὲ μεταβάλλετε. 5. Τὸ ὅσιόν (durch das Sittengesetz geboten) ἐστι τὸ ἐναντίον τῷ ἀνοσίῳ. 6. Τὸ μανθάνειν ἐστὶ τὸ σοφώτερον γίγνεσθαι.

§ 18

Aus der sondernden und hinweisenden Bedeutung des Artikels erklärt es sich, wenn dieser **bei Eigennamen** *steht* oder *fehlt*.

ἐν (τῇ) Θετταλίᾳ, ἐκ (τῆς) Δήλου, εἰς (τὴν) Κρήτην, (αἱ) Ἀθῆναι, (αἱ) Συρακοῦσαι, (τὰ) Κύθηρα (Insel südl. der Peloponnes).

1. Εἰσῇμεν παρὰ τὸν Σωκράτη (zu dem genannten, verehrten Sokrates). 2. Ὁ παῖς (der dort angestellte Diener) ὤρεξε τὴν κύλικα (den Giftbecher) τῷ Σωκράτει· καὶ ὃς (§ 23, 1) λαβὼν ἐξέπιεν. 3. Σιτάλκης, Θρᾳκῶν βασιλεύς, σύμμαχος ἐγένετο τοῖς Ἀθηναίοις. 4. Ἀνεχώρησαν αἱ νῆες εἰς τὰς Ἀθήνας. 5. Τοῦ θέρους (im Verlauf des Sommers, § 58) Πελοποννήσιοι καὶ οἱ σύμμαχοι μέχρι τοῦ Ἰσθμοῦ ἦλθον.

Die erläuternde **substantivische Apposition** steht, je nach dem Grad der Bestimmtheit, *mit* oder *ohne* Artikel.

        Ἆγις, ὁ Ἀρχιδάμου   Agis, *der* Sohn des Archidamos,
        Ἆγις Ἀρχιδάμου   Agis, *ein* Sohn des Archidamos

---

[1]) So auch im Deutschen: *Sein Vater ist Schneider. Er wurde Soldat.* Anders im Englischen: *His father is a tailor. He became a soldier.*

§ 19

Geographische Eigennamen *gleichen Geschlechts* wie der zugehörige Gattungsbegriff (z. B. Stadt, Fluß, Berg usw.) werden wie ein adjektivisches Attribut zwischen Artikel und Substantiv gestellt: ὁ Ἀσωπὸς ποταμός (in Boiotien), τὸ Αἶμον ὄρος (jetzt *Balkan*), ἡ Κελαιναὶ πόλις (in Phrygien).

Bei den übrigen geographischen Eigennamen steht der Gattungsbegriff als Apposition: ἡ Ῥοδόπη τὸ ὄρος (in Thrakien), ἡ Αἴτνη τὸ ὄρος, ἡ Λευκίμμη τὸ ἀκρωτήριον (Vorgebirge auf Korkyra), τὰ Κύθηρα ἡ νῆσος.

So auch immer ἡ βουλὴ οἱ πεντακόσιοι der Rat der Fünfhundert.

§ 20

Der **Artikel steht** abweichend vom Deutschen **auch**

a) bei Substantiven, auf die durch **ὅδε, οὗτος, ἐκεῖνος** hingewiesen wird: οὗτος ὁ ἀνήρ, ἐκείνη ἡ γυνή, τῇδε τῇ νυκτί.

Anm. Τοιοῦτος, τοσοῦτος, τηλικοῦτος, τοιόσδε, τοσόσδε, τηλικόσδε stehen wie Attribute vor dem Substantiv. Der Artikel steht vor ihnen nur, wenn auf vorher Erwähntes hingewiesen wird: τοιοῦτος καιρός eine derartige Gelegenheit, ὁ τοιοῦτος ἀνήρ ein Mann, wie der oben erwähnte, πάντα τὰ τοιαῦτα alles derartige.

b) bei Substantiven, die durch ein adjektivisches, eine **Zweizahl** bezeichnendes **Pronomen** bestimmt sind, wie ἑκάτερος jeder (von beiden), ἄμφω, ἀμφότεροι beide.
1. Οἱ ἱππῆς ἐφ' ἑκατέρῳ τῷ κέρᾳ ἦσαν. 2. Δαρεῖος ἐβούλετο τὼ παῖδε ἀμφοτέρω παρεῖναι.

c) bei Substantiven, die mit dem **Genetiv** eines **Relativ-** oder **Fragepronomens** verbunden sind: 1. Τίνος ἡ βουλὴ ἄμεινον ἦν;[1]) 2. Αἰσχύνεσθε Δία, οὗ ἐν τῷ ἱερῷ ἐσμεν[1]).

d) bei Substantiven, die durch ein **Possessivpronomen** genau bestimmt sind: ὁ ἐμὸς ἀδελφός mein Bruder; aber ἐμὸς ἀδελφός (τις) ein Bruder von mir, einer meiner Brüder;

e) bei der **Apposition zur 1. und 2. Person**:
ἡμεῖς οἱ Ἀθηναῖοι, ὑμῖν τοῖς Πελοποννησίοις, λέγομεν οἱ Συρακόσιοι.

Anm. Zähler und Nenner eines Bruches sowie der eine Faktor einer Multiplikation stehen ebenfalls mit Artikel.
1. Τὰ δύο μέρη $^2/_3$. 2. Ἀπῆσαν τῶν λόχων δέκα ὄντων οἱ τρεῖς ($^3/_{10}$). 3. Τὰ δὶς πέντε δέκα ἐστίν $2 \times 5 = 10$.

§ 21

Der **Artikel fehlt** in der Regel, wenn ein sondernder Hinweis *nicht möglich* oder *nicht nötig* ist[2]), so

a) bei allgemeinen *Orts-, Zeit-* und *Zustands*begriffen:

ἐν ἀγορᾷ	auf dem Marktplatz	κατ' ἀγρόν	auf dem Land
ἔξω πόλεως	außerhalb der Stadt	ἐντὸς τείχους	innerhalb der Mauer
ἅμα ἕῳ	mit Tagesanbruch	περὶ δείλην	gegen Abend
ἀμφὶ μέσας νύκτας	um Mitternacht	ἐπὶ Σόλωνος	zur Zeit Solons
μετὰ Ἰλίου ἅλωσιν	nach der Einnahme Ilions		
ἐν πάσῃ εὐδαιμονίᾳ οἰκεῖν	in völliger Seligkeit wohnen		

1. Περιπατοῦσιν ἑσπέρας ἐν ἀγορᾷ. 2. Ποῦ ἥδιον θερίσαι (den Sommer zubringen) ἢ κατ' ἀγρόν; 3. Ἀφίκοντο περὶ μέσας νύκτας.

---

[1]) Vgl. ἡ βουλὴ αὐτοῦ, ἐν τῷ ἱερῷ αὐτοῦ. Vgl. frz.: Respectez Dieu, *au temple duquel* nous sommes.
[2]) Vgl. im Engl.: *to go to school, life is earnest, man is mortal, at noon, by day, by land.*

b) bei Angaben von *Verwandtschaft*, *Amt*, *Herkunft*:
   πατήρ, μήτηρ, ἀνήρ, γυνή (Ehefrau), παῖς, ἀδελφός,
   βασιλεύς (Perserkönig; aber Ξέρξης, ὁ τῶν Περσῶν βασιλεύς!), στρατηγός, πρυτάνεις,
   πόλις, ἄστυ, πατρίς.
   1. Εἶδε πατέρα καὶ μητέρα καὶ ἀδελφοὺς καὶ τὴν ἑαυτοῦ γυναῖκα αἰχμαλώτους γεγενημένους. 2. Ὑμεῖς πόλιν καὶ οἰκίας ἡμῖν παράδοτε. 3. Νῦν περὶ πατρίδος ἔσται ἀγών.

c) bei *abstrakten* und abstrakt gebrauchten Begriffen, besonders auch bei den Akkusativen des Maßes und der Herkunft (§ 40):
   θεός, ἄνθρωπος, ψυχή, δόξα, φιλία, δικαιοσύνη,
   μέγεθος an Größe, πλῆθος an Menge, γένος der Abstammung nach.
   1. Ἀνθρώπου ψυχὴ τοῦ θείου μετέχει. 2. Σῶμα ψυχῆς ἕνεκά ἐστιν. 3. Ἀρχὴ φιλίας μὲν ἔπαινος, ἔχθρας δὲ ψόγος. 4. Χαλεπὸν ἦν διὰ πλοῦ μῆκος ἐν τάξει μεῖναι.

d) bei *formelhaften* Wendungen:

δεξιὰν διδόναι	sich durch Handschlag verpflichten
δεξιὸν (εὐώνυμον) κέρας ἔχειν	den rechten (linken) Flügel befehligen
δῆμον (= δημοκρατίαν) καταλύειν	die Volksherrschaft beseitigen
παῖδες καὶ γυναῖκες	(meist in dieser Reihenfolge!) Weib und Kind[1]
κατὰ γῆν καὶ κατὰ θάλατταν	zu Wasser und zu Lande
διὰ στόματος εἶναι	im Gerede der Leute sein
ἐν νῷ ἔχειν	im Sinne haben, beabsichtigen
ἐν δεξιᾷ, ἐν ἀριστερᾷ	rechts, links

1. Ἡγοῦντο οἱ νεανίσκοι ἐν ἀριστερᾷ ἔχοντες τὸν ποταμόν. 2. Εἰς τὰ πλοῖα τούς τε ἀσθενοῦντας ἐνεβίβασαν καὶ παῖδας καὶ γυναῖκας.

e) beim Prädikatssubstantiv (§ 17 a).

§ 22

Durch den Artikel kann **jedes Wort** und **jeder Satz** substantiviert werden.

a) **Adjektive:**

οἱ πολλοί	die Menge, große Masse	τὰ πολλά	der größte Teil
οἱ πλείονες	die Mehrzahl	οἱ ὀλίγοι	die Oligarchen
οἱ ἄλλοι	die übrigen	τὰ ἄλλα (τἆλλα)	das übrige, im übrigen

1. *Νικᾷ ὁ μείων τὸν μέγαν δίκαι' ἔχων. 2. *Ἀλλ' εὖ φέρειν χρὴ συμφορὰς τὸν εὐγενῆ. 3. Διεφθάρησαν οἱ πλείους. 4. Ἐστρατεύσαντο ἐς Κύπρον καὶ αὐτῆς τὰ πολλὰ κατεστρέψαντο.

b) **Partizipien:**

ὁ βουλόμενος	jeder, der will, jeder beliebige
ὁ τυχών	jeder beliebige, der erste beste
ὁ βιάζεσθαι τολμῶν	jeder, der es wagt, Gewalt anzuwenden
οἱ ἔχοντες	die Besitzenden
εἰσὶν οἱ οἰόμενοι	es gibt Leute, die glauben (lat. sunt, qui putent)
τὰ μέλλοντα	(das, was kommen soll), die Zukunft

[1]) So auch im Deutschen: *Das Schiff versank mit Mann und Maus* (nicht *mit den Männern und den Mäusen*). *Er verließ Weib und Kind* (immer in dieser Reihenfolge!) u. ä.

1. Τὸ μέγιστον κέρδος ἕξει ὁ φίλον ἀγαθὸν κτησάμενος. 2. Ὁ βουλόμενος εἴσεισιν εἰς τὴν οἰκίαν. 3. Οὐ τοῦ τυχόντος ἐστὶ τὸ αἴνιγμα συνιέναι. 4. Εἰσὶν οἱ σώσοντες τὴν πατρίδα.

c) **Attribute,** deren Substantiv unterdrückt wird:

οἱ ἐμοί	meine Angehörigen, Freunde	τὸ ἐμόν	was mich angeht
τὰ ἐμά	meine Interessen, mein Besitz	ὁ δεῖνα	der und der
τὸ Σόλωνος	der Ausspruch Solons	τὰ τῶν πολεμίων	die Sache, Lage der Feinde

d) **Präpositionalausdrücke:**

τὰ πρὸ τῶν Τρωικῶν	die Zustände vor den Kämpfen um Troja
οἱ ἐπὶ Σόλωνος, οἱ κατὰ Σόλωνα	die Menschen zur Zeit Solons
οἱ ἀμφὶ Ξενοφῶντα	Xenophon und seine Umgebung
οἱ ἐν τῇ πόλει, οἱ κατ' ἀγρούς	die Menschen in der Stadt, auf dem Land
οἱ ἐν τέλει ὄντες	die Leute im Amt, die Regierung
οἱ ἀπὸ Πλάτωνος	die Nachkommen, Schüler Platons

e) **Adverbien:**

οἱ νῦν	die Menschen der Gegenwart	οἱ τότε	die Menschen von damals
οἱ πάλαι	die Menschen der (grauen) Vorzeit	τὸ λίαν	das Übermaß

1. Τὸ φανερῶς τοῦ λάθρα κρεῖττον. 2. Ἀστρονομία ἀναγκάζει ψυχὴν εἰς τὸ ἄνω ὁρᾶν καὶ ἀπὸ τῶν ἐνθένδε ἐκεῖσε ἄγει.

f) **Infinitive:**

τὸ ὑπὲρ τὸν κόρον (Sättigung) ἐμπίμπλασθαι, πόθος τοῦ ζῆν, τὸ μηδενὸς δεῖσθαι.

1. *Νίκησον ὀργὴν τῷ καλῶς λογίζεσθαι. 2. Ἐν Πέρσαις διὰ τὸ χαλεπὸν εἶναι τρέφειν ἵππους καὶ ἰδεῖν ἵππον πάνυ σπάνιον (selten) ἦν.

g) **ganze Sätze:**

1.* Τὸ γνῶθι σαυτὸν πᾶσίν ἐστι χρήσιμον. 2. Νῦν ὁ λόγος ἐστὶ περὶ τὸ ὅντινα τρόπον χρὴ ζῆν. 3. Βοηθήσομεν· τὸ δ' ὅπως (βοηθητέον), τοῦτο λέγε.

§ 23 β) Das hinweisende Pronomen (Demonstrativpronomen)

1. **ὁ, ἡ, τό (ὅς, ἥ, τό), οἱ, αἱ, τά (τοί, ταί, τά)**
weist im ältesten Griechischen auf Erwähntes, Bekanntes hin. Es entwickelt sich zum Artikel. Bei Homer, Herodot und im attischen Chorlied erscheinen die mit τ anlautenden Formen auch als Relativpronomen (§ 160).

ἦ[1]) δ' ὅς sprach er, οὐδ' ὅς auch der nicht, καὶ ὅς und der, καὶ τόν und den, καὶ ὥς (ὧς) und so, οὐδ' ὣς auch so nicht, ὡς δ' αὔτως (= ὡσαύτως δέ) ebenso, ἀλλὰ καὶ ὣς trotzdem.

1.* Ἡ μὲν ἄρ' ὣς εἰποῦσ' ἀπέβη. 2.* Τὰ φρονέων ἰθὺς κίεν αὐτοῦ δῖος Ὀδυσσεύς (ging geradewegs auf ihn zu).

2. **ὅδε, οὗτος, ἐκεῖνος**

a) ὅδε weist auf noch nicht Erwähntes, Folgendes, unmittelbar Vorliegendes hin (lat. *hic*);
b) οὗτος weist in der Regel auf Erwähntes, im guten und üblen Sinn Bekanntes hin (lat. *is, iste*);
c) ἐκεῖνος weist auf räumlich oder zeitlich Entfernteres hin (lat. *ille*).

---

[1]) Imperf. von ἠμί *sag ich;* ἦν δ' ἐγώ *sagte ich.*

1. Τεκμήριον τούτου καὶ τόδε Beweis für das eben Gesagte ist auch folgendes. 2. Ἀκούετε τούσδε τοὺς λόγους (diese *meine* Worte). 3. Ἡ τραγῳδία τῆσδε τῆς πόλεως εὕρημα (dieser *unserer* Stadt).

Vgl. ὁ ἡμέτερος ἑταῖρος Πρόδικος οὗτος (*berühmter* Lehrer der Beredsamkeit), οὗτοι οἱ συκοφάνται diese *berüchtigten* Sykophanten (= Denunzianten).

Anm. Zum Gebrauch dieser Demonstrativa merke:
1. ὅδε wird später von οὗτος verdrängt.
2. ὅδε steht in der Dichtung auch statt der 1. Person (ἐγώ usw.).
3. οὑτοσί, αὑτηί, τουτί verstärkt den Hinweis (vgl. νυνί jetzt).
4. καὶ οὗτος, καὶ ταῦτα „und zwar" erläutert oder erweitert das Gesagte. Ξένους προσήκει πολλοὺς (§ 12, 4) δέχεσθαι καὶ τούτους μεγαλοπρεπῶς.
5. οὗτος deutet einen Begriff oder Gedanken an, der im folgenden näher ausgeführt wird[1]). Daher **οὗτος, ὅς is, qui**. Τί ἐστι τοῦτο, ὃ φῂς σὺ μέγιστον ἀγαθὸν εἶναι τοῖς ἀνθρώποις;
6. Der Vokativ von οὗτος ist dem Nominativ gleich. Ὦ οὗτος *du da!* Οὗτος, τί ποιεῖς; *he du, was machst du da?*
7. ἐκεῖνος kann das auf das Subjekt des übergeordneten Satzes bezogene Reflexiv (*indirektes Reflexiv*) ersetzen, wenn die Klarheit dies verlangt. Οἱ Χῖοι ἀξιοῦσιν ἄλλους ὑπὲρ τῆς ἐκείνων (= τῶν Χίων) ἐλευθερίας κινδυνεύειν.

γ) Das besitzanzeigende Pronomen (Possessivpronomen) § 24

Ursprünglich wurde der Besitzer durch den Genetiv des persönlichen Pronomens bezeichnet: ἐμοῦ, σοῦ, ἡμῶν, ὑμῶν, σφῶν.

Dieser Genetiv wurde schon sehr früh, wie im Lat. und Deutschen[2]), als Genetiv eines besitzanzeigenden Adjektivs verstanden und dekliniert:

ἐμοῦ ὁ πατήρ > ὁ ἐμὸς πατήρ, τὸ δῶρόν σου > τὸ σὸν δῶρον.

Anm. 1. Fast nur dichterisch wird das reflexive Possessivpronomen der 3. Person gebraucht:
ὅς, ἥ, ὅν (ἑός, ἑή, ἑόν) sein, ihr, sein (= eines Subjekts im Singular)
σφός, σφή, σφόν ihre (= eines Subjekts im Plural!); dafür in Prosa auch σφέτερος.
1. *(Μέροψ οὐχ) οὓς παῖδας ἔασκεν | στείχειν ἐς πόλεμον φθισήνορα (männermordend). 2. *Θεοὶ δ' ἅμα πάντες ἀνέσταν | ἐξ ἑδέων σφοῦ πατρὸς ἐναντίον.

Anm. 2. Bei Homer wird φίλος, in späterer Zeit ἴδιος und οἰκεῖος häufig wie ein Possessivpronomen gebraucht.
1. *Γήθησε (vgl. gaudeo) δέ μοι φίλον ἦτορ (Herz). 2. Μᾶλλον πεφόβημαι τὰς οἰκείας ἡμῶν ἁμαρτίας ἢ τὰς τῶν ἐναντίων διανοίας. . 3. *Ὡς ἡδέως κακοῖσιν οἰκείοις γελᾷς.

δ) Der Gebrauch von αὐτός, αὐτή, αὐτό er, sie, es selbst § 25

1. Wie die in § 12 genannten Adjektiva wird auch αὐτός als Attribut zu einem Substantiv oder als Prädikatsattribut verwendet.

a) Als Attribut zu einem mit Artikel versehenen Substantiv oder als substantiviertes Adjektiv bezeichnet es die **Gleichheit**: ὁ αὐτός (ἀνήρ) der gleiche, der nämliche, derselbe (Mann).
1. Οἰκήσετε τὰς αὐτὰς οἰκίας καὶ χώραν τὴν αὐτὴν ἐργάσεσθε. 2. Συνέβαινεν αὐτῷ ταὐτά. 3. Ὁ αὐτὸς ὑμῖν στόλος ἐστὶ καὶ ἡμῖν (= ὅσπερ ἡμῖν) ihr habt denselben Weg wie wir.

---

[1]) Vgl.: *Das ist's ja, was den Menschen zieret, und dazu ward ihm der Verstand, daß er im innern Herzen spüret, was er erschafft mit seiner Hand* (Schillers „Glocke").
[2]) Vgl. mei, tui, sui > meus, tuus, suus. So werden auch die mhd. Genetive *mîn, dîn, sîn, ir* (= ihrer) schließlich als Nominative aufgefaßt und dekliniert. *Bogen unde bölzelîn die sneit er mit sîn selbes hant* (Wolfram, Parzival). *Ich hete in mîne hant gesmogen daz kinne unt ein mîn wange* (Walther v. d. Vogelweide).

b) Als Prädikatsattribut entspricht es im vollen Umfang dem deutschen **„selbst"**.

1. Αὐτὸς ὁ Κῦρος τάδε ἔλεξεν. 2. Αὐτὸς ἔφα (erklärten die Schüler des Pythagoras). 3. Ὁ Ἆγις τὸ μὲν στράτευμα διῆκεν (entließ), αὐτὸς δὲ οἴκαδε ἀπῆλθεν.

Anm. Im einzelnen bedeutet daher αὐτός
1. selbst = in eigener Person, allein (schon), gerade, von selbst. 1. Αὐτὸς ἔρχεται. 2. Αὐτὸ τοῦτο ἐρωτῶ.
2. selbst = unmittelbar. Τὴν στρατιὰν πρὸς αὐτὸ τὸ τεῖχος προσῆγεν.
3. selbst = das Wesen, die Idee (in der philosophischen Sprache). Τί ποτ' ἐστὶν αὐτὸ ἡ ἀρετή;
4. καὶ αὐτός selbst auch, gleichfalls. Οἱ ἐπὶ τοῦ λόφου πολέμιοι καὶ αὐτοὶ ὥρμησαν ἁμιλλᾶσθαι ἐπὶ τὸ ἄκρον.
5. αὐτοῖς ἀνδράσιν mitsamt den Menschen (aus αὐτοὶ ἀνδράσιν sie selbst mit den Menschen), meist ohne Artikel, vgl. § 84, 1 β, A. 2. Οἱ Ἀθηναῖοι πέντε ναῦς ἔλαβον καὶ μίαν τούτων αὐτοῖς ἀνδράσιν.
6. in Verbindung mit Ordnungszahlen: τρίτος αὐτός „selbdritt". 1. Ἐστρατήγει Νικίας τρίτος αὐτός (= mit zwei anderen). 2. Καλλίαν πέμπτον αὐτὸν στρατηγὸν ἀπέδειξαν (= mit vier anderen).

§ 26

2. Im übrigen gilt für αὐτός:

a) Akkusativ, Dativ, Genetiv (die „obliquen" Kasus) ersetzen in schwachtoniger Stellung (also nicht am Satzanfang!) das fehlende *persönliche* Pronomen, der Genetiv ersetzt auch das nicht reflexive *Possessiv*pronomen der 3. Person.

1. Ἑπτακόσιοι ὁπλῖται καὶ ὁ ἄρχων αὐτῶν ἐστρατοπεδεύοντο ἔξω τῆς πόλεως. 2. Παράδειγμα αὐτοῖς ἔσεσθε. 3. Ἀθηναίων βοηθησάντων οἱ Ἀργεῖοι ἀπιέναι ἐκέλευον αὐτούς.

b) Das persönliche Pronomen wird durch die Formen von αὐτός verstärkt, wenn es sich auf das **Subjekt** oder, in der Bedeutung *selbst, eigen*, auf das **Objekt** des Satzes bezieht **(direktes Reflexiv)**.

1. Μετεπέμψατο Ἀστυάγης τὴν ἑαυτοῦ θυγατέρα καὶ τὸν παῖδα αὐτῆς (Stellung!) 2. Ῥᾷστον ἁπάντων ἐστὶν αὑτὸν ἐξαπατῆσαι. 3. Τὰ ἄριστα βουλεύεσθε ὑμῖν αὐτοῖς.

Anm. 1. Die nachgestellten Formen von αὐτός sind — noch nicht bei Homer — mit dem Singular des Personalpronomens verschmolzen. Davon wurde in der 3. Person auch der Plural gebildet. *Τάχα δή με διαρραίσουσιν (zerreißen) καὶ αὐτόν (klagt Telemach über die Freier).

Anm. 2. Das Reflexiv kann durch vorangestelltes, auf das Subjekt bezogenes αὐτός noch verstärkt werden. 1. *Τοῖς αὐτὸς αὑτοῦ πήμασιν βαρύνεται. 2. Κῦρος ἡττώμενος αὐτὸς ἐφ' ἑαυτῷ μάλιστα ἐγέλα.

c) In abhängiger Aussage (Inf., Part., Nebensatz) wird die Beziehung der 3. Person auf das Subjekt des übergeordneten Satzes durch

οὗ, οἷ, ἕ (enklit. οὐ, οἱ, ἑ), σφῶν, σφίσι, σφᾶς

ausgedrückt. Dafür können auch die entsprechenden Formen von αὐτός verwendet werden.

Bei betontem Hinweis auf das Subjekt des übergeordneten Satzes steht jedoch das Reflexiv ἑαυτοῦ, ἑαυτῷ, ἑαυτόν usw. **(indirektes Reflexiv)**.

1. Ἠρώτα αὐτήν, εἰ ἐθελήσει διακονῆσαί οἱ. 2. Τοιαῦτα ὁ Περικλῆς λέγων ἐπειρᾶτο τοὺς Ἀθηναίους τῆς ἐπ' αὐτὸν ὀργῆς παραλύειν. 3. Τὴν ἑαυτοῦ γνώμην ἀπεφαίνετο Σωκράτης πρὸς τοὺς ὁμιλοῦντας αὐτῷ. 4. Οἱ δυνατοὶ τῶν πολιτῶν ἐς τοὺς πολλοὺς ἔλεγον, ὅτι βασιλεὺς σφίσι φίλος ἔσοιτο. 5. Ἀλκιβιάδης ἑώρα ἑαυτῷ εὔνουν οὖσαν τὴν πόλιν (Gegensatz οὐ τοῖς τριάκοντα).

Anm. 1. Das Reflexiv der 3. Person erscheint gelegentlich statt des Reflexivs der 1. oder 2. Person (ähnlich manchmal auch im Deutschen). 1. Σὺ δοκεῖς οὐδὲν πρὸς αὑτὸν (statt σεαυτὸν) βλέπειν, ἀλλὰ πρὸς τοὺς ἄλλους. 2. Σφόδρα σφᾶς (statt ὑμᾶς) αὐτοὺς ἐπεφόβησθε.

Anm. 2. In der 1. u. 2. Person steht statt des direkten Reflexivs *häufig*, statt des indirekten Reflexivs *immer* das persönliche Pronomen, z. B. ἐμέ statt ἐμαυτόν, σοί statt σεαυτῷ usw. Σὺν πᾶσι τοῖς μετ' ἐμοῦ τεθήρακα.

Anm. 3. Der Plural des Reflexivs tritt auch für die Formen von ἀλλήλων („sich" = „einander") ein.
1. *Φθονοῦντες ἑαυτοῖς μισοῦσιν ἀλλήλους. 2. Συνθήκας ἐγράψαμεν πρὸς ἡμᾶς αὐτοὺς καὶ ὅρκους ἰσχυροὺς ὠμόσαμεν ἀλλήλοις.

d) Das Possessivpronomen kann in reflexivem Gebrauch durch den nachgestellten Genetiv αὐτοῦ, αὐτῆς, αὐτῶν *selbst, eigen* verstärkt werden,

1. im Sing. ἐμός, σός, ὅς mein, dein, sein (nur in der Dichtung). 1. *Οὐκ ἂν δή τις ἀνὴρ πεπίθοιτ' ἑῷ αὐτοῦ | θυμῷ. 2. *Μάθον ἔμμεναι ἐσθλὸς | ἀρνύμενος πατρός τε μέγα κλέος ἠδ' ἐμὸν αὐτοῦ.

2. im Plural ἡμέτερος, ὑμέτερος, σφέτερος unser, euer, ihr (in Dichtung und Prosa). 1. Μᾶλλον πιστεύετε τοῖς ὑμετέροις αὐτῶν ὀφθαλμοῖς ἢ τοῖς τούτων λόγοις. 2. Οἰκέτας τοὺς σφετέρους αὐτῶν ἐπικαλοῦνται μάρτυρας. 3.*Αὐτῶν γὰρ σφετέρῃσιν ἀτασθαλίῃσιν ὄλοντο.

2. DAS NICHT BESTIMMENDE PRONOMEN (INDEFINITPRONOMEN) § 27

a) **τις, τι** bezeichnet als Attribut wie als Substantiv etwas nach Begriff, Größe, Zahl oder Art nicht näher Bezeichnetes: *irgend ein, etwas, etwa, gewissermaßen, eine Art von*[1]).

1. Ἡ γραφὴ κατὰ Σωκράτους τοιάδε τις ἦν (etwa folgende). 2. Τὴν πόλιν ἐνιαυτόν τινα Μεγαρέων ἀνδράσιν ἔδοσαν ἐνοικεῖν (für etwa 1 Jahr). 3. Εἰς διακοσίους τινὰς ἀπέκτειναν.

Anm. τις, τι kann die Bedeutung eines adjektivischen Attributs oder eines Adverbs hervorheben: μέγας τις ἀνήρ ein gewaltig großer Mann, μικρός τις ἀνήρ ein gar kleiner Mann, διαφερόντως τι in ganz hervorragender Weise. Ebenso bei substantivischem Gebrauch: „einer (etwas) von Bedeutung", „wirklich einer (etwas)", „so mancher"; verneint: „wirklich keiner", „gar nicht".
1.*"Ὧδε δέ τις εἴπεσκεν so sprach gar mancher. 2. *Καὶ μισεῖ τις ἐκεῖνον. 3. Ἴσως ἄν τις εἴποι. 4. Ἄκουσόν μου, εἴ τί σοι δοκῶ λέγειν (etwas Bemerkenswertes). 5. Ἐδυνάμεθα σῖτον λαμβάνειν οὐδέν τι ἄφθονον (in keiner Weise etwa reichlich).

§ 28

b) **ἄλλος, ἄλλη, ἄλλο** *(alius)* ein anderer   ὁ ἄλλος   *(alter)* der andere
     οἱ ἄλλοι   *(ceteri)* die übrigen   τὰ ἄλλα (τἆλλα)   *(ceterum)* im übrigen

1. ἄλλος schließt Aufzählungen summarisch ab.

1. Ὁ Ἀσσύριος καὶ ὁ Κροῖσος καὶ οἱ ἄλλοι ἡγεμόνες ἀνέπαυον (ließen rasten) τὰ στρατεύματα. 2. Οἱ Ἀθηναῖοι ἐσεκομίζοντο ἐκ τῶν ἀγρῶν παῖδας καὶ γυναῖκας (§ 21 d) καὶ τὴν ἄλλην κατασκευήν (Hausrat), ᾗ κατ' οἶκον ἐχρῶντο.

2. ἄλλος stellt einem Begriff einen zweiten gegenüber: *andererseits, außerdem, sonst*.

1. Κῦρος μὲν ἐθύετο, ὁ δ' ἄλλος στρατὸς ἐξωπλίζετο. 2. Εὐδαιμονίζεται ὑπὸ τῶν πολιτῶν καὶ τῶν ἄλλων ξένων. 3. Ἐκείνων μᾶλλον ἄγανται τὴν ἧτταν ἢ τὰς ἄλλας νίκας. 4. Ὁρῶν ταῦτα ὁ στρατηγὸς καὶ οἱ ἄλλοι ὁπλῖται ἐβοήθουν. 5. Οὐκ ἦν χόρτος (Gehege, Weideplatz) οὐδ' ἄλλο δένδρον οὐδέν.

Anm. Οἱ ἄλλοι οἱ παρόντες Πέρσαι (Stellung!) *die übrigen anwesenden Perser,* ἡμεῖς οἱ ἄλλοι *wir anderen* (vgl. ἡμεῖς οἱ Ἀθηναῖοι wir Athener, § 20 e).

---

[1]) Zum Unterschied zwischen dem fragenden τίς; und dem nicht bestimmenden τις vgl. *Wer kommt da? Da kommt wer* (= jemand).

3. ἄλλος bezeichnet das Allgemeine, bevor anschließend mit καί das Besondere hervorgehoben wird: *unter anderem*.

Daher   **ἄλλοι τε καί**   — (sowohl andere als) **ganz besonders**
       ἄλλως τε καί   — (sowohl sonst als) **ganz besonders**
       ἄλλο τι ἤ   — etwas anderes als ? doch nur (nonne)
       οὐδὲν ἄλλο ἤ   — nur (nihil nisi)

1. Ἦλθον ἄλλοι τε καὶ Ἀθηναῖοί τινες. 2. Οἱ Ἀθηναῖοι ἄλλα τε ἐκάκουν καὶ εἰς Μεθώνην ἀποβάντες τῷ τείχει προσέβαλον. 3. Τὰ μὲν ἄλλα τοῖς κρατίστοις ὅμοιοί ἐστε, τῇ δὲ ἡλικίᾳ καὶ (sogar noch) φρονιμώτεροι.

4. ἄλλος kann im selben Satz zweimal verwendet werden, zum Ausdruck *gegenübergestellter Verschiedenheit*.

1. Ἄλλος ἄλλα λέγει der eine sagt dies, der andere jenes. 2. Ἄλλος ἄλλοθεν ἦλθεν einer kam von hier, ein anderer von dort. 3. Ἄλλος ἄλλως ἀπώλετο jeder kam auf andere Weise ums Leben. 4. Ἠρώτων ἄλλος ἄλλο der eine fragte dies, der andere jenes.

II. DIE ERGÄNZUNGEN DER AUSSAGE: PRÄDIKATSNOMEN, OBJEKT UND ADVERBIALE

§ 29

Das Verbum stellt nicht immer eine vollständige Aussage dar. Häufig muß es durch ein Objekt oder ein Adverbiale ergänzt werden.

Vgl.: Ich lese. Ich lese ein Buch. Ich lese in der Zeitung.

Das Objekt gibt an, worauf sich eine Handlung richtet, wem sich das Subjekt zuwendet. Das Adverbiale gibt an, unter welchen Umständen des Raums, der Zeit, des Grundes oder der Art und Weise sich die Handlung vollzieht.

Akkusativ, Dativ, Genetiv (die „obliquen" Kasus) konnten als Objekt oder als Adverbiale gebraucht werden. Im Lauf der Sprachentwicklung erwies es sich vielfach als nötig, den Kasus bei adverbialer Verwendung durch eine Präposition zu verdeutlichen.

Um den Sinn eines Satzes zu erfassen, ist es durchaus nicht belanglos, ob ein Kasus als Objekt oder als Adverbiale gebraucht ist. Στράτευμα ἄγειν ist ganz etwas anderes als στενὰς ὁδοὺς ἄγειν (§ 38). Der Objektskasus ist vom Verbum abhängig, der adverbiale Kasus steht unabhängig von der Konstruktion des Verbums (z. B. auch στενὰς ὁδοὺς ἔρχεσθαι).

§ 30   **a) DIE ERGÄNZUNG DER AUSSAGE IM AKKUSATIV**

Der Akkusativ bezeichnet **Richtung** und **Ziel**, z. B.: Κόπτω τὴν θύραν ich klopfe an die Tür. Die Übergänge von dem im Griechischen besonders häufig gebrauchten adverbialen Akkusativ der Richtung, der *Hin-sicht*, zum Objektsakkusativ verwischen sich gelegentlich. Trotzdem erlaubt der Sprachgebrauch in den meisten Fällen eine klare Scheidung in

1. Tätigkeiten, die sich auf ein schon vorhandenes Objekt richten und sich an ihm vollziehen (*den Acker pflügen, Früchte sammeln*),

2. Tätigkeiten, die ein Objekt erst hervorbringen (*ein Haus bauen, einen Brief schreiben, einen Vertrag schließen*),

3. Tätigkeiten und Vorgänge, bei denen der Akkusativ das Ausmaß oder die Erstreckung des Vorgangs über Raum oder Zeit hin angibt oder einen verdeutlichenden Hinweis auf Grund oder Art des Vollzugs darstellt, also die „Hin-sicht", in der die Aussage gilt. Während in den beiden ersten Fällen der Akkusativ als Objekt erscheint, gewinnt er im 3. Fall in der Regel adverbialen Charakter.

Das durch die Tätigkeit betroffene oder bewirkte Objekt wird in der passiven Aussageform Gegenstand der Aussage (Subjekt) und tritt daher in den Nominativ (*ἔργοις φίλους γίγνωσκε, μὴ μόνον λόγοις, passivisch: ἔργοις φίλοι γιγνώσκονται), ebenso das auf das Akkusativobjekt bezogene Prädikatsnomen; der adverbiale Akkusativ dagegen bleibt auch bei der Umwandlung des Satzes ins Passiv als Akkusativ bestehen (μάχην νικᾶν, passivisch: μάχην ἡττᾶσθαι; τὴν ταχίστην περιετείχιζον τὸ ἄστυ, passivisch: τὴν ταχίστην περιετειχίζετο τὸ ἄστυ).

1. DER AKKUSATIV ALS OBJEKT §31

α) **Der Akkusativ bezeichnet das Objekt, auf das die Handlung gerichtet ist** (affiziertes Objekt).

Er steht, oft abweichend vom Deutschen, auch bei den Verben mit der Bedeutung „Gutes oder Schlimmes durch Wort oder Tat zufügen".

ὀνινάναι ὠφελεῖν }	(τὴν πόλιν)	fördern, nützen	βλάπτειν (ἐχθρούς)		schädigen, schaden
εὐεργετεῖν εὖ ποιεῖν¹) }	(πατρίδα)	fördern, Gutes tun	κακουργεῖν, ἀδικεῖν κακῶς ποιεῖν }	(γῆν)	verwüsten, verheeren, mißhandeln
εὖ λέγειν	(ἥρωας)	preisen	κακῶς λέγειν (ἄλλους)		schmähen
κολακεύειν	(τύραννον)	schmeicheln	ὑβρίζειν (αἰχμαλώτους)		{ mißhandeln, verhöhnen, entehren
προσκυνεῖν	(βασιλέα)	{ erfurchtsvoll begrüßen	ψέγειν μέμφεσθαι }	(φίλον)	tadeln

1. Ὑμεῖς με μόνοι κακῶς λέγετε. 2. Φίλιππος οὐ μόνον ὑμᾶς, ἀλλὰ καὶ τοὺς ἄλλους ἀδικεῖ.
3. Τί ἥδιον ἢ μηδένα ἄνθρωπον κολακεύειν ἕνεκα μισθοῦ;

Anm. 1. Unterscheide den Akkusativ als den Kasus der Richtung vom Dativ als dem Kasus der (gesprächsweisen) Zuwendung bei folgenden Verben

mit Akkusativ			mit Dativ		
ὀνειδίζειν λοιδορεῖν }	(γυναῖκα)	schmähen	ὀνειδίζειν λοιδορεῖσθαι }	(γυναικί)	Vorwürfe machen, schelten
μέμφεσθαι	,,	tadeln	μέμφεσθαι		
ὠφελεῖν ὀνινάναι }	(φίλους)	fördern, nützen	λυσιτελεῖν συμφέρειν }	(τοῖς συνοῦσι)	vorteilhaft sein, nützen
τιμωρεῖσθαι (ἀδικοῦντα)		sich rächen an	τιμωρεῖν ἀμύνειν }	(φίλῳ)	helfen, beistehen
ἀμύνεσθαι (ἐχθρόν)		von sich abwehren			
ἀλέξειν (κύνας)		abwehren	ἀλέξειν (φίλῳ)		schützen, verteidigen
κελεύειν (ὁπλίτας)		antreiben, befehlen	παρακελεύεσθαι (φίλοις)		ermahnend zurufen

¹) Nicht πράττειν! Vgl. εὖ πράττω es geht mir gut. Für εὖ (κακῶς) ποιεῖν auch ἀγαθά, ἀγαθὰ (κακόν, κακὰ) ποιεῖν, δρᾶν, ἐργάζεσθαι. 1. Ἕκαστος ἔχει τι ἀγαθὸν δρᾶσαι τὴν πόλιν. 2. Ὁ πολλὰ κακὰ δρῶν τοὺς ἄλλους καὶ πάσχει αὐτὸς πολλὰ ἕτερα. 3. Οὐκ ἐμὲ μόνον ταῦτα πεποίηκεν Σωκράτης, ἀλλὰ καὶ ἄλλους πάνυ πολλούς. 4. Τοσαῦτα ἀγαθὰ εἴργασμαι τὴν πόλιν.

Anm. 2. Ἀδικεῖν und ὑβρίζειν verbinden sich auch mit εἰς, πρός, περί τινα. Ὁ νομοθέτης ἔγραψε μηδ' εἰς τοὺς δούλους ὑβρίζειν.

Anm. 3. Das Passiv zu εὖ ποιεῖν, εὐεργετεῖν sowie zu κακῶς ποιεῖν ist εὖ (κακῶς) πάσχειν ὑπό τινος (§ 113). Πολλὰ φιλικὰ ἔπαθον ὑπὸ τοῦ πατρός.

§ 32

β) **Der Akkusativ bezeichnet das Objekt, auf das das Subjekt bei der Handlung gerichtet ist, das das Subjekt bei der Handlung im Auge behält.**

θηρεύειν (ὄρνιθας, ἐπιστήμην)	nachjagen, erstreben	φυλάττεσθαι, εὐλαβεῖσθαι } (κόλακας)		sich hüten vor, sich in acht nehmen vor
ζηλοῦν (ἀγαθούς)	nacheifern	αἰδεῖσθαι (θεούς)		Ehrfurcht haben vor
φεύγειν (κινδύνους)	fliehen vor	αἰσχύνεσθαι (γονέας)		sich schämen vor
ἀποδιδράσκειν (δεσπότην)	entlaufen	ἐκπλήττεσθαι, καταπλήττεσθαι } (δράκοντας)		sich entsetzen vor
λανθάνειν (θεόν)	verborgen sein vor	φοβεῖσθαι, δεδιέναι (θάνατον)		sich fürchten vor
φθάνειν (πολεμίους)	{überholen, überflügeln	θαρρεῖν (κίνδυνον)		sich nicht fürchten vor
μιμεῖσθαι (ἑτέρους)	nachahmen			

1. Οὐ ζηλοῦσιν οἱ Ἀθηναῖοι τοὺς τῶν πέλας νόμους. 2. Ἠισχύνθημεν καὶ θεοὺς καὶ ἀνθρώπους προδοῦναι αὐτόν. 3. Ἐφυλάττοντο ὥσπερ πολεμίους ἀλλήλους. 4. Ἄνθρωπος ἀδικῶν οὐ λανθάνει θεούς.

Anm. So erklären sich wohl auch die Akkusative bei *αὐδᾶν, *προσφάναι, *φωνεῖν, *εἰπεῖν anreden, *ἀπαμείβεσθαι erwidern. 1. *Τὴν δ' αὖ Τηλέμαχος πεπνυμένος ἀντίον ηὔδα. 2. *Τὸν δ' ἀπαμειβόμενος προσέφη πολύμητις Ὀδυσσεύς. 3. *Ἕκτορα δ' εἶπε παραστάς.

§ 33

γ) **Der Akkusativ kann auch zu sonst intransitiven Verben als Objekt treten, wenn sich die Handlung auf ein Objekt richtet.**

μένειν	bleiben	(φίλους)	erwarten
καρτερεῖν	standhaft sein	(κινδύνους)	standhaft ertragen
νικᾶν	siegen	(πολεμίους)	besiegen
σιγᾶν	schweigen	(βουλήν)	verschweigen
οἰκεῖν	wohnen	(πόλιν)	bewohnen
σπεύδειν	eilen	(ῥητορικήν)	eifrig betreiben
ὀμνύναι	schwören	(εἰρήνην)	beschwören

1. Οὐ χρὴ σιωπᾶν τὰ δίκαια. 2. Μὴ σπεῦδ' ἃ μὴ δεῖ.

Anm. Bei ὀμνύναι *schwören* und ἐπιορκεῖν *einen Meineid schwören* kann auch die *Person*, bei der man schwört, *im Akkusativ* stehen. Οὐ δεῖ βασιλέα ὀμόσαι καὶ δεξιὰν δοῦναι καὶ θεοὺς ἐπιορκῆσαι.

δ) Intransitive Verba, die eine **Gemütsbewegung** ausdrücken, verbinden sich besonders bei Dichtern mit Akkusativobjekt, das angibt, worauf sich die Gemütsbewegung richtet.

πενθεῖν	traurig sein	(τοὺς τεθνεῶτας)	betrauern
δακρύειν	weinen	(τὴν τύχην)	beweinen
ἐλεεῖν	Mitleid haben	(τὸν ἀτυχῆ)	bemitleiden

ἱκετεύειν	Schutzflehender sein	(τοὺς θεούς)	flehentlich bitten
θρηνεῖν	wehklagen	(πατρὸς θάνατον)	beklagen¹)
ποθεῖν	voll Sehnsucht sein	(τὸν οὐ παρόντα)	sich sehnen nach, bitter nötig haben

1. Σύ μ' ἐλέησον. 2. Ἄνδρας πόλις ἥδε ποθεῖ. 3. Πρὸς παίδων καὶ γυναικῶν (§ 21 d) ἱκετεύω ὑμᾶς. 4. Αἱ γυναῖκες ἱκέτευσαν τοὺς στρατιώτας ἀμῦναι τέκνοις καὶ ἑαυταῖς.

§ 34

ε) **Verba, die eine Bewegung ausdrücken, können sich durch Zusammensetzung mit Präpositionen des Ortes,** wie im Deutschen, **auf ein Objekt richten und dann mit Akkusativ verbinden.**

διαβαίνειν (ποταμόν)	überschreiten	περιίστασθαι (λόφον)	umzingeln
ὑπερβαίνειν (ὄρη)	überschreiten	περιπλεῖν (ἄκραν)	umsegeln
παραβαίνειν ὑπερβαίνειν } (νόμους)	übertreten	ὑφίστασθαι, ὑποδύεσθαι, ὑπομένειν (κινδύνους) }	sich unterziehen
παρελαύνειν (τάξεις)	vorbeireiten		

1. Οἱ παρὰ θάλατταν ἄνθρωποι ὑπέμενον τὴν τῶν κρειττόνων δουλείαν. 2. Φίλιππος τοὺς τῶν θεῶν ὅρκους ὑπερβὰς λέλυκεν ἀδίκως τὴν εἰρήνην.

§ 35

ζ) **Der Akkusativ bezeichnet das Objekt, das durch die Tätigkeit zustandekommt** (effiziertes Objekt, Akk. des *Ergebnisses*).

ἐπιστολὴν γράφειν	einen Brief schreiben
ὁδὸν τέμνειν	einen Weg bahnen²)
σπονδὰς τέμνειν³)	(ein Opfertier schlachten und beim Opfer) einen Vertrag schließen
πόλεμον ταράττειν	(Unruhen erregen, bis ein Krieg entsteht), einen Krieg vom Zaun brechen
εἰρήνην πρεσβεύειν	als Gesandter sich um Frieden bemühen

η) **Der Akkusativ bezeichnet den Inhalt der Handlung.** § 36

Der Akk. des „Inhalts" ist mit dem Akk. des Ergebnisses eng verwandt. Während jedoch beim Akk. des Ergebnisses das Ergebnis bestehen bleibt, auch wenn die Handlung beendet ist (z. B. ὁδὸν τέμνειν: der Weg bleibt, auch wenn das „Schneiden" aufhört), verschwindet beim Akk. des „Inhalts" der Inhalt der Tätigkeit gleichzeitig mit deren Aufhören (z. B. ὀδυρμοὺς φθέγγεσθαι Klagelaute hören lassen⁴)).

Solche Akk. des *Inhalts* finden sich besonders in dichterischer Sprache bei Verben, die Sinnestätigkeiten bezeichnen.

1. *Substantive*:

πῦρ δέρκεσθαι	Feuer blicken	ἀστραπὰς στίλβειν	Blitze strahlen
πῦρ πνεῖν	Feuer schnauben	γάλα καὶ μέλι ῥεῖν	von Milch und Honig fließen

Anm. Aber auch *ῥέε δ' αἵματι γαῖα und ἡ γῆ ῥεῖ μάλα ψυχροῦ ὕδατος.

---

¹) Vgl. mhd.: *ich mac wol klagen mîn schoene wîp* (= beklagen).
²) Vgl. lat.: *viam munire*.
³) Vgl. σπένδεσθαι (beim Weiheguß) Vertrag schließen, und *Bruderschaft trinken*; mhd.: *minne trinken* (= den Abschiedstrunk trinken).
⁴) Vgl. mhd. *er switzet unde weinet bluot*.

2. *Adjektive:*

a) im Akk. *Singular* des Neutrums:

| ἡδὺ ὄζειν | angenehm duften | μέγα φθέγγεσθαι | laut rufen |
| ὀξὺ βλέπειν | scharf sehen | μέγα φρονεῖν | stolz gesinnt sein |

b) im Akk. *Plural* des Neutrums:

δεινὰ ὑβρίζειν	furchtbar freveln	τὰ τῶν Ἑλλήνων φρονεῖν	hellenisch denken
ὑψηλὰ ἅλλεσθαι	hoch springen	ἀνθρώπινα ἁμαρτάνειν	menschliche Fehler machen
φθονερὰ βλέπειν	neidisch dreinschauen		

Der adjektivische Akk. des „Inhalts" erstarrt, wie aus den Beispielen erkennbar wird, zu adverbialem Gebrauch und bezeichnet die Art und Weise, wie sich die Aussage vollzieht (§ 40).

Daher kann zu einer solchen Verbindung von Verbum und adverbialem Akkusativ auch ein Akkusativobjekt der Person treten: Σωκράτης τὰ μέγιστα πάντας τοὺς βουλομένους ὠφέλει.

So erklärt sich auch die Form des Adverbs beim Komparativ (Akk. Neutr. Sing.) und beim Superlativ (Akk. Neutr. Plural). Über die „figura etymologica" s. § 42.

§ 37   2. DER AKKUSATIV ALS PRÄDIKATSNOMEN

Manche Verba benötigen zur Vollständigkeit der Aussage neben dem Akkusativobjekt noch ein Prädikatsnomen im Akkusativ (ohne Artikel, vgl. § 4).

καλεῖν, λέγειν, ὀνομάζειν τινά (φίλον)	nennen
ἀποδεικνύναι, ἀποφαίνειν τινά (στρατηγόν)	ernennen zu[1]
ποιεῖν, καθιστάναι, τιθέναι τινά (σύμμαχον)	machen zu
νομίζειν, ἡγεῖσθαι, κρίνειν τινά (ἑταῖρον)	halten für, betrachten als
αἱρεῖσθαι, χειροτονεῖν τινα (στρατηγόν)	wählen zu
ἔχειν τινά (πατέρα)	haben als
διδόναι, λαμβάνειν τι (δῶρον)	geben als, nehmen als[2]
παρέχειν ἑαυτόν (σωτῆρα)	sich zeigen als

1. Ἄτιμόν με θήσεις. 2. Ἔξεστιν ὑμῖν ἡμᾶς λαβεῖν συμμάχους. 3. Πολλοὶ νομίζουσι τὸ μὲν πονεῖν ἀθλιότητα (Unglück), τὸ δὲ ἀπόνως βιοτεύειν εὐδαιμονίαν.

Anm. Ὄνομα ὀνομάζειν τινά oder καλεῖν τινα jm. einen Namen geben. 1. Ποῖον ὄνομα ὠνόμασεν αὐτὸν πατήρ; 2. Καλοῦσί με τοῦτο τὸ ὄνομα.

---

[1]) Während im Griech. wie im Lat. das Prädikatsnomen im selben Kasus steht wie das Beziehungswort (vgl. auch τυγχάνειν τινὸς ζῶντος *jd. lebend antreffen,* χρῆσθαί τινι φίλῳ *mit jm. als Freund verkehren*), wird es im Deutschen oft mit *zu, als, für* verbunden:

    zu bezeichnet den Übergang von einem Zustand in einen andern,

    als vergleicht das Beziehungswort mit dem Prädikatsnomen (= wie),

    für setzt das Prädikatsnomen an die Stelle des Beziehungsworts. Diese Ausdrucksweise ist im Mhd. noch weiter verbreitet: *sol man dēn für einen wīsen nennen? zelt mich für die armen* (= betrachtet mich als arm), *dēn het ēr z'eime lügenaere* (hielt er für ...).

[2]) Vgl lat. *obsides dare nobilissimos civitatis.*

3. DER AKKUSATIV ALS ANGABE DER NÄHEREN UMSTÄNDE
(ADVERBIALER AKKUSATIV) § 38

Der adverbiale Akkusativ steht ebenso bei *transitiven* (als 2. Akkusativ) wie bei *intransitiven* Verben. Er bleibt Akkusativ, auch wenn der Satz ins Passiv verwandelt würde:

aktiv: Ὁ στρατηγὸς ἄγει τὸ στράτευμα στενὰς ὁδούς.
passiv: Τὸ στράτευμα ἤχθη στενὰς ὁδούς.

α) **Der Akkusativ bezeichnet den Raum,** über den hin sich die Handlung vollzieht (acc. loci, auf die Frage: *welchen Weg? wie weit? wie lang?*)[1]).

τὰ δύσβατα πορεύεσθαι	auf unwegsamem Gelände marschieren	τὴν ταχίστην	auf schnellstem Weg
		τὴν εὐθεῖαν	geradewegs
μακρὰν ὁδὸν ἀπέχειν	ein gut Stück Wegs entfernt sein	τὴν λοιπήν	den Rest des Wegs

1. Χαλεπὴν καὶ μακρὰν ὁδὸν ἡ Ἀρετὴ ἐπὶ τὰς εὐφροσύνας (Frohsinn) διηγεῖται. 2. Μὴ τὰ δύσβατα πορεύου, ἀλλὰ κέλευε τοὺς ἡγεμόνας τὴν ῥᾴστην ἡγεῖσθαι. 3. Μακρὰν ἄπεστιν ἡ Λέσβος ἀπ' Ἀθηνῶν.

Anm. Bei Verben, die eine Bewegung ausdrücken, erscheint der bloße Akkusativ in seiner Grundbedeutung (§ 30) nur noch in der Dichtung. 1. *Ὢ πόποι, ἦ μέγα πένθος Ἀχαιίδα γαῖαν ἱκάνει. 2. *Ἦλθον πατρὸς ἀρχαῖον τάφον.

Schon früh wurde Richtung und Ziel verdeutlicht
a) durch -δε (-ζε< -σδε): *πολεμόνδε in den Krieg, *ἀγορήνδε zur Versammlung, Ἀθήναζε nach Athen, χαμᾶζε zu Boden,
b) durch εἰς, πρός, ὡς mit Akkusativ.

§ 39

β) **Der Akkusativ bezeichnet die Zeit,** über die sich die Handlung erstreckt (acc. temporis, auf die Frage: *wie lange? während welcher Zeit?*)[2]).

ἡμέρας	tagelang	τὸν χειμῶνα	den Winter über
νύκτα	eine Nacht hindurch	τὸν νῦν χρόνον	zur Zeit
χρόνον	eine Zeitlang	τὴν ἐπιοῦσαν νύκτα	in der darauffolgenden Nacht

1. Ἐν τῇ γῇ ἄρχουσι Λακεδαιμόνιοι καὶ ἐν τῇ θαλάττῃ τὸν νῦν χρόνον. 2. Ψευδόμενος οὐδεὶς λανθάνει πολὺν χρόνον.

Anm. 1. Zu Adverbien erstarrt sind Akkusative der Zeit, wie τήμερον, *σήμερον heute, αὔριον morgen, τὸ πρῶτον die erste Zeit, anfangs, τὸ λοιπόν in Zukunft, τὸ παλαιόν vor alters, τὸ τέλος (τελευταῖον) schließlich, πρότερον früher, ὕστερον später.

Anm. 2. Auf die Frage: seit wie langer Zeit? steht, wie oft im Deutschen, die Ordnungszahl: ἐνάτην ἡμέραν den 9. Tag, schon seit 8 Tagen, χθὲς καὶ τρίτην ἡμέραν gestern und vorgestern.[3])

γ) **Der Akkusativ bezeichnet** § 40
den Grund (auf die Fragen: *warum? inwiefern? in welcher Hinsicht? zu welchem Zweck?*)[4]) und
die Art und Weise (auf die Fragen: *wie, auf welchem Weg verwirklicht sich der Vorgang?*)[5]).

---

[1]) Vgl. *Welchen Weg kamst Du? Er ging keinen Schritt weiter. Das Tal ist einen Kilometer breit.*
[2]) Vgl. *M., den 1. Oktober. Er hat die längste Zeit gelebt.*
[3]) mhd.: *er reit den ahten tac* (= schon 7 Tage lang).
[4]) Vgl. *wettlaufen* = auf Grund einer Wette laufen, *Red' und Antwort stehen* = zum Zweck von Rede und Antwort stehen bleiben, *Rache* (= auf Rache) *sinnen*; mhd. *gerihte sitzen* = zum Zweck eines Gerichts Sitzung halten; *die fürsten sâzen ander kür* = hielten eine Sitzung ab zum Zweck einer zweiten Wahl.
[5]) Vgl. *seilspringen, tauziehen, ballspielen* usw. Das bedeutet nicht *den Ball*, sondern *mit dem Ball* spielen.

1. Der adverbiale Akkusativ a) eines *Substantivs*, besonders des Maßes oder der Herkunft, b) eines *Adjektivs* oder *Pronomens* (acc. Graecus, acc. limitationis):

a) εὖρος hinsichtlich der Breite, ὕψος der Höhe nach, βάθος an Tiefe, μῆκος in der Länge, πλῆθος an Menge, ἀριθμόν an Zahl;
γένος der Herkunft nach, ὄνομα dem Namen nach, mit Namen; τὸ σὸν μέρος was deinen Teil betrifft, πρόφασιν μὲν..., τὸ δ' ἀληθές (auch προφάσει μὲν..., τῇ δ' ἀληθείᾳ) angeblich..., in Wirklichkeit aber, γνώμην ἐμήν meiner Meinung nach, μάτην[1]) vergeblich, δίκην τινός nach Art von, χάριν τινός um... willen (eig. zur Gefälligkeit für jd.).

b) τοῦτο auf Grund dessen, in dieser Hinsicht, τί; (*τί χρῆμα;) warum? τι in irgend einer Hinsicht, irgendwie, οὐδέν in keiner Hinsicht, gar nicht, πολύ in vielfacher Hinsicht, bei weitem, πολλά vielfach, häufig[2]), τὰ πολλά meistens, τὸ μέγιστον in der Hauptsache, τἆλλα im übrigen, (πᾶν) τοὐναντίον (ganz) im Gegenteil, τὸ παράπαν durchaus, τὸ σύμπαν im ganzen, πάντα εὐδαίμων in jeder Hinsicht glücklich, τὰ μὲν..., τὰ δέ einerseits... andererseits.

1. Διὰ μέσου τῆς πόλεως ῥεῖ ποταμὸς Κύδνος ὄνομα, εὖρος δύο πλέθρων. 2. Αὐτὰ ταῦτα νῦν ἥκομεν. 3. Πρῶτον καὶ μέγιστον οἱ θεῶν ὅρκοι ἡμᾶς κωλύουσιν. 4. *Λέξον, ὅστις εἶ γένος; 5. Ἅπαντα δουλεύειν ὁ δοῦλος μανθάνει.

§ 41

2. Der adverbiale Akkusativ eines *Substantivs* bei *intransitiven Verben* und bei *Adjektiven*:

κάμνειν τοὺς ὀφθαλμούς	augenleidend sein
ὑγιαίνειν τὰς φρένας	geistig gesund sein
ἀλγεῖν τοὺς πόδας	Schmerzen haben an den Füßen
εὖ πεφυκέναι τὸ σῶμα	körperlich gut gebaut sein
διαφέρειν τὴν φύσιν (φύσει)	sich der Art nach unterscheiden
χωλὸς τὸν ἕτερον πόδα	an einem Fuß lahm
καλὸς τὸ σῶμα	körperlich schön
γενναῖος τὸ ἦθος	ein edler Charakter
μοχθηρὸς τὴν ψυχήν	seelisch verkommen
* πόδας ὠκύς schnellfüßig	* βοὴν ἀγαθός stimmgewaltig
μικρὸς δέμας von kleiner Gestalt	πάντα κακός ganz schlecht

1. Καθαρὸν τὸν νοῦν ἐὰν ἔχῃς, ἅπαν τὸ σῶμα καθαρὸς εἶ. 2. Εἰσὶ νεανίαι τὰς ὄψεις (Aussehen). 3. Πλῆθος τὴν φύσιν ἐστὶν ἡ πόλις. 4. Οἱ στρατιῶται διὰ τὸ ἀλγεῖν τοὺς πόδας οὐ βαδίζουσιν.

Anm. Statt des *Akkusativs der Hinsicht* kann auch der *Dativ des Grundes* (§ 83) oder *des Mittels* (§ 84) oder εἰς, πρός, κατά *mit Akk.* stehen. Der Dativ steht zumeist bei διαφέρειν sich unterscheiden in einer Hinsicht, sich auszeichnen durch, sowie in Gegensätzen.

1. Φύσει ἐστὶν ὁ ἄνθρωπος ζῷον πολιτικόν. 2. Δεῖ παντὶ τρόπῳ τὴν ἀδικίαν φεύγειν. 3. Ἔστι γένει μὲν ξένος, τῷ δὲ παρ' ὑμῖν νόμῳ πολίτης.

---

[1]) Vgl. *ἡ μάτη = ματία (vgl. μάταιος) vergebliches Bemühen.
[2]) Vgl. lat. *multa ostentis admonemur* vielfach werden wir durch Wunderzeichen gemahnt.

§ 42

3. Der adverbiale Akkusativ eines *Substantivs*, das mit dem Verbum *stamm*verwandt oder wenigstens *sinn*verwandt ist[1]):

ἀγρίαν νόσον (χαλεπῇ νόσῳ) νοσεῖν, κάμνειν, ἀσθενεῖν	an einer heftigen (schweren) Krankheit leiden
τὴν ἐν Σαλαμῖνι ναυμαχίαν (-ᾳ) ναυμαχεῖν	in der Seeschlacht bei Salamis kämpfen
γνώμην (γνώμῃ) νικᾶν	mit seiner Meinung durchdringen
τὴν δίκην (δίκῃ) νικᾶν	in einem (= den) Prozeß gewinnen
Ὀλύμπια νικᾶν	in den olympischen Spielen Sieger sein

1. Ἐπεὶ ἠσθένησε ὁ πατὴρ ταύτην τὴν νόσον, ἐξ ἧσπερ ἀπέθανεν, οὕτως αὐτὸν ἐθεράπευσα, ὡς οὐκ οἶδ᾽ ὅστις πώποθ᾽ ἕτερος ἕτερον. 2. Νενικήκαμεν τὴν μεγάλην μάχην, πολλὰς ναυμαχίας (aber auch μάχῃ, ναυμαχίᾳ, ἵππῳ, παγκρατίῳ). 3. Οἱ Ἀθηναῖοι ἠτύχησαν τὴν ἐν Αἰγὸς ποταμοῖς ναυμαχίαν. 4. Γένοιτό μοι νικῆσαι τὴν δίκην, γένοιτό μοι στεφθῆναι τὰ Ὀλύμπια (Wunschträume eines Jugendlichen). 5. Ἀρχὴν οὐδεμίαν ἦρξεν ἐν τῇ ὀλιγαρχίᾳ (übernahm kein Amt).

Anm. 1. Auch *Adjektiva* können durch ein stammverwandtes Substantiv mit Attribut in ihrer Ausdruckskraft verstärkt werden: κακὸς πᾶσαν κακίαν ganz schlecht, δειλὸς τὴν μεγίστην δειλίαν äußerst feig.
1. Οἱ Λακεδαιμόνιοι τοὺς εἵλωτας ἀτίμους ἐποίησαν ἀτιμίαν τοιάνδε, ὥστε μὴ ἄρχειν κυρίους εἶναι (das Recht haben, ein Amt zu bekleiden). 2. Οὔτε τι σοφός εἰμι τὴν ἐκείνων σοφίαν οὔτ᾽ ἀμαθὴς τὴν ἀμαθίαν (Sokrates).

Anm. 2. Häufig lassen sich solche stammverwandte Substantive, besonders bei an sich schon transitiven Verben, als Akkusativ*objekt* auffassen[2]), wie die Verwendung als Subjekt bei passivem Gebrauch zu erweisen scheint.

φόρον φέρειν	Tribut zahlen	πόλεμον πολεμεῖν	Krieg führen
ἁμαρτίας ἁμαρτάνειν	Fehler begehen	πομπὴν πέμπειν[3])	einen Festzug geleiten
φυλακὰς φυλάττειν	Wache stehen	δουλείαν δουλεύειν	in Knechtschaft leben
ἀγῶνα ἀγωνίζεσθαι	einen Wettkampf mitmachen, einen Prozeß durchfechten	θυσίας θύειν[4])	Opfer darbringen

1. Δεῖ τὸν στρατιώτην φοβεῖσθαι τὸν ἄρχοντα, εἰ μέλλει φυλακὰς φυλάττειν καὶ κινδύνους κινδυνεύειν. 2. Φίλιππος πόλεμον πολεμήσειν ὑπὲρ Θετταλῶν ἀνεδέξατο. 3. Πάντα τὰ κύκλῳ (§ 81, A. 2) ἔθνη φόρον φέρει. 4. Ὁ δῆμος τῶν Ἀργείων τειχίζει μακρὰ τείχη ἐς θάλασσαν. 5. Νῦν κακῶς αἱ δίκαι δικάζονται.

Über den zum Adverb erstarrten Akk. des Inhalts s. § 36.

4. MEHRERE AKKUSATIVE BEI EINER AUSSAGE   § 43

Bei *einer* Aussage können *mehrere Akkusative* zusammentreffen:

a) ein Akkusativ*objekt* mit einem *Prädikatsnomen* im Akkusativ (§ 37);

b) ein Akkusativ*objekt* mit einem adverbialen *Akkusativ des Raums* oder *der Zeit*;

1. Ἐδίωξαν τοὺς πολεμίους ἐξ ἢ ἑπτὰ στάδια (od. σταδίους). 2. Τὴν ἡδίστην τε καὶ ῥάστην ὁδὸν ἄξω σε (sagte Κακία zu Herakles).

---

[1]) Der übliche Ausdruck *figura etymologica* ist ein Begriff der Rhetorik, nicht der Syntax. Die im Griechischen schon bei Homer, mehr noch bei den Rednern beliebte Wiederholung desselben Wortstammes bei Substantiv und Verbum ist weder im Griechischen noch im Deutschen auf den Akkusativ beschränkt. Vgl. Τὸν Καλλίβιον ἁρμοστὴν (Statthalter) οἱ τριάκοντα ἐθεράπευον πάσῃ θεραπείᾳ, mhd. *einer andern bête er dô bat* da tat er eine zweite Bitte.
[2]) Vgl. mhd. *den schuz schôz mit ellen daz Sigemundes kint.*
[3]) So auch ἑορτὴν πέμπειν ein Fest feiern, Παναθήναια πέμπειν den Panathenäenfestzug veranstalten.
[4]) So auch γενέθλια, εὐαγγέλια, ἐπινίκια, σωτήρια θύειν Geburtstagsopfer, Freudenopfer über eine gute Nachricht, Siegesopfer, Dankopfer für die Rettung darbringen.

c) ein Akkusativ*objekt*, meist eine Person, mit einem adverbialen *Akkusativ des Grundes* oder *der Art und Weise*.

Häufig ist dieser adverbiale Akkusativ mit dem Verbum *stammverwandt* oder *sinnverwandt*[1]).

δεινὴν ὕβριν ὑβρίζειν τινά (pass. δεινὴν ὕβριν ὑβρισμένος)	jd. unter furchtbarem Frevel mißhandeln
πᾶσαν θεραπείαν θεραπεύειν τινά[2]) (pass. πᾶσαν θεραπείαν θεραπευόμενος)	jd. mit aller Sorgfalt pflegen
γραφὴν γράφεσθαί τινα[3]) δίκην, γραφὴν διώκειν τινά (pass. γραφὴν ἁλίσκεσθαι)	jd. mittels einer Anklageschrift anklagen, schriftliche Klage gegen jd. einreichen
τὴν ἐν Μαραθῶνι μάχην[4]) τοὺς βαρβάρους νικᾶν (pass. μάχην νικηθῆναι)	in der Schlacht bei M. die Barbaren besiegen
Πύθια ἄνδρας νικᾶν	in den pythischen Spielen Männer besiegen

§ 44

d) zwei Akkusativobjekte (Person und Sache, τινά τι).

1. jd. *antreiben, bitten, fragen*[5]); von jm. *eintreiben, fordern*

κελεύειν	antreiben, auffordern, befehlen (statt Akk. der Sache meist Infinitiv)	εἰσπράττειν, πράττεσθαι	eintreiben, fordern (auch παρά τινος)
ἐρωτᾶν	fragen (auch περί τινος oder indir. Fragesatz)	αἰτεῖν	fordern, erbitten
		αἰτεῖσθαι	für sich fordern
ἐξετάζειν	ausforschen	ἀπαιτεῖν	zurückfordern (auch παρά τινος von jm.)

1. Τί με ταῦτα κελεύεις; 2. Ὅπερ ἄρτι σε ἠρόμην, πειρῶ σαφέστερον εἰπεῖν. 3. Σωκράτης οὐδένα πώποτε τῆς συνουσίας (§ 66) ἀργύριον ἐπράττετο. 4. Οἱ Κορίνθιοι χρήματα ᾔτησαν Θηβαίους.

Anm. 1. Bei κελεύειν „befehlen" steht im Epos, wie bei den Verben des Sagens (§ 73), auch Dativ. *Τά γε δὴ νοέοντι κελεύεις.

Anm. 2. Bei κελεύειν, ἐρωτᾶν und ἐξετάζειν steht neben dem Akk. der Person als Sachobjekt[6]) nur ein Neutrum, meist eines Pronomens. 1. *Ταῦτά μ' ἀνείρεαι ἠδὲ μεταλλᾷς darnach fragst du und forschest du mich aus. 2. Σίγα, ἐάν τίς σε ταῦτ' ἐξετάζῃ.

2. jm. etwas *wegnehmen* (§ 61 α), *ausziehen, anziehen*

ἀφαιρεῖσθαι, (ἀπο-)συλᾶν, ἀποστερεῖν (τινα χρήματα)	jm. etw. wegnehmen, jd. berauben (auch τί τινος)
ἐκδύειν (τινὰ χιτῶνα)	jd. ausziehen
ἐνδύειν, ἀμφιεννύναι (τινὰ τὸ ἱμάτιον)	jd. anziehen, bekleiden mit

1. Ὁ στρατηγὸς ἡμᾶς ἀποστερεῖ τὸν μισθόν. 2. Οἱ πλεονέκται (Habgierigen) τῶν ἄλλων ἀφαιροῦνται τὰ χρήματα. 3. Χιτῶνα ἐξέδυσε τὸν παῖδα. 4. Τεῖχος περιεβάλοντο τὴν πόλιν.

---

[1]) Vgl. mhd. *ër sluoh in mit thëme swerte ûf den helm herten einen vermëzzentlichen slah*.
[2]) Dafür auch πάσῃ θεραπείᾳ (vgl. § 42[1])).
[3]) Eigentlich *jd. in die Terminliste für die Gerichtsverhandlung einschreiben lassen*.
[4]) Dafür auch ἐν τῇ ἐν Μαραθῶνι μάχῃ.
[5]) Vgl. lat. *alqm sententiam rogare* jd. um seine Meinung fragen.
[6]) So auch im Got., Ahd., Mhd. Vgl. *das frage ich mich auch*.

3. jd. etwas *lehren*, an etwas *erinnern*, jm. etwas *verheimlichen*

διδάσκειν (τινὰ τὴν μουσικήν) lehren
ἀνα-, ὑπομιμνῄσκειν (τινὰ τὰ πεπραγμένα, erinnern an, ins Gedächtnis rufen
auch τῶν πεπραγμένων, § 55)
κρύπτειν, ἀποκρύπτεσθαι (τινὰ τὴν συμφοράν) verhehlen, verheimlichen

1. Οἱ Πέρσαι διδάσκουσι τοὺς παῖδας καὶ ἐγκράτειαν γαστρὸς καὶ ποτοῦ. 2. Τὴν Ἀττικὴν γλῶτταν καὶ τοὺς τῶν Ἀθηναίων τρόπους ἐδίδασκον τοὺς παῖδας. 3. Ἀναμνήσω ὑμᾶς τοὺς κινδύνους. 4. Ἔκρυπτε τὸν τοῦ ἀνδρὸς θάνατον τὴν θυγατέρα.

Anm. Zwei Akkusativobjekte stehen auch:
1. bei der Ausdrucksweise, die im Akk. die *Person* und einen betroffenen *Körperteil* der Person nennt (im Aktiv nur dichterisch). 1.*Τὸν δ᾽ Ὀδυσεὺς... βάλε δουρὶ | κόρσην (traf auf die Schläfe). 2.*Τρῶας δ᾽ ἄχος ἔλλαβε θυμόν. 3.*Ποῖόν σε ἔπος φύγεν ἕρκος ὀδόντων (vgl. § 32).
Im Passiv bleibt der Akk. des Teils unverändert. Οἱ αἰχμάλωτοι δεδεμένοι ἦσαν καὶ τὼ χεῖρε καὶ τὸν τράχηλον (Hals)
2. bei den Verben des *Teilens*. 1.*Ἅπαντα νεῖμαι κελεύω μέρη εἴκοσιν (in 20 Teile). 2. Τὰ δώδεκα μέρη τέμνειν τὴν πόλιν δεῖ. 3. Ξέρξης πάντα τὸν πεζὸν (§ 14b) τρεῖς μοίρας ἐδάσατο (δαίομαι teile). 4. Τὸ ἄστυ κατατέτμηται τὰς ὁδοὺς εὐθείας.
Im Passiv auch εἰς, κατά: Εἰς δύο μέρη διαιρεῖται ἡ ἡμέρα.

5. „BEZIEHUNGSLOSE" AKKUSATIVE § 45

1. Oft wird durch einen adverbialen Akkusativ des Grundes am *Anfang eines Satzes* ein neuer Gesichtspunkt eingeführt („*Was ... betrifft*", in der Umgangssprache: „*Wegen...*")[1]).

1. Τοὺς Ἕλληνας τοὺς ἐν τῇ Ἀσίᾳ οἰκοῦντας οὐδέν πω σαφὲς λέγεται, εἰ ἕπονται (hinsichtlich der Griechen...). 2. Τὰ μὲν γὰρ παρελθόντα ὑμεῖς Κῦρον ηὐξήσατε στράτευμα δόντες (denn was die Vergangenheit betrifft...).

Anm. Zu solchen Akkusativen gehört auch der beziehungslos gebrauchte substantivierte Infinitiv; s. § 145,3A.

2. In *erregter Anrede, Frage* oder *Ablehnung* steht der Akkusativ, wie im Deutschen, ohne das zugehörige gedachte, aber nicht ausgesprochene Verbum[2]).

1. *Μή μοι πρόφασιν (keine Ausrede!). 2. *Μὴ τριβὰς ἔτι (keinen Aufschub mehr!). 3. Τί δὲ τὰς ἄλλας περὶ τὸ σῶμα θεραπείας (was ist's nun mit..., wie steht's nun mit...?);

Anm. In der Beteuerung steht die angerufene Gottheit (mit oder ohne Artikel) im Akkusativ.
Νὴ Δία, (ναί) μὰ (τὸν) Δία, νὴ τὴν Ἥραν beim Zeus, bei Hera! Οὐ μὰ Δία, οὐ μὰ τὸν Ἀπόλλωνα nein beim Zeus, bei Apollon! Εἰ τοῦτο ἐάσεις ἀνέλεγκτον (unwiderlegt), μὰ τὸν κύνα τὸν Αἰγυπτίων θεόν, οὔ σοι ὁμολογήσω.

b) DIE ERGÄNZUNG DER AUSSAGE IM GENETIV § 46

Im griechischen Genetiv sind der idg. Genetiv und der idg. Ablativ schon in vorgriechischer Zeit zusammengeflossen. Dies läßt auf enge begriffliche Verwandtschaft der Grundbedeutung schließen. Besonders die Aussage der Zugehörigkeit kommt der Bedeutung des Ablativs sehr nahe[3]).

---

[1]) Vgl. mundartlich: *Meinetwegen kannst du das ruhig tun.*
[2]) Vgl. *Keine Umstände! O Freunde, nicht diese Töne!* (Beethoven, 9. Symphonie). *Mir dies? Dies, Tristan, mir?* (R. Wagner, Tristan und Isolde).
[3]) Vgl. *Λητοῦς καὶ Διὸς υἱός und ἐκ Διὸς υἱός. Vgl. auch frz. *du vin* (< de illo vino = vini).

Der echte *Genetiv* gab in vielfachen Abwandlungen an, daß die Aussage nur einen Teil des Gegenstands betrifft. Er bezeichnete den Bereich,

    a) dem etwas als Teil zugehört[1]),

    b) den etwas berührt, „*betrifft*",

    c) den etwas zu berühren sucht.

Vgl. die Verba a) „*teil*"-haben, b) sich halten an, c) streben nach.

Der idg. *Ablativ* bezeichnete örtlich und bildlich den Ausgangsbereich. Er gab an

    a) die Herkunft oder Trennung von einem Bereich,
        übertragen: die Ursache als Ausgangsbereich für Stimmung oder Handlung,

    b) die Bezogenheit auf einen Bereich (*vor, hinter, über, unter*).

Vgl. die Verba a) herkommen von, abhalten von, trennen von;
                verurteilen wegen, sich ärgern, sich wundern wegen;
          b) voranstehen, hintanstehen, überlegen sein, unterlegen sein.

Der Ablativ wird schon in idg. Zeit oft durch Präpositionen verdeutlicht (ἀπό, ἐκ). Trotzdem gelingt es nicht immer, den „eigentlichen" Genetiv vom idg. Ablativ reinlich zu lösen. Selbst der Vergleich mit dem Lateinischen bringt keine völlige Klärung.

Über den Genetiv als Attribut („adnominalen Genetiv") s. § 13.

§ 47   1. DER GENETIV ALS PRÄDIKATSNOMEN

Verba, die ein Prädikatsnomen im Nominativ (§ 4) oder Akkusativ (neben dem Akkusativobjekt, § 37) benötigen, können sich statt dessen mit prädikativem Genetiv verbinden. Dieser Genetiv bezeichnet den Bereich, dem das Subjekt bzw. Objekt — im weitesten Sinn — zugehört[2]). Er drückt daher aus

α) *Zugehörigkeit* (gen. possessivus)

εἶναι τῶν ἀρίστων	Eigentum, Eigenart, Pflicht, Gewohnheit der Besten sein, zu den Besten gehören
γίγνεσθαι τῶν φίλων	Teil, Eigentum usw. der Freunde werden
ποιεῖσθαι βασιλέως	zum Eigentum des Großkönigs machen
νομίζειν, τιθέναι (τίθεσθαί) τι τῶν τοῦ βίου ἀγαθῶν	etw. zu den Gütern des Lebens rechnen[3])
ἀριθμεῖσθαι, καλεῖσθαι τῶν ὁμοτίμων	zu den Ebenbürtigen (zum persischen Hochadel) gezählt, gerechnet werden[3]).

1. Τὸ βιάζεσθαι οὐ τῶν φρόνησιν ἀσκούντων, ἀλλὰ τῶν ἰσχὺν ἄνευ γνώμης ἐχόντων ἐστίν. 2. Ἔστιν ὁ πόλεμος οὐχ ὅπλων τὸ πλέον (§ 40), ἀλλὰ δαπάνης. 3. Τῆς Ἰταλίας Λοκροὶ τῶν Συρακοσίων ἦσαν. 4. Οὐ πολλοὶ τῆς αὐτῆς γνώμης ἦσαν. 5. Ἐμὲ θὲς τῶν πεπεισμένων.

---

[1]) Vgl. mhd. *die daz rehte singen stoerent, der ist ungelîche mêre danne die ez gerne hoerent*.
[2]) Diese prädikative Verwendung des Genetivs ist im Mhd. noch sehr ausgedehnt: *diu sorge ist mîn eines niht* (ist nicht nur Sache von mir allein), *ez ist sô hôher mâge dër marcgrâvinne lîp* (von so hoher Verwandtschaft). Vgl. nhd.: *Du bist des Todes. Ich bin deiner Meinung.*
[3]) Vgl. jedoch lat.: *in bonis vitae numerare, in numero amicorum habere*.

Aber ἐμόν ἐστιν (nicht Genetiv!) es ist meine Sache, Pflicht u. ä. Vgl. *meum est.* * Σὸν λέγειν, τολμᾶν δ' ἐμόν.

Anm. Mit possessivem Genetiv verbinden sich häufig auch ἴδιος, οἰκεῖος, ἐπιχώριος in der Bedeutung *angehörig, eigen,* ἱερός (*einem Gott*) *geweiht, heilig,* κοινός *gemeinsam*.

β) *Herkunft, Abstammung* (gen. originis, auch mit ἀπό, ἐκ abl.-adverbial aufgefaßt; s. § 60)

εἶναι, πεφυκέναι τοιούτων προγόνων	von solchen Ahnen abstammen
καλεῖσθαι Διός	Sohn (Tochter) des Zeus genannt werden
ἡγεῖσθαι Ἀφροδίτης τινά	jd. für einen Sohn (eine Tochter) der Aphrodite halten

1. Οὐδὲν θαυμαστὸν τῶν ἀγαθῶν πατέρων φαύλους υἱεῖς γενέσθαι. 2. Ξενοφῶν πόλεως μεγίστης ἦν. 3. Τὸν Ἔρωτα οὐκ Ἀφροδίτης καὶ θεόν τινα ἡγῇ;

γ) *Raummaß, Zeitmaß, Angabe von Stoff oder Art* (gen. qualitatis, § 13 c).

εἶναι πλέθρου τὸ εὖρος	ein Plethron (31 m) breit sein
εἶναι ἐτῶν ὡς ἑπτακαίδεκα	etwa 17 Jahre alt sein
εἶναι ἄλλου τρόπου	anderer Wesensart sein

1. Ὁ Εὐφράτης ποταμὸς ἦν τὸ εὖρος (§ 40) τεττάρων σταδίων (etwa 740 m). 2. Πεντήκοντα ἐτῶν γεγονὼς ἐτελεύτησεν.

Anm. Der prädikative Genetiv als Angabe von *Wert* und *Preis* ist im Zusammenhang mit dem ablativischen gen. pretii (§ 67) behandelt.

2. DER GENETIV ALS OBJEKT § 48

α) **Der Genetiv bezeichnet den Bereich, von dem die Aussage nur einen Teil betrifft**[1]) **(gen. totius, gen. partitivus).** Er steht als Objekt besonders bei dem Begriff *teil-haft-ig* (= an einem Teil des Ganzen haftend), *teil-haben*.

1. *Anteil haben, Anteil geben, Anteil nehmen*

μετέχειν, κοινωνεῖν τῆς πολιτείας	Anteil haben am staatlichen Leben
μέτεστί μοι τῶν ἀρχῶν	ich habe Anteil an, Anrecht, Anspruch auf die Ämter
μεταδιδόναι ἀρχῆς	Anteil gönnen, gewähren an der Herrschaft
μεταλαμβάνειν πολιτείας	Anteil erhalten, teilnehmen am Staatsleben

So auch μέτοχός τινος teilhaftig, ἄμοιρός τινος nicht teilhaftig, frei von.

1. Ἡ ἀνθρώπου ψυχὴ τοῦ θείου μετέχει. 2. Χρὴ τῶν φροντίδων μεταδιδόναι τοῖς φίλοις. 3. Ἡ ψυχὴ εἰς Ἅιδου μὴ καθαρὰ ἀφικομένη ἄμοιρος γίγνεται τῆς τοῦ θείου συνουσίας.

Anm. 1. Der Teil des Ganzen steht bei *geben* und *nehmen* im Akkusativ. 1. Μεταδίδωμί σοι πέντε τάλαντα τῶν χρημάτων. 2. Οὐ μετέλαβε τὸ πέμπτον μέρος τῶν ψήφων.

Anm. 2. Auch bei transitiven Verben steht statt des Akkusativobjekts ein Genetiv des *Ganzen* (gen. totius), wenn von diesem nur ein Teil Gegenstand der Aussage ist.
1. Οἱ Κερκυραῖοι τῆς γῆς ἔτεμον (verwüsteten einen Teil des angebauten Landes). 2. Οἱ πολῖται διεῖλον τοῦ παλαιοῦ τείχους (rissen ein Stück von der alten Mauer nieder). 3. Τῶν εἱλώτων ἐξέπεμψαν.
So auch bei ἐσθίειν ἄρτου Brot essen, πίνειν οἴνου Wein trinken[2]); aber Σωκράτης ἔπιε τὸ κώνειον (trank den Becher mit Schierlingssaft aus).

---

[1]) Dies gilt ebenso für die modernen Sprachen, bis ins 19. Jh. auch fürs Deutsche: *Es schenkte der Böhme des perlenden Weins* (Schiller); mhd.: *ich wil im mînes brotes geben.*
[2]) Vgl. frz.: *manger du pain* (lat. *de illo pane*), *boire du vin;* mhd.: *ich mac des niht geniezen* (Nutzen haben davon).

§ 49

2. *teilhaftig werden* (wörtlich und bildlich)

ψαύειν, θιγγάνειν (σίτου)	berühren	ἅπτεσθαι (μουσικῆς)	sich befassen mit
λαμβάνειν (τῆς χειρός)	fassen,	τυγχάνειν[1]) (τιμῆς)	teilhaftig werden
λαμβάνεσθαι (καιροῦ)	ergreifen	πειρᾶσθαι (ἔργου)	sich versuchen an
ἀντιλαμβάνεσθαι (τῆς ἡγεμονίας)	sich bemächtigen	ἐξ-, ἐφικνεῖσθαι (σκοποῦ)	treffen, erreichen
		ἀποτυγχάνειν, ἁμαρτάνειν (σκοποῦ)	nicht treffen, verfehlen
ἔχεσθαι (ὁρῶν, νόμων)	sich anschließen an, sich halten an	σφάλλεσθαι, ψεύδεσθαι (ἐλπίδος)	sich täuschen in
ἀντέχεσθαι (χρημάτων)	sich halten an		

1. Ὁ λοιμὸς τὸ πρῶτον ἐν τῷ Πειραιεῖ ἥψατο (erfaßte) τῶν ἀνθρώπων. 2. Ἔλαβον τῆς ζώνης τὸν Ὀρόνταν (vornehmer Perser). 3. Τῆς γνώμης ἀεὶ τῆς αὐτῆς ἔχομαι, μὴ εἴκειν τοῖς Πελοποννησίοις (sagte Perikles). 4. Οὗτοι τῆς (§ 16) δίκης ἔτυχον. 5. Ἔνιοι διαμαρτόντες τῶν ὁδῶν κατὰ τὴν χώραν ἐπλανήθησαν.

§ 50

3. *teilhaftig werden wollen* = *streben, zielen nach, begehren*[2])

ἐπιθυμεῖν (σωφροσύνης)	streben nach	ἀντιποιεῖσθαί τινι (ἀρχῆς)	Anspruch erheben auf, streitig machen
ἐφίεσθαι, γλίχεσθαι[3]), ἐρᾶν ὀρέγεσθαι[4]), στοχάζεσθαι (ἀρετῆς)	streben, trachten nach	πεινῆν (ἐπαίνου)	hungern nach
		διψῆν (ἐλευθερίας)	dürsten nach

Anm. Nach der Grundbedeutung des Genetivs bzw. Akkusativs ist zu unterscheiden: τοξεύειν, ἀκοντίζειν ἀνδρός auf einen Menschen zielen, ἐτόξευσα, ἠκόντισα τὸ θηρίον ich schoß = traf, erlegte das Tier.

1. Σωκράτης πολλοὺς ἐποίησεν ἀρετῆς ἐπιθυμεῖν. 2. Οἱ Σωκράτει (§ 78) συνόντες ὠρέγοντο τῶν καλῶν. 3. Πεινῶσι τοῦ ἐπαίνου οὐχ ἧττον ἔνιοι ἢ ἄλλοι τῶν σίτων τε καὶ ποτῶν. 4. *Ἐγὼ δὲ τοξεύσασα τῆς εὐδοκίας (Wohlwollen) | λαχοῦσα πλεῖον τῆς τύχης ἡμάρτανον (sagt die gefangene Gemahlin Hektors, Andromache).

§ 51

4. *genießen*

γεύειν τινά (τῶν σιτίων)	jd. kosten lassen	ἀπολαύειν (ἰχθύων, σχολῆς)	genießen
γεύεσθαι (ἐλευθερίας)	kosten, genießen	ὀνίνασθαι (χρημάτων)	Vorteil haben von

1. Πεινήσας τῶν ἡδίστων σίτων τεύξῃ καὶ διψήσας τῶν ἡδίστων ποτῶν ἀπολαύσῃ. 2. *Ἦ τοι ὀιστοῦ (Pfeil) γε πρῶτος γεύσεσθαι ἔμελλεν | ἐκ χειρῶν Ὀδυσῆος. 3. *Δαιτὸς ὄνησο laß dir's schmecken!

Anm. Art und Maß des Genusses kann durch Akk. Neutr. ausgedrückt werden (vgl. § 40).

1. Τί ἄλλο ζῷον αἰγῶν τε καὶ βοῶν καὶ ἵππων τοσαῦτα ἀγαθὰ ἀπολαύει, ὅσα ἄνθρωποι; 2. Πολλοὶ ἀπολαύουσιν ἐλάχιστα τῶν ὑπαρχόντων διὰ τὸ ἀεὶ κτᾶσθαι.

---

[1]) ἐν-, προσ-, συντυγχάνειν *begegnen* meist mit Dativ des Zusammentreffens (§§ 76, 78); λαγχάνειν *etw.* (durch Los oder Schicksal) *erhalten* (z. B. εὐπρεπεστάτης τελευτῆς), bes. in wörtlicher Bedeutung auch mit Akkusativ.
[2]) Vgl mhd.: *vil manic rîcher herre, die gërten ir ze wîbe.*
[3]) Nur Präs. und Imperf.
[4]) Eig. *sich recken, sich strecken nach* von ὀρέγειν *strecken, hinreichen.*

5. *voll sein, füllen*[1]) (gen. copiae) § 52

a) γέμειν, πλήθειν, πληθύειν ἐπιτηδείων   voll sein von Lebensmitteln
   πλουτεῖν, εὐπορεῖν χρημάτων   reich sein an, reichlich versehen sein mit Geld
b) ἐμπιμπλάναι, μεστοῦν, πληροῦν,   anfüllen mit Wein, erfüllen mit Zorn
   γεμίζειν οἴνου, ὀργῆς

Anm. Der Genetiv steht auch bei den Adjektiven μεστός, πλήρης, πλέως voll von, πλούσιος reich an.

1. Αἱ κῶμαι πολλῶν καὶ ἀγαθῶν ἔγεμον. 2. Ἐγέμισαν τὴν ναῦν ξύλων. 3. Πληροῦτε τὰς ναῦς ἀνδρῶν. 4. Τὸ σῶμα ἐπιθυμιῶν καὶ φόβων καὶ φλυαρίας (dummes Zeug) ἐμπίμπλησιν ἡμᾶς πολλῆς. 5. Μεσταὶ ἦσαν αἱ κῶμαι ἀνθρώπων.

6. *mangeln, bedürfen* (gen. inopiae) § 53

δεῖ μοι ἀργυρίου   mir fehlt es an Geld, ich benötige Geld
δεῖσθαι τροφῆς   der Nahrung bedürfen
φείδεσθαι χρόνου   mit der Zeit sparen
ἀφειδεῖν, οὐ φείδεσθαι πόνων   keine Mühe sparen, schonen
ὑφίεσθαι πόνων   nachlassen in, es fehlen lassen an Anstrengung
ἀπορεῖν τροφῆς   Mangel leiden an Nahrung

1. Ἀγαθοῦ δημιουργοῦ (Handwerker) δεῖ. 2. Φιλίαν κτησάμενος ἄρχων οὐδὲν (§ 40) ἔτι δεήσεται δορυφόρων. 3. Ἀγησίλαος, ὅπου ᾤετο τὴν πατρίδα τι ὠφελήσειν, οὐ πόνων ὑφίετο, οὐ κινδύνων ἀφίστατο (§ 61 β), οὐ χρημάτων ἐφείδετο.

Anm. 1. Persönlich wird δέω fast nur mit allgemeinen Maßangaben im Genetiv und gegebenenfalls mit Infinitiv gebraucht: πολλοῦ, μακροῦ, ὀλίγου, τοσούτου, παντός δέω. S. außerdem § 145,3.
  a) 1. Οὐ πολλοῦ δέω χάριν ἔχειν τῷ κατηγόρῳ beinahe müßte ich dem Ankläger danken. 2. Πολλοῦ δέω ἐγὼ ὑπὲρ ἐμαυτοῦ ἀπολογεῖσθαι (ich bin weit entfernt = ich denke gar nicht daran).
  b) τριάκοντα ἑνὸς δέοντα ἔτη 29 Jahre, πεντήκοντα δυοῖν δέοντα ἔτη 48 Jahre, τὸ ἑνὸς δέον εἰκοστὸν ἔτος das 19. Jahr, δυοῖν δεούσαις εἴκοσι ναυσίν mit 18 Schiffen.
Anm. 2. Bei δεῖσθαί τί τινος „etw. von jm. erbitten" (Gen. d. Person) wird das Erbetene meist durch Akk. Neutr. eines Adjektivs oder Pronomens ausgedrückt. 1. Δίκαια καὶ μέτρια ὑμῶν δέομαι. 2. Διαπράξομαι, ἃ δέομαι.

β) **Der Genetiv bezeichnet den Bereich eines Bewußtseinsinhalts.** § 54

Bewußtseinsinhalte sind Wahrnehmungen, Erinnerungen, Sorgen, also auf den Augenblick, auf die Vergangenheit oder auf die Zukunft gerichtete Gedanken. Sie stehen bei „wahrnehmen", „sich erinnern", „sich sorgen um" im Genetiv.

1. Der Bereich der *Wahrnehmung*[2])

ἀκούειν, ἀκροᾶσθαι τῶν γεγενημένων   hören von den Geschehnissen
αἰσθάνεσθαί τινων ἀχθομένων   Leute wahrnehmen, die unwillig sind
πυνθάνεσθαι τῆς πόλεως κατειλημμένης   erfahren von der Einnahme der Stadt
  So auch: ὄζειν μύρων   nach Salben riechen

---

[1]) Vgl. mhd.: *dem fulte ich rôtes goldes den Etzelen rant* (Etzels Schild). Im Lat. verbinden sich die Begriffe des Vollseins, Füllens und des Mangels häufiger mit Ablativ: *gaudio, voluptate complere; terrore omnia implere; non egere medicina*; dagegen *indigere* klassisch meist mit Genetiv.
[2]) *Sehen* kann man nicht einen *Bereich*, sondern mit jeweils *einer* Blickrichtung nur ein bestimmtes *Objekt*. Daher steht bei ὁρᾶν, βλέπειν, θεᾶσθαι der *Akkusativ*, nicht der Genetiv.

1. Οἱ στρατιῶται ἤκουσαν τῆς σάλπιγγος. 2. Οἱ Λακεδαιμόνιοι ᾐσθοντο τειχιζόντων τῶν Ἀργείων. 3. Πυθέας (Gegner des Demosthenes) σκώπτων ἔφη τοὺς λόγους τοῦ Δημοσθένους λύχνων (Lampe) ἀπόζειν.

Anm. 1. Unterscheide bei den Verben der Wahrnehmung

ἀκούειν, ἀκροᾶσθαι αἰσθάνεσθαι, πυνθάνεσθαι, μανθάνειν	τινός τινός τινός τι	von jm. (her) hören usw. über jd. hören „ über etw. hören „ etw. hören „	auch ἐκ, πρός, παρά τινος auch περί τινος auch περί τι

1. Τῶν μαρτύρων ταῦτ' ἀκηκόατε. 2. Μάθε μου καὶ τάδε. 3. Ὑμεῖς ἐμοῦ ἀκούσεσθε πᾶσαν τὴν ἀλήθειαν. 4. Τοῦτο βούλομαι σαφῶς μαθεῖν παρ' ὑμῶν. 5. Ἤισθετο τὰ γιγνόμενα. 6. Ἤκουσαν τὸν θόρυβον.

Anm. 2. Bei ἐπακούειν, ὑπακούειν „auf etw. hören" steht immer Genetiv, in der Bedeutung „gehorchen", „sich fügen" meist Dativ.
1. Οἱ Κορίνθιοι οὐδὲν (in keiner Weise, § 40) τούτων ὑπήκουον. 2. Ἐπάκουσον τῷ κελεύσματι.

Auch die Adjektive, die *erfahren* (als Eigenschaft) bezeichnen, verbinden sich mit Genetiv (dafür auch περί τινος, περί τι).

ἔμπειρος, ἐπιστήμων (θαλάσσης)   kundig, erfahren (in der Seefahrt)
ἄπειρος, ἀνεπιστήμων (δικῶν)   unkundig, unerfahren (im Rechtswesen)
ἰδιώτης (ἰατρικῆς)   ungeschickt, ohne Kenntnisse (in der Heilkunde)
συγγνώμων (ἁμαρτημάτων)   nachsichtig (gegenüber Fehlern);
                                  (die Person steht im Dativ, §§ 72, 78)

1. Τίνος τέχνης ἐπιστήμων εἶ; 2. Ἐὰν ἐμὲ φίλην ποιήσῃς, τῶν μὲν τερπνῶν (erfreulich, angenehm) οὐδενὸς ἄγευστος ἔσῃ, τῶν δὲ χαλεπῶν ἄπειρος διαβιώσῃ (sagte das Glück zu Herakles).

§ 55

2. Der Bereich der *Erinnerung*[1])

Dieser Genetiv wird besonders bei Sachbegriffen mehr und mehr durch περί verdeutlicht und, vor allem beim Neutrum eines Pronomens, durch den Akkusativ verdrängt.

ἀναμιμνῄσκειν, ὑπομιμνῄσκειν τινά (τῶν πεπραγμένων)   jd. erinnern an (vgl. § 44, 3)
μεμνῆσθαι, (ἀνα)μιμνῄσκεσθαι (τῶν εὐεργεσιῶν)   sich erinnern an
μνημονεύειν (τῶν παλαιῶν πράξεων)   im Gedächtnis behalten
ἀμνημονεῖν, ἐπιλανθάνεσθαι (προγόνων)   vergessen
μνησικακεῖν τινι (ὕβρεως)   einem nachtragen, nicht vergessen (§ 68)

Dazu μνήμων eingedenk, ἀμνήμων uneingedenk.

1. Βούλομαι ὑμᾶς ἀναμνῆσαι τῶν ἐμοὶ (§ 80, 2 β) πεπραγμένων. 2. Ἐκείνων, ὦ παῖ, ἐπελάθου, ἅ ποτε ἐγὼ καὶ σὺ ἐλογιζόμεθα (erwägen). 3. Οἱ γεραίτεροι ἡδέως τῶν παλαιῶν πράξεων μέμνηνται. 4. Ὑπομιμνῄσκω ὑμᾶς τὰ λεχθέντα καὶ τὰ πραχθέντα.

---

[1]) Vgl. *vergiß mein nicht* = vergiß *mich* nicht, und engl.: *to think of* denken an, *to remind someone of* jd. an etw. erinnern; frz.: *se souvenir de* sich erinnern an; lat.: *meminisse* sich erinnern und *oblivisci* vergessen (mit Gen., bei Sachen auch mit Akk.).

3. Der Bereich der *Sorge* § 56

Dieser Genetiv[1]) wird ebenfalls bald adverbial empfunden (gen. causae *wegen*) und zum Teil durch περί verdeutlicht.

φροντίζειν, ἐπιμελεῖσθαι, ἐπιμέλεσθαι (τῶν δεόντων)	sich Gedanken machen, sich kümmern, sich sorgen um
προνοεῖν, κήδεσθαι (τῶν κοινῶν)	sich kümmern um
ἐντρέπεσθαι (τῶν φίλων)	sich kümmern um, Rücksicht nehmen auf
μέλει μοι (τῆς τῶν πολλῶν δόξης)	ich kümmere mich um
μεταμέλει μοι (τῶν γεγενημένων)	mich reut

Dichterisch sind gebraucht μέδεσθαι sorgen für, herrschen über, ἀλέγειν, ἀλεγίζειν, ἀλεγύνειν, ἐμπάζεσθαι sich kümmern um, achten auf.

(παρ-)ἀμελεῖν, ὀλιγωρεῖν, ἀφροντιστεῖν (τῶν νουθετικῶν λόγων)	sich nicht kümmern, vernachlässigen, nicht achten auf

1. Σωκράτης ἐπιμελεῖσθαι θεοὺς ἐνόμιζεν ἀνθρώπων. 2. Οὐκ ἀεὶ τῆς τῶν πολλῶν δόξης δεῖ ἡμᾶς φροντίζειν. 3. Πολλοὶ τοῦ μὲν πλεονεκτεῖν ἀεὶ ἐπιμέλονται, τοῦ δὲ καλοῦ οὐδὲν ἐντρέπονται.

Anm. Μέλειν wird bei Dichtern auch persönlich gebraucht.
1. *Ἑορταὶ πᾶσι μέλουσιν. 2. *Τούτοισι μὲν ταῦτα μέλει, κίθαρις καὶ ἀοιδή, | ... πόλεμος δ' ἄνδρεσσι μελήσει.

3. DER GENETIV ALS ADVERBIALE

α) Der Genetiv bezeichnet Raum oder Zeit. § 57

1. Der Genetiv bezeichnet den *Raum*, in dem etwas ist oder vorgeht (*irgendwo innerhalb* oder *über* einen Raum *hin*, **gen. loci**).

τῆς Χερσονήσου ἐν Ἐλαιοῦντι	in Elaius auf der Chersones (Stellung § 11 b 2 A.)
ἐκ Πατρῶν τῆς Ἀχαιίας	aus Patrai in Achaia

1. Ἀλκιβιάδης ἔπλευσε τῆς Καρίας ἐς τὸν Κεραμικὸν κόλπον. 2. Ἡ στρατιὰ ἀφίκετο τῆς Ἀττικῆς ἐς Οἰνόην. 3. Ἦλθον ἐξ Ἐφέσου τῆς Ἰωνίας.

Anm. 1. Besonders in der Dichtung bezeichnet dieser Genetiv den Bereich, in dem sich ein Vorgang abspielt, bei Verben a) der Ruhe, b) der Bewegung.
a) * (Αἰνείας) ἐρείσατο χειρὶ παχείῃ | γαίης (stützte sich auf die Erde).
b) * Φύλλοισιν ἐοικότες ἢ ψαμάθοισιν (Dünensand) | ἔρχονται πεδίοιο (*über die Ebene hin*; gemeint sind die angreifenden Achaier).

Anm. 2. Hierher gehören auch die Genetive des Raumes bei Ortsadverbien:

ποῦ γῆς;	wo auf der Welt?	οὐδαμοῦ τῆς Αἰγύπτου	nirgendwo in Ägypten
πανταχοῦ τῆς γῆς	überall auf der Welt	ἐνταῦθα τῆς πόλεως	hier im Staat

1. Πόρρω ἤδη ἦν τοῦ βίου (hochbetagt). 2. Ὁρᾶτε, οἷ προεληλύθασιν ἀσελγείας (bis zu welcher Frechheit, § 13 e). 3. *Πόθεν εἶς (= εἶ) ἀνδρῶν;

Anm. 3. Alte Genetive des Ortsbereichs sind (oft wie im Deutschen)

δεξιᾶς	rechts	οὐδαμοῦ	nirgends	πολλαχοῦ	vielerorts
ἀριστερᾶς (*λαιᾶς)	links	πανταχοῦ	allerorts, überall	αὐτοῦ	da, hier, an Ort und Stelle

---
[1]) Vgl. mhd.: *des lîbes kam in sorge dô der waetliche gast.*

§ 58 2. Der Genetiv bezeichnet die *Zeit*, in der sich etw. abspielt (**gen. temporis**).

ἡμέρας	untertags	ἔαρος	im Frühjahr	τοῦ λοιποῦ	im Lauf der Zeit, fortan
νυκτός	nachts	θέρους	im Sommer	τριῶν ἐτῶν	innerhalb von 3 Jahren
ἑσπέρας	abends	ὀπώρας	im Herbst	ὀλίγων ἡμερῶν	innerhalb weniger Tage
δείλης	nachmittags	χειμῶνος	im Winter		

πληθούσης ἀγορᾶς	um die Zeit, wo der Markt sich füllt	ὀψὲ τῆς ἡμέρας	spät am Tag
		τρὶς τοῦ ἐνιαυτοῦ	dreimal im Jahr
ταύτης τῆς νυκτός	im Verlauf der vergangenen Nacht	πολλάκις τοῦ μηνός	oft in jedem Monat
		τοῦ ἐπιγιγνομένου θέρους	im folgenden Sommer

1. Σωκράτης ἱμάτιον ἠμφίεστο (§ 44, 2) οὐ μόνον φαῦλον, ἀλλὰ τὸ αὐτὸ θέρους τε καὶ χειμῶνος. 2. Δείλης ἀφίκοντο εἰς τὰς κώμας. 3. Οἱ Λακεδαιμόνιοι ᾤοντο ὀλίγων ἐτῶν καθαιρήσειν τὴν τῶν Ἀθηναίων δύναμιν.

Anm. 1. Mit Artikel hat der Genetiv distributiven Sinn: τῆς ἡμέρας jeden Tag, täglich, τοῦ μηνός jeden Monat.
Anm. 2. Im Genetiv stehen auch nicht rein zeitlich zu fassende Zustandsangaben: αἰθρίας ὕει Ζεύς es regnet bei heiterem Himmel, γαλήνης bei ruhiger See, νηνεμίας bei Windstille.

§ 59 β) **Der Genetiv bezeichnet den Ausgangsbereich (ablat. Genetiv).**

1. den Ausgangsbereich für *geographische* Angaben.

πρὸς ἕω τῆς πόλεως	im Osten der Stadt (= von der Stadt aus gesehen)
πρὸς βορέαν τοῦ ὄρους	nördlich des Berges
πλησίον Θηβῶν	in der Nähe von Theben

§ 60

2. den Ausgangsbereich für *Herkunft* und *Abhängigkeit* (wörtlich und bildlich, oft verdeutlicht durch ἀπό, ἐκ, **gen. originis,** vgl. § 47 β).

εἶναι, γίγνεσθαι τοιούτων προγόνων	von solchen Ahnen abstammen
λαμβάνειν, δαπανᾶν (ἀπὸ) τῶν ἑαυτοῦ	von seinem eigenen Vermögen nehmen, aufwenden
δεῖν, κρεμαννύναι (ἐκ) τῶν ποδῶν, ἐκ δένδρου	an den Füßen, an einem Baum aufhängen
ἐξαρτᾶσθαι ἐλπίδων	sich an Hoffnungen klammern

1. Ὁμήρους (Geiseln) ἔλαβεν αὐτῶν. 2. Ἔδησέ με τῶν ἀγκώνων (Ellbogen). 3. Ταῦτα πάντα ἐκ τοῦ δωροδοκεῖν ἤρτηται (hängt mit Bestechlichkeit zusammen).

§ 61

3. den Ausgangsbereich für eine *Trennung* (**gen. separationis**). Häufig treten **ἀπό, ἐκ** zum Genetiv oder verbinden sich mit dem Verbum, um den Begriff der Trennung zu verdeutlichen.

α) bei *transitiven* Verben

ἐκβάλλειν (πατρίδος)	verbannen,	χωρίζειν (ἄλλων)	absondern, trennen
(pass. ἐκπίπτειν)	vertreiben	(ἀπ-)είργειν (θαλάσσης)	abhalten
ἐξιστάναι (βουλῆς)	abbringen	κωλύειν (ἀγῶνος)	hindern, ausschließen

καταλύειν, ἀφιστάναι (ἀρχῆς)	entheben, absetzen	ἀποτρέπειν, παύειν (ἀλαζονείας Prahlerei)	abbringen, hindern
ἀφιστάναι (συμμάχων)	abtrünnig machen	ἀπολύειν, ἀπαλλάττειν, ἐλευθεροῦν (δεσμῶν)	befreien
γυμνοῦν (ἐσθῆτος)	entkleiden		
ἀποστερεῖν (κτημάτων)	berauben (§ 44, 2)	καθαίρειν (φόνου)	reinigen

1. Οὗτος ἐμὲ τῶν πατρῴων ἁπάντων ἀπεστέρησεν. 2. Σωκράτης τοὺς συνόντας ἐπιθυμιῶν μὲν ἔπαυε, τοὺς δὲ ἑαυτοῦ ἐπιθυμοῦντας οὐκ ἐπράττετο χρήματα (§ 44, 1). 3. Νόμος ἡμῖν ἐστι κεχωρίσθαι ἄνδρας γυναικῶν. 4. Ἡ ψυχή, ἐπειδὰν ἀπαλλαγῇ τοῦ σώματος, οὐ διαφθείρεται.

β) bei *intransitiven Verben*

ἀπέχειν, διέχειν, ἀπεῖναι (τῆς ἠπείρου)	entfernt sein	ἀπογιγνώσκειν (σωτηρίας)	verzweifeln
ἀπέχεσθαι (ἀδικίας)	sich enthalten	(ὑπ-)είκειν, παραχωρεῖν (ὁδοῦ)	weichen
παύεσθαι, λήγειν (ὕβρεως)	aufhören	σφάλλεσθαι, ψεύδεσθαι (τῆς ἐλπίδος)	sich täuschen, enttäuscht werden
ἀφίστασθαι ('Αθηναίων)	abfallen, ablassen		

1. Διέσχον ἀλλήλων βασιλεύς τε καὶ οἱ Ἕλληνες ὡς τριάκοντα στάδια. 2. Ἐψευσμένοι ἦσαν αἱ πόλεις τῆς Ἀθηναίων δυνάμεως. 3. Πάντες οἱ Ἕλληνες ἀπέγνωσαν τῆς ἐλευθερίας καὶ ὑπέμειναν τὴν δουλείαν (§ 34).

γ) bei *Adjektiven* ähnlicher Bedeutung

γυμνός, ψιλός	entblößt von	ἐλεύθερος	frei von	καθαρός	rein von
ἔρημος	verlassen von	κενός	leer an	ὀρφανός	verwaist

Anm. Häufig steht der Genetiv der Trennung bei den mit α privativum gebildeten Adjektiven: ἀγύμναστος πόνων ungeübt in Strapazen, ἀπαθὴς πόνων nicht ausdauernd, ἀτελὴς φόρων steuerfrei.
Dichter lieben dabei Genetive stammverwandter Substantive: *ἄτιμος πάσης τιμῆς ganz ehrlos, *ἄφιλος φίλων ganz ohne Freunde, *ἄτεκνος τέκνων kinderlos, ἄπαις ἀρρένων παίδων ohne männliche Nachkommen.

§ 62

4. den Ausgangsbereich für einen *Vergleich* (**gen. comparationis**, statt ἤ mit Nom., Akk., selten Dat.).

α) bei *Komparativen*

μᾶλλον τοῦ δέοντος	mehr als nötig	πρότερος τοῦδε	früher als dieser
πλείονες τριακοσίων	mehr als 300	ὕστερον τῶν Τρωικῶν	später als die Troerkämpfe
δεύτερος (ὕστερος) οὐδενός	keinem nachstehend	ἡ προτεραία τῆς ἑορτῆς	der Tag vor dem Fest
		ἡ ὑστεραία τῆς μάχης	der Tag nach der Schlacht

1. *Πᾶς τις αὑτὸν τοῦ πέλας (§ 22 e) μᾶλλον φιλεῖ. 2. Πλέον ἔπιε τοῦ μέτρου. 3. Νεώτεροι ἦσαν τριάκοντα ἐτῶν. 4. Αἴσχιον τὸ ἀδικεῖν τοῦ ἀδικεῖσθαι.

Anm. 1. Manchmal muß im Deutschen umschrieben werden, besonders wenn der Genetiv des Vergleichs als Frage- oder Relativpronomen auftritt.
1. Τοῦτο τὸ ἀσέβημα ἔλαττον τίνος ἡγεῖσθε; was haltet ihr für einen größeren Frevel als dies? 2. Τῆς ἀρετῆς ἐφικέσθαι δύνασθε, ἧς οὐδὲν κτῆμα σεμνότερον (das erhabenste Gut).
So auch μείζων οὐδενός nicht größer als irgend einer. 1. Οὐδενὸς ἧττον σοφὸς τῶν ποιητῶν ἦν Εὐριπίδης. 2. Ἡ αἰσχύνη οὐδεμιᾶς ἐλάττων ζημίας ἐστίν (die allerschwerste Strafe).

Anm. 2. Ohne ἤ oder gen. comparationis bedeutet θᾶσσον *schleunigst*: Σάμος θᾶσσον ἐτειχίσθη.

β) bei anderen *vergleichenden Adjektiven*

δὶς τόσος, διπλάσιος	doppelt so viel	ἄλλος, ἕτερος	anders als
διάφορος	verschieden von	ἀλλότριος	andersgeartet als
ἔξοχος, διαπρεπής	hervorragend vor	ἐναντίος	entgegengesetzt zu, ganz anders als

1. Πότερον τοὺς θεοὺς ἡγῇ τὰ δίκαια νομοθετεῖν ἢ ἄλλα τῶν δικαίων; 2. Ἐπιστήμη ἐπιστήμης διάφορός ἐστιν Wissen und Wissen ist zweierlei. 3. Ἕτερον τὸ ἡδὺ τοῦ ἀγαθοῦ; 4. Τὸ τῶν πολεμίων στράτευμα φαίνεται πολλαπλάσιον ἔσεσθαι τοῦ ἡμετέρου.

Anm. Bei Superlativen kann der gen. comparationis auch als gen. partitivus aufgefaßt werden.
1. Πάντων τῶν δεινῶν ὁ φόβος μάλιστα καταπλήττει τὰς ψυχάς. 2. Ἀρετὴ μέγιστον τῶν ἐν ἀνθρώποις καλῶν. 3. Τὸ νικᾶν αὑτὸν (§ 26 b, A. 2) ἑαυτὸν πασῶν νικῶν πρώτη καὶ ἀρίστη.

γ) bei *vergleichenden Verben (vor, nach, über, unter)*

διαφέρειν (τῶν ἡλικιωτῶν)	sich auszeichnen vor
ὑστερεῖν, ὑστερίζειν (τῆς μάχης)	zu spät kommen zu
ἡττᾶσθαι (ὕπνου)	überwältigt werden, unterliegen
πρωτεύειν, ἀριστεύειν (τῶν πολιτῶν)	der erste sein, sich auszeichnen vor
(κατα-)λείπεσθαι, μειοῦσθαι, ἐλαττοῦσθαι (οὐδενός)	zurückbleiben hinter

1. Τί διαφέρει μανία ἀμαθίας; 2. Μὴ ἐλαττοῦ τῶν ἄλλων. 3. Οἱ στρατιῶται ἡττῶνται τοῦ ὕδατος. 3. Τιβέριος Γράγχος τῶν νέων πάντων ἐπρώτευεν εὐταξίᾳ καὶ ἀνδρείᾳ.

Anm. πλεονεκτεῖν (=πλέον ἔχειν) mehr haben (wollen), „im Vorteil sein" hat Gen. der Person („mehr als") oder der Sache („mehr von").

§ 63

δ) Viele vergleichende Verba sind mit **περί, πρό, ὑπέρ** zusammengesetzt.

περιεῖναι, περιγίγνεσθαι (τῶν ἐναντίων)	überlegen sein
προέχειν, ὑπερέχειν (ἄλλων)	überragen
προαιρεῖσθαι, προτιμᾶν, προκρίνειν (τῆς ἰσχύος)	vorziehen, höher schätzen als
προιστάναι (πόλεως)	an die Spitze stellen
προεστάναι, προστατεῖν, προστατεύειν (πόλεως)	an der Spitze stehen

1. Ἄρχοντι προσήκει οὐ μαλακίᾳ (Weichlichkeit), ἀλλὰ καρτερίᾳ (Festigkeit) τῶν ἰδιωτῶν περιεῖναι. 2. Οἱ Ἀθηναῖοι ἐμπειρίᾳ τῶν ἄλλων προεῖχον περὶ τὰ ναυτικά. 3. Πολλοῖς ἡ γλῶττα προτρέχει (eilt voraus) τῆς διανοίας. 4. *Αἰὲν ἀριστεύειν καὶ ὑπείροχον (= ὑπέροχον) ἔμμεναι ἄλλων (Achills Wahlspruch).

§ 64

ε) Auch die mit **κατά** zusammengesetzten Verba, die *Überlegenheit über jemand* ausdrücken, verbinden sich mit *Genetiv der Person*, gegen die die Handlung gerichtet ist.

Soweit diese Verba *anklagen, verurteilen* bedeuten, steht bei ihnen die *Strafe* (φυγή, χρήματα, θάνατος) gewöhnlich, das *Vergehen* (δειλία, ἀδικία, μανία) häufig im *Akkusativ*. Vgl. aber § 69.

καταφρονεῖν (τοῦ πλήθους)	verachten	κατηγορεῖν (αὐτοῦ)	anklagen
καταγελᾶν (τῶν εὐσεβῶν)	verlachen, verspotten	καταδικάζειν (κακούργου)	verurteilen
καταγιγνώσκειν θάνατον (Σωκράτους)	zum Tod verurteilen	καταψηφίζεσθαι (προδότου)	verurteilen

1. Οἱ Ἀθηναῖοι θάνατον κατέγνωσαν Ἀλκιβιάδου. 2. Χρὴ μὴ καταφρονεῖν τῶν ἀοράτων, ἀλλ' ἐκ τῶν γιγνομένων καταμανθάνειν τὸ δαιμόνιον. 3. Πολλοὶ τῶν ἄλλων μωρίαν κατηγοροῦσιν. 4. Οὐκ ἀνέλπιστόν μοι γέγονε τοῦτο, ὅτι μου κατεψηφίσασθε (Sokrates).

Anm. 1. Der Genetiv der Person ist durch κατά veranlaßt. Er wird, wenn kein Akk. der Strafe dabeisteht zum Genetiv*objekt*. Daher im Passiv:

θάνατος κατεγνώσθη Σωκράτους	Sokrates wurde zum Tod verurteilt
(akt.: θάνατον κατέγνωσαν Σωκράτους)	
Σωκράτης κατεγνώσθη	Sokrates wurde verurteilt
(akt.: κατέγνωσαν Σωκράτους)	

§ 65

ζ) Die Vorstellung eines Vergleichs, einer Überlegenheit über jd. liegt auch den Verben zugrunde, die *Herr sein, führen* bedeuten.

ἄρχειν, ἡγεῖσθαι (στρατοῦ)	Führer sein, anführen	βασιλεύειν (τῆς Αἰγύπτου)	König sein über
		τυραννεῖν (νήσου)	Alleinherrscher sein
κρατεῖν (ἄλλων)	überlegen sein	ναυαρχεῖν (πλοίων)	Flottenführer sein

Ebenso: κύριος, ἐγκρατής (ἡδονῶν)   Herr über, enthaltsam, beherrscht in
ἀκρατής (ὀργῆς)   unbeherrscht in

dagegen: κρατεῖν τινα = νικᾶν besiegen, ἡγεῖσθαί τινι für jd. Führer, Wegweiser sein.

1. Οἱ Πελοποννήσιοι τῆς ξυμπάσης Πελοποννήσου ἡγοῦντο. 2. Ῥᾷόν ἐστι ζῴων ἢ ἀνθρώπων ἄρχειν. 3. Τριάκοντα ναῦς ἐξέπεμψαν· ἐστρατήγει δὲ αὐτῶν Κλεόπομπος (ein ath. Archon). 4. Ἡ ψυχὴ τοῦ σώματος κυρία ἐστίν. 5. Σωκράτης τῶν ἡδονῶν πασῶν ἐγκρατέστατος ἦν.

Anm. ἄρχειν bedeutet auch „den Anfang machen mit" (οὐκ ἄρχομεν πολέμου) und den „Anfang bilden von" (ἥδε ἡ ἡμέρα τοῖς Ἕλλησι μεγάλων κακῶν ἄρξει, sagte der spartanische Gesandte, als er vor Ausbruch des peloponnesischen Krieges von den Athenern ausgewiesen wurde).

Unterscheide: ἄρχω τοῦ λόγου   ich spreche als erster,
ἄρχομαι τοῦ λόγου   ich stehe am Anfang meiner Rede,
ἄρχομαι ἀπὸ (ἐκ) παιδός   ich beginne bei meiner Darlegung mit der Kindheit.

§ 66

5. Schließlich bezeichnet der Genetiv den Ausgangsbereich *vergleichender Wertung* bei *kaufen, tauschen um etw.* und verwandten Begriffen (**gen. pretii**, lat. abl. pretii).

Dabei wird der Tauschgegenstand an dem im Genetiv stehenden Gegenwert gemessen.

ὠνεῖσθαι, πρίασθαι, ἀγοράζειν (χρημάτων) }	kaufen	μισθοῦν τι (πολλοῦ)	(teuer) vermieten
		μισθοῦσθαί τι (ὀλίγου)	(billig) mieten
πωλεῖν, ἀποδίδοσθαί τι (πέντε δραχμῶν)	verkaufen	ἀλλάττειν τι (χρυσοῦ)	eintauschen
		λαμβάνειν, δέχεσθαι (ὀβολοῦ)	bekommen
ὤνιος (δραχμῆς)	käuflich, feil		

1.* Τῶν πόνων πωλοῦσιν ἡμῖν πάντα τἀγάθ' οἱ θεοί. 2. Τὴν σοφίαν τοῦ ἀργυρίου τῷ βουλομένῳ (§ 22 b) πωλοῦντας σοφιστὰς ἀποκαλοῦσιν. 3. Δὸς ἡμῖν τὸν δοῦλον δραχμῆς. 4. Πόσου διδάσκεις; 5. Οἱ τριάκοντα μισθοῦ φύλακας ἔχουσιν.

Hierher gehört auch ἄξιος πολλοῦ (πλείονος, πλείστου, οὐδενός, δέκα μνῶν, φυγῆς usw.) viel (mehr, sehr viel, nichts, 10 Minen, der Verbannung) wert; ebenso τὰ πλείστου ἄξια das Wertvollste, ἄξιος θανάτου todeswürdig, ἄξιος λόγου (= ἀξιόλογος) erwähnenswert, bemerkenswert, ἀνάξιος λόγου nicht der Rede wert, ἀντάξιος πολλῶν στρατιωτῶν ebenso viel wert wie viele Soldaten.

1. Σωκράτης τιμῆς ἄξιος τῇ πόλει (im Interesse der Stadt) ἦν μᾶλλον ἢ θανάτου. 2. Χρυσὸς ἀρετῆς οὐκ ἀντάξιος. 3. Κολασθήτωσαν ἀξίως τῆς ἀδικίας.

§ 67

Zum *prädikativen Gebrauch des Genetivs* (§ 47) gehören die Angaben von *Wert* und *Preis* bei *schätzen* (lat. gen. pretii).

ποιεῖσθαι, τιμᾶν, τιμᾶσθαι πολλοῦ¹) (πλείονος, μείζονος, ὀλίγου, ἐλαχίστου, τοσούτου)	hoch (höher, gering, sehr niedrig, so hoch) schätzen
auch περὶ πολλοῦ (usw.) ποιεῖσθαι	hoch (usw.) schätzen
παρ' οὐδὲν ποιεῖσθαι	für nichts achten
immer περὶ πολλοῦ (usw.) ἡγεῖσθαι	hoch schätzen, hoch achten
ἀξιοῦν τινα λόγου οὐδενός	jd. keines Wortes würdigen

1. Σωκράτης περὶ πλείονος ἐποιήσατο εὐορκεῖν ἢ χαρίσασθαι τῷ δήμῳ παρὰ τὸ δίκαιον. 2. Τοσούτου τιμᾶσθε τὴν πολιτείαν.

Anm. Τιμᾶν τινι θανάτου, φυγῆς für jd. die Strafe des Todes, der Verbannung als Sühne für gerecht schätzen = (als Richter) aussprechen, τιμᾶσθαι (als Kläger oder Angeklagter) aussprechen lassen, beantragen. Ἀλλὰ δὴ φυγῆς τιμήσωμαι (soll ich für mich beantragen?); Ἴσως γὰρ ἄν μοι τούτου τιμήσαιτε.

§ 68

γ) **Der Genetiv bezeichnet den Grund, aus dem sich eine Aussage erklärt** (gen. causae, *wegen, auf Grund, hinsichtlich*).

1. Der Genetiv bezeichnet den Grund einer *Gefühlsäußerung*²).

ἄγασθαι, θαυμάζειν (τόλμης)	bewundern	ἐπαινεῖν τινα (τῆς προθυμίας)	loben
εὐδαιμονίζειν (εὐτυχίας)	glücklich preisen	μέμφεσθαι, ὀνειδίζειν τινὶ (τῶν ἁμαρτημάτων)	tadeln
οἰκτίρειν, ἐλεεῖν (νόσου)	bemitleiden		
φθονεῖν τινι (τοῦ μαθήματος)	beneiden	ὀργίζεσθαί τινι (ἀδικίας)	zürnen
ὀλοφύρεσθαι (τῶν τεθνεώτων)	wehklagen	μνησικακεῖν τινι (ὕβρεως)	böse sein, nachtragen

1. Συγχαίρω τῶν γεγενημένων. 2. Σοφίας φθονῆσαι μᾶλλον ἢ πλούτου καλόν. 3. Οὐ μνησικακεῖ βασιλεὺς τοῖς Ἕλλησι τῆς ἐπιστρατείας (Feldzugs gegen ihn). 4. Τούτου οὐ θαυμάζω (darüber wundere ich mich nicht).

Anm. 1. Statt des Genetivs kann auch ἐπί mit Dativ den Grund bezeichnen. Ἐμὲ οἰκτίρεις ἐπὶ τῇ πενίᾳ.

Anm. 2. Bei ἄγασθαι, θαυμάζειν „bewundern" findet sich τινά τινος „jd. wegen etw." und τί τινος „etw. (Akk. Neutr.!) an jm.", daneben auch τινός τινος.

1. Ἔγωγε μάλιστα ἐθαύμασα Σωκράτους τοῦτο, ὡς ἡδέως τὸν λόγον ἀπεδέξατο. 2. Εἰ τοῦ πατρὸς ἄγασαι, ὅσα πέπραχε, πάνυ σοι συμβουλεύω τοῦτον μιμεῖσθαι. 3. Ἐθαύμασα (§ 119, 2) τῆς τόλμης τῶν λεγόντων. 4. Τίς οὐκ ἂν ἀγάσαιτο τῶν ἀνδρῶν ἐκείνων τῆς ἀρετῆς; 5. Ὑμᾶς τῆς μὲν τόλμης οὐ θαυμάζω, τῆς δὲ ἀσυνεσίας. 6. Βασιλεὺς ἐθαύμασε Θεμιστοκλέους τὴν διάνοιαν.

Anm. 3. Auch bei Ausrufen bezeichnet der Genetiv den Grund³). *οἴμοι γέλωτος o dieser Spott! *φεῦ τῆς ἀνοίας welch ein Unverstand! *οἴμοι τῆς ταλαίνης o du Unglückliche! Aber: οἴμοι τάλαινα o *ich* Unglückliche! *τάλαιν' ἐγὼ τῆς ὕβρεως, ἧς ὑβρίζομαι.

---

¹) Vgl. lat.: *magni* (pretii) *facere, aestimare.*
²) Vgl. *mich erbarmt des Volkes.*
³) Vgl. mhd.: *ach mîner schande! des rats ich nimmer mich gescham.*

§ 69

2. Der Genetiv bezeichnet den Grund einer *Rechtshandlung* (**gen. criminis,** *anklagen, verurteilen, freisprechen wegen*).

αἰτιᾶσθαί τινα (παρανόμων)	anklagen, beschuldigen (gesetzwidrigen Handelns)
γράφεσθαι (προδοσίας)	Strafantrag stellen (wegen Hochverrats)
εἰσάγειν, ὑπάγειν εἰς δικαστὰς (κλοπῆς)	vor Gericht fordern (wegen Diebstahls)
κρίνειν (pass. κρίνεσθαι) (δώρων)	anklagen, (als Richter) (ver)urteilen (wegen Bestechung)
αἱρεῖν (pass. ἁλίσκεσθαι) (παρανοίας)	überführen, etw. nachweisen (Geisteskrankheit)
διώκειν (τυραννίδος)	gerichtlich verfolgen (wegen Strebens nach Alleinh.)
φεύγειν [γραφὴν] (ἀσεβείας)	angeklagt sein (wegen Religionsfrevels)
ἀποφεύγειν [δίκην] (δώρων)	freigesprochen werden (von d. Ankl. w. Bestechung)
ἀπολύειν (αἰτίας)	freisprechen (von einer Schuld)
τίνειν (κακότητος)	zahlen, büßen, bestraft werden (w. schl. Lebenswandels)
τίνεσθαι (ἐξαπάτης)	sich bezahlen lassen, bestrafen (wegen Betrugs)
τιμᾶν ἀργυρίου (τραύματος ἐκ προνοίας)	mit Geldstrafe belegen (wegen vorsätzlicher Körperverletzung)

So auch: (ὑπ)αίτιος θανάτου des Todes schuldig, ὑπόδικος, ἔνοχος προδοσίας angeklagt wegen Hochverrats, ὑπεύθυνος βλάβης verantwortlich für Schadenersatz.

1. Διώξομαί σε δειλίας. 2. Οἱ πρέσβεις δώρων ἐκρίθησαν. 3. Οἱ Πέρσαι δικάζουσιν (gerichtlich vorgehen gegen) ἀχαριστίας. 4. Ψευδομαρτυριῶν ἁλώσεσθαι προσδοκᾷ. 5. Γραφήν με ἐγράψατο ὕβρεως (§ 43 c).

Anm. 1. Über die mit κατά zusammengesetzten Verba des Anklagens und Verurteilens, bei denen die Person im Genetiv, der Gegenstand im Akkusativ steht, s. § 64.

1. Πολλῶν οἱ πατέρες ἡμῶν Μηδισμὸν κατέγνωσαν. 2. Ἐπὶ τελευτῇ τοῦ βίου τοῦ Περικλέους κλοπὴν κατεψηφίσαντο.

Anm. 2. Auch bei den Verben des Streitens um etw. (§ 77) steht der Grund im Genetiv.

ἀμφισβητεῖν τινι (ἡγεμονίας) beanspruchen	ἐναντιοῦσθαί τινι (ἀπαγωγῆς)	sich widersetzen (der Verhaftung)
ἀντιποιεῖσθαί τινι (ἀρχῆς) streitig machen, beanspruchen	διαφέρεσθαι ἀλλήλοις (τῶν παίδων)	sich entzweien wegen[1]

§ 70

3. Der Genetiv bezeichnet den *Bereich, über den* eine Aussage gemacht wird (*hinsichtlich, was — betrifft, wegen*)[2].

1. *Τοῦ κασιγνήτου τί ἥξοντος ἢ μέλλοντος (was ist's mit deinem Bruder, kommt er oder zögert er?); 2. Τί δὲ δὴ τοῦ ἀδικεῖν (erg. κρίνεις); (was ist deine Auffassung über ....?).

So erklären sich auch die Genetive bei ἔχειν *sich verhalten* mit einem Adverb der Art und Weise: πῶς, ὡς, ὅπως *wie*.

1. Πῶς ἔχεις δόξης; wie steht's mit deiner Meinung? 2. Οὗτος ἱκανῶς ἐπιστήμης ἕξει (ganz brauchbar in seinem Wissen). 3. Ἔπλεον, ὡς εἶχε τάχους ἕκαστος, ἐπὶ τοὺς Ἀθηναίους (so schnell jeder konnte). 4. Ἀθηναῖοι, ὡς ποδῶν εἶχον, τάχιστα ἐβοήθουν εἰς τὸ ἄστυ („was ihre Füße trugen"). 5. Οὐκ οἶδα παιδείας ὅπως ἔχει βασιλεύς (wie es d. K. mit der Erziehung hält).

[1] Eig. „sich zertragen", vgl. mundartl. „sich zerkriegen".
[2] Vgl. „Seines Zeichens ein Schmied". „Dessen sei versichert!" „Meines Wissens war er da". „Meines Erachtens verdient er Anerkennung". Mhd. *des muotes unverdrozzen*.

Hierher gehören außerdem die oft *verneinten substantivierten Infinitive* im Genetiv, die den *Grund* oder *beabsichtigten Zweck* bezeichnen (*weil, wegen, damit* [*nicht*], s. § 150).

1. Ταῦτα ἐπελέληστο τοῦ μὴ ἐπισκοπεῖν (weil man es nicht mehr vor Augen hatte). 2. Περικλῆς ἱππέας ἐξέπεμψεν τοῦ μὴ τοὺς πολεμίους τοὺς ἀγροὺς κακουργεῖν.

§ 71   c) DIE ERGÄNZUNG DER AUSSAGE IM DATIV

Die idg. Kasus Dativ, Lokativ und Instrumentalis sind schon in vor- oder urgriechischer Zeit zu einer kaum mehr lösbaren Einheit verschmolzen. In der Grundbedeutung bezeichnet

der echte *Dativ* die Person, der sich das Subjekt bei der Handlung zuwendet (*wem? zu wem? für wen?*)[1]),
der *Lokativ* Ort und Zeit der Handlung (*wo? wann?*),
der *Komitativ-Instrumentalis* Menschen und Dinge als Begleitung oder Mittel beim Vollzug der Handlung (*mit wem? womit?*).

Am deutlichsten läßt sich der Gebrauch des Dativs als Objekt von dem Dativ adverbialer Art (Ort, Zeit, Grund, Mittel) scheiden.

§ 72   1. DER DATIV ALS OBJEKT

α) Der **Dativ** steht **als Objekt,** meist wie im Deutschen[2]), bei den transitiven und intransitiven Verben und bei den Adjektiven, die **Haltung oder Zuwendung zu einer Person in Gesinnung, Wort oder Tat** bezeichnen.

1. *gesinnt sein*

εὐφρονεῖν, εὐνοεῖν	gut gesinnt sein	μνησικακεῖν	nachtragen
χαλεπαίνειν, ὀργίζεσθαι	verärgert sein, zürnen	μέλει μοί τινος	etw. liegt mir am Herzen, macht mir Sorge
φθονεῖν	neidisch (gesinnt) sein		
ἀρέσκειν, *ἁνδάνειν	gefallen	μεταμέλει μοί τινος	etw. reut mich

So auch bei den Adjektiven ähnlicher Bedeutung wie

εὔνους	gut gesinnt	κακόνους	übel gesinnt
φίλος	lieb, befreundet	ἐχθρός	feindselig, verhaßt
ἐπιτήδειος	zugetan, befreundet[3])	πολέμιος	feindlich (politisch und militärisch)
συγγνώμων	nachsichtig		

1. Οὐ ῥᾴδιόν ἐστιν εὐνοεῖν τοῖς κακόνοις. 2. Φθόνει μηδενί. 3. Οἱ στρατιῶται ἐχαλέπαινον καὶ ὠργίζοντο ἰσχυρῶς τῷ Κλεάρχῳ. 4. *Ἔργμασιν ἐν μεγάλοις πᾶσιν ἁδεῖν χαλεπόν.

Anm. Beim substantivischen Gebrauch von φίλος, ἐχθρός, πολέμιος steht Genetivattribut. Ἀφίσταται πρὸς τοὺς Κύρου ἐχθίστους.

---
[1]) Vgl. frz.: *à* (< lat. *ad*), engl.: *to* („zu") zum Ausdruck des Dativs.
[2]) Daher wurde hier bei der Aufzählung der Verba und Adjektiva auf beispielhafte Dative verzichtet.
[3]) Von Sachen „geeignet, passend für, erforderlich"; daher τὰ ἐπιτήδεια der Bedarf, die Lebensmittel.

2. *sagen* § 73

ὁμολογεῖν	zustimmen	παρακελεύεσθαι	gebieten, zurufen
ἀντιλέγειν	widersprechen	παραγγέλλειν	auffordern
παραινεῖν	zureden, (an)raten	σημαίνειν, }	Signal geben, verkünden,
συμβουλεύειν	raten	κηρύττειν }	befehlen
εὔχεσθαι	geloben, beten zu	ἐπι-, προστάττειν	befehlen, auftragen
καταρᾶσθαι	verwünschen, verfluchen	ἀπαγορεύειν	verbieten
ἐπιτιμᾶν, ἐπικαλεῖν, μέμφεσθαι, ὀνειδίζειν, λοιδορεῖσθαι	Vorwürfe machen, schelten, schmähen	προαγορεύειν	öffentlich verkünden
		ὑπισχνεῖσθαι, ἐπαγγέλλεσθαι }	versprechen
ἐγκαλεῖν	{ Klage erheben gegen, (vor Gericht) vorwerfen	πείθεσθαι	sich etw. sagen lassen, gehorchen

Anm. 1. Bei μέμφεσθαι, ψέγειν tadeln (§ 31) und πείθειν überreden, überzeugen steht Akkusativ. Über κελεύειν mit Dat. s. § 44, 1, A. 1.

Anm. 2. Παρακαλεῖν τὸν φίλον den Freund herbeirufen, auffordern.

1. Οἱ βέλτιστοι τῇ πόλει συμβουλευόντων. 2. Ἐσημάνθη τῷ βασιλεῖ, ὅτι πολέμιοί εἰσιν ἐν τῇ χώρᾳ. 3. Οὐ τοῖς ἄρχειν βουλομένοις μέμφομαι, ἀλλὰ τοῖς ὑπακούειν ἑτοιμοτέροις οὖσι. 4. Τῷ Ἀπόλλωνι ηὔξαντο οἱ Ἀθηναῖοι, ὡς λέγεται, εἰ σωθεῖεν, ἑκάστου ἔτους (§ 58) θεωρίαν (Festgesandtschaft) ἀπάξειν εἰς Δῆλον.

3. *tätig sein* § 74

α) *geben, helfen ; gehören*

διαδιδόναι, διανέμειν	verteilen	δουλεύειν	dienen, frönen
παραδιδόναι	preisgeben	λυσιτελεῖν, συμφέρειν	vorteilhaft sein, nützen
βοηθεῖν, ἀμύνειν, τιμωρεῖν, ἀρήγειν }	helfen, sich einsetzen für	χαρίζεσθαι	sich gefällig zeigen
		παρέχειν	gewähren, verursachen
ὑπηρετεῖν	dienen, helfen	ἐνοχλεῖν	lästig fallen
εἶναι (§ 47)	gehören	ὑπάρχειν	zu Gebote stehen
γίγνεσθαι (§ 47)	zuteil werden	ἔξεστί μοι	es ist mir erlaubt, möglich

So auch bei den *Adjektiven* ähnlicher Bedeutung wie

ὠφέλιμος, λυσιτελής	vorteilhaft, nützlich für	φοβερός	furchtbar für
βλαβερός	schädlich, nachteilig für	χαλεπός	schwierig für
ἐναντίος	entgegengesetzt		

1. Κῦρος πολλὰ δῶρα διέδωκεν τοῖς ἡλικιώταις. 2. Ἀρήξουσι τῇ πόλει παντὶ σθένει. 3. Οὐκ ἔστι χρήματα ἡμῖν, τοῖς δὲ πολεμίοις ἄφθονα παρὰ βασιλέως. 4. Τοῦτο ἐναντίον ἐστὶ τοῖς εἰρημένοις.

β) *nahen, nahe sein* § 75

πελάζειν, πλησιάζειν	sich nähern	εἰκάζειν	gleichmachen, vergleichen
ἕπεσθαι, ἀκολουθεῖν	folgen (1. = nachrücken, 2. = gehorchen)	εἴκειν	weichen, Vorrang lassen
		ὑπείκειν	zurückweichen, nachgeben
πρέπει	es ziemt sich	ἐοικέναι	gleichen
προσήκει	es kommt zu	παρίσταταί τινι δόξα	es kommt einem ein Gedanke

Anm. Εἴκειν, ὑποχωρεῖν τινί τινος jm. etw. abtreten („weichen von', § 61 β).

So auch bei den entsprechenden *Adjektiven* wie

εὐπρεπής	schicklich für	ἴσος	gleich wie (adv. ἐξ ἴσου, ὡσαύτως)
ἀπρεπής	unschicklich für	ὁ αὐτός	der nämliche wie (§ 25)
ὅσιος	sittlich erlaubt	ὅμοιος,	ähnlich
κοινός	gemeinsam	παραπλήσιος	
οἰκεῖος	nahestehend, vertraut, eigen	ὅμορος	benachbart

1. Ἕπου θεῷ. 2. Ἦλθε τοῖς Ἀθηναίοις καὶ ἀπὸ τῆς Ἐρυθραίας ἀγγελία. 3. Ἀδικία οὐ πρέπει (προσήκει) ἀνδρὶ ἄρχοντι. 4. Μέθη (Trunkenheit) τοῖς φύλαξιν ἀπρεπέστατον (§ 7, A.). 5. Ἱκανὸς εἶ ἐμοὶ ἴσα πονεῖν. 6. Οἱ περὶ τὸν Κῦρον πάντες τοῖς αὐτοῖς Κύρῳ ὅπλοις ὡπλισμένοι ἦσαν. 7. Φωκεῦσιν ὅμορος ἡ Βοιωτία ἐστίν. 8. Μὴ εἴκετε συμφοραῖς.

Anm. Bei den Adjektiven, die Gleichheit oder Ähnlichkeit bezeichnen, steht häufig statt des Dativs das gleichordnende καί (vgl. *idem atque* der nämliche wie). 1. Λυδοὶ νόμοις παραπλησίοις χρῶνται καὶ οἱ Ἕλληνες. 2. Ὁ γνοὺς καὶ μὴ σαφῶς διδάξας ἐν ἴσῳ καὶ εἰ μὴ ἐνεθυμήθη (wie wenn . . .).
In attischer Prosa findet sich dafür auch ἴσος ὡς, ὁ αὐτός ὡς (ὥσπερ). Τὴν αὐτὴν ἔχω γνώμην ὥσπερ πρότερον.

§ 76

Besonders steht der Dativ bei Verben, die mit **ἐν, ἐπί, πρός** zusammengesetzt sind und eine *Annäherung* bezeichnen.

ἐμποιεῖν, ἐμβάλλειν (φόβον πολεμίοις, pass. ἐμπίπτει φόβος)	einflößen, einjagen
(aber ἐμβάλλειν εἰς γῆν einfallen)	
ἐμμένειν (ὅρκῳ, συνθήκαις, νόμοις)	treu bleiben
ἐντυγχάνειν, προστυγχάνειν (ξένῳ)	begegnen
ἐνέχεσθαι (φόνῳ, ζημίᾳ, vgl. ἔνοχος ζημίᾳ, νόμῳ)	verfallen sein (verfallen)
ἐπιχειρεῖν, ἐπιτίθεσθαι, ἐπέρχεσθαι (τῇ δημοκρατίᾳ)	angreifen
ἐπέρχεταί (μοι δέος, φόβος)	mich erfaßt
ἐπιβουλεύειν (ἐμπόρῳ)	auflauern, Pläne schmieden gegen
ἐπιτιθέναι ὄνομα, ζημίαν τινί	beilegen, auferlegen
ἐφεστάναι, ἐπιστατεῖν (στρατῷ)	befehligen, an der Spitze stehen
ἐφιστάναι (πράγμασι)	an die Spitze stellen
προσβάλλειν, προσπίπτειν (τείχεσι)	anrennen gegen
προσποιεῖν (Ἀθηναίοις)	auf js. Seite bringen
προσεῖναι (ἀρετῇ)	verbunden sein mit
προσέχειν [τὸν νοῦν] (τοῖς κοινοῖς)	achten auf

1. Οἱ Ἀθηναῖοι ἐπέκειντο τῷ Περικλεῖ (setzten zu). 2. Ἔκπληξις ἐνέπεσεν ἀνθρώποις. 3. Εἰσῆλθεν αὐτῷ δέος. 4. Ὁ στρατηγὸς προσῆλθεν τῷ δήμῳ (trat vor das Volk). 5. Οἱ Λακεδαιμόνιοι προσέβαλλον τῷ τειχίσματι, οἱ δ' Ἀθηναῖοι ἡμύνοντο. 6. Τῇ βίᾳ πρόσεισιν ἔχθραι καὶ κίνδυνοι. 7. Ἀνανδρία δοκεῖ μοι εἶναι πολλοὺς ἑνὶ ἐπελθεῖν. 8. Οἱ πολέμιοι προσέπεσον ταῖς πόλεσιν ἀτειχίστοις.

Anm. Hier liegt ursprünglicher Lokativ zugrunde. Darauf weist auch der Gebrauch von εἰς, πρός, ἐπί mit Akk., statt des Dativs, besonders in wörtlicher Bedeutung.

§ 77

γ) *zusammentreffen*

ἀπαντᾶν (κακούργῳ)	begegnen, entgegentreten
ὁμιλεῖν (κακοῖς)	verkehren mit
διαλέγεσθαι, εἰς λόγους ἰέναι (σοφισταῖς)	sich unterhalten, sich unterreden, verhandeln

ἐναντιοῦσθαι (ἐχθροῖς)	sich widersetzen
ἀντιποιεῖσθαί (τινι τῆς ἀρχῆς)	streitig machen (§ 69, A. 2)
εἰς χεῖρας ἰέναι (πολεμίοις)	handgemein werden
πολεμεῖν, μάχεσθαι, ναυμαχεῖν (Πέρσαις)	kämpfen (zur See)
ἐρίζειν, ἁμιλλᾶσθαι (ἀρίστοις)	streiten, wetteifern
διαφέρεσθαι (ἀλλήλοις)	uneins werden, sich entzweien
ἀπεχθάνεσθαι (νέοις)	verhaßt sein, sich verfeinden
διαλλάττειν ἑαυτόν, διαλλάττεσθαι (φίλῳ)	sich aussöhnen
σπένδεσθαι, σπονδάς (συνθήκας) ποιεῖσθαι (βαρβάροις)	einen Vertrag schließen
γαμεῖσθαι (ἀνδρί)	(einen Mann) heiraten
(aber γαμεῖν γυναῖκα)	(eine Frau heiraten)

1.* Κούρην δ' οὐ γαμέω Ἀγαμέμνονος Ἀτρεΐδαο, | οὐδ' εἰ χρυσείῃ Ἀφροδίτῃ κάλλος (§ 41) ἐρίζοι. 2. Οἱ Ἀθηναῖοι Φοίνιξι καὶ Κυπρίοις ἐναυμάχησαν. 3. Ὕστερον σπονδαὶ γίγνονται Πελοποννησίοις καὶ Ἀθηναίοις πεντέτεις (auf 5 Jahre).

Anm. 1. Bei den Verben gegenseitigen Tuns steht statt des Dativs häufig πρός mit Akkusativ. Vgl. § 105 c 1 β. Ἔμελλον (zögern) σπείσασθαι πρὸς τὸ Ἄργος οἱ Κορίνθιοι.

Anm. 2. Τί ἐστιν ἐμοὶ καὶ σοί; was habe ich mit dir zu schaffen? Dichterisch auch ἐν μέσῳ: Ἡμῖν καὶ τῷδε οὐδέν ἐστιν ἐν μέσῳ (mit diesem haben wir nichts zu tun).

§ 78

Häufig steht dieser Dativ bei *Verben* und *Adjektiven*, die mit **σύν** zusammengesetzt sind.

συνεῖναι (ἑταίροις)	verkehren	συντυγχάνειν (ξένῳ)	stoßen, treffen auf
συμβουλεύεσθαι (πατρί)	sich beraten	(auch ἐν-, περι-)	
συντίθεσθαι (ἐναντίοις)	Vertrag schließen	συγχωρεῖν (ἀλλήλοις)	Zugeständnisse machen
συνάπτειν μάχην,	in Kampf geraten,	συνειδέναι (ἑαυτῷ)	(sich) bewußt sein
συμμειγνύναι (πεζῷ)	handgemein werden		

συγγενής verwandt, συνεχής zusammenhängend, benachbart, σύνεργος behilflich, σύμμαχος verbündet, σύμφορος zuträglich, συγγνώμων nachsichtig, gnädig.

1. Ἔνθα τὸ πρῶτον τοῖς πολεμίοις συνέμειξαν, ἐστήσαντο τρόπαιον. 2. Συγγνώμονες ἀεί εἰσι θεοὶ τοῖς ἀδικοῦσιν.

§ 79

β) Wie im Deutschen steht statt eines possessiven Genetivs oder Pronomens, oder auch um zwei Genetive zu vermeiden, ein **Dativ zur Bezeichnung der Person, für die die Aussage gilt**[1]).

1. *Μήτηρ δέ μοί ἐστ' Ἀφροδίτη. 2. *Κήρυκες ... βασιλεῦσιν ὕδωρ ἐπὶ χεῖρας ἔχευαν. 3. Πλοῦτος οὐ μέγιστον ἀγαθόν ἐστιν ἀνθρώποις. 4. Δημοσθένει τῷ ῥήτορι πατὴρ ἦν Δημοσθένης. 5. Τοῖς βαρβάροις τῶν πεζῶν ἀπέθανον πολλοί. 6. Τρίτον ἔτος τῷ πολέμῳ ἐτελεύτα.

---

[1]) Vgl.: *des wart dâ wol gehoehet den zieren heleden der muot* (Nibelungenlied). *Dû wart demo Balderes volon sîn vuoz birenkit* (Merseburger Zauberspruch).

§ 80

γ) Der Dativ bezeichnet

1. die *seelisch beteiligte 1. oder 2. Person*[1]) (**dat. ethicus**). 1. Μή μοι θορυβήσητε. 2. Ἀλλὰ (wohlan) συγχωρῶ, ἵνα σοι περανθῇ ὁ λόγος.

2. die *bei einem Geschehen beteiligte* oder *betroffene Person* (**dat. auctoris**)

   α) beim *Verbaladjektiv:* 1. Μισητόν (§ 7, A.) μοι ὁ φθόνος. 2. Σκεπτέον ἡμῖν, τί λέγει ὁ λέγων.
   β) beim *passiven Perfekt:* 1. Τοῖς Λακεδαιμονίοις διέγνωστο λελύσθαι τὰς σπονδάς. 2. Ἐὰν νικῶμεν, πάνθ' ἡμῖν πέπρακται. 3. Περὶ τούτων τοσαῦτά μοι εἰρήσθω. 4. Ἐκ τῶν τούτῳ πεπραγμένων δικαίως ἂν αὐτοῦ θάνατον καταψηφίζοισθε.

3. die *Person*, zu deren *Vorteil* oder *Nachteil* etwas ist (**dat. commodi** oder **incommodi**).

   1. Τοῖς Ἀργείοις ἦλθον τέκτονες καὶ λιθουργοὶ ἐκ τῶν Ἀθηνῶν. 2. Ἆρα ἔχει ἀλήθειάν τινα ὄψις τε καὶ ἀκοὴ τοῖς ἀνθρώποις;

4. die *Person*, von deren α) *örtlichem* oder *zeitlichem*, β) *persönlichem Standpunkt* oder *Urteil* aus etwas betrachtet wird.

   α) 1. Ἐπίδαμνός ἐστι πόλις ἐν δεξιᾷ ἐσπλέοντι τὸν Ἰώνιον κόλπον (für jemand, der ...; wenn man ... einfährt). 2. Ξενοφῶν ἀνεμιμνήσκετο ἀετὸν ἑαυτῷ δεξιὸν φθεγγόμενον (an einen Adler, der rechts von ihm kreischte).

   β) 1. Ἆρ' ὑμῖν οὗτος ταῦτ' ἔδρασεν ἔνδικα (nach eurer Meinung); 2. Ὁδός ἐστι πέντε ἡμερῶν (§ 47 γ) εὐζώνῳ ἀνδρί (für einen rüstigen Mann). 3. Ταῦτα πράττων Φίλιππος ἐμοί (in meinen Augen) πολεμεῖ, κἂν μήπω βάλλῃ μηδὲ τοξεύῃ.

   Anm. Oft steht beim Dativobjekt ein Partizip im Dativ, das die seelische Einstellung der Person ausdrückt.
   1. Τοῦτο γίγνεταί μοι βουλομένῳ, ἡδομένῳ, προσδεχομένῳ, ἀσμένῳ, ἀχθομένῳ das geschieht mit meiner Zustimmung, zu meiner Freude, nach meiner Erwartung, nach meinem Wunsch, zu meinem Ärger. 2. Ἐπανέλθωμεν, εἴ σοι ἡδομένῳ ἐστί. 3. Τῷ πλήθει τῶν Πλαταιῶν οὐ βουλομένῳ ἦν τῶν Ἀθηναίων ἀφίστασθαι.
   Über ὡς συνελόντι εἰπεῖν s. § 161, 1 d.

§ 81   2. DER DATIV ALS ADVERBIALE

α) **Der Dativ bezeichnet den Ort der Handlung (dat. loci).** Er ist ohne verdeutlichende Präposition in der Dichtung üblich, in der Prosa jedoch auf die bekannteren Ortsnamen beschränkt (Lokativ).

1. *Μέγας οὐρανῷ Ζεύς der große Zeus im Himmel, *βαθείης βένθεσιν ὕλης in den Schluchten des tiefen Waldes, *εὗδε μυχῷ κλισίης er schlief im hintersten Teil des Zeltes, *χαίρω δὲ καὶ αὐτὸς | θυμῷ ich freue mich selber im Herzen.

2. Ἐλευσῖνι, Μαραθῶνι, Δελφοῖς, Ἀθήνησι. Dafür und für weniger bekannte Ortsnamen steht auch ἐν mit Dativ: ἡ ἐν Μαραθῶνι μάχη.

Στήλας ἔστησαν Ὀλυμπίασι καὶ Πυθοῖ καὶ Ἰσθμοῖ καὶ Ἀθήνησιν ἐν πόλει καὶ ἐν Λακεδαίμονι.

Der Dativ des Ortes bezeichnet den *Endpunkt der Bewegung* bei *stellen, legen, werfen, fallen* (im Deutschen auf die Frage: *wohin?*).

---

[1]) Im Deutschen in der Umgangssprache noch sehr häufig: *Macht mir keinen Lärm!*

*ἀσπίσι κεκλιμένοι an die Schilde gelehnt, *πέσε πεδίῳ fiel auf den Boden; in Prosa steht dafür auch ἐν mit Dativ oder εἰς mit Akkusativ.

Anm. 1. Alte Lokativformen sind außer Πυθοῖ, Ἰσθμοῖ auch χαμαί zu Boden, auf dem Boden, οἴκοι daheim, zu Hause, ποῖ; wohin? *θύρασι draußen, in der Fremde, *ὕψι hoch, empor[1]).
Anm. 2. Ohne Präposition werden in der Regel gebraucht: κύκλῳ im Kreise, ringsum, ὁδῷ auf dem Weg. Κύκλῳ τοῖς Ἕλλησι πολλὰ ἔθνη καὶ πόλεις πολέμιαι ἦσαν.

§ 82

β) **Der Dativ bezeichnet den Zeitpunkt,** meist mit *erläuterndem Attribut* (dat. temporis):

Θεσμοφορίοις	am Fest der Th. (Demeterfest)	τοῖς μυστηρίοις	bei der Mysterienfeier
τοῖς ἐπινικίοις	am Siegesfest	τῷ πρώτῳ ἔτει	im ersten Jahr
τῇ προτεραίᾳ	am Tag vorher	τῇ ὑστεραίᾳ	am Tag darauf

Auf die Frage *innerhalb welcher Zeit?* wird der Dativ durch **ἐν** verdeutlicht; ἐν muß stehen

1. bei nichttemporalen Begriffen: ἐν πολέμῳ im Krieg[2]), ἐν εἰρήνῃ im Frieden; dichterisch aber auch *ὑσμίνῃ im Kampf, *βίῳ im Leben;
2. bei ἐν τούτῳ (erg. τῷ χρόνῳ) in diesem Zeitpunkt, ἐν ᾧ dann, wenn.

1. Τῇ ὑστεραίᾳ οἱ Συρακόσιοι προσέμισγον τοῖς Ἀθηναίοις. 2. Ἐν τούτῳ οἱ πρέσβεις παραγίγνονται. 3. Ἐν πολλῇ ἀπορίᾳ ἦσαν οἱ Ἕλληνες.

Anm. χρόνῳ heißt *mit der Zeit, nach langer Zeit, endlich.* 1. Χρόνῳ συνέβησαν οἱ πολέμιοι εἰς ὁμολογίαν. 2. Χρόνῳ ζητοῦντες εὑρήσομεν τὰ ἀμείνονα.

§ 83

γ) **Der Dativ bezeichnet den Grund für einen Vorgang** (dat. causae: *auf Grund, infolge, aus, wegen, im Hinblick auf*).

φόβῳ aus Furcht   ῥίγει vor Kälte   ὕβρει aus Frevelmut usw.

1. Ῥίγει ἀπολλύμεθα. 2. Ἀκοῇ ἐπίσταμαι (auf Grund eines Gerüchts, vom Hörensagen). 3. Ἀποροῦμεν τῷ πράγματι. 4. Μέλητος δοκεῖ τὴν γραφὴν ταύτην ὕβρει τινὶ καὶ ἀκολασίᾳ (maßloser Frechheit) καὶ νεότητι γράψασθαι. 5. Ἡ ἄλλη Ἑλλὰς συνηγωνίζετο, τὰ μὲν φόβῳ, τὰ δὲ ὠφελίᾳ.

Der Dativ bezeichnet besonders den Grund einer *seelischen Stimmung* bei

χαίρειν, ἥδεσθαι	sich freuen über	ἀγανακτεῖν, ἄχθεσθαι	unwillig sein, sich ärgern
λυπεῖσθαι, ἀνιᾶσθαι	mißmutig sein	ἀγάλλεσθαι	stolz sein auf
χαλεπῶς, βαρέως φέρειν,	ungehalten sein	ἐπαίρεσθαι	sich brüsten über
βαρύνεσθαι		στέργειν, ἀγαπᾶν	zufrieden sein mit

1. Στέργε (ἀγάπα) τοῖς παροῦσιν (mit dem, was da ist). 2. Χαλεπῶς (βαρέως) ἔφερον τῷ πολέμῳ. 3. Τοῖς μὲν πεπραγμένοις αἰσχύνονται, τοῖς δὲ πραττομένοις βαρύνονται. 4. Οἱ γεραίτεροι ταῖς τῶν νέων τιμαῖς ἀγάλλονται.

---

[1]) Vgl. lat.: *Romae* (<*Romai*), *Corinthi, ubi, ibi.*
[2]) Man denkt dabei an den Schauplatz, Zustand, nicht an die Zeit; vgl.: *Der Vater ist im Krieg* (wo?) und lat.: *in bello, in pace,* aber *secundo bello Punico* (wann?).

Anm. 1. Unterscheide also:
στέργειν τινά jd. lieben, στέργειν τινί zufrieden sein mit; αἰσχύνεσθαί τινα sich schämen vor, αἰσχύνεσθαί τινι sich schämen über. Statt des bloßen Dativs steht auch ἐπί m. Dat., διά m. Akk., ὑπό m. Gen.

Anm. 2. Statt des *Akk. der Beziehung* (§ 40) begegnet häufig der *Dat. der Hinsicht:* ἰσχύειν τοῖς σώμασι = τὰ σώματα körperlich kräftig sein, ἐλευθέριος φύσει von edler Gestalt.
  1. Κλέαρχος στυγνὸς ἦν καὶ τῇ φωνῇ τραχύς. 2. Πλήθει οὐδὲν μείους εἰσὶν Ἀθηναῖοι Βοιωτῶν (§ 62). 3. Ἀλκιβιάδης τότε ἡλικίᾳ ἔτι νέος ἦν.

Zur Angabe des *Grundes* kann, wie im Akkusativ (§ 42, § 43), so auch im Dativ ein dem Verbum *stamm-* oder *sinnverwandtes* Substantiv verwendet werden.

  1. Πολλοὶ ἐνόσουν τῇδε τῇ νόσῳ. 2. Βιαίῳ θανάτῳ ἀπέθανον. 3. * Ἀπώλετο λυγρῷ ὀλέθρῳ. 4. Ἐσκεψάμεθα, ποίᾳ παιδείᾳ παιδευθεὶς τοσοῦτον διήνεγκεν ὁ Κῦρος εἰς (§ 41, A.) τὸ ἄρχειν ἀνθρώπων.

§ 84

δ) **Der Dativ bezeichnet die Art und Weise,** wie sich eine Handlung vollzieht. Er nennt die *Werkzeuge, Mittel* oder *begleitende Umstände* und *Personen,* mit deren Hilfe die Handlung vor sich geht (**dat. instrumentalis, dat. comitativus,** auf die Frage: *womit? wodurch?*).

  1. α) *Mittel* und *Werkzeuge* (wörtlich und bildlich):

ὀφθαλμοῖς mit den Augen   κεφαλῇ   mit dem Kopf   χειρί   mit der Hand
λίθοις   mit Steinen   μάστιγι mit der Peitsche φυγῇ   mit Verbannung

  1. Ἄλλος ἵησι τῇ ἀξίνῃ (wirft mit der Axt), ἄλλος δὲ λίθῳ. 2. Αἱ μάχαι κρίνονται μᾶλλον ταῖς ψυχαῖς ἢ ταῖς τῶν σωμάτων ῥώμαις. 3. Ἀριστείδην μὲν φυγῇ ἐζημίωσαν οἱ Ἀθηναῖοι, Σωκράτη δὲ ἐκόλασαν θανάτῳ.

  β) besonders Hilfs*mittel* für eine *Bewegung*:

ἵππῳ mit einem Pferd, zu Pferd, νηί mit einem Schiff, zu Schiff, στρατῷ mit einem Heer

Σύν *mit Dativ* und μετά *mit Genetiv* verstärken besonders bei lebenden Wesen den Ausdruck der *Begleitung*.

  1. Ἱππεύς τις προσήλαυνε ἱδροῦντι τῷ ἵππῳ. 2. Ὁ στρατηγὸς τάφρον ὤρυττε τοῖς μὲν ἡμίσεσι (§ 13 e, A. 2) τῶν στρατιωτῶν προκαθημένοις (zur Verteidigung bereit sein), τοῖς δ' ἡμίσεσιν ἐργαζομένοις. 3. Οἱ Λοκροὶ τῷ πεζῷ ἀπεχώρησαν. 4. Ὁ στρατηγὸς σὺν τῇ ἄλλῃ στρατιᾷ εἰς Ἀθήνας κατέπλευσεν. 4. Ἐνικήθησαν οἱ Μῆδοι καὶ ναυσὶ καὶ πεζῷ.

Anm. 1. Statt des Dativs steht oft ἄγων, ἔχων, λαβών m. Akk. Ἦλθεν ἐξ Ἀθηνῶν στρατηγός τις ἔχων ναῦς ὀλίγας.
Anm. 2. Merke: αὐτοῖς ἀνδράσι *mitsamt der Besatzung* (s. § 25, A.), *αὐτοῖς ἱππεῦσι καὶ ἅρματι *mit Mann und Roß und Wagen;* σὺν αὐτῇ τῇ γυναικί *mitsamt seiner Frau.*
  1. Νῆες ἅπασαι ἑάλωσαν αὐτοῖς ἀνδράσιν. 2.*(Der Sturmwind) χαμαὶ βάλε δένδρεα μακρά | αὐτῇσιν ῥίζῃσι καὶ αὐτοῖς ἄνθεσι μήλων (Apfel).

γ) in Verbindung mit **χρῆσθαι** *umgehen mit, sich befassen mit, sich js. bedienen als, haben.* Zu χρῆσθαι kann ein zweiter Dativ als Prädikatsnomen treten (§ 7).

  1. Λακεδαιμόνιοι ἀεὶ τῇ αὐτῇ πολιτείᾳ ἐχρῶντο. 2. Κριτίας φυγὼν εἰς Θετταλίαν ἐκεῖ συνῆν ἀνθρώποις ἀνομίᾳ μᾶλλον ἢ δικαιοσύνῃ χρωμένοις. 3. Οἱ Λακεδαιμόνιοι ἀμαθίᾳ πρὸς τὰ ἔξω πράγματα ἐχρῶντο.

2. *Begleitumstände*: § 85

κραυγῇ πολλῇ	unter vielem Geschrei	βίᾳ	mit Gewalt, zum Trotz
γνώμῃ	mit Überlegung, Absicht	τούτῳ τῷ τρόπῳ	auf diese Weise
σπουδῇ	in Eile, mit Mühe, kaum	ἄλλῃ, ταύτῃ	auf andere, auf diese Weise
κομιδῇ	mit Sorgfalt, gänzlich	λόγῳ, προφάσει	angeblich (§ 40)
εἰκῇ	unüberlegt, planlos	ἔργῳ, τῷ ὄντι	in Wirklichkeit
δίκῃ	mit Recht	δρόμῳ	im Lauf
σιγῇ, σιωπῇ	unter Stillschweigen	δημοσίᾳ	öffentlich, aus staatl. Mitteln
ἡσυχῇ	ruhig	ἰδίᾳ	persönlich, aus eigenen
πεζῇ	zu Fuß		Mitteln

1. Οἱ βάρβαροι πολλῷ θορύβῳ προσέκειντο. 2. Οὐ ταὐτόν ἐστιν ἰδίᾳ τε διαλέγεσθαί τινι καὶ ἐν τῷ πλήθει ἀγωνίζεσθαι. 3. Νόμοι προστάττουσι τοῖς Πέρσαις μὴ βίᾳ εἰς οἰκίαν παριέναι. 4. Ἐγίγνετο λόγῳ μὲν δημοκρατία, ἔργῳ δὲ ὑπὸ τοῦ πρώτου ἀνδρὸς ἀρχή (Athen unter Perikles).

Auch der *Dativ der Art und Weise* kann durch ein dem Verbum *stamm-* oder *sinnverwandtes Wort* ausgedrückt werden (vgl. § 42, § 43, § 83).

1. Οἱ πολέμιοι φυγῇ ἔφυγον. 2. Ἀφικόμενοι μάχῃ ἐκράτησαν. 3. Δρόμῳ ἔθεον. 4. Ἀλυπήτῳ βίῳ ζῶσιν. 5. Οἱ κακοῦργοι ταῖς (§ 16) ζημίαις ζημιούσθων. 6. *Σοὶ δέ, Φιλοίτιε δῖε, θύρας ἐπιτέλλομαι (befehle) αὐλῆς | κλῆισαι κληῖδι (*mit einem Riegel verriegeln*, sagt Odysseus vor dem Freiermord). 7. Τοὺς ἀγαθοὺς πολίτας ὁ δῆμος ταῖς μεγίσταις τιμαῖς τιμάτω.

§ 86

3. *Maß* und *Unterschied* beim *Komparativ* (örtl. u. zeitl., **dat. discriminis**[1]), auf die Frage *um wieviel?*).

πολλῷ μείζων um vieles größer, viel größer; ebenso μικρῷ, ὀλίγῳ nur (um) wenig, ὅσῳ—τοσούτῳ je — desto, u. ä. Dafür auch Akk. der Hinsicht (§ 40) οὐδὲν μείζων um nichts größer, πολὺ ἔλαττον viel weniger.

1. Οἱ ἐναντίοι πολλῷ (πολὺ) πλείονες ἦσαν. 2. Οὐ πολλαῖς ἡμέραις ὕστερον ἦλθον ἐξ Ἀθηνῶν οἱ πρέσβεις. 3. Ὅσῳ πλείω κέκτημαι, τοσούτῳ ἥδιον ζῶ.

III. DIE VERHÄLTNISWÖRTER (PRÄPOSITIONEN)

§ 87

Die Verhältniswörter (προθέσεις, praepositiones) sind meist alte Ortsadverbien. Dies wird auch daraus ersichtlich, daß das Verhältniswort bei Homer noch sehr häufig getrennt von dem Verbum („in tmesi") steht, mit dem es später fest verbunden oder verschmolzen wird.[2]) Die Präpositionen verdeutlichten den ursprünglichen Sinn der Kasus, als deren Ausdruckskraft mehr und mehr schwand. Dies trat am stärksten beim adverbialen Gebrauch der Kasus ein[3])

(*Fortsetzung S. 49 oben*)

---

[1]) Vgl. lat. abl. discriminis: *paulo post* um ein weniges später, *aliquanto maior* um ein gut Stück größer.
[2]) Vgl. 1. *Γέλασσε δὲ πᾶσα περὶ χθών (ringsum). 2. *Νύμφη δὲ τίθει πάρα πᾶσαν ἐδωδήν (Speise). 3. *Ἐπὶ νὺξ τέταται δειλοῖσι βροτοῖσιν. 4. *Κὰδ δέ μιν ὕπνος | ᾕρει.
[3]) Vgl. mhd.: *dër vuor wazzer unde wëge* (auf Flüssen und Wegen).

§ 88 Schematische Übersicht
über die Raumvorstellungen, die den Verhältniswörtern zugrundeliegen

mit Dativ (wo?)	mit Genetiv (woher?)	mit Akkusativ (wohin?)
1. ἐν in, innerhalb, an, bei, auf, zwischen, während 2. σύν (gemeinsam) mit	3. ἀντί angesichts, vor (*ante*), gegenüber, anstatt, für 4. πρό vor (*pro*), zum Schutz, anstatt, für 5. ἐκ aus — heraus, von — weg 6. ἀπό von — weg, von — her	7. εἰς in — hinein, nach — hinein ὡς zu (Personen) 8. ἀνά auf — hinauf, über — hin
	9. διά durch — hindurch 10. κατά von — herab, hinab 11. ὑπέρ über, für	διά wegen κατά über — hin, entlang, gemäß, in Richtung ὑπέρ über — hin(aus)
12. ἐπί auf, dicht an, nahe bei 13. μετά mitten unter 14. παρά neben, bei 15. περί (ἀμφί) rings um, auf beiden Seiten von) 16. πρός auf seiten, bei, noch dazu 17. ὑπό unten in, unten an, unter (wo?)	ἐπί auf, in, während μετά mitten unter, mit παρά von seiten, von — weg, von — her, περί (ἀμφί) über, in Betreff über = höher als πρός von seiten, von — her, auf seiten ὑπό unter, von unten her	ἐπί in Richtung auf, gegen μετά mitten hinein unter; nach παρά neben, entlang, zu περί ἀμφί um, in der (die) Gegend (Zeit) von, hinsichtlich πρός in Richtung auf, gegen, zu, für, betreffend ὑπό unten in (an), hinunter

(Fortsetzung von S. 47)

Schließlich wurden aber auch manche Objektskasus in ihrem Sinn durch Präpositionen gestützt[1]).

Ursprünglich war auch die Stellung *nach* dem Nomen möglich[2]). Dabei rückte bei den zweisilbigen Verhältniswörtern — außer bei ἀμφί, ἀνά, ἀντί, διά — der Akzent auf die erste Silbe. In der attischen Prosa kann, abgesehen von χάριν und ἕνεκα (§ 95 d) sowie ἄνευ beim Relativpronomen, nur περί nachgestellt werden.

Nicht selten ist das Verhältniswort von seinem Nomen durch dazwischentretende Wörter, besonders durch das Genetivattribut, getrennt[3]).

Je nach dem Standpunkt des Aussagenden[4]) oder dem Sinn der Handlung[5]) verbinden sich die Präpositionen mit Genetiv (*woher?*), Dativ (*wo?*) und Akkusativ (*wohin?*). Andere stehen, ihrer Grundbedeutung nach, nur bei Genetiv und Akkusativ oder nur bei einem der drei Beziehungskasus.

Die Verhältniswörter werden in *örtlicher*, *zeitlicher* und *bildlicher* (*übertragener*) Bedeutung gebraucht. Über ihre Bedeutungsschattierungen bei der Zusammensetzung mit einem Nomen der Verbum siehe Bengl, Griechische Wortkunde.

a) Verhältniswörter mit Dativ § 89

1. **ἐν**

a) *örtlich*:

in: ἐν τῇ πόλει, ἐν Σπάρτῃ, ἐν τῷ φανερῷ (Öffentlichkeit), ἐν Ἅιδου (erg. δόμῳ),

an, bei: ἐν τῷ ποταμῷ, ἐν Πέρσαις, ἡ ἐν Σαλαμῖνι ναυμαχία, ἐν οὐρανῷ,

auf: ἐν τῇ νήσῳ, ἐν ταῖς ὁδοῖς, ἐν δεξιᾷ, ἐν τῷ εὐωνύμῳ (linken Flügel),

unter (= in Gegenwart von): ἐν τοῖς βέλτιστος unter diesen (§ 15) der Beste = der Allerbeste, ἐν τοῖς μάλιστα am allermeisten, ἐν τοῖς δικασταῖς, ἐν τῷ δήμῳ λέγειν vor den Richtern, vor dem Volk sprechen, ἐν τοῖς ἀρίστοις λέγεσθαι unter (den =) die Besten gezählt, gerechnet werden.

Anm. Den *Endpunkt einer Bewegung* bezeichnet ἐν oft in der Dichtung bei *setzen, stellen, werfen, fallen* (τιθέναι, βάλλειν, πίπτειν), in der Prosa bei τιθέναι. Daher τιθέναι ἐν τάφῳ ins Grab legen, ἐν τοῖς φίλοις τιθέναι unter die Freunde rechnen.

b) *zeitlich*:

in, innerhalb, während: ἐν νυκτί, ἐν τούτῳ (τῷ χρόνῳ), ἐν ταῖς σπονδαῖς, ἐν τρισὶ μησίν innerhalb dreier Monate, ἐν τῇ ἑορτῇ während des Festes, ἐν καιρῷ im rechten Augenblick, ἐν πολέμῳ.

c) *bildlich*:

ἐν φιλοσοφίᾳ εἶναι sich mit Philosophie beschäftigen, ἐν ἑαυτῷ εἶναι bei Sinnen sein, οἱ ἐν τοῖς πράγμασι, οἱ ἐν τέλει ὄντες die Staatsregierung, die Behörden, ἐν ὀργῇ ἔχειν τινά jm. zürnen, ἐλπίδας ἔχειν ἔν τινι Hoffnungen setzen auf, τοῦτο ἐν ἐμοί ἐστιν dies liegt in meiner Macht.

---

[1]) Vgl. *Des Falls* (= an den Fall) *erinnere ich mich. Er spottet meiner* (= über mich); mhd.: *so fröut ich mich des süezen meien* (= über, an).
[2]) Daher trifft die Bezeichnung *Präposition*, die nichts über die syntaktische Bedeutung aussagt, im allgemeinen nur für die klassische und nachklassische Zeit zu.
[3]) Ἐν μὲν ἄρα τοῖς συμφωνοῦμεν, ἐν δὲ τοῖς οὔ. Ἡ ψυχὴ εἰς μακάρων νήσους ἄπεισιν.
[4]) Vgl. *vom Berg herab, den Berg hinab*.
[5]) Vgl. *auf dem Gipfel stehen, auf den Gipfel steigen*.

§ 90

2. **σύν**[1])

zusammen mit:	σὺν τῷ ἀδελφῷ, σὺν στρατεύματι πολλῷ,
mit Hilfe:	σὺν 'Αθηνᾷ, σὺν θεοῖς, σύν τινι μάχεσθαι,
ausgestattet mit:	σὺν ὅπλοις, σὺν πέντε ναυσίν,
mit = unter Anwendung von:	σὺν βίᾳ, σὺν πόνοις καὶ ἱδρῶτι,
in Übereinstimmung mit:	σὺν τῷ σῷ ἀγαθῷ (zu deinem Vorteil), σὺν κόσμῳ (in Ordnung).

Anm. 1. Mit Dativ verbinden sich auch **ἅμα** *zugleich mit* (meist zeitlich), **ὁμοῦ** *zusammen mit, mitsamt*: ἅμα ἕῳ, ἅμα τῷ ἡλίῳ ἀνίσχοντι, ἅμα τῇ ἡμέρᾳ mit Tagesanbruch, πίνειν τὸ ὕδωρ ὁμοῦ τῷ πηλῷ (mitsamt dem Schlamm).

Anm. 2. Als Adverb bindet ἅμα und ὁμοῦ durch καί oder τε verbundene Substantiva noch stärker aneinander[2]).
1. 'Εφόνευον ἄνδρας ὁμοῦ καὶ ἵππους. 2. Ὁ συκοφαντῶν (Verleumder) ἅμα λόγων τε καὶ μαρτύρων οὐκ ἀπορήσει.

§ 91   b) Verhältniswörter mit Genetiv

3. **ἀντί**

angesichts:	ἀντὶ μαρτύρων, **anstatt**[3]): ἀντὶ πολέμου εἰρήνην αἱρεῖσθαι,
für:	ἀντὶ χρημάτων, ἀντὶ ἀργυρίου für Geld.

§ 92

4. **πρό**

a) *örtlich*:

vor: πρὸ τοῦ στόματος (Einfahrt) τοῦ λιμένος, τὰ πρὸ ποδῶν οὐχ ὁρᾶν.

b) *zeitlich*:

vor: πρὸ ἡμέρας, πρὸ ἑσπέρας, πρὸ τοῦ θανάτου, τὰ πρὸ τῶν Τρωικῶν, πρὸ τοῦ vordem, früher, πρὸ πολλοῦ lang vorher, οἱ πρὸ ἡμῶν γενόμενοι.

c) *bildlich*:

für = anstatt: πρὸ ἄλλων βουλεύεσθαι καὶ πράττειν, πρὸ δικαιοσύνης ἀδικίαν ἐπαινεῖν, πρὸ πολλῶν χρημάτων τιμᾶσθαί τι (höher als),

für = zum Schutz, zur Verteidigung: πρὸ παίδων καὶ γυναικῶν.

§ 93

5. **ἐκ, ἐξ**

a) *örtlich*:

aus — heraus: ἐκ τῆς πόλεως φεύγειν, ἐκ κινδύνων σῴζειν, μόνος ἐκ πολλῶν,

von — weg: ἐξ ἀγορᾶς ὠνεῖσθαι, ἐκ δένδρου κρεμαννύναι, δεῖν, ἀρτᾶν an einen Baum hängen, binden, befestigen.

---

[1]) ξύν ist die ältere Form, die sich lang, besonders in Zusammensetzungen hält. ξύν, σύν wird allmählich stark durch μετά *mit Gen.* verdrängt, besonders in attischer Prosa, außer bei Xenophon.

[2]) Vgl. lat.: *vox pariter et spiritus*.

[3]) Die Bedeutung erklärt sich aus dem Tauschhandel, bei dem die Waren einander im Wert gegenübergestellt wurden und schließlich Platz und Besitzer tauschten. Vgl. ἐν-αντί-ος, *ante*, Antlitz, Antwort, entgegen, entreißen.

b) *zeitlich:*

von — an: ἐκ τοῦ seit dieser Zeit, ἐκ πολλοῦ (πλείονος) χρόνου seit langer (längerer) Zeit, ἐκ παλαιοῦ seit alter Zeit, ἐκ παιδός, ἐκ παίδων von Kindheit an, ἐξ ἀρχῆς von Anfang an.

unmittelbar nach: ἐκ τοῦ ἀρίστου (Frühstück), ἐκ χειμῶνος am Ende des Winters.

c) *bildlich:*
ἐξ ἀπροσδοκήτου unerwartet, ἐκ τῶν συγκειμένων πράττειν (vertragsgemäß), ἐκ τούτου infolgedessen, ἐκ τραύματος τελευτᾶν an einer Wunde sterben, ἐκ παντὸς τρόπου auf jede Art und Weise, ἐξ ἴσου in gleicher Weise (dagegen ἴσως vielleicht!).

6. ἀπό[1])   § 94

a) *örtlich:*

von — weg: ἀπὸ νήσου πλεῖν, ἀπὸ θαλάσσης οἰκίζειν vom Meer entfernt ansiedeln, ἀφ' ἵππου θηρεύειν.

b) *zeitlich:*

von — an, seit: ἀπὸ τούτου τοῦ χρόνου, ἀφ' οὗ (= ἐξ οὗ) seitdem, ἀπὸ (= ἐκ) τοῦ δείπνου, ἀπὸ παιδὸς ἄρχεσθαι von Kindheit an beginnen.

c) *bildlich:*
Herkunft: ἀπὸ θεοῦ εἶναι, οἱ ἀπὸ τῶν πόλεων πρέσβεις, οἱ ἀπὸ Πλάτωνος die Platoniker, οἱ ἀπὸ τῆς στοᾶς die Stoiker,
Grund: θαυμάζειν τινὰ ἀπὸ τῆς σοφίας (wegen),
  beim Passiv **statt ὑπό**: ἐπράχθη ἀπ' αὐτῶν οὐδὲν ἔργον ἀξιόλογον,
Mittel: ἀπὸ τῶν κοινῶν πλουτεῖν (aus öffentlichen Mitteln), ἀπ' ἰχθύων ζῆν (von Fischen), ἀπὸ τοῦ κυάμου ἄρχοντας καθίστασθαι durchs Bohnenlos Beamte einsetzen.

§ 95

Mit dem Genetiv verbindet sich weiterhin eine Reihe meist **alter Präpositionen** und **Adverbien**, die in der Regel ein *räumlich-zeitliches Verhältnis* bezeichnen:

a) *Angaben der Lage*

1. **ἐντός, εἴσω, ἔνδον** *innerhalb* (Ort, Zeit, Zahl), *diesseits*
   ἐντὸς εἴκοσιν ἡμερῶν innerhalb von 20 Tagen, εἴσω τῶν ὀρῶν innerhalb des Gebirges.
2. **ἐκτός, ἔξω,** **ἔκτοθεν außerhalb* (Ort, Zeit), *über — hinaus, fern von*
   ἔξω τῶν πυλῶν, ἐκτὸς τῆς δυνάμεως αὐτῶν, ἐκτὸς κακῶν (frei von Übeln).
3. **πρόσθε(ν), ἔμπροσθεν** *vor* (Ort, Zeit)
   ἐν τῷ πρόσθεν τοῦ στρατεύματος vor dem Heer, πρόσθεν ἑσπέρας vor Einbruch der Dunkelheit, ἔμπροσθεν τῶν πραγμάτων εἶναι den Dingen zuvorkommen.
4. **ὄπισθεν, κατόπιν** *hinter, nach* (Ort, Zeit)
   ὄπισθεν ἐμοῦ, κατόπιν ἑορτῆς ἥκειν nach dem Fest (= zu spät) kommen.
5. **μεταξύ,** **μεσηγύς zwischen, inmitten*
   μεταξὺ τῆς Ξέρξου ἀναχωρήσεως καὶ τῆς ἀρχῆς τοῦδε τοῦ πολέμου.

---

[1]) Vgl. lat.: *ab*, engl.: *of*, nhd.: *ab*, z. B. *abhanden*. ἐκ bedeutet *von — heraus*, ἀπό *vom Rande weg*.

6. **ἔνερθε(ν), νέρθε(ν)** *unterhalb, von unten*
οἱ ἔνερθεν τῆς λίμνης οἰκοῦντες (im Hades).

7. **πέρα(ν)** *über — hinaus, jenseits*
πέραν τοῦ ποταμοῦ, πέρα μεσούσης τῆς ἡμέρας, πέρα τοῦ δέοντος mehr als die Pflicht.

8. **καταντικρύ, ἀντιπέρα(ς)** *gegenüber*: τὰ καταντικρὺ Κυθήρων (Insel), ἀντιπέρας Ἤλιδος.

b) *Angaben der räumlich-zeitlichen Entfernung*

1. *ἄτερ, *νόσφι, *τῆλε, *τηλοῦ, *δίχα, *ἑκάς *abgesondert, fern von, außer*
*ἄτερ ἥμενος ἄλλων, *νόσφι Ποσειδάωνος, *τῆλε φίλων καὶ πατρίδος αἴης.

2. **χωρίς** *getrennt von, abgesehen von*
ἡ ψυχὴ χωρὶς τοῦ σώματος, χωρὶς ἀνδρείας.

3. **ἄνευ** *ohne*, *ἀπάνευθεν *fern von*
μόνος ἄνευ ἀκολούθου (Begleiter), ἄνευ πόνου, οὐκ ἄνευ θεῶν.

4. **πλήν** *außer*[1])
πάντες πλὴν ἐμοῦ, θωρακίζειν πάντα πλὴν τῶν ὀφθαλμῶν.

5. **πόρρω, πρόσω** (gesteigert: πορρωτέρω, πορρωτάτω) *fern von, tief hinein*
οὐ πρόσω Σπάρτης, καθεύδειν μέχρι πόρρω τῆς ἡμέρας bis weit in den Tag hinein, διαλέγεσθαι πόρρω τῶν νυκτῶν.

c) *Angaben der Richtung*

1. **ἄχρι, μέχρι** *bis* (Ort, Zeit, Zahl)
μέχρι τῆς πόλεως, μέχρι οὗ (bis dahin, wo), ἄχρι Σόλωνος.

2. **εὐθύς** *direkt in, geradewegs auf — zu*
εὐθὺς τοῦ Ἑλλησπόντου πλεῖν, εὐθὺς τῆς φρουρᾶς ἀποπέμπειν (direkt ins Gefängnis),

d) *Sonstige Adverbien mit Genetiv*

1. **λάθρα, κρύφα** *ohne Wissen*: κρύφα τῶν Ἀθηναίων.

2. **χάριν**[2]) (auch nachgestellt) *mit Rücksicht auf, um — willen*
σοῦ τε τὴν τ' ἐμὴν χάριν, συγχωρῶ τοῦ λόγου χάριν (mit Rücksicht auf das Gespräch), τοῦ (= τίνος) χάριν; weswegen?

3. **ἕνεκα** (meist nachgestellt), *εἵνεκα *wegen, um — willen*
ἀταξίας ἕνεκα wegen Widersetzlichkeit.

§ 96 c) Verhältniswörter mit Akkusativ
7. **εἰς, ἐς**

a) *örtlich*:

in — hinein: εἰς Ἑλλήσποντον εἰσπλεῖν, εἰς Καρδούχους ἐμβάλλειν,

zu — hin: εἰς τὴν ἀγοράν, εἰς οὐρανὸν βλέπειν, εἰς διδασκάλου (erg. οἰκίαν) φοιτᾶν in die Schule gehen.

Anm. Mit εἰς wird bei Verben der Bewegung das Ziel gekennzeichnet: 1. Ἀφικνεῖται Μεγάβυζος εἰς Ὀλυμπίαν. 2. Εἰς τὸ πεδίον ἀθροίζονται.

---

[1]) Vgl. πλησίον, πέλας; eigentlich *ganz in der Nähe* → *neben* → *daran vorbei* → *außer*.
[2]) Eigentl. *als Gefälligkeit gegenüber*, lat.: *gratiā*.

b) *zeitlich:*

bis zu: εἰς τὴν ἐπιοῦσαν ἕω bis zum nächsten Morgen, εἰς αὔριον bis morgen, εἰς πότε; bis wann? εἰς τὸ μέλλον für die Zukunft, κτῆμα εἰς ἀεί (für immer), εἰς ἔπειτα für später, εἰς αὖθις auf ein andermal.

c) *bildlich:*

Maß oder Begrenzung („bis zu"): εἰς εἴκοσι μάλιστα ἱππέας höchstens bis zu 20 Reiter(n), εἰς τοῦτο θράσους καὶ ἀναιδείας ἀφικνεῖσθαι (bis zu einem solchen Grad von),

Beziehung oder Hinsicht auf: ἐξαμαρτάνειν εἰς θεούς sich gegen die Götter versündigen, εἰς πόλεμον ἀγαθός (§ 41, A.), εὐδοκιμώτατος εἰς σοφίαν (wegen seiner Weisheit), κατὰ τοὺς πολέμους καὶ εἰς τὰ ἄλλα in militärischer Hinsicht und in sonstiger Beziehung.

Anm. Bei Personen steht gleichbedeutend **ὡς zu:** εἰσιέναι ὡς βασιλέα.

8. ἀνά[1]) § 97

a) *örtlich:*
(auf—) hinauf: ἀνὰ τὸν ποταμόν, ἀνὰ τὰ ὄρη οἰκεῖν,
über — hin: ἀνὰ τὴν Ἑλλάδα.

b) *zeitlich:*

über — hin, während: ἀνὰ νύκτα[2]), ἀνὰ τὸν πόλεμον, ἀνὰ πᾶσαν ἡμέραν tagtäglich, ἀνὰ πᾶν ἔτος Jahr für Jahr.

c) *bildlich:*

ἀνὰ κράτος aus Leibeskräften, ἀνὰ δύο zwei und zwei; ἀνὰ λόγον entsprechend, proportional.

Anm. Mit Genetiv oder Dativ wird ἀνά nur bei Dichtern und da äußerst selten verbunden: *χρυσέῳ ἀνὰ σκήπτρῳ auf einem goldenen Stab.

d) Verhältniswörter mit Genetiv und Akkusativ § 98

9. διά

a) **mit Genetiv:** *durch — hindurch*

1. *örtlich:* διὰ τοῦ θώρακος τιτρώσκειν, διὰ τῆς πόλεως φεύγειν, διὰ πολεμίας γῆς πορεύεσθαι, διὰ πέντε σταδίων (im Abstand von), διὰ πολλοῦ in weitem Abstand.

2. *zeitlich:* διὰ νυκτὸς καὶ ἡμέρας[3]), διὰ παντὸς τοῦ χρόνου, διὰ πέμπτου ἔτους jeweils nach 4 Jahren, διὰ τέλους bis ans Ende.

3. *bildlich* (Angabe der persönlichen, sachlichen und technischen Mittel):

α) *persönliche Vermittlung:* δι' ἀγγέλων durch Boten, δι' ἑρμηνέως durch einen Dolmetscher, δι' ἑαυτοῦ aus eigener Kraft, aus eigenem Entschluß.

---
[1]) Verwandt nhd. *an*; vgl. lat.: *an-helare* auf-schnaufen, auf-seufzen.
[2]) Vgl. bayerisch mundartlich: *auf d'Nacht.*
[3]) *Tag und Nacht*; der griechische Tag beginnt mit dem Abend und dauert bis zum folgenden Abend.

β) *sachliche Mittel :* αἱ διὰ τοῦ σώματος ἡδοναί körperliche Genüsse, δι' ὤτων mit den Ohren, διὰ στόματος durch den Mund, διὰ βραχέων mit wenigen Worten, δι' αἰνιγμάτων in Rätseln.

γ) *Verfahren :* διὰ μάχης ἰέναι τινί (πρός τινα) kämpfen mit, διὰ φιλίας ἰέναι τινί (πρός τινα) freundlich verkehren, verfahren mit.

δ) *Art und Weise :* διὰ σιγῆς schweigsam, δι' ὀργῆς ἔχειν τὸν πέλας wütend sein auf den Nachbarn, ἀεὶ διὰ φόβου εἶναι in beständiger Furcht leben, διὰ πένθους τὸ γῆρας διάγειν in Trauer das Alter verbringen, διὰ ταχέων (διὰ τάχος) in aller Eile.

b) mit Akkusativ

1. *örtlich und zeitlich :* durch — hindurch (nur dichterisch!)
*διὰ δώματα durch den Palast, *διὰ νύκτα durch die Nacht hindurch.

2. *bildlich :* durch (= dank, wegen, auf Grund)
δι' ἡμᾶς dank unserer Tätigkeit, Haltung, Schuld usw., δι' ἄγνοιαν καὶ ἀμαθίαν αὐτῶν auf Grund ihrer Unwissenheit und Unkenntnis, διὰ καῦμα wegen der Hitze, διὰ χειμῶνα durch den Sturm, διὰ ταύτας τὰς αἰτίας aus diesen Gründen, διὰ τὴν στάσιν wegen des Aufruhrs, διὰ τί; weshalb? διὰ τοῦτο deshalb, αὐτὸς δι' ἑαυτόν *ipse per se.*

§ 99

10. **κατά**

a) **mit Genetiv:** *von — herab, auf — hinab, unter (— hinunter)*

1. *örtlich :* κατὰ τῆς πέτρας ἄλλεσθαι, οἱ κατὰ γῆς die Toten, ζητεῖν τὰ κατὰ γῆς das Unterirdische erforschen, κατ' ἄκρας ἐξαιρεῖν (von oben herab, z. B. durch Abtragen der Mauer) zerstören.

2. *bildlich :* (in Hinsicht) auf : οἱ κατὰ Δημοσθένους ἔπαινοι die Lobreden auf Demosthenes, μὴ κατ' ἀνθρώπων σκόπει μόνον τοῦτο betrachte dies nicht nur im Hinblick auf die Menschen.
(*sprechen*) *gegen :* (καὶ) κατὰ τῶν ἀρχόντων ψεύδεσθαι.

b) **mit Akkusativ:** *über — hin, in Richtung auf, entlang, gemäß*

1. *örtlich :* κατὰ τὴν Ἀσίαν über (ganz) Asien hin, überall in Asien, αἱ σκηναὶ αἱ κατὰ τὴν ἀγοράν die über den Markt hin verstreuten Buden, κατὰ γῆν καὶ κατὰ θάλατταν zu Wasser und zu Land, ἡ κατὰ Κέρκυραν ἤπειρος das Festland gegenüber (= in Richtung auf) K., κατὰ ῥοῦν, κατὰ ποταμόν flußabwärts, κατ' ἀγρούς (Gegensatz ἐν ἄστει) auf dem Land.

2. *zeitlich :* κατὰ τὸν πόλεμον während des Krieges, κατ' ἐκεῖνον τὸν χρόνον, κατ' ἀρχάς am Anfang, οἱ κατὰ Κῦρον die Zeitgenossen des Kyros, καθ' ἡμέραν Tag für Tag.

3. *bildlich:*

α) *distributiv :* nach, zu
κατὰ τάξεις σκηνοῦν (truppweise), κατὰ δύο τεταγμένοι (zu zweien), κατὰ πόλεις ἀποπλεῖν (nach Städten geordnet).

β) *begründend* (Grund, Hinsicht, Zweck): *nach, zu*
κατὰ τὴν ἐμὴν γνώμην nach meiner Meinung, κατὰ τοὺς νόμους, κατ' Αἰσχύλον (zitierend) nach Aischylos, τὰ κατὰ πόλεμον die mit der Kriegführung zusammenhängenden Fragen, τὰ κατ' ἀνθρώπους die menschlichen Verhältnisse, καθ' ἡδονήν zum Vergnügen, κατὰ τί; wozu?

γ) zur Angabe der *Art und Weise*:
κατὰ (= ἀνὰ) κράτος mit aller Kraft, κατὰ τάχος schnell, καθ' ἡσυχίαν in aller Ruhe, μεῖζον ἢ κατ' ἄνθρωπον φρονεῖν allzu hoch hinaus wollen.

11. ὑπέρ §100

a) mit Genetiv: *oberhalb, über (— hinaus), für, zum Schutz*

1. *örtlich:* ὑπὲρ τῆς κώμης oberhalb des Dorfes, τοῖς ὑπὲρ τῆς Χερσονήσου Θρᾳξὶ πολεμεῖν (jenseits der Chersones).

2. *bildlich:* ὑπὲρ τῆς Ἑλλάδος μάχεσθαι (*zum Schutz*), ὑπὲρ ἡμῶν λέγειν (*im Namen*), ὑπὲρ τῆς πόλεως ἱερὰ θύειν (*im Interesse*), ὑπὲρ τῆς ψυχῆς θαρρεῖν (*für = wegen, in Hinsicht auf*), ὑπὲρ τῶν πραγμάτων σπουδάζειν (*um die Dinge*).

b) mit Akkusativ: *über — hinweg, über — hinaus* (in Raum, Zeit, Maß, Zahl)

1. *örtlich:* ὑπὲρ Ἑλλήσποντον οἰκεῖν (*jenseits* d. H.)[1], ὑπὲρ Ἀσωπὸν ἐλθεῖν (*über* den Asopos).

2. *zeitlich:* οἱ ὑπὲρ τὰ στρατεύσιμα ἔτη γεγονότες die nicht mehr dienstpflichtigen Jahrgänge.

3. *bildlich:* ὑπὲρ ἥμισυ über die Hälfte, ῥώμῃ ὑπὲρ πάντας an Kraft allen überlegen, ὑπὲρ ἄνθρωπον übermenschlich, ὑπὲρ μόρον über Gebühr.

e) Verhältniswörter mit Dativ, Genetiv und Akkusativ §101
12. ἐπί

a) mit Dativ: *auf, dicht bei, unmittelbar anschließend*

1. *örtlich:* ἐπὶ τῇ κεφαλῇ (= ἐπὶ τῆς κεφαλῆς), ἐπὶ ταῖς θύραις τῆς Ἑλλάδος (dicht vor), ἐπὶ τῷ Ἰσθμῷ οἰκεῖν (dicht am Isthmos), ἐπὶ τῇ εἰσόδῳ (dicht am Eingang), οἱ ἐπὶ πᾶσιν der Nachtrab, die Nachhut.

2. *zeitlich:* ἐπὶ τῷ σίτῳ ὕδωρ πίνειν, ἐπὶ νυκτί noch *während* der Nacht, φόνος ἐπὶ φόνῳ Mord auf Mord.

3. *bildlich* (*auf etwas, so daß man es unter sich hat, über* etwas):
οἱ ἐπὶ τοῖς πράγμασιν die Mitglieder der Regierung (s. ἐπί m. Gen.!), οἱ ἐπὶ τοῖς παισίν die Aufseher über die Knaben.

Daher α) *auf Grund*
ἐπὶ κακουργίᾳ καὶ οὐκ ἀρετῇ aus Arglist und nicht aus redlicher Art, ἐπὶ προδοσίᾳ φεύγειν wegen Verrats angeklagt sein; besonders bei Verben der Gemütsäußerung (§ 83):
ἐπὶ συμφορᾷ χαλεπῶς φέρειν, ἐπὶ τοῖς γιγνομένοις ἀγανακτεῖν, ἐπ' ἀρετῇ θαυμάζεσθαι.

---

[1]) Vgl. *Übersee*.

β) *unter der Bedingung, zu dem Zweck*[1])

ἐπὶ ῥητοῖς unter (= auf der Grundlage von) abgesprochenen Bedingungen, ἐπ' οὐδενί unter keiner Bedingung, ἐφ' ᾧτε (mit Inf. oder Ind. Futur) unter der Bedingung daß, ἐπὶ μισθῷ gegen Lohn, ἐπ' ὠφελείᾳ zum Nutzen, ἐπὶ βλάβῃ zum Schaden.

b) mit Genitiv: *auf, in, im Bereich von, während*

1. *örtlich* (= vielfach wie ἐπί mit Dativ): ἐπὶ γῆς, ἐφ' ἅρματος, ἐπὶ μαρτύρων (*vor*).

Anm. Bei Verben der Bewegung bezeichnet ἐπί mit Genitiv den Bereich, von dem aus die Bewegung ihre Richtung erhält: ἐπὶ Σάμου πλεῖν (in Richtung auf Samos zu), ἐπὶ Σάρδεων φεύγειν (in Richtung auf Sardes zu), ἐπ' οἴκου ἀποπλεῖν nach Hause segeln.

2. *zeitlich:* ἐπὶ Μήδων zur Zeit der Perserkriege, ἐπὶ τῶν τριάκοντα zur Zeit der „Dreißig".

3. *bildlich:* οἱ ἐπὶ τῶν πραγμάτων die Behörden, die Regierung (s. ἐπί m. Dativ), ἐπ' ἀδείας (auf der Grundlage von =) unter Zusicherung von Straflosigkeit.

c) mit Akkusativ: (*in Richtung*) *auf, zu, nach, gegen*

1. *örtlich:* ἐπὶ τὸν ἵππον ἀναβαίνειν, ἐπὶ βῆμα προϊέναι aufs Pferd, auf die Rednertribüne steigen, ἐπὶ πολύ auf eine weite Strecke hin, ἐπὶ ἀσπίδα, ἐπὶ δόρυ ἀναστρέφειν links-, rechtsummachen; bes. feindlich: ἐπὶ τοὺς πολεμίους στρατεύεσθαι gegen die Feinde zu Felde ziehen.

2. *zeitlich:* ἐπὶ πολὺν χρόνον auf lange Zeit, ἐπὶ τὴν ἕω bis zum Morgengrauen.

3. *bildlich:* ἐπὶ πᾶν ἐλθεῖν aufs Ganze gehen, ἐπὶ τοὺς νεκροὺς πορεύεσθαι gehen, um die Toten zu holen.

§ 102

13. μετά

a) mit Dativ (nur dicht.): *μετ' ἀνθρώποις mitten unter den Menschen.

b) mit Genitiv: *gemeinsam mit, in Übereinstimmung mit*

1. *örtlich:* μετὰ τῶν ἀνθρώπων εἶναι mitten unter den Menschen weilen, μετὰ τῶν συμμάχων πολεμεῖν (gemeinsam mit den Bundesgenossen), οἱ μετὰ Λεωνίδου L. und seine Leute.

2. *bildlich:* μετὰ τοῦ νόμου καὶ δικαίου mit Gesetz und Recht, μετὰ σπουδῆς mit Eifer, μετὰ παρρησίας mit Freimut, μετὰ κινδύνων unter Gefahren, μετ' ἀληθείας wahrheitsgemäß, μετὰ σωφροσύνης mit Maß und Ziel.

c) mit Akkusativ: *mitten hinein unter, hin zu, nach*

1. *örtlich* (dicht.): *ἴομεν μετὰ παῖδ' ἐμόν (zu meinem Sohn).

2. *zeitlich:* μετὰ τὰ Τρωικά nach den Troerkriegen, μετὰ ταῦτα hierauf, μετ' οὐ πολύ, μετ' ὀλίγον ὕστερον nach kurzer Zeit, μετὰ Κῦρον τὸν ἀρχαῖον nach Kyros dem Älteren.

3. *bildlich* (Rang, Zweck): ἡ πλουσιωτάτη πόλις μετὰ Βαβυλῶνα (nach Babylon), μετὰ χαλκὸν πλεῖν nach (= um) Erz fahren.

---

[1]) Vgl. *auf Ehrenwort, auf Treu und Glauben*

14. παρά § 103

a) mit Dativ: *neben, bei* (bei Orten und Personen)

τὰ παρὰ θαλάττῃ χωρία die Landstriche am Meer, παρὰ τοῖς Αἰγυπτίοις, οἱ παρ' ἡμῖν ἄνθρωποι, παρὰ διδασκάλῳ εἶναι bei einem Lehrer sein.

b) mit Genetiv: *von — weg, von — her* (bes. bei *kommen, empfangen, hören, lernen* und beim Passiv von *geben, sagen* statt ὑπό)

παρὰ βασιλέως αὐτομολεῖν vom Großkönig überlaufen, παρ' Αἰγυπτίων μεμαθηκέναι, τὸ παρὰ τοῦ ἰατροῦ φάρμακον, παρὰ πάντων ὁμολογεῖται von allen wird einstimmig die Auffassung vertreten, τὰ παρὰ τῆς τύχης δωρηθέντα das Geschenk des Glücks.

c) mit Akkusativ: *entlang, neben, zu* (bei Personen), *während*[1])

1. *örtlich:* παρὰ τὴν ἤπειρον πλεῖν am Festland entlang fahren, παρὰ τὸν Εὔριπον οἰκεῖν an der Meerenge des Euripos wohnen, παρὰ Ξενοφῶντα πέμπειν zu X. schicken.
2. *zeitlich:* παρὰ πάντα τὸν χρόνον während der ganzen Zeit, παρὰ τὴν Κύρου ἀρχήν im Verlauf (während) der Herrschaft des Kyros.
3. *bildlich:* α) die zeitliche Bedeutung entwickelte sich zur ursächlichen:
im Verlauf von → auf Grund: παρὰ τὴν ἡμετέραν ἀμέλειαν auf Grund unserer Nachlässigkeit.

    β) im Vergleich nebeneinanderstellend:
παρὰ τὰ ἄλλα ζῷα (im Vergleich zu), παρὰ ταῦτα dem gegenüber, abgesehen davon, παρὰ πολύ bei weitem, παρ' οὐδὲν ποιεῖσθαι (§ 67) für nichts achten.

    γ) *im Gegensatz zu, wider* (Gegensatz: κατά):
παρὰ νόμον gegen ein Gesetz, παρὰ τὰς σπονδάς gegen die Verträge, παρὰ δόξαν wider Vermuten, gegen jede Erwartung.

15. περί § 104

a) mit Dativ: *rings um*

1. *örtlich* (auf den Körper bezogen):
δακτύλιον περὶ τῇ χειρί Ring an der Hand, θώραξ περὶ τοῖς στέρνοις Panzer um die Brust.
2. *bildlich* (kämpfen um):
περὶ τῇ Σικελίᾳ ἔσται ὁ ἀγών der Kampf wird um Sizilien gehen, θαρρεῖν περὶ τῇ ἑαυτοῦ ψυχῇ unbesorgt sein um seine eigene Seele.

b) mit Genetiv (nur bildlich):

1. *über, in Betreff, wegen* (dafür später häufiger ὑπέρ)
περὶ τῆς κοινῆς σωτηρίας βουλεύεσθαι, ὁ περὶ Σαλαμῖνος πόλεμος.

---

[1]) Der Unterschied zwischen κατά und παρά wird aus dem örtlichen Gebrauch verständlich:

    ————→ entlang, in Richtung von: κατά
    ———— Stromrichtung ————→
    ←———→ neben, entlang: παρά

Aus der Bedeutung *an — vorbei* entsteht in übertragenem Sinne *gegen*.

2. *über* = *höher als*

περὶ πολλοῦ (πλείονος, πλείστου) ποιεῖσθαι hoch (höher, sehr hoch) schätzen, περὶ παντός, περὶ οὐδενὸς ποιεῖσθαι über alles schätzen, für nichts achten (§ 67).

c) mit Akkusativ: *um, in der (die) Gegend von* = **ἀμφί**

1. *örtlich*: περὶ πᾶσαν τὴν Σικελίαν οἰκεῖν, φύλακες περὶ τὸ στρατόπεδον, οἱ περὶ Κῦρον die Umgebung des Kyros, οἱ περὶ τὴν Ἔφεσον die Leute, die um Ephesos herum wohnen.

2. *zeitlich*: περὶ πλήθουσαν ἀγοράν um die Zeit, wann der Markt sich füllt (§ 58), περὶ τούτους τοὺς χρόνους um diese Zeit, περὶ ἡλίου δυσμάς gegen Sonnenuntergang.

3. *bildlich* (= örtlich im weitesten Sinn): *hinsichtlich*
τὰ περὶ τὴν πόλιν die staatlichen Verhältnisse, Angelegenheiten, περὶ τοὺς θεοὺς εὐσεβεῖν gegenüber den Göttern seine religiösen Pflichten erfüllen, οἱ νόμοι οἱ περὶ τοὺς γάμους die Ehegesetze, σπουδάζειν περί τι sich um etwas bemühen;
bei ungefähren Zahlenangaben: περὶ ἑβδομήκοντα etwa, ungefähr 70.

Anm. **Ἀμφί** *auf beiden Seiten von, um* verbindet sich selten und fast nur dichterisch mit Dativ (auf die Frage *wo?*) oder Genetiv (*um, wegen*) und wird mit Akkusativ in gleicher Bedeutung wie περί verwendet, das ἀμφί bald völlig verdrängt.
1. *Ἀμφ' ὤμοισιν ἔχεν σάκος (Schild). 2. Ἦν ὁ Σωκράτης τῶν ἀμφὶ Μίλητον στρατευομένων (§ 47). 3. Ἤδη ἀμφὶ ἡλίου δυσμὰς ἦν. 4. Ἀμφὶ τοὺς διακοσίους ἀπέθανον (§ 2, A. 2).

§ 105

16. **πρός** (dicht. προτί, ποτί)

a) mit Dativ: *bei, an, auf seiten, noch dazu*

1. *örtlich*: πρὸς τῷ τείχει an der Mauer, πρὸς τῷ Εὐφράτῃ ποταμῷ am Euphrat.

2. *bildlich*: πρὸς ἔργῳ τινὶ εἶναι mit einer Arbeit beschäftigt sein, πρὸς τῷ εἰρημένῳ εἶναι (in Gedanken noch) bei dem Gesagten sein, πρὸς τούτοις überdies (dafür adv. πρὸς δέ, πρός γε), πρὸς τοῖς ἄλλοις πᾶσιν zu allem andern noch dazu.

b) mit Genetiv (den Ausgangsbereich bezeichnend): *von seiten, auf seiten*

1. *örtlich*: *von — her*; aber auch den Richtungsbereich bezeichnend[1]): *auf die Seite von*; dafür auch πρός mit Akkusativ.
πρὸς Ὀλύνθου ἐν τῷ Ἰσθμῷ στρατοπεδεύεσθαι auf dem Isthmus in Richtung auf Olynth zu lagern, πρὸς Νεμέας in Richtung auf Nemea;
zur Bezeichnung der *Herkunft* (genealogisch und bildlich):
πρόγονοι πρὸς ἀνδρῶν ἢ γυναικῶν Ahnen von männlicher oder weiblicher Linie, ἔπαινος πρὸς ὑμῶν Lob von euch, von eurer Seite, εἶναι πρὸς Φιλίππου auf Seite Philipps stehen.

2. *bildlich* (bes. bei *hören von, lernen von* und beim Passiv = παρά):
τὸ πρᾶγμα πρὸς τοῦ βουκόλου ἀκούειν die Sache von dem Hirten hören, ἄδικον πρὸς θεῶν

---

[1]) Vgl. ἐπί. Im Griechischen liegt eine andere Betrachtungsweise zugrunde. Während der deutsche Sprachgebrauch vom betrachtenden Subjekt ausgeht (ich sehe den Ort, wenn *ich nach* Norden schaue), leitet sich der griechische Ausdruck vom Objekt her ab (das Bild des Ortes kommt *vom* Norden *her* zu mir).

καὶ πρὸς ἀνθρώπων ein Unrecht bei Gott und den Menschen, πρὸς θεῶν angesichts = bei den Göttern, bes. beim *Schwur*.

c) mit Akkusativ: *in Richtung auf, gegen, zu, gegenüber, angesichts, betreffend*

1. *örtlich:*
   α) bei *Himmelsrichtungen* wie πρός mit Genetiv: πρὸς ἄρκτον, πρὸς ἑσπέραν, πρὸς μεσημβρίαν, πρὸς ἕω.
   β) bei *Personen*: πρὸς ἡμᾶς ἔρχεσθαι zu uns kommen.
   Daraus entwickelt sich der Sprachgebrauch *zu jd. gehen, um etw. zu tun*:
   λέγειν πρός τινα sprechen mit, γράφεσθαι πρός τινα anklagen bei, διαβάλλειν πρός τινα verleumden bei, συνθήκας, σπονδάς, συμμαχίαν ποιεῖσθαι πρός τινα einen Vertrag, ein Bündnis schließen mit, μάχεσθαι, ἐρίζειν πρός τινα kämpfen, streiten mit, ἀπεχθάνεσθαι πρὸς ἀμφοτέρους sich mit beiden Parteien verfeinden.

2. *zeitlich:* πρὸς ἑσπέραν, πρὸς ἡμέραν, πρὸς τὴν σελήνην, πρὸς ὄρθρον.

3. *bildlich:*
   α) *im Hinblick auf, im Vergleich mit, (ge)messen an*
   πρὸς ἀργύριον τὴν εὐδαιμονίαν κρίνειν das Glück nach dem Vermögen beurteilen, πρὸς τὰ ἔτη μέλαιναν τὴν τρίχα ἔχειν im Vergleich zu den Jahren dunkles Haar haben, πάντα ὕστερα ποιεῖσθαι πρός τι alles hintansetzen gegenüber.
   β) *Angabe des Zwecks*: πρὸς τί; wozu? οὐδὲν πρὸς ἐμέ nichts für mich, ἱκανὸς πρός, χρήσιμος πρός τι geeignet, brauchbar für etw., πρὸς χάριν τινός jm. zu Gefallen, πρὸς βίαν = βιαίως unter Zwang.

17. ὑπό § 106

a) mit Dativ: *unter (wo?), unten in (an)*

1. *örtlich:* ὑπὸ δένδρῳ unter einem Baum, ὑπὸ τῷ ἱματίῳ unter dem Mantel.

2. *bildlich: unter der (die) Herrschaft, unter dem (den) Einfluß von*
   τὰ θηρία τὰ ὑπὸ τοῖς ἀνθρώποις, πᾶσαν τὴν Ἑλλάδα ὑφ' ἑαυτῷ ποιεῖσθαι sich unterwerfen, ὑπὸ παιδοτρίβῃ ἀγαθῷ παιδεύεσθαι unter einem tücht. Sportlehrer ausgebildet werden.

b) mit Genetiv: *unter, unten in (an), von unten her*

1. *örtlich:* τὰ ὑπὸ γῆς.

2. *bildlich: unter der Herrschaft, unter dem Einfluß von, unter der Wirkung von*
   ὑφ' ἡδονῆς aus Freude, ὑπὸ δέους aus Furcht, ὑπὸ τοῦ Μήδου δεινὰ πάσχειν, πιέζεσθαι (bedrückt werden), βιάζεσθαι (gezwungen werden).

c) mit Akkusativ: *unten in (an), hinunter*

1. *örtlich:* αἱ ὑπὸ τὸ ὄρος κῶμαι (unterhalb des Berges), ὑπὸ τὰ τείχη bis unten an die Mauern.

2. *zeitlich:* ὑπὸ τοὺς αὐτοὺς χρόνους um dieselbe Zeit.

3. *bildlich:* ὑπὸ βασιλέα γίγνεσθαι unter die Herrschaft des Großkönigs kommen, ὑφ' ἑαυτόν, ὑφ' ἑαυτοὺς ποιεῖσθαί τινα jd. sich unterwerfen.

§ 107   C. Das Verbum als Träger der Aussage

1. Das Verbum ist der wichtigste Teil des Prädikats. Manche Verba genügen allein schon für eine vollständige Aussage. Andere benötigen eine Ergänzung (Prädikatsnomen, Objekt) oder eine Angabe der näheren Umstände (Adverbiale). Vgl. § 29.

1. Πίπτει χιών. 2. Ἄγγελοι ἦλθον. 3. Οἱ Λακεδαιμόνιοι πρέσβεις ἔπεμψαν εἰς Ἀθήνας.

Verba, deren Aussage sich auf ein Akkusativobjekt richtet, nennt man transitiv gebrauchte Verba, die übrigen intransitive Verba.

Adverbiale Akkusative machen ein Verbum nicht transitiv.

1. Ἦλθον τὴν ταχίστην (auf dem schnellsten Weg). 2. Ἔκαμον τοὺς ὀφθαλμούς (wurden augenleidend, § 41).

Transitiv werden gebraucht die Verba auf -όω und die meisten Verba auf -άω, -ίζω, -ύνω; intransitiv sind die meisten Verba auf -εύω, -έω[1]) und gewöhnlich die II. Aoriste auf -ην.

Vgl. ἔστησα ich stellte, ἔστην ich trat; ἔβησα ich ließ gehen, ἔβην ich ging; ἐφάνθην ich wurde gezeigt, ἐφάνην ich erschien; ἔσβεσα ich löschte aus, ἐσβέσθη es wurde ausgelöscht, ἔσβη es erlosch.

2. Wie im Deutschen kann man ein an sich *transitives* Verbum oft auch *ohne Akkusativobjekt* gebrauchen[2]), besonders in formelhaften Ausdrücken des militärischen Sprachgebrauchs.

αἴρειν	hochheben	(ἱστία, ἄγκυραν)	absegeln, aufbrechen
ἄγειν	führen, treiben	(στρατιώτας)	marschieren, ziehen
διάγειν	durchführen	(τὸν βίον)	leben
ἐλαύνειν	treiben	(ναῦν)	segeln, (ἵππον) reiten, (ἅρμα) fahren, (στρατόν) marschieren
ἐξιέναι	ausschicken	(ὕδωρ)	münden
εἰσ-, ἐμβάλλειν	hineinwerfen	(ὕδωρ)	münden, (στράτευμα) einfallen
καταλύειν	lösen	(ἵππους)	ausspannen, haltmachen
		(πόλεμον)	Frieden schließen
προσέχειν	hinhalten	(ναῦν γῇ)	landen
τελευτᾶν	beenden	(τὸν βίον)	enden, sterben
ὑποστρέφειν	umwenden	(στρατόν)	kehrtmachen

1. Οἱ Ἀθηναῖοι πληρώσαντες δέκα ναῦς ἀπῆραν. 2. Ἆγις ἀπήγαγε ταχέως (trat den Rückzug an). 3. Ἆγις ἐνέβαλεν εἰς τὴν Ἠλείαν (in der Peloponnes). 4. Ὑποστρέφουσιν οἱ Θηβαῖοι.

3. Wie im Deutschen kann durch Bedeutungsverschiebung ein *intransitives* Verbum *transitiv* gebraucht werden,

a) wenn es sich auf ein Objekt richtet (§ 33): μένειν τὸν φίλον den Freund erwarten,

b) wenn es mit einer Präposition verschmilzt (§ 34): διαβαίνειν ποταμόν (überschreiten).

---

[1]) Vgl. lat.: *iaceo, valeo, floreo, lateo* u. a.
[2]) Vgl. *Wer nicht hören will, muß fühlen.*

4. Durch Bedeutungsverschiebung kann auch ein *transitives* Verbum *intransitiv* werden.

ἔχειν	haben, halten	εὖ, κακῶς ἔχει	es geht ihm gut, schlecht
ἀπέχειν	abhalten		entfernt sein von (τῆς ἠπείρου)
προέχειν	vorhalten		hervorragen: a) vorspringen, b) überlegen sein
ἀπαγορεύειν	versagen (Bitte)		versagen, ermatten (ὑπὸ πόνων)
ἐνδιδόναι	hingeben, zeigen		nachgeben (τῇ τῶν πλειόνων γνώμῃ)
ἐπιδιδόναι	willig hergeben		Fortschritte machen (ἐπὶ τὸ βέλτιον)
μεταβάλλειν	umwenden		sich ändern (τὰ πράγματα μεταβάλλει)
συμβάλλειν	zusammenwerfen		zusammentreffen, handgemein werden
συμμειγνύναι	zusammenmischen		handgemein werden (πολεμίοις)
ἐκ-, ἐπιλείπειν	verlassen		nachlassen (in Leistung oder Bedeutung), ausgehen (= nicht ausreichen).

1. Θάψος τῆς Σικελίας χερσόνησός ἐστιν ἐν στενῷ ἰσθμῷ προέχουσα ἐς τὸ πέλαγος. 2. Τὰ ἐπιτήδεια ἐπέλειπεν. 3. Ὁ ἥλιος ἐξέλιπε μετὰ μεσημβρίαν καὶ πάλιν ἀνεπληρώθη.

5. Wie im Deutschen können aktive transitive Verba auch angeben, daß die Handlung von dem Subjekt nicht selbst vollzogen, sondern lediglich *veranlaßt* wurde (*kausatives Aktiv*).

1. Κῦρος τὰ βασίλεια κατέκαυσεν (= ließ niederbrennen). 2. Ἀρταξέρξης συλλαμβάνει Κῦρον ὡς ἀποκτενῶν (= läßt ergreifen).

I. DIE AUSSAGEFORMEN DES VERBUMS (GENERA VERBI)

a) Das Aktiv § 108

Das **Aktiv** (*Tatform*, ἐνέργεια) bezeichnet nicht nur eine *Tätigkeit* (ᾄδει er singt), sondern auch einen *Zustand* des Subjekts (καθεύδει er schläft, νικᾷ er ist Sieger, νοσεῖ er ist krank) oder ein *Geschehen*, das sich an oder mit dem Subjekt vollzieht (κακῶς πάσχει es geht ihm schlecht, ἀποθνῄσκει er stirbt).

b) Das Medium

Das **Medium**[1]) (*Mittelform*, μεσότης) betont § 109

1. **die körperliche, geistige oder seelische Beteiligung des Subjekts an der Handlung:**

ἅλλεσθαι	springen,	βιάζεσθαι	zwingen,	ἐργάζεσθαι	arbeiten;
ἀκροᾶσθαι	hören,	αἰσθάνεσθαι	empfinden,	πυνθάνεσθαι	sich erkundigen.

Anm. Unterscheide also:

γεύειν τινά τινος	versuchen lassen	γεύεσθαί τινος	kosten von etw.
ψηφίζειν	eine Abstimmung durchführen	ψηφίζεσθαι	abstimmen
ὀνινάναι	erfreuen, fördern	ὀνίνασθαί τινος	sich einer Sache erfreuen, Vorteil haben von
ἱέναι	schicken, werfen	ἵεσθαι	„sich schicken" = eilen, sich stürzen auf

---

[1]) Die lat. Sprache hat das Medium nur noch im Deponens erhalten: *versari* sich aufhalten, *mereri* sich verdient machen, *potiri* sich bemächtigen, *niti* sich stützen, *reminisci* sich erinnern, *proficisci* sich aufmachen.

2. **die Zuwendung des Subjekts zu anderen Personen bei gegenseitiger Tätigkeit („reziprokes" Medium):**

μάχεσθαι, ἀγωνίζεσθαι, ἁμιλλᾶσθαι kämpfen, streiten, wetteifern mit, διαλέγεσθαι sich unterreden mit, διαδικάζεσθαι prozessieren mit.

3. **die praktische Verwirklichung des im aktiven Verbum ausgedrückten Zustands oder Verhaltens,** besonders bei den Verben auf **-εύω** („dynamisches" Medium):

πολιτεύειν	Bürger sein	πολιτεύεσθαι	sich politisch betätigen
βουλεύειν	Ratsmitglied sein	βουλεύεσθαι	sich beraten, beschließen
συμβουλεύειν	einen Rat geben	συμβουλεύεσθαι	sich beraten mit
στρατεύειν	einen Feldzug unternehmen	στρατεύεσθαι	sich an einem Feldzug beteiligen
ταμιεύειν	Verwalter sein	ταμιεύεσθαι	als Verwalter bewirtschaften

Anm. Oft wird das Aktiv im *wörtlichen*, das Medium mehr im *übertragenen* Sinn gebraucht.

ὁρίζειν	begrenzen	ὁρίζεσθαι	bestimmen, definieren
συμβάλλειν	zusammenwerfen	συμβάλλεσθαι	vermuten
σκοπεῖν	ausspähen, betrachten	σκοπεῖσθαι	bei sich erwägen, überlegen

4. **die vom Subjekt veranlaßte Handlung („kausatives" Medium, vgl. § 107, 5):**

τίνειν	zahlen, büßen	τίνεσθαί τινα	jd. zahlen lassen, büßen lassen
δικάζειν	Recht sprechen	δικάζεσθαι	sich Recht sprechen lassen, prozessieren
δανείζειν	ausleihen	δανείζεσθαι	sich (Geld) geben lassen
χρῆν	ein Orakel geben	χρῆσθαι (θεῷ)	sich (*von* einem Gott!) ein Orakel geben lassen

§ 110

Bei Verben, die neben einem vollständigen Aktiv ein vollständiges Medium bilden, zeigt sich bei der Übersetzung *ins Deutsche* ein Unterschied im Kasus des Reflexivpronomens:

1. Das deutsche Reflexivpronomen steht im *Akkusativ* („akkusativisches" Medium).

1. Tätigkeit *am* Körper:

λούεσθαι	sich waschen
ἀλείφεσθαι	sich salben
ἐνδύεσθαι	sich anziehen
στεφανοῦσθαι	sich bekränzen

2. Tätigkeit *mit* dem Körper:

παρασκευάζεσθαι	sich rüsten
κλίνεσθαι	sich anlehnen an
ἵστασθαι	sich hinstellen, treten
στρατοπεδεύεσθαι	sich lagern

2. Das deutsche Reflexivpronomen hat *dativischen* Sinn (*sich, für sich, in seinem Interesse*; „dativisches" Medium).

λούεσθαι τὰς χεῖρας	sich die Hände waschen	ἐνδύεσθαι ἐσθῆτα	sich ein Kleid anziehen
αἱρεῖσθαι (δῶρον, ἄρχοντα)	(für sich) nehmen, wählen	τιμωρεῖσθαι } (φόνον) τίνεσθαι }	(für sich) rächen, büßen lassen
ἵστασθαι τρόπαιον	(für sich) ein Siegesdenkmal aufstellen	θύεσθαι	(für sich) opfern
		καταστρέφεσθαι	sich (Dat.!) unterwerfen
τίθεσθαι νόμους	sich Gesetze geben	τίθεσθαι τὰ ὅπλα	sich die Waffen anlegen
		(vgl. Anm. 1!)	

Anm. 1. Bei manchen Verben läßt das Reflexivpronomen *genetivisch-ablativischen Sinn* zu (*von sich aus, von sich weg, genetivisches Medium*).

ἀποδίδοσθαι	von sich weggeben, verkaufen	τίθεσθαι τὰ ὅπλα	die Waffen von sich weglegen, sich **lagern**
ἀμύνεσθαι	von sich abwehren	γνώμην ἀποφαίνεσθαι	von sich aus seine Meinung äußern
ἀπωθεῖσθαι	von sich wegstoßen		

Anm. 2. Im Gegensatz und bei verstärktem Nachdruck auf dem Reflexivpronomen steht statt des Mediums das Aktiv mit dem Reflexiv.

1. Γύμναζε σεαυτόν (statt γυμνάζου) πόνοις ἑκουσίοις. 2. Ἕκαστος ἑαυτὸν παρασκευαζέτω, ὅπως ἔσται ὡς βέλτιστος. 3. Κῦρος ἐθήρευε, ὁπότε γυμνάσαι βούλοιτο ἑαυτόν τε καὶ τοὺς ἵππους.

c) Das Passiv § 111

Das **Passiv** drückte ursprünglich aus, daß das Subjekt **etwas an sich geschehen läßt**, schließlich, daß es **von dem Vorgang betroffen wird**.

Die handelnde Person steht dabei mit ὑπό, seltener mit ἀπό, ἐκ, παρά, πρός im Genetiv.

Anm. Anfangs dienten zum Ausdruck des Passivs mediale Formen: *βλῆτο er wurde getroffen, *ἀπέκτατο er wurde getötet, *Διὸς δ' ἐτελείετο βουλή des Zeus Plan wurde erfüllt (erfüllte sich).

Für den Aorist traten allmählich statt der medialen Formen die mehr und mehr passivisch empfundenen, ursprünglich aktiven intransitiv-reflexiven Aoriste auf -ην, -θην ein. Zu diesen wurde schließlich eine mediale Form für das Futur Passiv gebildet: ἐπαύ-θην, παυ-θή-σομαι.

Die ursprünglich intransitive Bedeutung dieser Formen ist besonders bei den Verben noch erkennbar, die trotz ihres nicht passiven Sinns den Aorist, oft auch das Futur mit passiven Formen bilden (vgl. Zinsmeister, §§ 128 ff.). Dies sind insbesondere

a) Verba gesteigerter seelischer Erregung:

αἰδεῖσθαι sich scheuen, αἰσχύνεσθαι sich schämen, φοβεῖσθαι erschrecken, ὀργίζεσθαι, θυμοῦσθαι zürnen, ἄχθεσθαι sich ärgern, λυπεῖσθαι sich betrüben, ἀνιᾶσθαι gekränkt, verärgert sein, ἥδεσθαι sich freuen, ἀπονοεῖσθαι verzweifeln.

b) Verba intensiver geistiger Tätigkeit oder Äußerung in Gedanken oder Worten:

ἐνθυμεῖσθαι, ἐννοεῖσθαι, διανοεῖσθαι erwägen, προθυμεῖσθαι bereit sein, eifrig bemüht sein, ἐπιμελεῖσθαι, προνοεῖσθαι sorgen, sich kümmern um, βούλεσθαι wollen, εὐλαβεῖσθαι sich hüten; διαλέγεσθαι sich unterreden, ἐναντιοῦσθαι sich widersetzen, πείθεσθαι sich überzeugen (überreden) lassen.

c) Verba körperlicher Bewegung:

ὁρμᾶσθαι aufbrechen, πορεύεσθαι marschieren, reisen, πλανᾶσθαι sich verirren, umherirren, κινεῖσθαι sich bewegen, sich (zum Aufruhr) erheben.

§ 112

Da sich das griechische Passiv aus dem Medium herleitet, wird es verständlich,

1. daß der **Akkusativ der Hinsicht** (§ 44) **unverändert** bleibt:

διδάσκω παῖδας τὴν μουσικήν	ich unterrichte Kinder in Musik
διδάσκονται παῖδες τὴν μουσικήν	Kinder werden in Musik unterrichtet
Ἀθηναίους ἀφῄρουν τὰς ναῦς	sie nahmen den Athenern die Schiffe weg
οἱ Ἀθηναῖοι ἀφῃρέθησαν τὰς ναῦς	die Athener ließen sich die Schiffe wegnehmen, wurden der Schiffe beraubt
τὸν στρατηγὸν οἱ στρατιῶται τὸν μισθὸν ἀπαιτοῦσιν	die Soldaten fordern vom Feldherrn ihren Lohn
ὁ στρατηγὸς ὑπὸ τῶν στρατιωτῶν τὸν μισθὸν ἀπαιτεῖται	dem Feldherrn wird von den Soldaten der Lohn abverlangt

2. daß das **sachliche Akkusativobjekt im Passiv bei persönlichem Subjekt** wie bei medialen Verben stehenbleibt:

ἀποκείρω τὰς κόμας	ich schneide die Haare ab
ἀποκείρομαι τὰς κόμας	ich lasse mir die Haare abschneiden, mir werden die Haare abgeschnitten
ἀπέκοψαν τὰς χεῖρας	sie hieben die Hände ab
ἀπεκόπησαν τὰς χεῖρας	sie ließen sich die Hände abhacken, ihnen wurden die Hände abgehackt
διέφθειραν τὴν ὄψιν	sie zerstörten das Augenlicht
διεφθάρησαν τὴν ὄψιν	sie ließen sich das Augenlicht zerstören, ihnen wurde das Augenlicht zerstört
ἐπιτρέπω τὴν πόλιν	ich überlasse die Stadt
ἐπιτρέπομαι τὴν πόλιν	ich lasse mir die Stadt übertragen, mir wird die Stadt überlassen

1. *Γηράσκω δ' ἀεὶ πολλὰ διδασκόμενος (Solon). 2. Ὑπὸ τοῦ ψύχους (Kälte) τὸ ὕδωρ ἐπήγνυτο καὶ πολλοὶ τῶν Ἑλλήνων ἀπεκαίοντο (abbrennen, -frieren) ῥῖνάς τε καὶ ὦτα. 3. Ὁ ἐρώμενος πᾶσαν θεραπείαν θεραπεύεται (§ 43) ὑπὸ τοῦ ἐρῶντος.

3. daß **auch intransitive Verba ein persönliches Passiv** bilden[1]):

a) Verba mit *Dativobjekt*:

ἀπειλοῦνται	man droht ihnen	ἐπιβουλεύονται	man schmiedet Ränke gegen sie
πιστεύονται	man vertraut ihnen	πολεμοῦνται	man führt Krieg gegen sie, sie werden bekämpft
φθονοῦνται	man beneidet sie		

1. Τὸ μέντοι ταῦτα ἀπιστεῖσθαι ὑπό τινων οὐ θαυμάζω. 2. Οὐκέτι ἀπειλοῦμαι, ἀλλ' ἤδη ἀπειλῶ ἄλλοις.

b) Verba mit *Genetivobjekt*:

καταψηφίζεται ὑπὸ τοῦ δήμου	(zu καταψηφίζεται αὐτοῦ ὁ δῆμος, § 64)
καταγελῶμαι ὑπὸ τῶν ἄλλων	(zu καταγελῶσί μου οἱ ἄλλοι)
καταφρονοῦνται ὑπὸ τῶν πλουσίων	(zu καταφρονοῦσιν αὐτῶν οἱ πλούσιοι)

1. Οὐκ ἀμελεῖται ὑπὸ θεῶν τὰ τούτου πράγματα. 2. Νικῶν οὐκ ἂν θαυμάζοιο, ἀλλὰ φθονοῖο, νικώμενος δ' ἂν καταγελῷο.

Anm. Unpersönliches Passiv ist selten. Λακεδαιμόνιοι ἀντέλεγον μὴ δικαίως σφῶν καταδεδικάσθαι.

§ 113

Manche **aktive Verba** dienen als **Ersatz für ungebräuchliche passive Verbalbegriffe** und bezeichnen daher die verursachende Person durch **ὑπό** mit Genetiv.

ἀποθνῄσκειν (ὑπὸ τυράννου)	getötet, hingerichtet werden	(zu ἀποκτείνειν)
εὖ (κακῶς) ἀκούειν (ὑπὸ τῶν ἄλλων)	gelobt, geschmäht werden	(zu εὖ, κακῶς λέγειν)
εὖ (κακῶς) πάσχειν (ὑπὸ γονέων)	gut (schlecht) behandelt werden	(zu εὖ, κακῶς ποιεῖν)

[1]) Im Gegensatz zum Lateinischen und Deutschen. Dagegen kann im Englischen jedes Objekt, selbst jedes präpositionale Objekt Subjekt eines persönlich gebrauchten passiven Verbums werden: 1. *Two dogs followed him. He was followed by two dogs.* 2. *They sent for the doctor. The doctor was sent for.*

φεύγειν (ὑπὸ τοῦ κατηγόρου)	angeklagt werden	(zu διώκειν)
ἀποφεύγειν (ὑπὸ τοῦ δικαστοῦ)	freigesprochen werden	(zu ἀπολύειν)
ἐκπίπτειν (ὑπὸ τοῦ δήμου)	verbannt werden	(zu ἐκβάλλειν)

1. Οὐδὲν οὕτω δεινόν ἐστιν ὡς τὸ κακῶς ἀκούειν ὑπὸ τῶν πολιτῶν. 2. Ἀσεβείας φεύγω ὑπὸ Μελήτου τουτουί (sagt Sokrates). 3. Ὁ πατήρ μου ὑπὸ τῶν τριάκοντα ἀπέθανεν.

Auch beim transitiven Medium ist ein Passiv möglich. § 114

1. Ἀδικούμενοι οἱ ἄνθρωποι μᾶλλον ὀργίζονται ἢ βιαζόμενοι. 2. Οὐ δίκαιον, ἃ τῇ ἀπορίᾳ ἐκτήθη, τῇ περιουσίᾳ (Verschwendung) ἀπολέσθαι. 3. Αἱρεῖσθε ἄρχοντας καὶ ἑλόμενοι ἥκετε εἰς τὸ μέσον τοῦ στρατοπέδου καὶ τοὺς αἱρεθέντας ἄγετε. 4. Ἱκανὰ τοῖς τε πολεμίοις ηὐτύχηται, καὶ εἴ τῳ (= τινι) θεῶν ἐπίφθονοι ἐστρατεύσαμεν, ἀποχρώντως ἤδη τετιμωρήμεθα (sind wir genug gestraft).

II. ZEITSTUFE UND VOLLZUGSSTUFE (TEMPORA VERBI) § 115

Die Tempusformen des griechischen Verbums sagen darüber aus,
1. ob ein Vorgang als gegenwärtig, vergangen oder zukünftig dargestellt wird (**Zeitstufe**),
2. ob ein Vorgang in seinem Eintritt, Verlauf oder Abschluß bzw. Ergebnis betrachtet wird (**Vollzugsstufe**, Aktionsart, Aspekt).

Die *Zeit*stufen werden durch die Indikative der Tempora ausgedrückt; die *Vollzugs*stufen werden aus den Tempusstämmen erkennbar, da alle zu einem Tempusstamm gehörigen Formen (Ind., Konj., Opt., Imp., Inf., Part.) die gleiche Vollzugsstufe bezeichnen.

	Gegenwart	Vergangenheit	Zukunft
	Präsens	**Imperfekt**	**Futur**
Verlauf oder Zustand	ἀποθνῄσκει er liegt im Sterben πυνθάνεται er versucht zu erf. ἄρχει er herrscht	ἀπέθνῃσκεν er lag im Sterben ἐπυνθάνετο er versuchte zu erf. ἦρχεν er war Herrscher	ἀποθανεῖ-ται er wird im Sterben l. πεύσεται er wird erf. ἄρξει er wird herrschen
	Perfekt	**Perfektvergangenheit**	**Perfektfutur**
Fortdauer des Ergebnisses	τέθνηκεν er ist tot πέπυσται er weiß κέκτηται er besitzt	ἐτεθνήκει er war tot ἐπέπυστο er wußte ἐκέκτητο er besaß	τεθνήξει er wird tot sein κεκτήσεται er wird bes.
	Präsens	**Aorist**	**Futur**
Eintritt eines Ereignisses oder Ergebnisses	ἀποθνῄσκει er stirbt	ἀπέθανεν er starb ἐπύθετο er erfuhr ἦρξεν er kam zur Herrschaft	ἀπο-θανεῖται er wird sterben ἄρξει er wird z. H. kommen

§ 116 a) Der Präsensstamm

Die Formen des Präsensstammes (Präsens und Imperfekt) bezeichnen den **Verlauf** oder die **Andauer** einmaliger oder wiederholter Vorgänge der Gegenwart bzw. der Vergangenheit. An den Abschluß oder an das Ergebnis wird dabei nicht gedacht.

1. Χρώμεθα πολιτείᾳ οὐ ζηλούσῃ τοὺς τῶν πέλας (§ 22) νόμους. 2. Σωκράτης ὥσπερ ἐγίγνωσκεν, οὕτως ἔλεγεν. 3. Τὴν Ἀττικὴν ἄνθρωποι ᾤκουν οἱ αὐτοὶ ἀεί. 4. Ἦρχον τότε πάντων τῶν Ἑλλήνων οἱ Λακεδαιμόνιοι.

Anm. Auch der versuchte oder beabsichtigte Vollzug einer Handlung wird durch den Präsensstamm ausgedrückt (praesens oder imperfectum de conatu).

1. Οἱ Θετταλοὶ τὸ στράτευμα ἐκώλυον τῆς πορείας. 2. Σωκράτης τοὺς συνόντας ἀρετῆς ἐπιμελεῖσθαι προέτρεπεν.

Der Indikativ Präsens bezeichnet aber auch

1. **Zeitloses, Übliches,** jederzeit **Mögliches.**

1. Ἡ τοῦ ἀνθρώπου ψυχὴ ἐνίοτέ τι τῶν μελλόντων προορᾷ. 2. Οἱ δειλοὶ κύνες τοὺς παριόντας διώκουσί τε καὶ δάκνουσιν. 3. Παρὰ τοῖς Πέρσαις οἱ παῖδες εἰς τὰ διδασκαλεῖα φοιτῶντες μανθάνουσι δικαιοσύνην.

Er steht daher oft bei **Sprichwörtern** oder Lebensweisheiten („**gnomisches**" Präsens, vgl. den „gnomischen" Aorist, § 119, 3 d).

1. *Ἀρχὴν δὲ (von vornherein, von Anfang an) θηρᾶν οὐ πρέπει τἀμήχανα. 2. *Ἐκ νεφέλης πέλεται χιόνος μένος (Gewalt) ἠδὲ χαλάζης (Hagel). 3. *Οὐκ ἀρετᾷ (taugen, gedeihen) κακὰ ἔργα.

2. **Vergangenes.** Der Sprecher sieht dabei die Geschehnisse gleichsam wie auf einer Bühne vor Augen („**dramatisches**" Präsens) oder er stellt sie lediglich wie in einer Chronik fest („**registrierendes**" **Präsens**). Den zeitlichen Zusammenhang klärt in der Regel eine *Zeitangabe* oder ein vorausgehendes *Augmenttempus*.

1. Καταλαμβάνουσι τὴν Σαλαμινίαν ναῦν ἐκ τῶν Ἀθηνῶν ἥκουσαν. 2. Τάφρον βασιλεὺς μέγας ποιεῖ ἀντὶ ἐρύματος (Schutzwehr), ἐπειδὴ πυνθάνεται Κῦρον προσελαύνοντα. 3. Ἐπεὶ ἔγνωσαν οἱ Ἡρακλεῶται (nw. Akragas auf Sizilien), ὅτι ἐκπλεῖν δεδογμένον εἴη, τὰ πλοῖα πέμπουσιν. 4. Ἐπεὶ τοῦτο ἐγένετο, ἔρχονται πρὸς ἡμᾶς οἱ πρέσβεις καὶ λέγουσι τὸ πρᾶγμα.

3. **Zukünftiges.** Der Sprecher sieht im Geiste künftige Zustände als schon bestehend voraus („**prophetisches**" Präsens; vgl. den *prophetischen* Aorist, § 119, 3a).

Εἰ αὕτη ἡ πόλις ληφθήσεται, ἔχεται πᾶσα ἡ Σικελία.

Anm. Manche Verba bezeichnen mit dem Präsens auch die *Fortdauer* eines erreichten Zustands.

ἀκούω	mir ist zu Ohren gekommen, ich höre[1])	οἴχομαι	ich bin fort
πυνθάνομαι	ich habe erfahren, merke	φεύγω	ich bin angeklagt (worden), lebe in der Verbannung
ἀδικῶ	ich tue unrecht, bin im Unrecht	νικῶ	ich habe gesiegt, bin Sieger
ἥκω	ich bin gekommen, bin da		

1. Ἀπαγγέλλετε Ἀριαίῳ, ὅτι ἡμεῖς νικῶμεν βασιλέα. 2. Πυνθάνομαι, ὅτι οὐκ ἄβατόν ἐστι τὸ ὄρος.

---

[1]) Vgl. *ich höre, du bist krank.*

b) Der Perfektstamm § 117

1. Die Formen des Perfektstamms (Perfekt, Perfektvergangenheit, Perfektfutur) bezeichnen den aus dem Abschluß eines Vorgangs sich ergebenden **Zustand** der Gegenwart, Vergangenheit oder Zukunft.

τέθνηκεν er ist gestorben und ist nun tot
ἐτεθνήκει er war gestorben und war (damals) tot
τεθνήξει er wird gestorben sein und (zu der betr. Zeit) nicht mehr leben.

Weitere Beispiele:
κέκτημαι ich habe mir erworben, besitze
πέποιθα ich habe mich überzeugen lassen, bin überzeugt, vertraue
πέπυσμαι ich habe mich erkundigt, weiß
ἐγρήγορα ich bin aufgewacht, bin wach
εἴωθα ich habe mich gewöhnt, bin gewohnt

1. Πάνθ' ἡμῖν πεποίηται. 2. Οὐδεὶς τῶν Περσῶν ἀπελήλαται νόμῳ τιμῶν καὶ ἀρχῶν. 3. Ὅτε πλείστων ἤρχετε, τότε πλείστους ἐχθροὺς ἐκέκτησθε. 4. Τὰ μακρὰ τείχη τῶν Κορινθίων διῄρητο. 5. Φράζε (kundtun, befehlen) καὶ πεπράξεται. 6. Μέγας ἐκ μικροῦ καὶ ταπεινοῦ τοῦ κατ' ἀρχὰς Φίλιππος ηὔξηται.

2. Das Perfekt drückt manchmal aus, daß die Handlung mit Heftigkeit oder Nachdruck vollzogen wird: κέκραγα ich brülle (κράζω ich stoße einen Schrei aus), ἐσπούδακα ich bin eifrig bemüht (σπουδάζω ich bemühe mich), γέγηθα ich bin voll Jubel (γηθέω ich freue mich), δέδοικα ich bin voll Angst.

1. Μᾶλλον πεφόβημαι τὰς οἰκείας ἡμῶν ἁμαρτίας ἢ τὰς τῶν ἐναντίων διανοίας. 2. Ἐγὼ ἐπιτεθύμηκα τοῦτό σου ἀκοῦσαι. 3. Εἰ ἦν ἅπασι πρόδηλα τὰ μέλλοντα γενήσεσθαι καὶ προῄδεσαν πάντες, τί καὶ σὺ προέλεγες ταῦτα βοῶν καὶ κεκραγώς;

3. Die Perfektvergangenheit drückt oft aus, daß die Handlung beschleunigt durchgeführt wurde und schließlich schon als Ergebnis vorlag.

1. Εἷς τῶν στρατιωτῶν καταθέμενος τὰ ὅπλα ἐν χιτῶνι μόνον ἀνέβη καὶ ἄλλον εἷλκε, καὶ ἄλλος ἀνεβεβήκει, καὶ ἑαλώκει τὸ χωρίον. 2. Οἱ Συρακόσιοι ἀπροσδόκητοι ἐν τῷ καιρῷ τούτῳ ἦσαν ὡς ἤδη μαχούμενοι, καί τινες αὐτοῖς ἐγγὺς τῆς πόλεως οὔσης καὶ ἀπεληλύθεσαν.

c) Der Futurstamm § 118

Die Formen des Futurstammes bezeichnen die Zeitstufe der **Zukunft**, d. h. einen Vorgang, der in der Zukunft *möglich, erwogen* oder *beabsichtigt* ist.

Die Vollzugsstufen werden *nicht* unterschieden: δακρύσω *ich werde weinen* und *ich werde in Tränen ausbrechen*.

Im Deutschen dienen zum Ausdruck der verschiedenen Bedeutungen des griechischen Futurs die Hilfszeitwörter *werden, wollen, sollen, können*.

1. *werden*:

α) *futurisch*: Σύμμαχοι δ' ἡμῖν οἱ μὲν ὑπάρχουσιν, οἱ δὲ προσγενήσονται.

β) *imperativisch*, zum Ausdruck eines scharfen Befehls, der Widerspruch ausschließt:

1. Οὕτω ποιήσετε[1]). 2. *Οὐχὶ συγκλήσεις στόμα;

---

[1]) Vgl. „Du wirst den Apfel schießen von dem Kopf des Knaben." (Schiller, Tell). „Wirst du endlich deinen Mund halten?" „Gehst du her oder nicht?" (= wirst du ...?).

2. *wollen*:

1. Τί πράξεις; 2. Ἄρξομαι ἀπὸ τῶν προγόνων (in meiner Rede).

3. *sollen*:

1. Πότερον οὖν πρὸς ἐκείνους τὸν λόγον ποιήσομαι ἢ πρὸς σέ (soll ich . . . ?); 2. Οὔποτε ἐρεῖ οὐδείς (§ 137,V), ὡς ἐγὼ τὴν τῶν βαρβάρων φιλίαν εἱλόμην (kein Mensch soll je . . .).

So dient das Futur wie der Konjunktiv (§ 130, 3) zum Ausdruck der abwägenden Überlegung (*Deliberativ*). 1. Εἴπωμεν ἢ σιγῶμεν ἢ τί δράσομεν; 2. Ἠπορεῖτο, τί ποιήσει.

4. *können* (im Relativsatz):

1. Παῖδες οὔπω εἰσίν, οἵ με θεραπεύσουσιν (pflegen könnten). 2. Δέομαι ἄλλου τινὸς λόγου, ὅς με πείσει (überzeugen könnte).

Anm. 1. Optativ und Infinitiv Futur stehen nur in *abhängiger Aussage*, wenn in direkter Aussage Indikativ Futur stünde.
1. Εἴ τινα φεύγοντα (auf der Flucht) λήψοιτο (direkt λήψομαι), προηγόρευεν, ὅτι ὡς πολεμίῳ χρήσοιτο (direkt χρήσομαι). 2. Τὸν ἐπὶ Θρᾴκης πόλεμον ὑπεδέχετο καταλύσειν (direkt καταλύσω).

Anm. 2. Das Partizip Futur, oft mit ὡς, bezeichnet, besonders bei Verben der Bewegung, auch die Absicht (*um zu*; vgl. oben 2. und 3. und § 161, 2c).
1. Ἔπεμψεν ἀγγελοῦντας (Leute, die melden sollten). 2. Ἐγὼ πρὸς σὲ ᾖα ἐπισκεψόμενος, πῶς ἔχεις. 3. Ὤιχοντο ταῦτα ἐροῦντες. 4. Οἱ Ἀθηναῖοι παρεσκευάζοντο ὡς πολεμήσοντες.

Anm. 3. Der enge Sinnzusammenhang zwischen Futur und Konjunktiv erklärt sich aus der Entstehung des Futurs aus dem kurzvokalischen Konjunktiv. Vgl. Zinsmeister, E 74 u. E 84.

§ 119 d) Der Aoriststamm

Die Formen des Aoriststamms bezeichnen

feststellend den **Eintritt eines Ereignisses ("ingressiver" Aorist)**,

abschließend den **Eintritt eines Ergebnisses ("effektiver" Aorist)**.

An die Fortdauer des Ergebnisses wird dabei nicht gedacht.

ἐβασίλευσεν er bestieg den Thron, ἐνόσησεν, ἔκαμεν er wurde krank, ἦρξεν er übernahm die Herrschaft, ἦλθον, εἶδον, ἐνίκησα ich kam, sah und siegte.

1. Daher eignet sich besonders der *Indikativ* des Aorists zum Bericht von **historischen Ereignissen** oder Geschehnissen[1]).

1. Μίνως ναυτικὸν (Seemacht) ἐκτήσατο καὶ τῆς νῦν Ἑλληνικῆς θαλάσσης ἐπὶ πλεῖστον ἐκράτησε καὶ τῶν Κυκλάδων νήσων ἦρξέ τε καὶ οἰκιστὴς πρῶτος ἐγένετο. 2. Βοιωτοὶ μὲν τὴν νῦν Βοιωτίαν ᾤκησαν (besiedelten), Δωριῆς δὲ Πελοπόννησον ἔσχον (bekamen).

Anm. 1. Auch die übrigen (augmentlosen) Formen des Aorists können in abhängiger Darstellung historische Ereignisse bezeichnen — also Vergangenheit bedeuten —, wenn sie in unabhängiger Darstellung im Indikativ Aorist stünden.
1. Ἀγαμέμνων μοι δοκεῖ τοὺς Ἑλένης μνηστῆρας ἄγων (als Führer) τὸν ἐπὶ Τροίαν στόλον ἀγεῖραι (gesammelt zu haben, direkt ἤγειρεν). 2. Τῷ καλῶς οἰκίαν οἰκοδομησαμένῳ (gebaut hat) οὐ δῆλον, ὅστις ἐνοικήσει. 3. *Λέξαι θέλω σοι πρὶν θανεῖν, ἃ βούλομαι (will sagen = gesagt haben, bevor ich gestorben bin).

---

[1]) Wie das lat. historische Perfekt.

Anm. 2. Liegt der Nachdruck darauf, daß das historische Ereignis sich oft wiederholte oder in seinem Verlauf bzw. in seiner Dauer geschildert werden soll, so steht Imperfekt. Στάσεις ἐν ταῖς πόλεσιν ὡς ἐπὶ τὸ πολύ (lange Zeit hindurch, vielfach) ἐγίγνοντο. Soll jedoch, ohne Rücksicht auf die Dauer, die geschichtliche Tatsache festgestellt werden, so steht Indikativ Aorist. Κῦρος μέχρι δώδεκα ἐτῶν ἢ ὀλίγῳ πλέον τῇ Περσῶν παιδείᾳ ἐπαιδεύθη.

2. Der *Indikativ* Aorist steht auch bei der Bemerkung der 1. **Person,** besonders in der Tragödie, daß bei ihr soeben ein **Affektausbruch** (wirklich oder angeblich) eingetreten ist[1]).
1. *Ἔκλαυσα τόδε κλύων ἔπος στυγνότατον „ich muß weinen, wenn ich höre" (eigentlich: *mir sind soeben die Tränen gekommen, als ich vernahm*). 2. *Ὤιμωξα κἀγώ „auch ich klage nun" (eigentlich: *auch mich hat jetzt Wehklage erfaßt*). 3. *Ἀπέπτυσα „pfui!" (eigentlich: *ich habe soeben ausgespuckt*). 4. Ἐθαύμασα „ich muß mich (nur) wundern" (*mich hat Verwunderung ergriffen*). 5. Ἐγέλασα „das ist zum Lachen". 6. Ἐπῄνεσα „bravo!".

3. Der *Indikativ* Aorist kann auch stehen, wenn das Geschehnis nur als schon eingetreten **vorgestellt** wird,

a) als *unvermeidliche Folge* eines anderen Ereignisses („prophetischer" Aorist).
*Εἰ μέν κ' αὖθι μένων Τρώων πόλιν ἀμφιμάχωμαι, | ὤλετο μέν μοι νόστος (ist's aus mit meiner Rückkehr).

b) als *typisches Ereignis*, das unter gleichen Umständen immer wieder eintritt.
Ἐπειδὰν ἀφίκωνται (gekommen sind!) οἱ τετελευτηκότες εἰς τὸν τόπον, οὗ ὁ δαίμων ἕκαστον κομίζει, πρῶτον μὲν διεδικάσαντο οἵ τε καλῶς καὶ ὁσίως βιώσαντες καὶ οἱ μή (unterzogen sich schon immer = unterziehen sich dem Gericht).

c) als *bildhaftes Geschehnis*, wie es sich wohl einmal abgespielt haben könnte, besonders in homerischen Vergleichen.
*Ὡς δ' ὅτε τις δαλὸν (brennendes Scheitholz) σποδιῇ (Asche) ἐνέκρυψε μελαίνῃ, | ὣς Ὀδυσεὺς φύλλοισι καλύψατο.

d) als Ausdruck dessen, was jeweils schon immer so eintrat, d. h. bei sprichwörtlich gefaßten *Lebensweisheiten* („**gnomischer**" Aorist; vgl. das *gnomische* Präsens § 116, 1).
1. *Οὔπω γὰρ ἔφυ τις ἄλυπος. 2. *Ῥεχθὲν (wenn's getan ist) δέ τε νήπιος ἔγνω. 3. *Καὶ σώφρων ἥμαρτε καὶ ἄφρονι πολλάκι δόξα | ἕσπετο. 4. *Πάντως ὕστερον ἦλθε δίκη.

Anm. Aus der Tatsache, daß der Indikativ Aorist auch bloß *vorgestellte* Geschehnisse auszudrücken vermag, erklärt sich seine Verwendung für die formal nicht voneinander verschiedenen Aussageweisen des unerfüllbar gedachten *Wunsches der Vergangenheit* sowie des *Irrealis*[2]), *Potentialis* und *Wiederholungsfalls der Vergangenheit.* Allerdings wird in den drei letzten Fällen die vorgestellte Möglichkeit ausdrücklich durch ἄν (* κε) hervorgehoben (§§ 123—126).

e) Das Zeitverhältnis zweier Aussagen § 120

Im Griechischen gibt es *kein* eigenes Tempus zum Ausdruck des Zeitverhältnisses zweier Aussagen zueinander[3]). Jedoch eignet sich *Präsens-* und *Perfekt*stamm zum Ausdruck der *Gleich*zeitigkeit, der *Aorist*stamm zum Ausdruck der *Vor*zeitigkeit gegenüber Vergangenheit, Gegenwart oder Zukunft.

---

[1]) Im Deutschen steht häufiger feststellendes Präsens: *Entschuldige, daß ich lache. Ich bin platt! Ich bin überrascht.* Aber auch Perfekt: *Wie haben Sie mich erschreckt!* Der Sprecher tut so, als sei er gerade in Lachen ausgebrochen oder in Staunen oder Schrecken geraten.

[2]) Vgl. im Deutschen: *Kam er eine Sekunde später, war er unrettbar verloren* (= wenn er .. .gekommen wäre).

[3]) Im Lat. drücken Plusquamperfekt und Futur exakt die Vorzeitigkeit gegenüber einer Vergangenheit bzw. der Zukunft aus. Die Angabe der Vollzugsstufe erscheint minder wichtig.

Möglich sind folgende zeitlichen Beziehungen einer untergeordneten Aussage zu einem ihr übergeordneten Satz:

1. *Beide* Vorgänge spielen sich *gleichzeitig* ab:
   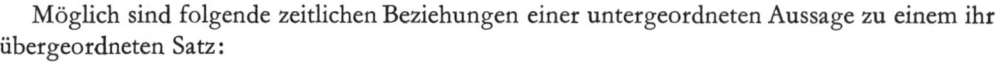
   ———————— Αἱ κῶμαι,   Παρυσάτιδος ἦσαν.
   ————   ἐν αἷς ἐσκήνουν,

2. *Während* der Fortdauer eines Vorgangs *ereignet sich* etwas:
   • Ἦλθον Ἀριαῖος καὶ Ἀρτάοζος,
   ————   οἳ ἦσαν Κύρου πιστότατοι.

3. *Nach* Abschluß einer Handlung vollzieht sich eine *länger dauernde* Handlung:
   |————————   ἐπολέμει τοῖς Θραξίν.
   •| Συλλέξας στράτευμα

4. *Nach* Abschluß einer Handlung tritt ein *Ereignis* ein:
   •| ἥξομεν εἰς κώμας.
   •| Ὑπερβάντες τὰ ὄρη

In den beiden letzten Fällen, also bei Aorist in der untergeordneten Aussage, ist eine auch nur teilweise Gleichzeitigkeit mit dem übergeordneten Verbalinhalt schon wegen der „punktuellen" Bedeutung des Aorists ausgeschlossen.

Dies gilt für den Indikativ Aorist und für jede augmentlose Aoristform, die in unabhängiger Aussage im Indikativ stünde.

1. Ἃ ἂν μάθῃ τις (gelernt hat), ταῦτα σῴζεσθαι φιλεῖ πρὸς γῆρας. 2. Ὁπότε τις ἔλθοι (gekommen war, § 164 e), πολλαὶ ἤδη ἀσχολίαι (Schwierigkeiten) ἐφαίνοντο. 3. Νῦν μοι δοκεῖς δηλῶσαι (enthüllt zu haben) ἐγγύτατα τὴν ῥητορικήν. 4. Βούλονται ἀπράκτων (§ 12, 5) ἡμῶν ἀπελθόντων (wenn wir weggegangen sind) αὐτοὶ ἄρξαι τῆς Σικελίας (die Herrschaft an sich reißen). 5. Εἰ Λυκοῦργός τινα νόμον ἐξεῦρε, κομίσας εἰς Δελφοὺς ἠρώτα (jedesmal!) τὸν θεόν, εἰ (ob) συμφέροι.

III. DIE AUSSAGEWEISEN DES VERBUMS (MODI)

a) Der Indikativ

§ 121 Der Indikativ bezeichnet tatsächliche oder nur vorgestellte Wirklichkeit.

Dabei unterscheidet sich die griechische Vorstellung zum Teil von der Ausdrucksweise des Hochdeutschen, weniger von der deutschen Umgangssprache.

1. Der *Indikativ* steht auch in der unwilligen, mit πῶς; *wie?* eingeleiteten rhetorischen Frage. Im Griechischen wie im Deutschen ist dafür auch potentiale Ausdrucksweise möglich (§ 132).

1. Πῶς οὐ μανθάνομεν; wie(-so) sollten wir nicht lernen? 2. Πιστεύων θεοῖς πῶς Σωκράτης οὐκ εἶναι θεοὺς ἐνόμιζεν (wie(-so), warum?); 3. Πῶς οὐχ ἡμῖν ταὐτὰ καὶ ὑμῖν συμφέρει;

2. Der *Indikativ* steht auch bei der Annahme, daß etwas so sei (*gesetzt den Fall*). Im Griechischen (wie ähnlich im Deutschen) kann dafür auch Optativ oder Imperativ stehen. Dies ist die Vorstufe zum indikativischen Bedingungssatz (§ 168).

1. Οὐ λέγει τις τὰ βέλτιστα· ἀναστὰς ἄλλος εἰπάτω. 2. Ποιῶ (ich setze den Fall) ὑμᾶς ἥκειν εἰς Φᾶσιν (Fluß südl. des Kaukasus)· γνώσεσθε δήπου, ὅτι οὐκ ἐν τῇ Ἑλλάδι ἐστέ.

§ 122

Besonders der Indikativ einer *Vergangenheit* (**Imperfekt oder Aorist**) wird in mehreren Fällen in einer vom Deutschen abweichenden Weise verwendet.

1. Imperfekt und Indikativ Aorist stehen auch bei den einschränkenden Begriffen
ὀλίγου, μικροῦ beinahe[1])
τὸ ἐπ' ἐμοί (αὐτοῖς usw.) soweit es auf mich (sie usw.) ankäme,
weil durch diese Begriffe allein schon die Nichtverwirklichung ausreichend angedeutet wird.

1. Ὀλίγου ἀπέθανον (= ὀλίγου ἐδέησα ἀποθανεῖν, dafür auch ὀλίγου δεῖν ἀπέθανον, § 145, 3 A.) zum Sterben hatte es nur eines kleinen Stücks bedurft = beinahe wäre ich gestorben. 2. *Ὀλίγου σε κύνες διεδηλήσαντο (hätten dich zerfleischt). 3. Διὰ τὰ πατρὸς ἁμαρτήματα ὁ ἀδελφός μου ὀλίγου τοῖς ἕνδεκα παρεδόθη. 4. Τὸ ἐπ' ἐμοί (§ 145, 3 A.) ἀπολώλασιν οἱ ξένοι (wenn's auf mich angekommen wäre).

§ 123

2. Auch **ἄν** (* κε) hebt die indikativische Aussage der Vergangenheit in den Bereich des unter Umständen oder jederzeit in der Vergangenheit *Möglichen* oder des bloß Angenommenen (*Potentialis* und *Iterativ der Vergangenheit* sowie *Irrealis*).

α) **Potentialis der Vergangenheit** (Imperfekt oder Indikativ Aorist **mit ἄν,** * κε).

τίς ἂν ᾤετο (wer hat etwa geglaubt) = wer hätte glauben mögen![2])
ἡγήσω ἄν (du hast vielleicht gemeint) = man hätte glauben mögen
ἔγνω ἄν τις (da hat man vielleicht gemerkt) = da hätte man erkennen können
ἐβουλόμην ἄν (ich wollte wohl) = ich hätte gern gewünscht;
auch ohne ἄν:
(οὐκ) ᾤμην ich glaubte früher (nicht), bin aber jetzt anderer Ansicht = ich hätte (nicht) geglaubt
ἐβουλόμην, ἤθελον ich wollte schon lange = ich möchte gern
ἠξίουν ich dachte, hätte gedacht, möchte doch annehmen.

1. Θᾶττον ἢ ὥς τις ἂν ᾤετο μετεώρους (§ 12, 1) ἐξεκόμισαν τὰς ἁμάξας. 2. Ἐβουλόμην ἂν ὑμᾶς ὁμοίως ἐμοί (§ 75) γιγνώσκειν αὐτόν. 3. Ὀψὲ ἦν καὶ τὰς χεῖρας οὐκ ἂν καθεώρων. 4. Ἐγὼ τοίνυν ἠξίουν ἱκανὰ εἶναι τὰ κατηγορημένα.

Über βουλοίμην ἄν s. § 132.

§ 124

β) **Iterativ der Vergangenheit** (Imperfekt oder Ind. Aorist **mit ἄν,** *κε im *Hauptsatz*; im *Neben*satz wird der Iterativ der Vergangenheit durch **Optativ ohne ἄν** ausdrückt, § 134).

Diese dem Potentialis der Vergangenheit gleiche Form gibt an, daß der Vorgang nicht nur möglich war, sondern immer wieder einmal eintrat.

1. Εἴ τις Κλεάρχῳ δοκοίη βλακεύειν (schlaff, träge sein), τὸν ἐπιτήδειον ἐκλεγόμενος ἔπαισεν ἄν (schlug wohl gelegentlich auch zu). 2. Κῦρος ὁπότε προσβλέψειέ τινας τῶν ἐν ταῖς τάξεσι, τότε εἶπεν ἄν (sagte er wohl gelegentlich)· Ὡς ἡδὺ ὑμῶν τὰ πρόσωπα θεάσασθαι.

Anm. Dem Imperfekt ohne ἄν als Ausdruck *regelmäßig* oder *dauernd* wiederholter Handlung kommt der Iterativ der Vergangenheit als Ausdruck *gelegentlich* wiederholter Handlung ziemlich nahe. Vgl. Σωκράτης οὐδένα ἀργύριον ἐπράττετο (pflegte kein Geld zu verlangen).

---

[1]) Vgl. *ich bin beinahe umgefallen vor Schreck.*
[2]) Die geschraubte hochdeutsche Ausdrucksweise verdunkelt das Verständnis für die der deutschen Umgangssprache ähnliche Ausdrucksweise des Griechischen.

§ 125

γ) **Irrealis** (angenommene Wirklichkeit)

1. der *Gegenwart* (im Hauptsatz steht in der Regel **Imperfekt mit ἄν,** *κε).
Εἰ μὴ ὑμεῖς ἤλθετε, ἐπορευόμεθα ἂν ἐπὶ βασιλέα (wären wir jetzt auf dem Marsch).

2. der *Vergangenheit* (im Hauptsatz steht in der Regel **Ind. Aorist mit ἄν,** *κε).
Εἰ μὴ ἐβοήθησαν αἱ νῆες, ἅμα ἕῳ ἑάλω ἂν ἡ πόλις.

Anm. 1. Im **Bedingungssatz** steht Indikativ der Vergangenheit **ohne ἄν,** *κε.

Anm. 2. Imperfekt und Aorist bezeichnen auch hier von Anfang an mehr den Unterschied der Vollzugsstufe als den der Zeitstufe.

§ 126

3. **Εἴθε, εἰ γάρ** (*εἰ, αἴ, αἴθε, αἲ γάρ, ὡς) mit Imperfekt oder Indikativ Aorist **ohne ἄν** bezeichnet den mit dem Bewußtsein der Unerfüllbarkeit ausgesprochenen **Wunsch.**

Seit dem 5. Jh. bezeichnet dabei
das **Imperfekt** den Wunsch in der **Gegenwart,**
der **Indikativ Aorist** den Wunsch in der **Vergangenheit.**

1. *Εἴθ' ἦσθα δυνατὸς δρᾶν, ὅσον πρόθυμος εἶ. 2. Εἴθε σοι, ὦ Περίκλεις, τότε συνεγενόμην (sagte Alkibiades).

Häufiger (schon bei Homer) steht dafür ὤφελον *ich sollte,* μὴ ὤφελον *ich sollte nicht*
mit Infinitiv Präsens für die Gegenwart,
mit Infinitiv Aorist für die Vergangenheit.

1. *Αἴθ' ὄφελον μεῖναι παρὰ Φαιήκεσσι (*ich sollte geblieben sein = wäre ich doch geblieben*).
2. *Ἤλυθες ἐκ πολέμου· ὡς ὤφελες αὐτόθ' ὀλέσθαι (Wunsch Helenas, als sie ihren Gemahl Paris wiedersieht). 3. Ἀλλ' ὤφελε Κῦρος ζῆν (*K. sollte noch am Leben sein = wäre doch K. noch am Leben*).
4. *Ὡς μὴ ὤφελλε τεκέσθαι.

§ 127

4. Im **Imperfekt ohne ἄν** stehen die **unpersönlichen Ausdrücke,** die Subjektsinfinitiv bei sich haben (§ 148, 3 b), wie ἔδει, ἐχρῆν, καλὸν ἦν usw., wenn festgestellt wird, daß etwas notwendig usw. *war* (= gewesen wäre), aber nicht beachtet wurde: **unerfüllte Forderung**[1]).

Diese imperfektische Form wurde *auch für die Gegenwart* verwendet. Daher ἔδει, (ἐ)χρῆν με τοῦτο ποιεῖν *ich hätte dies tun sollen* (tat es aber nicht), aber auch: *ich sollte das tun* (tue es aber nicht).

1. Δίκαιον ἦν τοῦτο αὐτῷ ἀποδοῦναι (es wäre nicht mehr als recht und billig [gewesen]).
2. Ἔδει τοὺς λέγοντας ἅπαντας μὴ πρὸς ἔχθραν ποιεῖσθαι τοὺς λόγους. 3. Τί τὴν πόλιν προσῆκε ποιεῖν (hätte tun sollen); 4. Χρῆν σε τότε παρακαλεῖν τοὺς μάρτυρας.

Anm. Bei *echtem* Irrealis steht jedoch Imperfekt mit ἄν (§ 125).

1. Εἰ προσεχωρήσαμεν πρότερον τῷ Μήδῳ, οὐδὲν ἂν ἔτι ἔδει ὑμᾶς ναυμαχεῖν (so aber ist es nötig!). 2. Εἰ μὲν ἠπιστάμεθα σαφῶς, ὅτι ἥξει Χειρίσοφος πλοῖα ἄγων ἱκανά, οὐδὲν ἂν ἔδει ὧν (=τούτων, ἃ) μέλλω λέγειν (so aber ist es nötig!). 3. Εἰ τοὺς ἐννέα ἄρχοντας ἐπήγαγες, οὐκ ἂν ἑτέρων ἔδει σοι μαρτύρων.

---

[1]) Das Deutsche betont durch den Konjunktiv die Nichtverwirklichung; aber auch: *Eigentlich muß ich* (= müßte ich) *dich bestrafen.*

5. Bloße Annahme (Irrealis) und unerfüllte Forderung sowie der als unerfüllbar vorgestellte Wunsch beeinflussen oft auch den Modus der Aussage eines unmittelbar folgenden, innerlich abhängigen Nebensatzes (Relativ-, Zeit-, Zwecksatzes), in dem dann ebenfalls der Indikativ eines Präteritums (ohne ἄν) statt des Präsens oder eines Konjunktivs oder Optativs steht (**Modusangleichung,** vgl. § 134, 5).

1. Οἱ παῖδες ὑμῶν, ὅσοι μὲν ἐνθάδε ἦσαν (wären), ὑπὸ τούτων ἂν ὑβρίζοντο. 2. Ἐχρῆν τοὺς ῥήτορας μὴ πρότερον περὶ τῶν ὁμολογουμένων συμβουλεύειν, πρὶν περὶ τῶν ἀμφισβητουμένων ἡμᾶς ἐδίδαξαν (unterrichtet hätten).

b) Der Konjunktiv

Der Konjunktiv bezeichnet erwogene oder erstrebte Verwirklichung. § 128

Der Konjunktiv bezeichnet etwas noch nicht Eingetretenes, hat also futurischen Sinn. Daraus wird verständlich,

1. daß ein Konjunktiv Futur nicht gebildet wurde,
2. daß statt eines Konjunktivs öfters Indikativ Futur stehen kann, wenn etwas als bestimmt eintretend erwartet wird,
3. daß in den von einer Vergangenheit abhängigen Nebensätzen gewöhnlich nicht der Konjunktiv, sondern der Optativ (opt. obliquus, § 133) steht.

Zwischen dem Konjunktiv als Ausdruck erstrebter Verwirklichung und dem Optativ als Ausdruck des als erwünscht Vorgestellten lassen sich nicht immer scharfe Grenzen ziehen. Vgl. auch Konjunktiv und obliquen Optativ im Nebensatz! (§ 133)

Μὴ ὁμιλήσῃς κακοῖς. Εἴθε μὴ ὁμιλήσειας κακοῖς.

§ 129

Der Konjunktiv der **erwogenen Verwirklichung** (*prospektiver* Konjunktiv) steht im **Nebensatz** (attisch **immer mit ἄν,** Negation **μή**), hauptsächlich im Relativsatz, Zeitsatz, Bedingungssatz, Konzessivsatz, also z.B. nach ὅστις ἄν, ἐπειδάν, ἐάν, καὶ ἐάν wer etwa, wenn jeweils wohl, auch wenn (vielleicht).

1. Ὁποῖοί τινες ἂν οἱ προστάται ὦσι, τοιαῦται καὶ αἱ πολιτεῖαι γίγνονται. 2. Ὅταν (= ἐάν) περ οἱ προστάται ἀγαθοὶ ὦσι, καὶ αἱ πολιτεῖαι καλαὶ ἔσονται. 3. *Κῆρα (Todesschicksal) δ' ἐγὼ τότε δέξομαι, ὁππότε κεν δὴ | Ζεὺς ἐθέλῃ τελέσαι. 4. Ὑπομνήσατέ με, ἃ ἐλέγετε, ἐὰν μὴ φαίνωμαι μεμνημένος.

Anm. Im Hauptsatz findet sich dieser Konjunktiv (Neg. οὐ) mit und ohne ἄν nur bei Homer. In Prosa tritt dafür Indikativ Futur ein. 1. *Οὐ γάρ πω τοίους ἴδον ἀνέρας οὐδὲ ἴδωμαι (noch werde ich sie wohl sehen). 2. *Δύσεο τεύχεα θᾶσσον (schleunigst!), ἐγὼ δέ κεν λαὸν ἀγείρω.

§ 130

Der Konjunktiv der **erstrebten Verwirklichung** (*voluntativer* Konjunktiv, Negation **μή**) steht

1. als **Willensäußerung der 1. Person Singular,** durchweg **Aorist** (beabsichtigter Eintritt einer Handlung!), fast immer durch ἀλλ' ἄγε, φέρε, δεῦρο eingeleitet:

1. Φέρε δὴ πειραθῶ πιθανώτερον πρὸς ὑμᾶς ἀπολογήσασθαι. 2. *Ἀλλ' ἄγε οἱ (ihm) καὶ ἐγὼ δῶ ξείνιον (Gastgeschenk).

2. als **Aufforderung der 1. Person Plural (Exhortativ)**:

1. Ἀλλ' ὡς τάχιστα πρὸς πόλιν σπεύσωμεν. 2. Μὴ πρὸς θεῶν (§ 105 b 2) μαινώμεθα μηδ' αἰσχρῶς ἀπολώμεθα. 3. Ἀλλὰ πρῶτον μὲν εὐλαβηθῶμέν τι πάθος μὴ πάθωμεν. 4. Ἐπανέλθωμεν, εἴ σοι ἡδομένῳ ἐστίν (§ 80, 4 A.).

3. als **fragende Überlegung der 1. Person Sing. oder Plural (Deliberativ)**, oft durch βούλει, βούλεσθε eingeleitet und durch eine zweite Frage fortgeführt:

1. Βούλει σκοπῶμεν; 2. Πότερον βίαν φῶμεν τοῦτο ἢ μὴ φῶμεν εἶναι; 3. Λέγετε, εἰσίω ἢ μή;

Anm. 1. In der Vergangenheit steht dafür ἔδει, ἐχρῆν (§ 127). Ἆρ' ἔδει με τοῦτο ποιεῖν;

Anm. 2. Der deliberative Konjunktiv steht, mit Verschiebung der Person (§ 160), auch im Nebensatz. Ἐὰν ἡμεῖς νικῶμεν, λελυμένης τῆς γεφύρας οὐχ ἕξουσιν ἐκεῖνοι, ὅποι φύγωσιν (direkt ποῖ φύγωμεν;).

4. verneint als **Abmahnung oder Warnung an die 2. oder 3. Person (Prohibitiv)** mit **μή** und **Konjunktiv Aorist**:

1. Μὴ θαυμάσητε, ἐὰν παράδοξον εἴπω τι τοῖς πολλοῖς. 2. Μὴ θορυβήσητε.

5. im Nebensatz zum Ausdruck

des **Erstrebten** (ἵνα *damit* im Finalsatz, § 167) oder
des **Befürchteten** (μή *hoffentlich nicht* im Befürchtungssatz, § 163).

1. Τὰ πλοῖα κατέκαυσεν, ἵνα μὴ Κῦρος διαβῇ. 2. Φοβητέον, μὴ ὑμῖν ἐπιθῶνται τῆς νυκτὸς οἱ βάρβαροι.

Anm. Bei ὅπως, ὡς *damit* steht auch ἄν (§ 167). Über den Konjunktiv in den verselbständigten Nebensätzen nach μή (οὐ) oder οὐ μή s. § 163 β.

c) Der Optativ

**Der Optativ bezeichnet etwas 1. als subjektiv erwünscht,
2. als objektiv möglich vorgestellt**[1]).

§ 131

1. Zum Ausdruck des **Wunsches** dient der oft durch **εἴθε, εἰ γάρ** (*εἰ, αἴθε, αἲ γάρ, ὡς) eingeleitete **Optativ**. Die Negation ist **μή**.

1. *Ἐν Ἅιδου δόμοις εὖ σοι γένοιτο. 2. Εὐτυχοίης. 3. Εἰ γὰρ γένοιο εὐδαίμων. 4. *Φθόνος δὲ μὴ γένοιτό τις θεῶν. 5. Μήτ' εἴης μήτε γένοιο (geboren worden).

Ursprünglich ließ sich nur aus dem Inhalt des Wunsches erschließen, ob dieser als erfüllbar oder unerfüllbar vorgestellt war und ob er Gegenwart oder Vergangenheit bezeichnete. Aber schon bei Homer wird der mit dem Bewußtsein der Unerfüllbarkeit ausgesprochene Wunsch manchmal, in der klassischen Zeit immer

durch εἴθε (εἰ γάρ) mit **Imperfekt** für die **Gegenwart**,
durch εἴθε (εἰ γάρ) mit **Ind. Aorist** für die **Vergangenheit** ausgedrückt.

Über ὤφελον s. § 126.

---

[1]) Vgl. „*Mögest* du glücklich sein!" „Ihr *mögt* recht haben."

Anm. 1. **Beteuerungen der sprechenden Person** werden oft in der Form eines Wunsches ausgedrückt:

αὐτίκα τεθναίην, εἰ	ich will sofort tot umfallen, wenn
ὀλοίμην, ἀποθάνοιμι, εἰ	ich will sterben, wenn
μὴ ζῴην, εἰ	ich will nicht (mehr) leben, wenn
μὴ ὀναίμην τούτων, εἰ	ich will davon keinen Genuß haben, wenn

Anm. 2. Ein Wunsch kann auch einen *Vorschlag* ausdrücken. Χειρίσοφος ἡγοῖτο Cheirisophos könnte, sollte die Führung übernehmen.

Anm. 3. Ein Wunschsatz kann als *Vordersatz einer Folgerung* empfunden werden[1]).
*Ἀλλ' εἴ μοί τι πίθοιο. τό κεν πολὺ κέρδιον εἴη.

§ 132

2. Zum Ausdruck unentschiedener, bloß *vorgestellter Möglichkeit* (**Potentialis der Gegenwart**) verbindet sich der Optativ in der Regel **mit ἄν** (*κε), außer in den durch εἰ oder ἵνα eingeleiteten Nebensätzen. Der Potentialis wird durch **οὐ** verneint.

Über den Potentialis der Vergangenheit s. § 123.

1. Τὸν Ἅλυν οὐκ ἂν δύναισθε ἄνευ πλοίων διαβῆναι. 2. Οἶδ' οὖν, ὅτι πάντες ἂν ὁμολογήσαιτε. 3. Ἴσως ἂν δυναίμην ἐκτῖσαι ὑμῖν μνᾶν ἀργυρίου· τοσούτου οὖν τιμῶμαι (§ 67, A.; dies sagt Sokrates zu seinen Richtern).

Seit dem 5. Jh. wird der Potentialis der Gegenwart als Ausdruck *höflicher Meinungsäußerung* üblich[2]). So steht auch statt des schroff klingenden βούλομαι häufiger βουλοίμην ἄν[3]).

1. *Ἐγὼ μὲν οὐκ ἔχοιμ' ἂν εὖ λέγειν τύχην. 2. Πῶς ἂν οὖν δὴ τοῦθ' οὕτως ἔχοι; 3. Ἆρ' οὖν ἐθελήσαις ἂν ἀποκρίνεσθαι; 4. Βουλοίμην ἂν ἐμὲ τυχεῖν ὧν βούλομαι (= τούτων, ἅ...).

§ 133

3. In Nebensätzen steht oft, statt eines Indikativs oder Konjunktivs, der **bloße Optativ** ohne ἄν (optativus „obliquus"), wenn das Verbum des übergeordneten Satzes eine *Vergangenheit* ausdrückt, also auch nach historischem Präsens und nach Optativen, Infinitiven und Partizipien, die eine Vergangenheitsform vertreten. Doch besteht dafür keine strenge Regel.

Dieser Optativ bezeichnet den Inhalt des Nebensatzes als damals vorhandenen Gedanken des übergeordneten Subjekts.

α) **Optativ statt Indikativ** im abhängigen *Aussage-*, *Begründungs-* und *Fragesatz*.

1. Τισσαφέρνης διαβάλλει τὸν Κῦρον πρὸς τὸν ἀδελφόν, ὡς ἐπιβουλεύοι αὐτῷ. 2. Ξενοφῶν ἔλεγεν, ὅτι πολλαὶ καὶ καλαὶ ἐλπίδες τοῖς Ἕλλησιν εἶεν σωτηρίας. 3. Οἱ Ἕλληνες ἐθαύμαζον, ὅτι οὐδαμοῦ Κῦρος φαίνοιτο.

β) **Optativ statt Konjunktiv** im abhängigen *Zweck-* und *Befürchtungssatz* sowie in der abhängigen *deliberativen Frage* (§ 130, 3).

1. Κῦρος τῶν παρ' ἑαυτῷ βαρβάρων ἐπεμελεῖτο, ὡς πολεμεῖν ἱκανοὶ εἶσαν. 2. Κλέαρχος ἐφυλάττετο, ὡς μὴ δοκοίη φεύγειν. 3. Τὸν θεὸν ἐπήροντο, εἰ (ob) παραδοῖεν Κορινθίοις τὴν πόλιν (übergeben sollten).

---
[1]) Vgl. *Wenn ich doch reich wäre! Wenn ich reich wäre, würde ich ...*
[2]) Vgl. *ich wüßte nicht, ich könnte mir denken, ich würde mich freuen, dürfte ich fragen?*
[3]) Vgl. frz.: *je désirerais* (statt je désire), *je ne saurais dire* (statt je ne peux dire); engl.: *I should like* (statt I like).

§ 134

4. **In Nebensätzen** bezeichnet der Optativ den wiederholten oder wiederholt möglichen Vorgang der Vergangenheit (**optativus iterativus**): *immer (dann), wenn; wer jeweils* usw.

Λακεδαιμόνιοι κατ' ἀρχὰς τοῦ πολέμου πάντας, ὅσους λάβοιεν ἐν τῇ θαλάσσῃ, ὡς πολεμίους διέφθειρον.

5. Wunsch oder bloß vorgestellte Möglichkeit (Potentialis) beeinflussen oft auch den Modus der Aussage eines unmittelbar folgenden, innerlich abhängigen Nebensatzes (Relativ-, Zeit-, Zwecksatzes), in dem dann Optativ (ohne ἄν), statt eines Indikativs oder Konjunktivs, steht (**Modusangleichung**, vgl. § 127, 5).

1. Ὁ ἑκὼν πεινῶν φάγοι ἄν, ὁπότε βούλοιτο (statt ὁπόταν βούληται). 2. Οὐκ ἐπιστάμεθα, ὅτι βασιλεὺς ἡμᾶς ἀπολέσαι περὶ παντὸς ἂν ποιήσαιτο, ἵνα καὶ τοῖς ἄλλοις Ἕλλησι φόβος εἴη (statt ᾖ) ἐπὶ βασιλέα μέγαν στρατεύειν;

§ 135 d) Der Imperativ

Der Imperativ bezeichnet eine Bitte oder Aufforderung, wenn verneint, ein Verbot oder eine Abmahnung.

Die 2. Person des Imperativs ist im Aorist verneint nicht gebräuchlich; dafür steht μή mit Konjunktiv Aorist. Μὴ περιμένετε, aber μὴ περιμείνητε.
Die 3. Person des Imperativs wird im Präsens und Aorist auch mit μή verneint gebraucht. Μηδαμῶς ἡ βία σε νικησάτω.
Imperative und auffordernde Konjunktive werden oft durch ἄγε (δή), φέρε (δή), ἴθι (δή)[1]) eingeleitet.

1. Ἴθι νῦν δίδαξον καὶ ἐμέ, ἵνα σοφώτερος γένωμαι. 2. Ἴθι δή μοι ἀπόκριναι. 3. Φέρε δὴ ἐπισκεψώμεθα, τί λέγομεν.

Die verschiedenen Tempusstämme bezeichnen die jeweilige Vollzugsstufe (§ 115).
Λέγε δή sprich weiter! Εἰπέ sag! (als Antwort auf eine bestimmte Frage). Ἐρώτα frag (was du willst)! Ἄθρει, σκόπει schau! überleg dir! Χαῖρε sei gegrüßt! leb wohl! Ζεῦ σῶσον helf Gott! Πέπαυσο hör auf! Schluß! Μέμνησο denk dran!

1. Μηδέποτε δοῦλον ἡδονῆς σαυτὸν ποίει. 2. Ὅτῳ ταῦτα δοκεῖ, ἀνατεινάτω (ἀράτω) τὴν χεῖρα. 3. Ἔτι καὶ νῦν ἐμοὶ πείθου καὶ σώθητι. 4. Ἴτω τις ἐφ' ὕδωρ.

Anm. 1. Die 2. Person des Imperativs und des verneinten Imperativs (μή mit Konj. Aor.) kommt, meist dichterisch, ohne Änderung der Person auch im abhängigen Satz, besonders in der abhängigen Frage, vor.
1. *Οἶσθ' ὡς ποίησον; weißt du, wie du handeln sollst? 2. *Οἶσθ' ὃ δρᾶσον; 3. *Οἶσθ' ὃ μὴ δράσῃς; 4. *Οἶσθ', ὃ ξεῖν', ὡς νῦν μὴ σφαλῇς.

Anm. 2. Als Aufforderung an die 2. Person findet sich bei Homer, aber auch noch im Attischen, der **Infinitiv**, häufig nach vorhergehendem Imperativ.[2])
1. *Ὦ ξεῖν', ἀγγέλλειν Λακεδαιμονίοις, ὅτι τῇδε | κείμεθα τοῖς κείνων ῥήμασι πειθόμενοι. 2. *Θαρσῶν νῦν, Διόμηδες, ἐπὶ Τρώεσσι μάχεσθαι. 3. *Ἀλλὰ μάλ' ὧδ' ἔρξαι (mach es so!).

Aufforderungen, Anordnungen oder Wünsche, die die 3. Person betreffen, können wie verselbständigte finale Infinitive (Akk. m. Inf.) erscheinen.
1. *Τρῶας ἔπειθ' (= ἔπειτα) Ἑλένην καὶ κτήματα πάντ' ἀποδοῦναι. 2. Κατὰ τάδε θάπτειν τὸν θανόντα (inschriftliche Anordnung über Totenbestattung). 3. Τὰς πόλεις αὐτονόμους εἶναι.

Über das Futur als Ausdruck eines scharfen Befehls: § 118, 1 β.

---
[1]) Vgl. mundartlich: *Geh (zu), laß mich doch in Ruh! Komm, geh' zu, bleib doch da!*
[2]) Vgl.: *Aufhören! Weitergehen!* Vgl. auch frz.: *Ne pas se pencher au dehors* (sich nicht hinausbeugen!); ital.: *Non venire* (komm nicht!).

Übersicht über den Gebrauch der Modi

	Indikativ	Konjunktiv	Optativ
		im Hauptsatz	
ohne ἄν	1. Feststellung: Τῶν μαρτύρων ἀκηκόατε. 2. Wunsch, über dessen Verwirkl. bereits entschieden ist (Aorist): Εἴθε τότε σοι συνεγενόμην. Ἀλλ' ὤφελε Κῦρος ζῆν. 3. Potentialis der Vergangenh. in einigen Fällen: οὐκ ᾤμην, ἐβουλόμην, ἠξίουν.	1. erstrebte Verwirklichung Willensäußerung d. 1.P. Sg.: Φέρε δὴ καί σε διδάξω. Aufforderung d. 1.P. Plur.: Ἄγε δὴ πειθώμεθα αὐτῷ. Verbot an die 2.P. (Aorist): Μὴ θορυβήσητε. 2. erwogene Verwirklichung (Überlegung d. 1. Pers., Deliberativ): Τί ποιῶ; Εἴπωμεν ἢ σιγῶμεν;	als erfüllbar vorgestellter Wunsch (über dessen Verwirklichung also noch nicht entschieden ist): *Ὦ παῖ, γένοιο πατρὸς εὐτυχέστερος.
mit ἄν	1. Pot. d. Verg. (Impf., Aor.): τίς ἂν ᾤετο, ἐβουλόμην ἄν. 2. Iterativ der Verg., (Impf., Aor.): Ἐπεὶ τοῦτο γένοιτο, ἧκον ἂν εὐθὺς οἱ ἠδικημένοι (jedesmal). 3. Irrealis der Geg. u. Verg. (Impf., Aorist): Εἰ ἦλθον, οὐκ ἄν ποτε ταῦτ' ἔπαθον.		Pot. d. Gegenwart: Ἐγὼ οὐκ ἂν οἷός τ' εἴην τοῦτο ποιεῖν.
		im Nebensatz	
ohne ἄν	1. Feststellung (wie i. Haupts.) 2. nach ὅπως zum Ausdruck des als sicher erwarteten erstrebten Ziels: Πάντα ποιητέον, ὅπως μὴ ἐπὶ βασιλεῖ γενησόμεθα. 3. nach μή (οὐ) zum Ausdruck des als sicher befürchteten Ereignisses.	1. erstrebte Verwirklichung nach ἵνα im Zwecksatz, 2. befürchtete Verwirklichung nach μή (οὐ) im Befürchtungssatz, 3. erwogene Verwirklichung (Überleg. d. 1. P., Deliberativ): Οὐκ ἔχω, ὅ τι δῶ (geben soll).	1. Opt. obliquus nach histor. Tempus des übergeordneten Satzes, statt Indikativ oder Konjunktiv, 2. Wiederholungsfall der Vergangenheit.
mit ἄν	Potentialis der Vergangenheit wie im Hauptsatz	1. erwogene Möglichk. d. Zuk. 2. Wiederhol. d. Gegenwart: ὅταν, ἐάν, ὅστις ἄν. 3. Zweck, dessen Erfüllung von Umständen abhängt: ὅπως (ἄν) damit (allenfalls)	Potentialis der Gegenwart, wie im Hauptsatz

§ 136 D. *Die Formen der Frage*

Direkte und *indirekte* Fragen unterscheiden sich in der Aussageweise in der Regel nicht. Über den opt. obliquus s. § 133.

In der indirekten Frage kann sich gegenüber der direkten, wie in jedem abhängigen Satz, die Person ändern (*Personenverschiebung*[1]), s. § 160).

1. Die Wortfrage

a) *Unabhängige* Wortfragen werden mit einem *direkten* Fragewort, *abhängige* Wortfragen mit einem *direkten* oder *indirekten* Fragewort eingeleitet.

Anm. Statt des Fragworts steht, besonders nach *wahrnehmen, wissen, sagen* oft das *Relativ*pronomen.
1. Ἐγνώσθη, ὃς ἦν. 2. Φράσον, ἅ τε δεῖ ποιεῖν καὶ ἃ μή. 3. Ἆρ' οὐκ ἴστε, πρὸς ὃν ἐλέγετε τὸν λόγον;

b) In *einem* Fragesatz können *zwei* jeweils durch ein Fragewort oder Relativpronomen eingeleitete Fragen gekoppelt sein.

1. Τίνα πῶς ἐγκωμιάζω (wen soll ich und wie soll ich ihn preisen?); 2. Τίς τίνος αἴτιός ἐστιν; 3. Ἐν τῷ Περσικῷ πολέμῳ τίς οὐκ οἶδεν, ἐξ οἵων συμφορῶν εἰς ὅσην εὐδαιμονίαν κατέστησαν οἱ Ἀθηναῖοι; 4. Τίνας ὑπὸ τίνων εὕροιμεν ἂν μείζω εὐεργετημένους ἢ παῖδας ὑπὸ γονέων;

c) Manchmal bezieht sich das Fragewort auf ein *Partizip*, nicht auf das verbum finitum des Satzes.

1. Τί παθὼν δακρύεις; 2. Τί ποιῶν σοι χαριζοίμην ἄν; 3. Τί ποιούντων ὑμῶν ὁ χρόνος διελήλυθεν οὗτος;

d) Das direkte Fragewort, besonders τίς, τί, kann, in den Nebensatz eingeschoben, diesen zur selbständigen oder fortführenden Frage machen. Dieses aus dem Volksmund stammenden Sprachgebrauchs bedient sich vor allem die Rhetorik.

1. Ὅταν τί ποιήσωσι, νομιεῖς τοὺς θεούς σου φροντίζειν; 2. Πότε, ὦ χρή, πράξετε; Ἐπειδὰν τί γένηται; 3. Ἵνα τί ταῦτα λέγεις; 4. Ἧς σὺ ἐπιθυμεῖς, ἡ σοφία τίς ἐστιν; Ἧι τίνος ἐπιστάμεθα ἄρχειν; (worüber können wir durch sie Herr sein?).

2. Die Satzfrage

a) 1. Die *direkte* Satzfrage wird eingeleitet mit

ἆρα (< ἦ + ἄρα, § 142)   οὔκουν (folgernd) also?   ἄλλο τι (ἤ) doch wohl (daß)?
ἆρ' οὖν   also?   οὔκουν also nicht?

Oft fehlt eine einleitende Fragepartikel.
Nach (ἆρ') οὐ erwartet man die Antwort *ja*,
nach (ἆρα) μή (seltener μῶν < μὴ οὖν) die Antwort *nein*.

Anm. 1. Häufig wird eine Frage durch vorgesetztes τί δέ; τί γάρ; τί οὖν vorbereitet.

1. Ταῦτα οὐχὶ καλῶς λέγεται; 2. Ἄρτι ἥκεις ἢ πάλαι; bist du soeben gekommen oder bist du schon lange da? 3. Τί ἡγούμεθα τὸν θάνατον εἶναι; ἆρα μὴ ἄλλο τι ἢ τὴν τῆς ψυχῆς ἀπὸ τοῦ σώματος ἀπαλλαγήν; 4. Ἆρ' οὐ χρὴ πάντα ἄνδρα τὴν ἐγκράτειαν πρώτην ἐν τῇ ψυχῇ κατασκευάσασθαι; 5. Τί δέ; οὐ δοκοῦσί σοι πολλάκις οἱ ἐν τῇ ἐκκλησίᾳ τῶν ὀρθῶς λεγόντων καταγελᾶν;

---

[1]) Vgl. *Ich frage dich: Kommst du?, ob du kommst. Ich frage ihn: Kommst du?, ob er komme.*

Anm. 2. Als **Antwort** erscheint
für **ja**: ναί, μάλιστα, πάνυ μὲν οὖν, πάνυ γε, σφόδρα γε, πάντως δήπου u. ä.
für **nein**: οὔ, οὐχί, οὐ δῆτα, οὐδαμῶς, οὐ μὰ Δία, οὔ φημι, οὔκ ἔστιν, ἥκιστα u. ä.
In beiden Fällen kann die Antwort auch mit Hilfe des fragenden Verbums gegeben werden.
Ἤιδησθα κηρυχθέντα μὴ πράσσειν τάδε; — Ἤιδη.

2. Die *direkte Wahlfrage* (Alternativfrage), im Griechischen eigentlich eine Wortfrage, wird ausgedrückt durch (πότερος, πότερον, πότερα, ποτέρως) — ἤ (utrum — an) — oder —.

1. Τί δὲ δὴ αἴσχιον; Πότερον τὸ ἀδικεῖν ἢ τὸ ἀδικεῖσθαι; 2. Πότερόν ἐστιν ἡ ἀνδρεία διδακτὸν ἢ φυσικόν (§ 7 A.); 3. Φεύγεις δίκην ἢ διώκεις;

b) Die *indirekte* Satzfrage wird durch εἰ (οὐ), *ob, ob nicht* (gleichbedeutend!),
die *indirekte Wahlfrage* durch πότερον — ἤ, εἰ — ἤ, εἴτε — εἴτε *ob — oder* (hom. ἦ — ἠέ, ἦε, ἦ) eingeleitet.

1.* Σὺ δὲ φράσαι, εἴ με σαώσεις. 2. Ἐρωτᾷς, εἰ οὐ καλή μοι δοκεῖ εἶναι ἡ ῥητορική. 3. Ἐδόκει αὐτοῖς περὶ τῆς λοιπῆς πορείας βουλεύεσθαι, εἴτε πεζῇ δέοι πορεύεσθαι εἴτε κατὰ θάλατταν. 4. Θαυμάζω, πότερα ὡς κρατῶν βασιλεὺς αἰτεῖ τὰ ὅπλα ἢ ὡς διὰ φιλίαν δῶρα. 5. Τοὺς παῖδας οὔπω ἴστε, εἴτε ἀγαθοὶ εἴτε κακοὶ ἡβήσαντες γενήσονται. 6.*Κατάλεξον, | ἤ που ἔτι ζώει καὶ ὁρᾷ φάος ἠελίοιο | ἦ ἤδη τέθνηκε.

Anm. Der zweite Teil der abhängigen Wahlfrage wird ohne Unterschied durch οὐ oder μή verneint.
1. Σκοπῶμεν, εἰ τοῦθ' ἡμῖν πρέπει ἢ οὔ. 2. Εἰ ἀληθὲς ἢ μή, πειράσομαι μαθεῖν.

E. Die Verneinung (Negation) § 137

I. **οὐ** (vor Pause οὔ, verstärkt οὐχί) **verneint die sachliche** (*objektive*) **Aussage**.

a) **οὐ** verneint den **Hauptsatz**, in dem das Verbum **im Indikativ** (ohne oder mit ἄν) oder **im potentialen Optativ** steht.

1. Σωκράτης τοῦ σώματος αὐτός τε οὐκ ἠμέλει τούς τ' ἀμελοῦντας οὐκ ἐπῄνει. 2. Οὐκ ἄν τις τοῦτ' ὀρθῶς εἴποι.

b) **οὐ** vereint den **Nebensatz**, in dem das Verbum **im Indikativ** oder **im obliquen Optativ** steht. Doch werden die Bedingungs- und Absichtssätze durch μή verneint.

.. Λέγουσί τινες, ὡς Φίλιππός γ' οὐ πολεμεῖ τῇ πόλει, καὶ Φίλιππος αὐτός φησι οὐ πολεμεῖν. Ἀλλ' οὗτος ἐμοὶ (§ 80, 4) πολεμεῖ, καὶ ἐὰν μήπω βάλλῃ μηδὲ τοξεύῃ. 2. Νῦν ἐπειδὴ οὐκ ἐθέλεις καὶ οὐκ ἂν οἷός τ' εἴην σοι παραμεῖναι, εἶμι.

Anm. In dem mit εἰ eingeleiteten Satz steht οὐ als Negation nur,
1. bei εἰ = *ob*, wenn die direkte Frage οὐ verlangt,
2. bei εἰ = *wenn, daß* in kausalem Sinn nach Verben der Gemütsäußerung[1]),
3. bei Homer, wenn der εἰ-Satz vorausgeht und im Indikativ steht.

c) **οὐ** verneint **Infinitiv und Partizip** in der nicht durch *Wunsch* oder *Bedingung* gefärbten Aussage.

1. Πιστεύων θεοῖς πῶς οὐκ εἶναι θεοὺς ἐνόμιζεν ὁ Σωκράτης (direkt: οὔκ εἰσιν); 2. Οὐ πρὸς χάριν λέγων οὐχ ἕξω, ὅ τι λέγω ἐν τῷ δικαστηρίῳ (direkt: ὅτι οὐ πρὸς χάριν λέγω). 3. Τοῦτό φημι οὐκ εἰδέναι.

---
[1]) Vgl. „Es sollte mich wundern, *wenn* du das nicht wüßtest" (= *daß, weil* du ...).

d) **οὐ** steht auch, allein oder durch ein Schattierungswort (§ 138) verstärkt, als **Antwort** oder als 2. Glied einer **Alternativfrage** oder -**behauptung**.
1. Οὐδαμῶς ἄρα δεῖ ἀδικεῖν; — Οὐ δῆτα. 2. Συγχωρεῖς ἢ οὔ; 3. Φὴς ἢ οὔ; ja oder nein? 4. Ἡ γλῶττα οὖν ὑπέσχετο, ἡ δὲ φρὴν οὔ.

II. **μή** verneint Begehren, Wunsch und Bedingung.

a) **μή** mit Imperativ Präsens oder Konjunktiv Aorist oder mit 3. Person Imperativ Aorist bezeichnet daher **Verbot** und **Abmahnung**.

b) **μή** verneint den **Wunsch,** auch den durch Indikativ Aorist ausgedrückten unerfüllbar vorgestellten Wunsch der Vergangenheit.
Μή ποτ' ὤφελον λιπεῖν τὴν Σκῦρον (Insel nö. von Euboia).

c) **μή** steht bei dem Wunsch, daß etwas hoffentlich nicht eintreten möge. So wird μή zur einleitenden Konjunktion der **Befürchtungssätze**, die dann durch **οὐ** verneint werden (§ 163).
Ἠθύμησάν τινες ἐννοούμενοι, μὴ τὰ (§ 16) ἐπιτήδεια οὐκ ἔχοιεν.

d) **μή** verneint die abhängigen **Zwecksätze, Bedingungssätze** sowie die **konjunktivischen Relativ- und Zeitsätze**.
Οἴμαι μετ' ὀλίγων Ἀθηναίων, ἵνα μὴ εἴπω μόνος, πράττειν τὰ πολιτικὰ μόνος τῶν νῦν (sagt Sokrates).

e) **μή** verneint auch die **Infinitive**, die **Wunsch, Zweck, Beteuerung** oder **vorgestellte Folge** ausdrücken, sowie die **Partizipien mit finalem** und **kondizionalem** Sinn. Dies gilt besonders auch für die **substantivierten Infinitive und Partizipien**.
1. Σωκράτει ποτὸν πᾶν ἡδὺ ἦν διὰ τὸ μὴ πίνειν, εἰ μὴ διψῴη. 2. Εὐδαιμονέστατος ὁ μὴ ἔχων κακίαν ἐν ψυχῇ (§ 21 c). 3. Ἔλεγον αὐτοῖς μὴ ἀδικεῖν.

f) **μή** steht auch allein als 2. Glied einer **Alternativaufforderung**.
1. Τοῦτό μοι ἢ σύμφαθι ἢ μή. 2. Πότερον οὖν τὸν φρονιμώτερον βελτίω λέγεις; Φάθι ἢ μή (sag ja oder nein!).

III. **οὐ** und **μή** verbinden sich

a) zu οὐδέ, μηδέ und nicht, auch nicht, nicht einmal,

b) zu οὐδείς, μηδείς keiner, niemand,

c) zu οὐδαμῶς[1]), οὐδαμῇ auf keine Weise, οὐδαμοῦ nirgends, οὐδέπω, οὔπω noch nicht, οὐδέποτε niemals, οὐκέτι nicht mehr; ebenso μηδαμῶς, μηδαμῇ, μηδαμοῦ, μηδέπω, μήπω, μηδέποτε, μηκέτι,

d) zu οὔτε — οὔτε, μήτε — μήτε weder — noch,

e) zu οὐκοῦν (folgernd) also, οὔκουν (folgernd) also nicht.

IV. **καὶ οὐ, καὶ μή** verbindet einen *bejahenden* Begriff mit einem *verneinten*,
οὐδέ, μηδέ verbindet einen *verneinten* Begriff mit einem weiteren *verneinten*.
1. Εἴπω; Καὶ οὐκ ὀργιεῖσθε; 2. Ψεύδεται καὶ οὐκ ἀληθῆ λέγει. 3. Κάκιστα ζῇ ὁ ἔχων ἀδικίαν καὶ μὴ ἀπαλλαττόμενος. 4. Διέκπλοι (Durchfahrten) οὐκ εἰσὶν οὐδ' ἀναστροφαί (Umkehrmöglichkeiten), ἀλλ' ἀνάγκη ἂν εἴη τὴν ναυμαχίαν πεζομαχίαν καθίστασθαι.

Anm. οὐδέ steht fast nie für οὔτε.

---
[1]) < οὐδ - ἀμός (äol. ep.) auch nicht einer.

V. Das Griechische liebt es, durch **Häufung von Negationen** den negativen Sinn einer Aussage zu bekräftigen[1]). Nur wenn *als letzte* eine *nicht zusammengesetzte* Negation folgt — was selten vorkommt —, erhält der Satz einen *betont bejahenden* Sinn[2]).

Für οὐδείς... οὐκ steht häufiger οὐδείς ἐστιν ὅστις οὐκ u. ä. (§ 172, 1 γ).

1. Ἐγὼ οὐχ οἷός τέ εἰμι βοηθῆσαι οὔτε ἐμαυτῷ οὔτε τῶν φίλων οὐδενὶ οὐδὲ τῶν οἰκείων οὐδ' ἐκσῶσαι ἐκ τῶν μεγίστων κινδύνων. 2. Ἡγοῦμαι τὸν μὴ φιλοσοφοῦντα ἀνελεύθερον καὶ οὐδέποτε οὐδενὸς ἀξιώσαντα (für würdig halten) ἑαυτὸν οὔτε καλοῦ οὔτε γενναίου πράγματος. 3. Τὸ ὂν οὐδέποτε οὐδαμῇ οὐδαμῶς ἀλλοίωσιν (Veränderung) οὐδεμίαν ἐνδέχεται (läßt zu, nimmt an).

4. Οὐδεὶς οὐκ ἔπασχέ τι (jeder).

VI. Nach Verben, deren Sinn negativ ist, wie

a) ἀρνεῖσθαι leugnen   ἀμφισβητεῖν bestreiten   ἀντιλέγειν widersprechen
b) ἀπαγορεύειν verbieten   ἀπέχεσθαι sich enthalten   φυλάττεσθαι[3])
(δια)κωλύειν hindern   ἐναντιοῦσθαι sich widersetzen   εὐλαβεῖσθαι[3]) } sich hüten
ἐμποδὼν εἶναι hinderlich sein

wird das Negative der Aussage

im abhängigen Nebensatz (mit ὅτι, ὡς) durch οὐ
im abhängigen Infinitiv durch μή

noch verdeutlichend hervorgehoben.

Sind solche Verba durch οὐ verneint, dann erhält die Aussage bejahenden Sinn. Deshalb wird dann auch die Negation des Infinitivs (μή) durch οὐ aufgehoben.

Im Deutschen bleiben die Negationen des abhängigen Satzes oder Infinitivs in der Regel unübersetzt.

a) 1. Ἀμφισβητεῖ, ὡς οὐκ ἀληθῆ λέγομεν. 2. Οὐδεὶς ἂν τολμήσειεν ἀντειπεῖν, ὡς οὐ τὴν τοῦ ναυτικοῦ ἐμπειρίαν μᾶλλον ἄλλων ἔχομεν. 3.* Φῄς ἢ καταρνεῖ μὴ δεδρακέναι τάδε; (fragt Kreon die Antigone). 4. Οὐδεὶς πώποτε ἀντεῖπε μὴ οὐ καλοὺς εἶναι τοὺς νόμους.

b) 1. Ἐγὼ μόνος τῶν πρυτάνεων ἠναντιώθην ὑμῖν μηδὲν ποιεῖν παρὰ τοὺς νόμους (Sokrates). 2. Ὁ χειμὼν διεκώλυσε μηδὲν πρᾶξαι, ὧν οἱ στρατηγοὶ παρεκελεύσαντο. 3. Οἱ ἰατροὶ ἀπαγορεύουσι τοῖς ἀσθενοῦσι μὴ χρῆσθαι ἐλαίῳ. 4. Οὐδὲν ἐμποδὼν ἂν εἴη μὴ οὐκ ἀνδρείως μαχέσασθαι.

Anm. 1. Verneint werden kann der Sinn eines solchen Verbums auch durch die Einkleidung als Frage: Εἰ γενησόμεθα ἐπὶ βασιλεῖ, τί (= οὐδέν) ἐμποδὼν μὴ οὐχὶ πάντας ἡμᾶς ἀποθανεῖν;

Anm. 2. Um auszudrücken, daß etwas sein muß und das Gegenteil unmöglich sein kann oder darf, tritt nach übergeordneten Begriffen wie οὐ δύνασθαι, οὐχ οἷόν τε εἶναι, οὐ καλὸν ἦν, αἰσχρὸν (αἰσχύνη) ἦν, ἄνοια ἦν u. ä. zum abhängigen Infinitiv μὴ οὐ. 1. Πᾶσιν αἰσχύνη ἦν μὴ οὐ συσπουδάζειν. 2. Οὐδεὶς οἷός τ' ἐστὶν ἄλλως λέγων μὴ οὐ καταγέλαστος εἶναι.

Anm. 3. Der mit μή (μὴ οὐ) verneinte Infinitiv erscheint häufig durch τό substantiviert (auch an Stelle eines Genetivs oder Dativs!). 1. Μικροῦ ἐξέφυγε τὸ μὴ καταπετρωθῆναι. 2. Οὐκ ἀπεσχόμην τὸ μὴ οὐκ ἀπελθεῖν.

---

[1]) Die Neigung, Negationen zu häufen, ist im Deutschen nur noch im Volksmund vorhanden; im Hochdeutschen ist sie unter dem Einfluß der „gebildeten", vom Lateinischen her beeinflußten Sprache geschwunden.
[2]) Wie im Lateinischen; vgl. auch *nonnumquam* manchmal, *numquam non* immer.
[3]) Dafür auch μή mit Konj. oder mit Ind. Futur (§ 167, 1, A. 2).

ZWEITER TEIL: SATZREIHE UND SATZGEFÜGE

§ 138

Unter Satzreihe versteht man die Verbindung von Hauptsätzen, unter Satzgefüge die Verbindung von Hauptsätzen und Nebensätzen.

Die inneren Beziehungen von Einzelbegriffen, Satzteilen und gleichgeordneten Sätzen werden durch beiordnende Bindewörter ausgedrückt. Die Nebensätze werden durch unterordnende Bindewörter mit den Hauptsätzen verbunden.

Ausdruckverdeutlichende Wörter („Schattierungswörter") dienen dazu, den gedanklichen Inhalt von Satzgliedern oder Sätzen, besonders in der gesprochenen Rede, abzutönen. Daher findet sich in der epischen Sprache und in der durch Platon zu hoher Kunst gesteigerten Umgangssprache eine Fülle von solchen Wörtern, weniger in der nüchternen Sprache der Geschichtsschreiber.

A. *Die Beiordnung*

§ 139 I. ANREIHENDE BINDEWÖRTER

a) ～ τε[1] und (= que), ～ τε — ～ τε sowohl — als auch, und

οὔτε — οὔτε, μήτε — μήτε weder — noch (neque — neque)

οὔτε — ～ τε einerseits nicht — andererseits aber (neque — et)

1.* Κάλχας . . . ᾔδη τά τ' ἐόντα τά τ' ἐσσόμενα πρό τ' ἐόντα. 2. Ἐγὼ οὔτε διενοήθην πώποτε ἀποστερῆσαι τὸν μισθὸν ἀποδώσω τε.

Anm. Mit dem Relativpronomen eines nachgestellten Relativsatzes verbindet sich bei Homer oft τε ohne klar erkennbare Bedeutung: ὅ τε, ὅς τε, ὅσον τε, οἷόν τε, ὥς τε.
1.* Σοὶ γὰρ ἐγώ γε | εὔχομαι ὥς τε θεῷ. 2.* Κεῖται ἀνήρ, ὅν τ' ἶσον ἐτίομεν Ἕκτορι δίῳ.

b) **καί** 1. auch (etiam), sogar (vel)

οὐ μόνον (μὴ μόνον) — ἀλλὰ καί nicht nur — sondern auch

Bei Adjektiven und Adverbien steigernd:
καὶ λίαν gar sehr, καὶ μάλιστα ganz besonders, καὶ μείζων noch größer (etiam maior).

1. Συνέρχονται αὐτῷ καὶ ἄλλοι. 2. Οὐκ ἐμὲ μόνον ταῦτα πεποίηκεν ὁ ἄνθρωπος, ἀλλὰ καὶ ἄλλους πάνυ πολλούς.

---

[1]) ～ bedeutet: Das Bindewort ist *enklitisch*.
— bedeutet: Das Bindewort steht *nicht am Satzanfang*.

2. und

Bei Aufzählungen werden meist sämtliche Glieder durch καί oder ⁀τε verbunden. Unverbundenheit ist selten. Οἱ ψιλοὶ εὐθὺς ἐκδραμόντες (§ 157 a) ἠκόντιζον, ἔβαλλον, ἐτόξευον, ἐσφενδόνων.

Gleichartige Attribute werden durch καί oder ⁀τε — καί verbunden: πολλοὶ καὶ ἀγαθοὶ φίλοι viele (und zwar auch) gute Freunde.

καί — καί, ⁀τε — καί sowohl — als auch
ἄλλως τε καί (sowohl in anderer Hinsicht als auch) **besonders**
καί (⁀τε) — καὶ δὴ καί (sowohl — als auch) **besonders** (cum — tum).

1. Πολλὰ καὶ καλὰ ὁ ῥήτωρ ἡμῖν ἐπεδείξατο. 2. Οἱ Συρακόσιοι ταῖς τε ναυσὶν ἐξέπλεον καὶ τῷ πεζῷ ἅμα πρὸς τὰ τείχη ἐχώρουν.

3. wie (nach Begriffen der Gleichheit, § 75, A.). Ἔχω τὴν αὐτὴν γνώμην καὶ πρότερον.

II. GEGENÜBERSTELLENDE BINDEWÖRTER § 140

a) **ἤ** 1. oder (aut, vel), **ἤ — ἤ** entweder — oder (aut — aut, vel — vel)

2. als (quam) bei vergleichender Gegenüberstellung im **Komparativ**

Ἢ οὖν παυστέον τούτων τῶν ἐθῶν (Gewohnheit, (Un)sitte) ἢ μηδένα αἰτιατέον (§ 5, 3) τοῦ πάντα φαύλως ἔχειν ἢ ὑμᾶς αὐτούς.

b) **εἴτε — εἴτε**
   ἐάντε — ἐάντε } sei es (daß) — oder (daß), ob (nun) — oder

1. Ἥδε ἡ πόλις ἀνόμοιός ἐστι τῇ πολιτείᾳ, εἴτ' ἐπὶ τὸ βέλτιον, εἴτ' ἐπὶ τὸ χεῖρον. 2. Τοῦτο ἐρῶ, ἐάντε χαίρωσιν οἱ ἄνθρωποι ἐάντε μή.

c) **— δέ** aber, und (autem), oft nicht übersetzbar, meist weiterführend oder Neues anfügend. Es steht an zweiter, bei enger Verbundenheit von 2 vorhergehenden Wörtern an dritter Stelle des Satzes.

μᾶλλον δέ oder vielmehr
οὐδέ (μηδέ) und nicht, auch nicht, nicht einmal
οὐδ' ὥς auch so nicht

1. Ἄκουε δή, μᾶλλον δ' ἀποκρίνου. 2. Οὐδὲν οἴμαι ἄξιον λόγου μοι πεπερᾶνθαι περὶ τούτων· οἴμαι δὲ οὐδὲ σοί. 3.* Ἀλλ' οὐδ' ὣς ἑτάρους ἐρρύσατο ἱέμενός περ.

— μέν — δέ zwar — aber, einerseits — andererseits, bleibt oft unübersetzt. Μέν (abgeschwächt aus μήν) betont ein vorhergehendes Wort und hebt damit oft den ganzen Satzinhalt hervor. Diesem wird häufig (nicht immer; vgl. μήν, § 142 d) mit δέ ein zweiter **gleichgeordneter** Begriff oder Satz gegenübergestellt.

1. Ἀμαθία μὲν θράσος, λογισμὸς δὲ ὄκνον φέρει. 2. Ἐν μὲν τοῖς ὑπ' αὐτοῦ πεπραγμένοις ἀγαθὸν μὲν οὐδέν ἐστιν, ἅπαντα δὲ τἀδικήματα.

Μέν und δέ stehen **vor** ausdrucksverstärkenden Wörtern wie ἄρα, γάρ, οὖν, δή, αὖ usw.

1. Ἔστι δὲ δή, ὡς ἔοικεν, ὅτι ἡδοναί τινές εἰσιν, αἱ μὲν ἀγαθαί, αἱ δὲ κακαί. 2. Σὺ μὲν οὖν ἀπόκριναι.

καὶ (—) δέ andererseits auch. *Καὶ δέ σοι ὧδ' αὐτῇ πολὺ κάλλιον.

d) **ἀλλά** aber, sondern, indes, allein (nach Negation und im Gegensatz)
aber, gewiß, gut (in Antworten)
nun (aber), wohlan (in Aufforderungen)

1. Βούλει καὶ τοῦτο ἐλέγχειν; — Ἀλλ' ἔτι τοῦτ' ἐκείνου χαλεπώτερόν ἐστιν ἐξελέγξαι 2. Ἀλλὰ ποιήσω. 3. Ἀλλὰ σὺ ἐροῦ αὐτόν.

ἀλλὰ μήν aber gewiß, aber natürlich, aber doch wirklich
ἀλλ' ἤ außer, als, nur (nach Negation)
ἀλλὰ γάρ aber freilich
οὐ μὴν ἀλλά indes, jedoch (verkürzt aus: *gewiß nicht, aber*)

1. Ἀλλὰ μήν που ἡ τῆς ψυχῆς πονηρία αἴσχιστόν ἐστι πάντων. 2. Σωκράτης οὐκ ἔφη ἀλλ' ἢ κατὰ νόμον πάντα ποιήσειν. 3. Ἀργύριον οὐκ ἔχω ἀλλ' ἢ μικρόν τι. 4. Ἀλλὰ γὰρ ἐνέπεσον εἰς τὰ τοῖς προγόνοις ἡμῶν πεπραγμένα (in meiner Rede). 5. Εἰσὶ μὲν ἔνιαι τῶν ἀποκρίσεων ἀναγκαῖαι διὰ μακρῶν (ausführlich) τοὺς λόγους ποιεῖσθαι· οὐ μὴν ἀλλὰ πειράσομαί γε ὡς διὰ βραχυτάτων.

e) **—αὖ** wieder, andererseits, dagegen, später, ferner
Ἀναμνησθῶμεν δὴ ὧν (= τούτων ἃ) αὖ ἐγὼ πρὸς σὲ ἔλεγον.

— *αὖτε (< αὖ τε) wieder, aber
—αὖθις[1]), *αὖτις wieder, ferner
*αὐτάρ (< αὖ τε ἄρα) aber, jedoch = ἀτάρ (vgl. lat. at)

1.* Ἔνθ' αὖτ' ἄλλ' ἐνόησε θεά. 2.* Αὐτὰρ ἐγὼ σὺν νηυσὶν . . | φεῦγον. 3. Δειπνούντων αὐτῶν τις γελοῖόν τι ἐπεχείρει λέγειν. Ἀλλ' οὐκ ἐκίνησε γέλωτα. Αὖθις δ' ὀλίγον ὕστερον ἄλλο τι γελοῖον ἐβούλετο λέγειν.

§ 141   III. BEGRÜNDENDE BINDEWÖRTER

—γάρ denn, nämlich (< γε ἄρα), ja gewiß (in der Antwort)

καὶ γάρ	denn auch (namque, etenim)	**οὐ γάρ**	denn nicht
ἀλλὰ γάρ	aber freilich	**ἦ γάρ**	doch? nicht wahr?
πῶς γὰρ οὔ	wieso denn nicht?	**τί γάρ**	warum denn? wieso denn?

1. Ἆρ' οὖν τὸ ἰατρεύεσθαι (ärztlich behandelt werden) ἡδύ ἐστιν; — Οὔκ ἔμοιγε δοκεῖ. Ἀλλ' ὠφέλιμόν γε· ἦ γάρ; — Ναί. — Μεγάλου γὰρ κακοῦ ἀπαλλάττονται, ὥστε ὑπομεῖναι τὴν ἀλγηδόνα (Schmerz). — Πῶς γὰρ οὔ; Καὶ γὰρ ἰατροὶ καίουσι καὶ τέμνουσιν ἐπ' ἀγαθῷ. 2. Ἀκήκοας τοῦτο τὸ σκόλιον (Trinklied), ἐν ᾧ ᾄδουσιν, ὅτι ὑγιαίνειν ἄριστόν ἐστιν; — Ἀκήκοα γάρ (ja)· ἀλλὰ πρὸς τί τοῦτο λέγεις;

---

[1]) Vgl. εἰς αὖθις (τοῦτ' ἀποθώμεθα) auf ein andermal.

IV. FOLGERNDE BINDEWÖRTER § 142

Hervorhebende und beteuernde Schattierungswörter

a) — **ἄρα** also, folglich, nun
Τὸ δίκην διδόναι μεγίστου κακοῦ ἀπαλλαγή ἐστιν; — Ἔστι γάρ (gewiß!). — Εὐδαιμονέστατος μὲν (gewiß) ἄρα ὁ μὴ ἔχων κακίαν ἐν ψυχῇ; — Δῆλον δή. — Κάκιστα ἄρα ζῇ ὁ ἔχων ἀδικίαν καὶ μὴ ἀπαλλαττόμενος.

b) — **οὖν** nun, demnach (folgernd, weiterführend; ergo, igitur),
jedenfalls, sicher (in der Antwort); oft γοῦν (< γε οὖν), πάνυ μὲν οὖν, ἄρ' οὖν, οὐκοῦν also, οὔκουν also nicht (bes. in der folgernden Frage, § 136, 2).
1. Οὐκοῦν (μὲν) καὶ Ἕλληνες καὶ βάρβαροι τοὺς θεοὺς ἡγοῦνται πάντα εἰδέναι. Πᾶσαι γοῦν αἱ πόλεις καὶ πάντα τὰ ἔθνη διὰ μαντικῆς ἐπερωτῶσι τοὺς θεούς, τί τε χρὴ καὶ τί οὐ χρὴ ποιεῖν. 2. Ἆρ' οὖν ὑμῖν οὕτω δοκεῖ; — Πάνυ μὲν οὖν. 3. Οὔκουν ἀπιστεῖν εἰκός;

c) ~ **τοι** gewiß, sicherlich (alter Dativ zu σύ)
— **μέντοι** allerdings, natürlich, gewiß (< μήν τοι)
— **τοίνυν** nun demnach, also, **ἔτι τοίνυν** ferner
οὔτοι, οὐ τοίνυν, οὐ μέντοι gewiß nicht, doch nicht
καίτοι (καὶ ... τοι) und doch
τοίγαρ, τοιγάρτοι, τοιγαροῦν deshalb, also, daher denn, so .. denn
1. Οὐ τοίνυν (nun) τῆς ἐπιούσης ἡμέρας οἶμαι τὸ πλοῖον ἥκειν, ἀλλὰ τῆς ἑτέρας. 2. Καίτοι καὶ τοῦτο (erg.: ist zu beachten). 3. Οὐ μέντοι, μὰ Δία, ἦ δ' ὅς (gewiß nicht). 4.* Τοίγαρ ἐγώ τοι ταῦτα μάλ' ἀτρεκέως ἀγορεύσω. 5. Τοιγάρτοι τὸν ῥήτορα ἐξέπληξα.

d) — **μήν** fürwahr, gewiß
ἀλλὰ μήν (γε) aber gewiß, sicherlich, ferner, überdies, **καὶ μήν** (und) wirklich,
οὐ μὴν ἀλλά indes (s. ἀλλά), **ἦ μήν** (einen Schwur bekräftigend).
1. μήν > μάν > μά, vgl. ναὶ μὰ Δία, 2. μήν > μέν wahrlich, gewiß, sicherlich (§ 140 c)
1. Ἀλλὰ μὴν συμφορώτερον τὸ κατὰ μέρος ἢ τὸ ἅμα πάντα πράττειν. 2. Καὶ μὴν οὐδὲ τοῦτό γ' οὐδεὶς ἂν εἰπεῖν τολμήσαι. 3. Οὐ μὲν καλὰ ἀγορεύεις (gewiß nicht). 4. Οὕτω λέγεις; — Πάνυ μὲν οὖν. — Ἀλλ' ἐγὼ μέν, ὦ δαιμόνιε, καὶ αὐτὸς πάλαι τοπάζω (vermute) τοιοῦτόν τί σε λέγειν (meinen).

e) **νή** wahrlich (beteuernd)
νὴ (τὸν) Δία, ναὶ μὰ (s. μήν) Δία (ja) beim Zeus.

f) **ἦ** gewiß, sicherlich, **ἦ μήν** gewiß und wahrhaftig (beim Schwur), **ἦ που** doch sicherlich wohl? **ἦ γάρ;** stimmt's? **ἦ τοι** gewiß, **ἆρα** (< ἦ ἄρα) Fragepartikel.
1. Ἀλλ' ἀπόκριναι· εἰσὶν ἡμῖν τέχναι. Ἦ γάρ; 2. Ἦ που ἄρα ῥᾳδίως ἀποκρινεῖ. 3.* Ἀλλ' ἦ τοι μὲν (statt μήν!) ταῦτα θεῶν ἐν γούνασι κεῖται.

g) — **δή** offenbar (vgl. δῆλος), natürlich; nun also, denn eigentlich (verstärkend);
nunmehr endlich (ungeduldig auffordernd oder fragend).
— **δῆθεν** ⎫ offenbar,   — **δήπου** doch wohl, sicherlich
— **δῆτα** ⎭ natürlich (oft ironisch)   **οὐ δῆτα** (ganz) gewiß nicht

1. Τί οὖν δὴ τοῦτο λέγεις; wie meinst du denn das nun eigentlich? 2. Ἴθι δή μοι ἀπόκριναι 3. Ἐπαγγέλλομαί γε δὴ ταῦτα. 4. Ἴσως οὖν (nun) οὔπω οἶσθα, τί λέγω (sagen will, meine); — Οὐ δῆτα.

h) ~ **γε wenigstens** (oft betont es unübersetzt das vorausgehende Wort, vor allem die den Nebensatz einleitende Konjunktion; nie steht es vor δέ. Mit ἄρα und οὖν hat es sich schon früh zu γάρ und γοῦν verbunden.

1. Ἐπ' αὐτό γέ τοι τοῦτο πάρεσμεν. 2. Τὰ δίκαιά που καλὰ ὡμολόγηται; — Πάνυ γε. 3. Ὦ Σώκρατες, καλός γε κἀγαθὸς δοκεῖς μοι ἄνθρωπος εἶναι. 4. Ὥς γε μὴν καί, πρὶν ἄρξαι, ἄξιος τῆς βασιλείας ἐδόκει εἶναι Ἀγησίλαος, τάδε τὰ σημεῖά ἐστιν. 5. Ἀπό γε μὴν τούτου διεφύλαξε τὴν πόλιν. 6. Οὕτως ἔμοιγε δοκεῖ.

i) ~ **περ durchaus, jedenfalls, doch** (steigernd, betonend; lat. ~ per, vgl. paulisper)

Im Epos kann es nach jedem Wort stehen, das betont werden soll. In attischer Prosa kommt es als Einzelwort nicht mehr vor, sondern nur noch in enger Verbindung mit Relativen und καί (ὅσπερ, ὅσοσπερ, οἷόσπερ, ὥσπερ, εἴπερ, ἐπείπερ, καίπερ).

καίπερ und doch verstärkt oft den an sich schon **konzessiven** Sinn eines Partizips. § 157 c. Vgl. καίτοι.

k) ~ **ποτέ denn eigentlich, denn nur, einmal**

1. *verstärkend*, nach Imperativ oder Fragewort,

2. *verallgemeinernd*, nach Relativ oder Negation,

3. *vermutend*: vielleicht, etwa, wohl, schon (gelegentlich) einmal.

1. Εἰπέ ποτε, τί βούλει. 2. Τί ποτ' αὖ νῦν λέγεις; 3. Τῷ δαιμονίῳ ὅταν μὲν πείθωμαι, οὐδέποτέ μοι μεταμέλει· ἤδη δέ ποτε καὶ ἀπιστήσας ἐκολάσθην.

l) **ἔτι noch** (et, et-iam); beim Komparativ steigernd. οὐκέτι, μηκέτι nicht mehr, ἔτι καὶ νῦν auch jetzt noch, ἔτι δέ ferner.

1. Τί οὖν ἔτι ἀπιστεῖς; 2. Ἔδει αὐτοὺς ἔτι τῆς νυκτὸς παραγενέσθαι.

m) — **ἄν unter Umständen, vielleicht, wohl, etwa** (in der Dichtung dafür ~ **κε(ν)**).

Während ἄν (*κεν) bei Homer im Gebrauch durchaus noch nicht festgelegt ist, wird es im Attischen vorwiegend gebraucht

1. beim *Konjunktiv* im *Nebensatz*; dabei vereinigt es sich mit den Konjunktionen häufig zu einem Wort: ὅταν, ὁπόταν, ἐάν und ἤν (auch ἄν < εἰ ἄν), ἐπήν (< ἐπεὶ ἄν), ἐπειδάν (< ἐπειδὴ ἄν); aber ὃς ἄν, ὅστις ἄν, ἕως ἄν usw.;

2. beim *Optativ* in potentialem Sinn (nicht im „Wenn"-Satz!);

3. beim *Imperfekt* und *Indikativ Aorist* zum Ausdruck des Potentialis und Iterativs der Vergangenheit sowie des Irrealis der Gegenwart und Vergangenheit; ebenso beim *Infinitiv* und *Partizip* in potentialem oder irrealem Sinn.

Es steht *nie* beim Indikativ Präsens oder Perfekt, selten beim Indikativ Futur.

Aus der Grundbedeutung von ἄν („unter Umständen") wird klar, daß damit die Aussage von Bedingungen abhängig erscheint, die außerhalb des Sprechenden liegen. Daher kann ἄν nicht bei ἵνα „damit" stehen, das ja die Absicht des Sprechenden ohne Rücksicht auf mögliche Hindernisse bezeichnet. Wohl aber kann ἄν in der Verbindung ὡς ἄν, ὅπως ἄν „damit (etwa vielleicht)" gebraucht werden (objektiv immerhin mögliches Ziel).

*'Αλλ' ἴθι, μή μ' ἐρέθιζε, σαώτερος ὥς κε νέηαι (damit du noch möglichst heil heimkommst).

ἄν (***κε**) folgt unmittelbar

1. der *Verneinung* (οὐκ ἄν, οὔποτ' ἄν, οὐδεὶς ἄν),
2. dem *Fragewort* (τίς ἄν, πῶς ἄν, ἆρ' ἄν),
3. dem *Adverb* (τότ' ἄν, τάχ' ἄν, οὕτως ἄν, ἴσως ἄν),
4. dem betonten Wort des Satzes, besonders dem *Verbum*.

B. Die Unterordnung

I. DIE NOMINALEN FORMEN DES VERBUMS ALS SATZGLIEDER

a) Der Infinitiv § 143

1. Der Infinitiv war ursprünglich ein *Dativ des beabsichtigten Zwecks*. Er stellte somit im Satz ein Adverbiale des Grundes dar[1]).

2. Daraus entwickelte sich der Gebrauch des Infinitivs an Stelle eines *Objektsakkusativs*:

παρέχει σοι τοῦτο μανθάνειν (wozu?)
κελεύει σε τοῦτο μανθάνειν (wen oder was?)

3. Da somit der Infinitiv bereits als *Substantiv* empfunden wurde, konnte er auch durch den *Artikel* im Singular dekliniert werden: τὸ μανθάνειν, τῷ μανθάνειν, διὰ τὸ μανθάνειν.

4. Wegen des finalen Sinnes wird der Infinitiv durch **μή** verneint. Fehlt jede finale oder kondizionale Bedeutung, wie oft bei *sagen, meinen*, so ist die Verneinung οὐ.

5. Die pronominale Beziehung auf das Subjekt des übergeordneten Satzes wird nur in der 3. Person und nur bei Betonung durch das Reflexivpronomen ausgedrückt. Sonst steht dafür das persönliche Pronomen. S. § 26 c.

1. Πάνυ ἄν οἴμαί σοι ἐπιτήδειον εἶναί με σύνθηρον (Gehilfe bei der Jagd auf) τῶν ἀγαθῶν φίλων. 2. Περικλῆς ἐπειρᾶτο τοὺς 'Αθηναίους τῆς ἐς αὐτὸν ὀργῆς παραλύειν.

---

[1]) Vgl. *Warum tust du das? — Ich tue das, weil ich mich fortbilden möchte, damit ich mich fortbilde, um mich fortzubilden, zu meiner Fortbildung.*
Der Kausalsatz stellt den Grund als objektiv vorhanden dar (daher Indikativ). Der Finalsatz, wie auch der finale Infinitiv, stellt den Grund als subjektiv erstrebt dar (daher im Finalsatz Konjunktiv).
Zur Grundbedeutung des Infinitivs als Dativ des beabsichtigten Zwecks vgl.
a) engl.: *to* do (vgl. Dat. *to* my work),
b) frz.: *à* faire (vgl. Dat. *à* ma maison),
c) deutsch: *zu* tun (vgl. *zur* Arbeit); daneben Infinitiv ohne *zu*: *ich will arbeiten*.

§ 144   1. DAS PRÄDIKATSNOMEN BEIM INFINITIV

Das Prädikatsnomen eines Infinitivs steht im Numerus und Kasus, wenn möglich auch im Genus seines ausgedrückten oder nur vorschwebenden Beziehungsworts. Statt Genetiv oder Dativ kann auch Akkusativ stehen, aber nur, wenn sich das Prädikatsnomen nicht auf ein Partizip im Genetiv oder Dativ bezieht.

1. Ξυνέβησαν (übereinkommen, Vertrag schließen) καὶ Βυζάντιοι ὥσπερ καὶ πρότερον ὑπήκοοι εἶναι. 2. Ἠισθόμην αὐτῶν οἰομένων σοφωτάτων εἶναι. 3. Ἡ ψυχὴ εἰς τὸ θεῖόν τε καὶ ἀθάνατον ἀπέρχεται, οἷ ἀφικομένη ὑπάρχει αὐτῇ εὐδαίμονι εἶναι. 4. Ἔδοξεν αὐτοῖς συνεσκευασμένοις, ἃ εἶχον, προιέναι. 5. Τῇ ψυχῇ οὐδεμία ἂν εἴη ἄλλη ἀποφυγὴ κακῶν οὐδὲ σωτηρία πλὴν τοῦ ὡς βελτίστην τε καὶ φρονιμωτάτην γενέσθαι.

§ 145   2. DER INFINITIV ALS ADVERBIALE DES GRUNDES

Der Infinitiv steht zur Angabe des Zwecks besonders bei

1. geben, nehmen, haben zu

διδόναι	geben	δέχεσθαι	bekommen	ἔχειν	haben; können
ἐπιτρέπειν	überlassen	λαμβάνειν	nehmen	παρέχειν	gewähren, zur Verfügung stellen
καταλείπειν	zurücklassen	αἱρεῖσθαι	wählen		

1. Φυλακὴν κατέλιπον τοῦ τε χωρίου (Platz, Ortschaft) ἐπιμελεῖσθαι καὶ βλάπτειν τοὺς πολεμίους. 2. Τοῖς Αἰγινήταις οἱ Λακεδαιμόνιοι ἔδοσαν Θυρέαν (Stadt in Argolis) οἰκεῖν καὶ τὴν γῆν νέμεσθαι. 3. Τὴν ἐξ Ἀρείου πάγου βουλὴν ἐπέστησαν οἱ Ἀθηναῖοι ἐπιμελεῖσθαι τῆς εὐκοσμίας. 4. Οἱ στρατιῶται οὐκ εἶχον ἀργύριον ἐπισιτίζεσθαι (sich verpflegen) εἰς τὴν πορείαν. 5. Περικλῆς ᾑρέθη λέγειν ἐπὶ τοῖς τεθνεῶσιν.

2. gehen, kommen, schicken, antreiben, da sein zu

| ἀφικνεῖσθαι | (an)kommen | πέμπειν | schicken | εἶναι | } da sein |
| βαίνειν | gehen | ὀτρύνειν | antreiben | πεφυκέναι | |

1. Παυσανίας τριήρη λαβὼν ἀφικνεῖται ἐς Ἑλλήσποντον, τῷ μὲν λόγῳ ἐπὶ τὸν Μηδικὸν πόλεμον, τῷ δὲ ἔργῳ (§ 85) πρὸς βασιλέα πράγματα πράσσειν. 2.* Οὔτοι συνέχθειν, ἀλλὰ συμφιλεῖν ἔφυν (Antigone).

Anm. In Prosa steht dafür häufiger (ὡς mit) Partizip Futur (§ 118, 4 A. 2, § 161, 2 c).

3. ermangeln, bedürfen (s. § 53)

πολλοῦ δέω ὑμῖν χάριν ἔχειν	ich bin weit entfernt, euch dankbar zu sein
ὀλίγου (μικροῦ) δέω ἀποθνῄσκειν	ich bin nahe daran zu sterben
παντὸς δεῖ τοιοῦτος εἶναι	er ist bei weitem nicht *der* Mann
τοσούτου δέουσιν ἐλεεῖν, ὥστε (mit Indikativ)	sie haben so wenig Mitleid, daß sie...

Anm. Statt der persönlichen Konstruktion findet sich πολλοῦ (ὀλίγου) δεῖ auch unabhängig als eingeschobener Ausdruck. Daraus entwickelt sich der formelhafte infinitivische Gebrauch ὀλίγου δεῖν.
Ähnlich: ἑκὼν εἶναι freiwillig, ohne Zwang (ἑκών richtet sich dabei nach seinem Beziehungswort), δοκεῖν δ' ἐμοί meiner Meinung nach.
Andere formelhafte Infinitive sind (vgl. auch § 161, 2 d) τὸ ἐπ' ἐμοί (εἶναι) was mich angeht, τὸ νῦν εἶναι für den Augenblick, τὸ ἐπ' ἐκείνοις, τὸ κατ' ἐκείνους εἶναι soweit es von ihnen abhängt.

1. Ἔστι δ' οὐχ οὕτω ταῦτ' ἔχοντα, οὐδ' ὀλίγου δεῖν (auch nicht annähernd). 2. Πέπεισμαι ἐγὼ ἑκὼν εἶναι μηδένα ἀδικεῖν ἀνθρώπων. 3. Θᾶσσον (schleunigst) ὁ Νικίας ἦγε (§ 107) νομίζων οὐ τὸ ὑπομένειν ἑκόντας εἶναι καὶ μάχεσθαι σωτηρίαν, ἀλλὰ τὸ ὡς τάχιστα ὑποχωρεῖν.

4. nach prädikativem Substantiv

καιρός ἐστι, ὥρα (ἐστὶν) ἀπιέναι es ist günstige Gelegenheit, Zeit wegzugehen
σχολή γε ὑμῖν μανθάνειν ihr habt (freie) Zeit zum Lernen

1. Οἱ Λακεδαιμόνιοι ἄσμενοι ἔλαβον πρόφασιν στρατεύειν ἐπὶ τοὺς Θηβαίους. 2.* Οὐ γάρ πώ τοι μοῖρα θανεῖν (Athene zu Hektor). 3.* Ἦ νύ τοι αὔτως (umsonst) οὔατ' ἀκουέμεν ἐστί (Athene wütend zu Ares).

5. bei Adjektiven

ἄξιος ἐπαινέσαι	lobenswert	δίκαιος βοηθεῖν	rechtlich verpflichtet zu helfen
δεινὸς λέγειν	redegewaltig	καλὸς ὁρᾶν	schön anzusehen
ἱκανὸς λέγειν	redegewandt	στυγνὸς ὁρᾶν	finster dreinblickend
ἕτοιμος πορεύεσθαι	marschbereit		

1. Οὐχ ἱκανοὶ ἦσαν διὰ τὸν χειμῶνα πρᾶξαι τὰ προσταχθέντα. 2. Ἐγὼ δίκαιός εἰμι ἀφηγεῖσθαι τάδε (bin berechtigt, fühle mich verpflichtet). 3. Κλέαρχος ὁρᾶν στυγνὸς ἦν καὶ τῇ φωνῇ τραχύς. 4. Ἀλκιβιάδης ἕτοιμος ἦν κρίνεσθαι, εἴ (ob) τι τῆς τῶν Ἑρμῶν περικοπῆς εἰργασμένος ἦν. 5. Αὕτη ἡ χώρα ἐστὶν ἀξία ὑπὸ πάντων ἀνθρώπων ἐπαινεῖσθαι.

Anm. 1. Auch bei *passivem* Sinn steht dabei oft *aktiver* Infinitiv[1]). Ἦν Θεμιστοκλῆς μᾶλλον ἑτέρου ἄξιος θαυμάσαι.
Anm. 2. Im Gegensatz zum Deutschen bevorzugt das Griechische bei solchen Adjektiven die persönliche Konstruktion:
δίκαιός εἰμι τοῦτο λαβεῖν es ist mein gutes Recht das zu bekommen,
ἡ πόλις ἐπίδοξός ἐστιν ἐκπολιορκηθήσεσθαι es ist zu erwarten, daß die Stadt erobert wird.

Aus der Angabe des *beabsichtigten Zweckes* entwickelt sich die Vorstellung der *möglichen Folge*[2]). Siehe die Folgesätze § 166.

3. DER INFINITIV ALS AKKUSATIVOBJEKT § 146

α) Der Infinitiv bezeichnet als Akkusativobjekt die **beabsichtigte Handlung** (*etwas zu tun*) in Abhängigkeit von transitiven Verben, die

1. die *innere Einstellung* des Subjekts zur Handlung,
2. eine *Willensäußerung* zur Handlung,
3. die *Vorbereitung*, *Planung* oder *Durchführung* der Handlung bezeichnen.

1. Die *innere Einstellung* zur Handlung:

φοβεῖσθαι, αἰδεῖσθαι,	sich fürchten, sich schämen,	τολμᾶν	wagen
αἰσχύνεσθαι (§ 153)	sich scheuen, Bedenken tragen	προθυμεῖσθαι	geneigt sein
ὀκνεῖν, μέλλειν	Bedenken tragen, zaudern		

1. Αἰσχύνομαι ὑμῖν τἀληθῆ λέγειν. 2. Οἱ Ἀργεῖοι τὰς σπονδὰς ὤκνουν λῦσαι πρὸς τοὺς Λακεδαιμονίους. 3. Ἡμεῖς τοὺς ξυμμάχους οὐ μελλήσομεν τιμωρεῖν. 4.* Τόλμησον ὀρθῶς φρονεῖν.

---

[1]) Vgl. dagegen *dignus est, qui laudetur* er ist wert gelobt zu werden, *lobens-wert*.
[2]) Vgl. *Er sieht ihm zum Verwechseln ähnlich* = so daß man ihn verwechseln könnte. *Das ist doch zum Lachen* = so daß man lachen könnte (möchte).

2. Eine *Willensäußerung* zur Handlung:

βούλεσθαι ἐθέλειν }	wollen	βουλεύεσθαι γιγνώσκειν }	beschließen	ἐᾶν, συγχωρεῖν	{ zulassen, gestatten
ἐπιθυμεῖν	wünschen	δοκεῖ μοι	ich beschließe	ἐπιτάττειν	auftragen
εὔχεσθαι	geloben	ἀξιοῦν, αἰτεῖν	fordern	δεῖσθαι	bitten
συμβουλεύειν παραινεῖν }	raten	κελεύειν ἀναγκάζειν	befehlen zwingen	κωλύειν (vgl. § 137, VI)	hindern

1. Δίδωμί σοι, ὁπότερον βούλει, ἑλέσθαι· ὁ δὲ Ξενοφῶν αἱρεῖται πορεύεσθαι, κελεύει δέ οἱ (ihm) συμπέμψαι ἄνδρας. 2. Θαρρεῖν χρὴ περὶ τῇ ἑαυτοῦ ψυχῇ ἄνδρα, ὅστις ἐν τῷ βίῳ τὰς περὶ τὸ σῶμα ἡδονὰς εἴασε χαίρειν (χαίρειν ἐᾶν τι etw. laufen lassen, nichts zu tun haben wollen mit). 3. Ἐδεῖτο τὰς κώμας μὴ καίειν. 4. Ἃ οὐκ ἐᾶτε ἡμᾶς τοὺς παῖδας ποιεῖν, ταῦτα αὐτοὶ ἐποιεῖτε.

3. Die *Vorbereitung, Planung, Durchführung* einer Handlung:

παρασκευάζεσθαι	sich vorbereiten	δύνασθαι, ἔχειν	können
πειρᾶσθαι	versuchen	ἐπίστασθαι, εἰδέναι	verstehen
ἐπιχειρεῖν	unternehmen	ἐθίζειν	gewöhnen
σπουδάζειν	sich bemühen	εἰωθέναι, φιλεῖν	gewohnt sein
ποιεῖν, διαπράττεσθαι	bewirken, durchsetzen	μανθάνειν	lernen
μελετᾶν	(sich) üben	διδάσκειν	lehren

1. Νεώτερος ὢν ἐπεχείρησα λέγειν ἐν τῷ δήμῳ. 2. Ἐδίδαξεν τοὺς στρατιώτας ἡ ἀνάγκη κατασκηνῆσαι, οὗ πρῶτον εἶδον κώμην. 3. Οἱ Κρῆτες χρώμενοι τοῖς τῶν πολεμίων τοξεύμασιν ἐμελέτων τοξεύειν.

Anm. **Μέλλειν** *sollen, wollen, zögern* mit Infinitiv hat einige Bedeutungsschattierungen:

a) „sollen" = *vom Schicksal bestimmt sein, wohl sein müssen* (vgl. τὰ μέλλοντα die Zukunft).
1. *Ἥ γὰρ ἔμελλεν | οἱ αὐτῷ θανάτῳ τε κακὸν καὶ κῆρα λιτέσθαι (... Verderben erfleht haben). 2. *Οὐκ ἄρ' ἔμελλον ἑταίρῳ κτεινομένῳ ἐπαμῦναι. 3. *Μέλλω ἀθανάτους ἀλιτέσθαι (Aor. v. ἀλιταίνεσθαι, ich muß wohl gefrevelt haben gegen).

b) **„wollen"** = *vorhaben, gerade daran sein*.
1. Τί μέλλεις δρᾶν; 2. Παράδοξον μὲν ἴσως ἐστί, ὃ μέλλω λέγειν, ἀληθὲς δέ. 3. Ἔμελλον οἱ ἐχθροὶ μεγάλα μὲν ἐμὲ βλάψειν, πολλὰ δ' ἑαυτοὺς ὠφελήσειν.

c) *wollen, aber nicht tun* = „zögern" (bes. in der Tragödie).
1. * Τί μέλλομεν χωρεῖν; 2. Οὐ μελλήσομεν τιμωρεῖν τοῖς ξυμμάχοις.

§ 147

β) Der Infinitiv bezeichnet als Akkusativobjekt eine nicht als Tatsache, sondern als **subjektive Ansicht oder Absicht** ausgesagte Behauptung

1. nach *sagen*

λέγειν, ἀγορεύειν	sagen	ὁμολογεῖν	übereinstimmend berichten
μυθολογεῖν, ἱστορεῖν	erzählen	ὑπισχνεῖσθαι	versprechen
ἀγγέλλειν	melden	ὀμνύναι	schwören

Anm. 1. Diese Verba bilden das Passiv persönlich oder unpersönlich.
Anm. 2. Nach ὀμνύναι und ὑπισχνεῖσθαι steht gern die Beteuerung ἦ μήν (§ 142 d).

1. Οἱ μάντεις λέγονται ἄλλοις μὲν προαγορεύειν τὸ μέλλον, ἑαυτοῖς δὲ μὴ προορᾶν τὸ ἐπιόν. 2. Ὑπέσχοντο ἦ μὴν ἥξειν ὡς δυνατὸν τάχιστα. 3. Ὀμώμοκεν ὁ δικαστὴς οὐ χαριεῖ-

σθαι, οἷς ἂν δοκῇ αὐτῷ, ἀλλὰ δικάσειν κατὰ τοὺς νόμους. 4. Ξενοφῶν ἐπομόσας εἶπεν ἦ μὴν ἔσεσθαι αὐτῷ μηδὲ ἐφόδιον (Reisegeld) ἱκανὸν οἴκαδε ἀπιόντι.

2. nach *meinen* und *scheinen*

νομίζειν, οἴεσθαι	meinen, glauben	φαίνεσθαι, δοκεῖν	scheinen
εἰκάζειν, ὑποπτεύειν, ὑπολαμβάνειν }	vermuten	κινδυνεύειν	Gefahr laufen, scheinen
		φάναι	(seine Meinung) sagen

Anm. Οὐ steht vor φάναι, an Stelle einer Verneinung des abhängigen Infinitivs[1]), häufig auch vor οἴεσθαι, νομίζειν, ἀξιοῦν „glauben, daß nicht"[2]).
Über die Negation des Infinitivs nach Verben des Sagens, Wollens oder Tuns in negativem Sinn s. § 137,VI.

1. Σωκράτης ἔφη τὸ δαιμόνιον ἑαυτῷ σημαίνειν. 2. Σωκράτης πάντα μὲν ἡγεῖτο θεοὺς εἰδέναι, πανταχοῦ δὲ παρεῖναι καὶ σημαίνειν τοῖς ἀνθρώποις. 3. Οἱ στρατιῶται οὐκ ἔφασαν ἰέναι πρὸς βασιλέα. 4. Ὁ κατήγορος κινδυνεύει σοφός τις εἶναι (sagt Sokrates). 5. Ἐδόκει τὴν ψυχὴν (§ 41) οὐ πονηρὸς εἶναι.

Der „Akkusativ mit Infinitiv" § 148

Die Entwicklung des griechischen „a. c. i." läßt sich folgendermaßen erklären:

1. Der Akkusativ als Objekt eines übergeordneten Verbums der Willensäußerung wird als zum Infinitiv gehörig empfunden und zwar als das Subjekt, das die Infinitivhandlung ausführen soll.

Οἱ Συρακόσιοι ἠνάγκασαν τοὺς Ἀθηναίους ναυμαχεῖν.

2. Das bleibt auch, wenn andere Verba der Willensäußerung, etwa des Sagens mit finalem Sinn, als übergeordnete Verba auftreten.

Οἱ Συρακόσιοι ἐβούλοντο
  ἔλεγον   τοὺς Ἀθηναίους ναυμαχεῖν (sollen).

3. Nachdem so der „Akkusativ mit Infinitiv" eine syntaktische Einheit geworden war, konnten auch

a) Verba des Sagens und Meinens ohne finalen Sinn,
b) unpersönliche Ausdrücke als übergeordnete Verba erscheinen.

a) Der (Akkusativ mit) Infinitiv als Objekt nach Verben des Aufforderns, Sagens und Meinens.

1. (final): Πάντες ἔλεγον ἕνα ἄρχοντα αἱρεθῆναι. 2. (nicht final): Ἐνόμιζον ὑμᾶς σφόδρα εὐήθεις εἶναι. 3. Ὑμᾶς ἡγοῦντο περὶ τῶν μελλόντων οὐκ ἐνθυμήσεσθαι. 4. Φασὶ καὶ τοὺς ἀρίστους καὶ σοφωτάτους μάλιστα ἐθέλειν μεταγιγνώσκειν.

Das Subjekt der im Infinitiv genannten Handlung wird, außer bei stärkerer Betonung, nicht ausgedrückt, wenn es bereits durch das *Subjekt* oder *Objekt* des *übergeordneten* Verbums bezeichnet wird. Sonst steht es im Akkusativ. Das Prädikatsnomen richtet sich nach seinem ausgedrückten oder nur vorschwebenden Beziehungswort (§ 144).

1. Κροῖσος ἐνόμιζε ἑαυτὸν εἶναι ἄνδρα ὀλβιώτατον. 2. Ὑπέσχετο εἰρήνην ποιήσειν. 3. Αὐτὸς ἐπηγγείλατο σώσειν τὴν πόλιν. 4. Πολλὰς ἐλπίδας εἶχον οἱ πολῖται τῶν πολεμίων ἐπικρατήσειν. 5. Οἱ Λακεδαιμόνιοι τοῖς ξυμμάχοις παροῦσι ἔφραζον κατὰ τάχος ἰέναι ἐς τὸν Ἰσθμόν. 6. Κλέων οὐκ ἔφη αὐτός, ἀλλὰ Νικίαν στρατηγεῖν.

---
[1]) Vgl. lat.: Caesar negat se posse iter ulli per provinciam dare.
[2]) Vgl. „Ich bin nicht der Ansicht, daß du recht hast" = „ich bin der Ansicht, daß du nicht recht hast".

b) Der (Akkusativ mit) Infinitiv als erklärendes Subjekt nach unpersönlichen Ausdrücken.

Während beim finalen Infinitiv nach Substantiven (z.B. ὥρα καθεύδειν es ist Zeit *zum* Schlafen) das Subjekt (ὥρα) ausgedrückt ist, erscheint es bei unpersönlichen Ausdrücken (ἔξεστι καθεύδειν es besteht die Möglichkeit *zum* Schlafen) nicht sichtbar. Hier kann der erläuternde Infinitiv als gedachtes Subjekt des unpersönlichen Ausdrucks empfunden werden (*das* Schlafen ist möglich). Daher bezeichnet man den **Infinitiv nach unpersönlichen Ausdrücken** als **Subjektsinfinitiv**. Über das Prädikatsnomen beim Infinitiv s. § 144.

1.* Οὐκ ἔστιν αἰσχρὸν ἀγνοοῦντα μανθάνειν. 2. Τὸν ἄρχοντα οὐ τῷ ῥᾳδιουργεῖν χρὴ διαφέρειν τῶν ἀρχομένων, ἀλλὰ τῷ προνοεῖν τε καὶ φιλοπονεῖν. 3. Ὑμᾶς ἄξιον τούτους τοὺς λόγους πιστοὺς νομίζειν. 4. Δεῖ (χρή, πρέπει) τἀληθῆ λέγειν. 5. Ἀνάγκη ταῦτα φέρειν. 6. Προσήκει σοι κηδομένῳ εἶναι τῆς πόλεως. 7. Οὐ χρὴ ἐπιθυμίας ἐᾶν ἀκολάστους εἶναι (man soll, darf nicht ungezügelt lassen). 8. Ἔστιν ἐλευθερίους εἶναι καὶ ἄνευ χρυσοῦ.

§ 149 Übersicht
über den Unterschied im Gebrauch des „a. c. i." im Griechischen und Lateinischen

zur Bezeichnung einer	Verba haben nach sich	
	im Griechischen	im Lateinischen
subjektiven Aussage (Meinung)	(a. c.) i.	a. c. i.
objektiven Aussage	ὅτι	a. c. i.
Wahrnehmung	Partizip, ὅτι, ὡς	a. c. i.
Gemütsstimmung	Partizip, ὅτι	a. c. i. (quod)
verneinten Äußerung a) des Zweifels	μή mit (a. c.) i., ὡς οὐ	quin
b) des Widerstrebens	μή mit (a. c.) i.	quin, quominus
Willensäußerung a) bitten, veranlassen	(a. c.) i.	ut (finale)
[b) sorgen, streben]	[ὅπως]	[ut]
Folge	ὥστε mit (a. c.) i. oder mit Indikativ	ut (consecutivum)

§ 150 4. DER SUBSTANTIVIERTE INFINITIV

Der substantivierte Infinitiv (§ 22 f, lat.: Gerundium) wird durch **μή** verneint und
a) wie das Verbum durch *Objekt* und *Adverb* sowie durch *Prädikatsnomen* näher bestimmt,
b) wie ein unveränderliches Substantiv durch den Artikel des Neutrum Singular *dekliniert*.

Er kann im Satz als Subjekt, Attribut, Objekt oder Adverbiale gebraucht werden.

Der *Genetiv* des substantivierten Infinitivs bezeichnet, besonders verneint, häufig den *Grund* einer Zweckhandlung.

Das *Prädikatsnomen* steht, wenn es sich auf das Subjekt des Satzes bezieht, im *Nominativ*, sonst im *Akkusativ*.

1. (Subjekt:) Τὸ μηδενὸς δεῖσθαι θεῖόν ἐστιν. 2. Ἐλευθέρου ἐστὶ τὸ μὴ πρὸς ἄλλον ζῆν. 3. (Attribut:) Σκεπτέον, ὅπως μὴ Φίλιππος, ὃν ἡμεῖς ἐπιβουλεύειν ἡγούμεθα τοῖς Ἕλλησι, τὴν τοῦ φίλος αὐτοῖς εἶναι πίστιν λήψεται. 4. (Objekt:) Οἱ πολλοὶ γλίχονται τοῦ ζῆν καὶ φείδονται οὐδενὸς ἔτι ἐνόντος. 5. (Adv. d. Zeit:) Οὐ δεῖ δὶς τὸν αὐτὸν ἄρχειν πρὸ τοῦ πάντας διελθεῖν. 6. (Adv. d. Grundes:) Ἐτειχίσθη Ἀταλάντη ἡ νῆσος τοῦ μὴ λῃστὰς κακουργεῖν τὴν

Εὔβοιαν (damit nicht). 7. Μίνως τὸ λῃστικὸν (Seeräuberunwesen) καθῄρει ἐκ τῆς θαλάσσης τοῦ τὰς προσόδους μᾶλλον ἰέναι αὐτῷ (deswegen, damit . . .).

Anm. Häufig findet sich bei Homer, aber auch noch im Attischen, der Infinitiv als *erstaunter* oder *unwilliger* Ausruf[1]).

1. Ἐμὲ παθεῖν τάδε (daß mir das widerfahren muß!). 2. *Ὦ δυστάλαινα, τοῖα δ' ἄνδρα χρήσιμον | φωνεῖν (§ 32, A.). Über den Infinitiv als Aufforderung s. § 135, A. 2.

b) Das Partizip § 151

Das Partizip ist ein Verbaladjektiv, d. h. es wird
1. wie ein Verbum durch *Objekt* und *Adverb* bestimmt,
2. wie ein Adjektiv als *Attribut* oder als *Teil des Prädikats* verwendet.

Es wird verneint
durch οὐ, wenn es eine Tatsache oder Ursache ausdrückt,
durch μή, wenn es eine Bedingung oder Absicht einschließt.

Die logische Beziehung des im Partizip ausgedrückten Verbalinhalts zur Aussage des Satzes (ob temporal, kausal, konzessiv, konditional) muß aus dem Zusammenhang erschlossen werden.

Das Zeitverhältnis der Handlung des Partizips zur Handlung des übergeordneten Verbums ergibt sich aus der Darstellung der Vollzugsstufen (§ 115):

Das Partizip *Präsens* bezeichnet die *Andauer* des Vorgangs und damit die völlige oder teilweise Gleichzeitigkeit mit der Handlung des übergeordneten Verbums.

Das Partizip *Perfekt* bezeichnet die *Fortdauer* des erreichten Zustands und damit ebenfalls die ungefähre Gleichzeitigkeit.

Das Partizip *Aorist* bezeichnet den *Eintritt* eines Ereignisses oder Ergebnisses. Die Handlung des übergeordneten Verbums folgt in der Regel der Handlung, die durch das Partizip Aorist ausgedrückt ist.

1. Νιφόμενοι ἀπῆλθον (in dichtem Schneetreiben). 2. Οὐκ ἔστιν ἀνδρὶ ἀγαθῷ κακὸν οὐδὲν οὔτε ζῶντι (während seines Lebens) οὔτε τελευτήσαντι (nach seinem Tod). 3. Οἱ σύμμαχοι ἡσσημένοι ταῖς ναυσὶν ἀνεχώρησαν ἐπ' οἴκου.

Über das attributive und das substantivierte Partizip s. § 9, § 22 b.

1. DAS PARTIZIP ALS ERGÄNZUNG DER AUSSAGE § 152

Im Partizip stehen Handlungen, die sich bereits im Vollzug befinden, bei Verben, die über solche Handlungen eine Aussage machen, z. B.

α) eine Aussage über die **Vollzugsstufe** (Eintritt, Fortdauer, Abschluß):

ἄρχομαι λέγων	ich stehe am Anfang meiner Rede
καρτερῶ ἀκούων	ich höre andauernd (unentwegt)
παύομαι, λήγω ᾄδων	ich höre auf zu singen
διαγίγνομαι, διάγω, διατελῶ καθεύδων	ich schlafe weiter

β) eine Aussage über **nähere Umstände**, unter denen ein Vorgang sich abspielt (das griechische verbum finitum erscheint im Deutschen meist als Adverb):

φανερός ἐστιν ἀδικῶν	er tut offensichtlich Unrecht
ἐτύγχανεν οὐ παρών	er war gerade nicht da

[1]) Vgl. *So dumm sein!*

ἔλαθεν ἀποδράς	er entkam unvermerkt
ᾤχοντο ἀπιόντες	sie gingen eiligst weg
ἔφθασαν τοὺς πολεμίους ἀφικόμενοι εἰς τὸν λόφον	sie kamen vor den Feinden auf den Hügel (= überflügelten).

γ) eine Aussage über **Stimmung** oder **Urteile** des Subjekts gegenüber der Handlung (geistige und seelische Einstellung):

ἥδομαι, χαίρω μανθάνων	ich freue mich zu erfahren
μεταμέλονται τὰς σπονδὰς οὐ δεξάμενοι	sie bereuen es, den Vertrag nicht angenommen zu haben
ἄχθομαι, ἀγανακτῶ, λυποῦμαι, ὀργίζομαι ὁρῶν	ich sehe mit Unwillen, Trauer, Empörung
ἀπείρηκα, κάμνω τρέχων	ich bin es müde, ich habe es satt zu laufen
ἀνέχομαι ἀδικούμενος	ich ertrage Unrecht
εὖ (καλῶς) ποιεῖς προνοῶν	du tust gut daran dich vorzusehen
χαλεπῶς (ῥᾳδίως) φέρω ἀπολείπων ὑμᾶς	ich ertrage es schwer (leicht) euch zu verlassen
ἀδικεῖ, ἁμαρτάνει Σωκράτης καινὰ δαιμόνια εἰσφέρων	S. tut unrecht, wenn er neue Götter einführt
οὐκ ἀγαπῶ ζῶν ἐπὶ τούτοις	ich lebe unter diesen Umständen nicht gern
ὀνήσεσθε ἐπακούοντες	es wird euer Vorteil sein, wenn ihr zuhört
οὐχ ἡττησόμεθα εὖ ποιοῦντες	wir werden uns im Wohltun nicht übertreffen lassen

Anm. Der Grund einer Stimmung kann, wie im Deutschen, auch durch einen Nebensatz mit εἰ *wenn* angegeben werden. 1. Ταῦτα θαυμάζω, εἰ μηδεὶς ὑμῶν, ὦ ἄνδρες Ἀθηναῖοι, δύναται λογίσασθαι, πόσον χρόνον πολεμεῖτε Φιλίππῳ.

δ) eine Aussage über die **Wahrnehmung** des Vorgangs (das Partizip steht im Kasus des Beziehungsworts):

ᾔσθοντο (ἑώρων) τὸ ὄρος ἐχόμενον	sie merkten (sahen), daß der Berg besetzt sei
οὐ περιοψόμεθα τοὺς συμμάχους ἀδικουμένους (seltener im Infinitiv)	wir werden es nicht hinnehmen („übersehen"), daß die B. mißhandelt werden
ἀνείχοντο τὴν γῆν τεμνομένην	sie duldeten die Verwüstung des Landes
οἶδα Σωκράτην οὐδὲν πώποτε ἀδικήσαντα	ich weiß, daß Sokrates nie ein Unrecht tat
οὐκ ἀγνοεῖ Φίλιππος ταῦτ' οὐ δίκαια λέγων	Ph. weiß genau, daß er hierin nicht recht hat
ἐπύθοντο τῆς πόλεως κατειλημμένης	sie erfuhren von der Einnahme der Stadt
οὐχ εὑρήσετε ἐμὲ στασιάζοντα	ihr werdet es nicht erleben („finden"), daß ich mich empöre
μέμνησο ἄνθρωπος ὤν	sei eingedenk, daß du ein Mensch bist
ἔγνωσαν οὐκ ἂν δυνάμενοι τῆς πόλεως κρατεῖν	sie erkannten, daß sie nicht in der Lage wären, sich der Stadt zu bemächtigen
συνῄδη ἐμαυτῷ οὐδὲν ἐπισταμένῳ (od. ἐπιστάμενος)	ich war mir bewußt, daß ich nichts wußte

ε) eine Aussage über den **Nachweis** des Vorgangs. Das Partizip steht daher bei

δηλοῦν, φαίνειν, δεικνύναι	zeigen	αἱρεῖν, ἐξελέγχειν	überführen (einer Schuld)
ἀποφαίνειν, ἐπιδεικνύναι	beweisen	(pass. ἁλίσκεσθαι)	(überführt werden)
καταλαμβάνειν, φωρᾶν	ertappen		

1. Σωκράτης ἐδείκνυ τοῖς συνοῦσιν ἑαυτὸν καλὸν κἀγαθὸν ὄντα. 2. Ἐὰν ἐλεγχθῶ ταῦτα πράττων, ὁμολογῶ τὰ πάντων ἔσχατα παθὼν ἂν δικαίως ἀποθνῄσκειν. 3. Καταλαμβάνουσι τὴν πόλιν ἀφεστηκυῖαν.

Anm. 1. Der Gegenstand einer Wahrnehmung kann als Tatsache nach § 162 auch durch einen Satz mit ὅτι, ὡς ausgedrückt werden. 1. Τὸ ἀδικεῖν καὶ ἀπειθεῖν τῷ βελτίονι ὅτι κακόν ἐστιν, οἶδα. 2. Πυνθάνονται, ὅτι ἡ Μυτιλήνη ἑάλωκεν.

Anm. 2. Auch bei ποιεῖν „darstellen als", „lassen" (vgl. lat.: *facere, inducere*) steht die Handlung im Partizip. Ὅμηρος ἐποίησε τὸν Ἀγαμέμνονα ὄντα διαφερόντως ἀγαθὸν ἄνδρα τὰ πολιτικά (§ 41).

Anm. 3. Das Partizip von εἶναι fällt, im Gegensatz zum lateinischen Sprachgebrauch, beim prädikativen Substantiv in der Prosa nicht weg. Daher παῖς ὤν als Knabe, u. ä.

Τίς ἂν ὑμῶν φίλων ὄντων ἱκανὸς γένοιτο ἡμᾶς λυπῆσαι;

§ 153

Je nachdem, ob die Aussage über einen **Sachverhalt** (*daß etwas ist, war, sein wird*) oder über eine **Absicht** oder **Fähigkeit** (*etwas zu tun*) gemacht wird, ergeben sich für mehrere Verba verschiedene Konstruktionen und verschiedene deutsche Bedeutungen:

	Sachverhalt (daß etw. ist) mit **Partizip** (Wahrnehmung), mit **ὅτι, ὡς** (Tatsache)		**Absicht, Fähigkeit** (zu tun) mit **Infinitiv**	
μανθάνω	διαβεβλημένος	ich merke, daß ich verleumdet wurde	νεῖν	ich lerne, verstehe zu schwimmen
γιγνώσκω	τὸν καιρὸν παρόντα	ich erkenne, daß der richtige Augenblick da ist	τῷ καιρῷ χρῆσθαι	ich beschließe, eine günstige Gelegenheit auszunützen
	ὅτι κενός ἐστιν ὁ φόβος	daß die Angst unbegründet ist		
οἶδα, ἐπίσταμαι	ἐσθλὸς ὤν	ich weiß, daß ich edler Herkunft bin	σωφρονεῖν	ich verstehe vernünftig zu sein
	ὅτι μέμνησθε	daß ihr im Gedächtnis bewahrt		
μέμνημαι	ἀκούσας	ich erinnere mich gehört zu haben	ἀνὴρ ἀγαθὸς γίγνεσθαι	ich bin darauf bedacht, ein tüchtiger Mensch zu werden
αἰδοῦμαι, αἰσχύνομαι	ἀδικῶν	ich schäme mich, daß ich im Unrecht bin	ἀδικεῖν	ich schäme mich, unrecht zu tun (tue es also nicht!)
ἄρχομαι	λέγων	ich stehe am Anfang meiner Rede	λέγειν	ich beginne zu reden (habe also noch nicht geredet)

§ 154

Auch bei den Verben, die eine *Wahrnehmung* bezeichnen, führt die Verschiedenheit der Wahrnehmung zur Verschiedenheit der Konstruktion:

	unmittelbare Wahrnehmung: Part. im Genetiv	geistige Wahrnehmung: Part. im Akk.	Tatsache: **ὅτι** oder indir. Frage	Gerücht: **Infinitiv**
ἀκούω, ἀκροῶμαι ich höre	λέγοντός τινος	Κῦρον πεπτωκότα	ὅτι ποταμὸς ἀδιάβατός ἐστιν	αὐτὸν πρῶτον εἶναι
αἰσθάνομαι ich merke, erfahre	ἀχθομένων αὐτῶν	τυράννους ἐκπεσόντας	ὡς ἄθυμοί εἰσιν	σπονδὰς λελύσθαι
πυνθάνομαι ich vernehme, erfahre	τῆς πόλεως κατειλημμένης	Κῦρον προσελαύνοντα	ὅτι οὐκ ἄβατόν ἐστι τὸ ὄρος	πλοῖα προσπλεῖν

Οἱ Πελοποννήσιοι, ὡς ἐπυνθάνοντο τῶν αὐτομόλων, ὅτι τὸ νόσημα (gemeint ist die Pest) ἐν τῇ πόλει εἴη, καὶ θάπτοντας ἅμα ᾐσθάνοντο, θᾶσσον (schleunigst!) ἐκ τῆς γῆς ἐξῆλθον.

§ 155 2. DAS PARTIZIP ALS ANGABE DER NÄHEREN UMSTÄNDE

Das *verbundene* Partizip **(part. coniunctum)** stimmt mit seinem Beziehungswort überein.

Das *absolute* Partizip **(part. absolutum)** steht, meist mit dem Gegenstand der Aussage, im Genetiv (gen. absolutus), bei unpersönlichen Verben im Akkusativ (acc. absolutus).

Anm. 1. Der absolute Genetiv entwickelte sich wohl aus einem Objektsgenetiv oder aus dem adverbialen Genetiv (als Angabe von Zeit oder Grund) mit einem attributiven Partizip: τοῦ ἐπιγιγνομένου θέρους „im Verlauf des darauffolgenden Sommers". Verlagerte sich der Nachdruck auf die Aussage, so wurde das Partizip prädikativ empfunden: τελευτῶντος τοῦ θέρους „als der Sommer zu Ende ging".
1. * Τοῦ δ' ἰθὺς μεμαῶτος ἀκόντισε Τυδέος υἱός gegen ihn, der (= als er) mächtig anstürmte, warf den Speer der Sohn des Tydeus. 2. Τῆς παρελθούσης νυκτὸς ταυτησὶ τὴν θύραν τῇ βακτηρίᾳ σφόδρα ἔκρουεν.

Anm. 2. Αὐτῶν als Subjekt eines gen. absolutus fehlt oft.
1. Οἱ δυνατοὶ τῶν πολιτῶν ἔλεγον, ὅτι βασιλεὺς σφίσι χρήματα παρέξοι 'Αλκιβιάδου κατελθόντος καὶ μὴ δημοκρατουμένων. 2. 'Εκ τούτου συνελθόντων εἶπε Ξενοφῶν τάδε.

§ 156

Im Deutschen können solche Partizipien wiedergegeben werden

a) als **Attribut**:

I. durch *Adjektiv*: τὰ παρόντα πράγματα die gegenwärtige Lage,

II. durch *Relativsatz*: ἔγωγε τοῖς καταψηφισαμένοις μου οὐ πάνυ χαλεπαίνω ich hege gegen die, welche mich verurteilt haben, nicht den geringsten Groll.

b) als **Adverbiale**

I. durch abstraktes *Substantiv mit Präposition*,

II. durch *Beiordnung*,

III. durch *Unterordnung*,
und zwar jeweils in a) *temporaler*, b) *kausaler*, c) *konzessiver* (adversativer) oder d) *konditionaler* Bedeutung.

Beispiel: Κῦρος ἀτιμασθεὶς ἀπῆλθεν. Ähnlich: Κύρου τετελευτηκότος οἱ Ἕλληνες ἀπῆλθον.

I. Abstraktes Substantiv mit Präposition

a) temporal: *auf* die Beschimpfung *hin*, *nach* der Beschimpfung ging Kyros weg
b) kausal: *auf Grund* der Beschimpfung
c) konzessiv: *trotz* der Beschimpfung

II. Beiordnung (das Partizip übernimmt Person und Modus des übergeordneten Verbums, das durch „und" oder in Form eines selbständigen Satzes angeschlossen wird)

a) temporal: K. wurde beschimpft *und* ging *daraufhin* weg
b) kausal: *und* ging *deshalb* weg
c) konzessiv: *und* ging *trotzdem* weg

III. Unterordnung (das Partizip wird Verbum eines Nebensatzes)

a) temporal[1]): *als* Kyros beschimpft worden war, ging er weg
b) kausal: *weil*
c) konzessiv: *obwohl*
d) konditional: *wenn*

---

§ 157

Die logische Beziehung des Partizips zum Satzganzen ist nicht immer klar erkennbar. Sie wird daher nicht selten durch *erläuternde Adverbien* verdeutlicht:

a) **temporal** (durch οὐ verneint):

ἅμα zugleich, gleichzeitig, μεταξύ zwischen, mitten unter, εὐθύς, αὐτίκα sofort.

Beim Verbum des übergeordneten Satzes steht öfters τότε, δή, ἐνταῦθα, εἶτα, ἔπειτα dann, οὕτω(ς) so (wie im Deutschen!).

Als Prädikatsattribut (§ 12) findet sich im Attischen häufig ἀρχόμενος anfangs, τελευτῶν schließlich.

---

[1]) Für die Auflösung in einen Zeitsatz dienen
bei **Gleichzeitigkeit:** *zu der Zeit als, während, indem, solange, wobei*; negativ: *ohne daß,*
bei **Vorzeitigkeit:** *als, nachdem.*

1. Ἅμα ταῦτ' εἰπὼν ἀνέστη. 2. Μεταξὺ ὀρύττων ἐπαύσατο. 3. Καὶ ἐγώ, ἅπερ καὶ ἀρχόμενος εἶπον, ἀξιῶ μὴ τοὺς ἐναντίους κακῶς δρᾶν. 4. Εὐθὺς τοῦτ' εἰπὼν ἦρχεν ᾠδῆς. 5. Τελευτῶντες καὶ ἀπὸ τοῦ ὕδατος εἶργον αὐτοὺς οἱ Θρᾷκες. 6. Τελευτῶν ἐχαλέπαινεν.

b) **kausal** (durch οὐ verneint):

ἅτε, οἷον, οἷα δή da ja, weil eben   (objektiv vorhandener Grund!),
ὡς   da nach seiner (usw.) Auffassung (subjektiver Grund!),
             angeblich weil   (vorgeschützter Grund!).

1. Πολλὰ καὶ μεγάλα πυρὰ (Plur. zu τὸ πῦρ) ἐγένετο, ἅτε πολλῆς ὕλης (Holz) παρούσης. 2. Ἐς Ἰωνίαν ὕστερον ὡς οὐχ ἱκανῆς οὔσης τῆς Ἀττικῆς ἀποικίας ἐξέπεμψαν. 3. Οἱ πλούσιοι ἐπεχείρουν ἀποτρέπειν τὸν δῆμον, ὡς γῆς ἀναδασμὸν ἐπὶ συγχύσει τῆς πολιτείας εἰσάγοντος τοῦ Τιβερίου.

c) **konzessiv** (durch οὐ verneint):

καί, καίπερ obwohl, ὅμως dennoch, trotzdem.

1. *Οἱ δὲ καὶ ἀχνύμενοί περ ἐπ' αὐτῷ ἡδὺ γέλασσαν (als Odysseus den Thersites schlug). 2. Συμβουλεύω σοι καίπερ νεώτερος ὤν. 3. Σὺν σοὶ ὅμως καὶ ἐν πολεμίᾳ ὄντες θαρροῦμεν. 4. Οἱ τετρακόσιοι ἐς τὸ βουλευτήριον ὅμως καὶ τεθορυβημένοι ξυνελέγοντο. 5. Ὅμως ταῦτα πυνθανόμενοι ὠρρώδουν (waren in Angst).

Anm. Die Partizipien λαβών, ἔχων, ἄγων, χρώμενος lassen sich im Deutschen häufig instrumental durch *mit* übersetzen. S. § 84 β, A. 1.

1. Κλέων προπέμψας ἄγγελον ὡς ἥξων καὶ ἔχων στρατιάν, ἣν ᾐτήσατο, ἀφικνεῖται ἐς Πύλον. 2. Κλέων ἔφη οὔτε φοβεῖσθαι Λακεδαιμονίους πλεύσεσθαί τε λαβὼν ἐκ τῆς πόλεως οὐδένα, Λημνίους δὲ καὶ Ἰμβρίους τοὺς παρόντας.

Über die auf ein Partizip bezogene Frage s. § 136, 1 c.

§ 158   3. DER ABSOLUTE AKKUSATIV

Der absolute Akkusativ (acc. absolutus) dient bei unpersönlichen Ausdrücken zur Angabe der näheren Umstände in temporalem, meist jedoch kausalem oder konzessivem, nicht selten auch kondizionalem Sinn[1]).

Das Partizip steht im Neutrum Singular und bezeichnet Realis wie Irrealis der deutschen Ausdrucksweise. S. § 127.

ἐξόν, παρόν,
οἷόν τε ὄν   } da, obwohl, wenn es erlaubt, möglich ist (war, wäre, gewesen wäre)
δέον   da, obwohl es nötig ist (war, wäre, gewesen wäre)
δόξαν, δεδογμένον da, obwohl es beschlossen wurde (war)

1. *Θνῄσκω, παρόν μοι μὴ θανεῖν, ὑπὲρ σέθεν (Alkestis zu ihrem Gemahl Admetos). 2. Δόξαν δὲ ταῦτα ἐκήρυξαν οὕτω ποιεῖν. 3. Ἐξόν μοι ἄρχειν ἀρχὴν οὐκ ἐβουλόμην. 4. Καθεύδομεν ὥσπερ ἐξὸν ἡσυχίαν ἄγειν.

---

[1]) Vgl. engl.: *This done, they went away;* frz.: a) temporal: *La basse Égypte conquise, les Français parvinrent dans le désert.* b) kausal: *Lui mort, il ne nous reste plus personne;* c) konzessiv: *Tout cela admis, tu as tort.* d) kondizional: *Lui présent, parlerais-tu ainsi?* italienisch: *Morto il re, suo figlio salì al trono.*

Anhang: Das Verbaladjektiv auf -τός und -τέος   § 159

1. Das **Verbaladjektiv auf -τός** entspricht in Form und Grundbedeutung dem lateinischen Partizip Perfekt Passiv und dem deutschen Partizip der Vergangenheit auf -t. Es sagt aus, daß die Handlung vollzogen wurde und nun als Ergebnis da ist.

ἄκλαυτος unbeweint, ἀφύλακτος unbewacht, μετάπεμπτος herbeigeholt.

Von den durch α-privativum verneinten Formen aus hat sich die Bedeutung, daß die Handlung nicht vollzogen *wurde*, zu der Bedeutung erweitert, daß die Handlung (nicht) vollzogen *werden kann*.

ἀδιάβατος	unüberschreitbar	ἄρρητος	ungesagt	unsagbar: a) geheim,
διαβατός	überschreitbar	ἀπόρρητος	verboten	b) abscheulich
θαυμαστός	wunderbar	γνωστός	erkennbar	

1. Μισητόν μοι ὁ φθόνος (§ 7, A.). 2. Τὰ καλὰ καὶ τὰ ἀγαθὰ ἀσκητά ἐστιν. 3. Ἀγήρατοι μὲν αὐτῶν αἱ μνῆμαι, ζηλωταὶ δὲ ὑπὸ πάντων ἀνθρώπων αἱ τιμαί (aus einer Rede auf die Gefallenen).

2. Das **Verbaladjektiv auf -τέος** (aktiver und medialer Verba) sagt aus, daß etwas geschehen *muß*, wenn verneint, daß etwas *nicht* geschehen *darf*.

Nicht selten wird es unpersönlich mit Subjekt im Akkusativ, statt persönlich mit Subjekt im Nominativ gebraucht, so als ob δεῖ mit Infinitiv zugrunde läge. Bei unpersönlichem Gebrauch steht oft Neutrum Plural statt Singular.

Vielfach entfällt ἐστίν (§ 5).

1. Πειστέον πατρὸς λόγοις. 2. Εἰ γῆν βούλει σοι καρποὺς ἀφθόνους (§ 12,4) φέρειν, τὴν γῆν θεραπευτέον (oder ἡ γῆ θεραπευτέα), εἰ δὲ καὶ τῷ σώματι βούλει δυνατὸς εἶναι, τῇ γνώμῃ ὑπηρετεῖν ἐθιστέον τὸ σῶμα καὶ γυμναστέον σὺν πόνοις καὶ ἱδρῶτι. 3. Ἡμῖν ξύμμαχοί εἰσιν ἀγαθοί, οὓς οὐ παραδοτέα τοῖς Ἀθηναίοις ἐστίν, ἀλλὰ τιμωρητέα ἐν τάχει καὶ παντὶ σθένει. 4. Ὠφελητέα σοι ἡ πόλις ἐστίν. 5. Ποιητέον, ἃ ἂν κελεύῃ ἡ πόλις καὶ ἡ πατρίς, ἢ πείθειν αὐτήν. 6. Ἐψηφίσαντο οἱ Λακεδαιμόνιοι τὰς σπονδὰς λελύσθαι καὶ πολεμητέα εἶναι. 7. Ὁ στρατηγὸς ἔγνω μενετέον ὄν.

II. DER ABHÄNGIGE SATZ   § 160

Das Indogermanische kannte vermutlich keine Nebensätze. Das logische Verhältnis ausgesprochener Gedanken zueinander wurde durch Sprechton und Rhythmus und durch das einleitende Wort des folgenden Satzes ausreichend gekennzeichnet. Dieses Wort empfand man allmählich als Bindeglied zum vorhergehenden Gedanken. Besonders die Demonstrativa eigneten sich dazu, nach vorwärts wie nach rückwärts zu verweisen. Noch bei Homer ist zwischen dem Demonstrativ- und dem *Relativ*-pronomen[1]) kein deutlicher Unterschied erkennbar.

1. *Χάζετο (wich) δ' ἐκ βελέων· **τοὶ** (demonstr.) δ' ἔμβαλον ἀκάματον πῦρ | νηὶ θοῇ. 2. *Ἱρὰ (= ἱερὰ) θεοῖσιν | ἀθανάτοισιν ἔδωκε, **τοὶ** (relat.) οὐρανὸν εὐρὺν ἔχουσιν. 3. *Οἱ μὲν ἐκήρυσσον, **τοὶ** δ' ἠγείροντο μάλ' ὦκα (beide dem.). 4. * (Athene) εὗρε δὲ τόν γε ... | ἕλκος

---

[1]) Gleiche Formen für Relativ- und Demonstrativpronomen wie übrigens *auch* für den Artikel zeigen noch das Nhd. und das Mhd. „Der, der der erste ist, erhält den Preis." Mhd.: *die mîne gespilen wâren, die sint traege unt alt. der mir ist liep, dem bin ich leit* (Walther v. d. Vogelweide).

ἀναψύχοντα (abkühlen lassen), **τό** (relat.) μιν βάλε Πάνδαρος ἰῷ (Pfeil). 5. *Λίην ἄχθομαι ἕλκος, **ὅ** (relat.) με βροτὸς (sterblich) οὔτασεν ἀνήρ (sagt die von Diomedes verwundete Aphrodite).

Die Satzbindewörter (*Konjunktionen*), die schließlich die Unterordnung kennzeichnen, haben sich überwiegend aus dem Relativpronomen und diesem zugehörigen Adverbien entwickelt. Nur wenige sind anderen Ursprungs (wie μή, πρίν, ἄχρι, μέχρι).

Wie im Deutschen vollzog sich dabei nicht selten ein Bedeutungswandel, indem Orts- und Zeitadverbien begründenden oder bedingenden Sinn erhielten[1]).

Der abhängige Satz zeigt gegenüber der direkten Aussage oft eine *Verschiebung der Person* und *des Modus*. Ἡρώτων τοὺς Ἕλληνας, τίνες εἶεν (direkt: τίνες ἐστέ;).

Modus und Tempus des Nebensatzes werden *nicht* durch die einleitende Konjunktion oder eine feste Zeitenfolge bestimmt, sondern *allein* durch Art und Inhalt der Aussage.

Das Subjekt des Nebensatzes wird oft als Objekt oder als Adverbiale zum Verbum des Hauptsatzes vorausgenommen (**Prolepsis**).

1. Ἄρχοντός ἐστι τῶν ἀρχομένων ἐπιμελεῖσθαι, ὅπως ὡς βέλτιστοι ἔσονται. 2. Ἐζητοῦμεν αὐτό (§ 25 b, A.) τε δικαιοσύνην οἷόν ἐστιν, καὶ ἄνδρα τὸν τελέως δίκαιον. 3. Βούλομαι ταύτην τὴν ἀπόκρισιν, ὡς ἔστιν ἀληθής, ἐπιδεῖξαι. 4. Οἱ Κορίνθιοι τὴν σφετέραν πόλιν ἐβούλοντο σημῆναι, ὅση εἴη δύναμιν. 5. Τίνος ἄλλου ζῴου ψυχὴ θεῶν ᾔσθηται, ὅτι εἰσίν; 6. Ταύτην με δίδαξον τὴν ἰδέαν, τίς ποτέ ἐστιν.

§ 161 Die bedeutungsgeschichtliche Entwicklung der Konjunktionen

Aus der geschichtlichen Entwicklung der Konjunktionen werden deren verschiedene Bedeutungsschattierungen verständlich.

1. **ὅτι** daß, weil (lat. quod)

a) *ὅ, *ὅ τε (§ 139 a, A.) das, daß, weil

1. * Λεύσσετε γὰρ τό γε πάντες, ὅ μοι γέρας ἔρχεται ἄλλῃ (sagt Agamemnon). 2. *Ἦ οὐκ οἶσθ', ὅ τε δεῦρο πατὴρ τεὸς ἵκετο φεύγων. 3. *Τηλέμαχον θαύμαζον, ὅ (daß, weil) θαρσαλέως ἀγόρευεν.

b) ὅτι (* ὅττι, Neutr. zu ὅστις) 1. (mitteilend) daß, 2. (erklärend) weil.

1. * Οὐχ ὁράᾳς, ὅτι δ' αὖτε κάρη κομόωντες Ἀχαιοὶ | τεῖχος ἐτειχίσσαντο; 2. *Μενέλαος | οἴχεται ἵππον ἄγων, ὅτι (weil) οἱ (ihm) πολὺ χείρονες ἦσαν | ἵπποι.

2. **ὡς** wie (Gleich*art*igkeit und Gleich*zeit*igkeit bezeichnend[2])

a) **wie = so wie** (vergleichend)

ὡς οἱ ποιηταὶ ὑμνήκασιν wie die Dichter gesungen haben, ὡς ἔοικεν wie es scheint.
Daher im Vergleich, besonders bei Homer (oft mit korrelativem ὥς, οὕτως).

---

[1]) Vgl. *von dannen* → *dann* → *denn* ; *wann* → *wenn* ; *da* und *wo* (temporal u. kausal); *weil* (< *der-weilen* = *während*); *während* (örtlich → zeitlich → adversativ).

[2]) Vgl. lat. *ut* 1. zeitl.: *Ut quisque me viderat, mihi de Verris avaritia narrabat.* 2. vergleichend: *Ut sementem feceris, ita metes.* 3. begründend: *Alcibiades, ut erat sagax, decipi non potuit.*

Vgl. frz. *comme* 1. zeitl.: *Comme Bonaparte était en Égypte, il eut des nouvelles secrètes de Paris.* 2. vergleichend: *Comme on fait son lit, on se couche.* 3. begründend: *Comme vous ne me répondez pas, je suppose que vous consentez.*

Im Mhd. sind *sô* und *als* (< *alse* < *alsô*) noch völlig gleichbedeutend, demonstrativ oder relativ-temporal, gebraucht. Vgl. § 161, 5².

b) **wie → wie wenn, gleich als ob** (Gleichheit vortäuschend)
Τὴν πρόφασιν ἐποιεῖτο Κῦρος ὡς Πισίδας βουλόμενος ἐκβαλεῖν ἐκ τῆς χώρας· καὶ ἀθροίζει ὡς ἐπὶ τούτους τό τε βαρβαρικὸν καὶ τὸ Ἑλληνικόν.

c) **wie → (feststellend) daß → (begründend) weil**
* Ἄχος ἔλλαβ' Ἀχαιούς, | ὡς ἔπεσ' ἐσθλὸς ἀνήρ.

So erklärt sich der subjektiv begründende Sinn
  1. beim Vergleich,
  2. beim Partizip, besonders beim Partizip Futur (§ 118, 4, A. 2).

1. * Τὸν δ' ἐξήρπαξ' Ἀφροδίτη | ῥεῖα μάλ' ὥς τε θεός (wie, weil ja). 2. Πάντες ᾤοντο ἀπολωλέναι ὡς ἑαλωκυίας τῆς πόλεως. 3. Οἱ Ἀθηναῖοι παρεσκευάζοντο ὡς πολεμήσοντες (wie, weil ja, um ... zu).

Daraus wird der finale Gebrauch von ὡς *damit* in der Dichtung verständlich, während die Prosa ὅπως, ἵνα verwendet[1]).
*Τηλέμαχον δὲ σὺ πέμψον (geleite) ... | ὥς κε μάλ' ἀσκηθὴς (ohne Schaden) ἦν πατρίδα γαῖαν ἵκηται.

Anm. Dem Dativ gibt ὡς eine subjektiv einschränkende Färbung.
1. Κρέων ἦν ζηλωτὸς ὡς ἐμοί ποτε (beneidenswert, wenigstens nach meiner Meinung). 2. Οὗτοί γε ὡς ἐμῇ δόξῃ παραλόγως σκοποῦσιν (stellen meiner Meinung nach unvernünftige Betrachtungen an). Vgl. § 80, 4 β.

d) **wie = soweit** (= ut, tamquam)
Βρασίδας ἦν οὐδὲ ἀδύνατος εἰπεῖν, ὡς Λακεδαιμόνιος (wie, soweit man das von einem L. sagen kann).

So auch bei absolut gebrauchten Infinitiven:

ὡς (ἔπος) εἰπεῖν (ergänze ἔξεστιν)   (wie man sagen könnte) sozusagen[2])
ὡς συντόμως εἰπεῖν   (wie man kurz sagen könnte =) kurz gesagt
ὡς συνελόντι εἰπεῖν   (wie es einem, der zusammengefaßt hat, möglich wäre
                                      zu sagen =) kurz gesagt
ὡς ἐμοὶ (ἔμοιγε) δοκεῖν   wie es mir scheinen möchte, meiner Ansicht nach
                                      (vgl. § 145, 3 A.)

e) **wie = sobald (als)**, auch **ὡς τάχιστα** (temporal, lat. = *ut primum, ubi primum*)
* Ἄσβεστος δ' ἄρ' ἐνῶρτο (erhob sich) γέλως μακάρεσσι θεοῖσιν, | ὡς ἴδον Ἥφαιστον διὰ δώματα ποιπνύοντα (humpeln).

f) **ὥς τε > ὥστε** (§ 139 a, A.) wird schließlich allein gebräuchlich zum Ausdruck der beabsichtigten, möglichen oder sich ergebenden Folge.

g) **ὡς = so** (beim Wunsch in dem alten demonstrativen Sinn = ὥς).
* Ὣς ἀπόλοιτο καὶ ἄλλος, ὅ τις τοιαῦτά γε ῥέζοι. Vgl. ὣς φάτο so sprach er.

3. **ἵνα wo, wohin → wobei → womit → damit**
1. Ἵνα γε δέος, ἔνθα καὶ αἰδώς. 2. Βρασίδας τὴν ἐπὶ Θρᾴκης στρατείαν παρεσκεύαζεν, ἵνα περ (wohin) καὶ τὸ πρῶτον ὥρμητο. 3. * Ἐξαύδα, μὴ κεῦθε νόῳ, ἵνα εἴδομεν (Konj.!) ἄμφω (wo wir es doch beide wissen möchten = damit . .).

---
[1]) Vgl. lat. *ut* nach den Verben des Sorgens.
[2]) frz. *pour ainsi dire*.

4. * **ὄφρα** (korrelativ zu * τόφρα *derweilen*, unterdessen):

a) *solange (als)*: * Ἄριστος ἔην Τελαμώνιος Αἴας, | ὄφρ' Ἀχιλεὺς μήνιεν (grollte).

b) *solange (bis)*: * Ἐμοὶ δέ κε ταῦτα μελήσεται, ὄφρα τελέσσω (vollendet habe).

c) *solange, damit (unterdessen)*[1]: * Σῆμά τί μοι νῦν εἰπὲ ἀριφραδές, ὄφρα πεποίθω.

5. **εἰ** (alter Lokativ des Relativs, hom. u. dor. αἰ) *so, in diesem Fall*, **für den Fall, wenn**[2]:

a) *so* (einen Wunsch einleitend): *Αἲ γὰρ δὴ οὕτως εἴη, φίλος ὦ Μενέλαε (*so* möge es denn so sein!).

b) *so* = dann (vgl. εἶ-τα) → wann → *wenn*;

c) wenn = ob (vgl. lat. sic > si). 1. Ἠρώτων ἐκεῖνοι, εἰ δοῖεν ἂν τούτων τὰ πιστά. 2. Ἄκουε τοίνυν, ἤν (wenn, ob) τί (§ 27, A.) σοι δόξω λέγειν. 3. Λακεδαιμονίων πρέσβεις ἐπορεύοντο ἐς τὴν Ἀσίαν ὡς βασιλέα, εἴ πως πείσειαν αὐτὸν χρήματα παρασχεῖν.

6. **ἐπεί** (eig. auf das, darauf) **als, nachdem, weil** (leitet, schon bei Homer, zeitliche und begründende Nebensätze ein).

a) Die abhängige Aussage als Objekt

§ 162 1. DIE ÄUSSERUNG EINER TATSACHE, MEINUNG, WAHRNEHMUNG

α) Abhängige Aussagen, deren Inhalt als **Tatsache** gesagt ist, werden durch **ὅτι** *daß* oder durch **ὡς** *wie, daß* eingeleitet[3]. Sie behalten Tempus und Modus der unabhängigen Aussage bei und werden durch **οὐ** verneint. Über den *opt. obl.* s. § 133.

1. Ἐννοῶ, ὅτι δόξομεν παρὰ τὰς σπονδὰς ποιεῖν. 2. Οἱ Θηβαῖοι προεῖδον, ὅτι ἔσοιτο πόλεμος (direkt ἔσται). 3. Ὡς πολεμικῶς εἴχον ὑμῖν οἱ Θηβαῖοι, καὶ ὑμεῖς ἐλέγετε.

β) Abhängige Aussagen, deren Inhalt nicht als Tatsache, sondern als **Meinung, Vermutung, Absicht** gesagt ist oder empfunden wird, stehen (ohne ὅτι, ὡς) im **Infinitiv** (§ 147). Die Negation ist **bei Verneinung οὐ, bei Ablehnung μή**.

1. Ὁ μάντις ἀπεκρίνατο τὰ ἱερὰ καλὰ εἶναι. 2. Κτησίας ὁ ἰατρὸς ἰάσασθαι αὐτὸς τὸ Κύρου τραῦμά φησι. 3. Ὤμοσαν οἱ Ἕλληνες μὴ προδώσειν ἀλλήλους. 4. Αἰγινῆται ἔλεγον οὐκ εἶναι αὐτόνομοι κατὰ τὰς σπονδάς.

γ) Abhängige Aussagen, deren Inhalt als **Wahrnehmung**, Grund einer **Gemütsstimmung** oder als **Erkenntnis** bezeichnet werden soll, werden durch prädikatives **Partizip** (§ 152) wiedergegeben oder, als Tatsachen, durch einen Satz mit ὅτι ausgedrückt.

1. Οἶδα Σωκράτην οὐδὲν πώποτε ἀδικήσαντα. 2. Οἱ στρατηγοὶ ἐθαύμαζον, ὅτι Κῦρος οὔτ' ἄλλον πέμπει σημανοῦντα, ὅ τι χρὴ ποιεῖν, οὔτ' αὐτὸς φαίνοιτο.

Über die Negation der abhängigen Aussage nach verneinten Verben des Sagens s. § 137, VI.

[1]) Vgl. lat. *dum, quoad*: Rusticus exspectat, *dum* defluat amnis.
[2]) Vgl. mhd. 1. zeitlich: *sô die bluomen ûz dem grase dringent* (= sobald, wenn). 2. konditional: *du kundest al der wërlde vröude mêren, sô duz ze guoten dingen woldest kêren*. 3. als Wunschpartikel: *sô helfe iu got. sô wê dir, tiusche zunge.*
[3]) ὅτι entspricht oft dem Doppelpunkt, nach dem die Aussage in direkter Rede folgt. 1. Πρόξενος εἶπεν, ὅτι αὐτός εἰμι, ὃν ζητεῖς. 2. Ξενοφῶν ἔλεγεν, ὅτι Ἀναξίβιος καὶ ἐμὲ ἐπέμψεν ἐνθάδε. Vgl. die ursprüngliche Bedeutung von ὅτι = das. Δῆλον ὅτι und εὖ οἶδ' ὅτι werden geradezu formelhaft gebraucht, unabhängig vom Satzbau. 1. Ὁ υἱός μου δῆλον ὅτι μέγα φρονεῖ ἐπὶ τῷ νικηφόρος εἶναι. 2. Τοῦτ' εὖ οἶδ' ὅτι καὶ σὺ βούλει.

2. DIE ÄUSSERUNG EINER BEFÜRCHTUNG § 163

α) Sätze, die ausdrücken, daß etwas hoffentlich nicht eintritt oder eingetreten ist, können ohne Änderung ihrer Aussageweise als Objekt zu Verben des Fürchtens treten; sie erscheinen dann als mit μή eingeleitete Nebensätze, die gegebenenfalls mit οὐ verneint werden.

1. * Ἀλλὰ σὺ μὲν νῦν αὖτις ἀπόστιχε· μή τι νοήσῃ | Ἥρη (geh! Daß Hera nur ja nichts merkt!). 2. *Δείδω· μή τι πάθῃσιν (ich bin voll Angst; hoffentlich stößt ihm nichts zu!).

Es steht also nach dem Ausdruck der Befürchtung, daß etwas

1. eintreten *könnte* : μή mit Konjunktiv (meist des Aorists, oder opt. obl.)
2. sicher eintreten *wird* : μή mit Indikativ Futur,
3. eingetreten *ist* : μή mit Indikativ Aorist oder Perfekt (opt. obl.).

Verba des Fürchtens oder der Besorgnis sind

φοβεῖσθαι,	fürchten, daß	ἀμφισβητεῖν, μή	im Zweifel sein, ob nicht
δεδοικέναι, μή		ἐνθυμεῖσθαι, μή	erwägen, ob nicht
ὑποπτεύειν, μή	argwöhnen, daß	κίνδυνός ἐστι, μή[1])	es besteht Gefahr, daß
σκοπεῖν, ὁρᾶν, μή	sehen, ob nicht etwa	φόβος, δέος ἐστί, μή[2])	es besteht Grund zur
φροντίζειν, μή	sich Sorge machen, ob nicht		Besorgnis, daß

1. Οἱ μέχρι Θερμοπυλῶν Ἕλληνες ἐφοβήθησαν, μὴ καὶ ἐπὶ σφᾶς ὁ στρατὸς χωρήσῃ. 2. Ἔδεισαν, μὴ λύττα (Wahnsinn, Tollwut) τις ὥσπερ κυσὶν ἡμῖν ἐμπεπτώκοι. 3. Φοβούμεθα, μὴ ἀμφοτέρων ἅμα ἡμαρτήκαμεν (beides falsch gemacht haben). 4. *Δείδω, μὴ δὴ πάντα θεὰ νημερτέα (wahr) εἶπεν. 5. Οὐ δεῖ φοβούμενον, μὴ οὐ γνῶ τῆς γῆς φύσιν, ἀπέχεσθαι γεωργίας. 6. Πρὸς τί ἀποβλέπων ἀπιστεῖς, μὴ οὐκ ἐπιστήμη ᾖ ἡ ἀρετή; 7. Φροντίζω, μὴ κράτιστον ᾖ μοι σιγᾶν. 8. Οἱ Ἕλληνες ἐννοοῦντο, μὴ τὰ (§ 16) ἐπιτήδεια οὐκ ἔχοιεν, ὁπόθεν λαμβάνοιεν. 9. Εἰ οἱ μὲν κακοὶ μηδὲν ποιήσουσιν, οἱ δ' ἀγαθοὶ καὶ δυνατοὶ ἀθύμως ἕξουσι, δέδοικα, μὴ ἄλλου τινὸς μᾶλλον ἢ τοῦ ἀγαθοῦ μεθέξω πλέον μέρος ἢ ἐγὼ βούλομαι.

β) Nicht selten finden sich **verselbständigte konjunktivische Nebensätze**, die man sich von einem Verbum des Fürchtens oder der Besorgnis abhängig denken kann.

1. **μή mit Konj. Präsens** bezeichnet eine vorsichtige, besorgte, oft leicht ironische Äußerung: **doch wohl nicht, doch hoffentlich nicht;** verneint: **μή οὐ kaum, schwerlich**.

1. Μὴ ἀγροικότερον ᾖ τὸ ἀληθὲς εἰπεῖν (es ist doch hoffentlich nicht allzu unhöflich). 2. Μὴ οὐκ ᾖ διδακτὸν (§ 7, A.) ἀρετή (kaum, schwerlich). 3. Μὴ οὐ τοῦτ' ᾖ χαλεπόν, ὦ ἄνδρες, θάνατον ἐκφυγεῖν, ἀλλὰ πολὺ χαλεπώτερον πονηρίαν· θᾶττον γὰρ θανάτου θεῖ.

2. **οὐ μή mit Konj. Aorist** (seltener Präsens) oder Indikativ Futur verneint die Besorgnis: **gewiß nicht, bestimmt nicht** (οὐ φοβοῦμαι, μή . . .).

---

[1]) nach § 145, 4 auch mit Inf.
[2]) Dagegen φόβος ἐστίν mit Inf. „Angst davor, etwas zu tun". Καὶ τοῖς ἄλλοις Ἕλλησι φόβος εἴη ἐπὶ βασιλέα μέγαν στρατεύειν.

1. Τοὺς πονηροὺς οὐ μήποτε βελτίους ποιήσητε. 2. Εὖ ἐπίστασθε, ὅτι οὐ μὴ ἐπιλάθωμαι ὑμῶν. 3. Ἢν ἅπαξ δυοῖν ἢ τριῶν ἡμερῶν ὁδὸν ἀπόσχωμεν, οὐκέτι μὴ δύνηται βασιλεὺς ἡμᾶς καταλαβεῖν. 4. Ἢν νικήσωμεν, οὐ μήποτε ὑμῖν Πελοποννήσιοι ἐς τὴν χώραν ἐσβάλωσιν.

3. **ὅπως μή** mit Ind. Futur, selten mit Konj. Aorist drückt eine ernste Besorgnis aus.

1. Ὅπως μὴ φήσῃ τις ἡμᾶς ἡδυπαθεῖν (üppiges Leben führen). 2. Ὅπως μή τι ἡμᾶς σφαλεῖ τοῦτο. 3. Ὅπως μὴ ὁ σοφιστὴς ἐπαινῶν, ἃ πωλεῖ, ἐξαπατήσει ἡμᾶς.

b) Die abhängige Aussage als Adverbiale

§ 164   1. DIE ANGABE DER ZEIT

α) Die Zeitsätze (Temporalsätze) werden eingeleitet durch

ὅτε, ὁπότε, ἡνίκα, ὁπηνίκα, *εὖτε, *ἦμος	} zu der Zeit, als, wenn	ἕως, ἔστε, ἄχρι (μέχρι) οὗ	} solange
		ἐν ᾧ, ἐν ὅσῳ	solange, während
ὡς, ἐπεί, ἐπειδή	wie, als, nachdem	ἀφ' οὗ, ἐξ οὗ	seit(dem)
ὡς (ἐπεὶ) τάχιστα, ἐπειδὴ πρῶτον	} sobald	πρίν	bevor, bis
		οὐ πρότερον, πρίν	nicht eher, als bis

β) Die **indikativischen** Zeitsätze berichten von einem bestimmt eingetretenen Ereignis. Sie werden durch οὐ verneint.

1. Ἐπεὶ ἠρίστησαν (ἀριστάω ich frühstücke) οἱ στρατιῶται, ἐπορεύοντο. 2. Οἱ τριάκοντα ᾑρέθησαν, ἐπεὶ τάχιστα τὰ μακρὰ τείχη καθῃρέθη. 3. Ἀθηναῖοι, μέχρι οὗ περὶ Ἐλευσῖνα ὁ τῶν Λακεδαιμονίων στρατὸς ἦν, καί τινα ἐλπίδα εἶχον ἐς τὸ ἐγγυτέρω αὐτοὺς μὴ προϊέναι. 4. Οἱ Ἕλληνες, ὅ τι ἐποίουν, ἠμφεγνόουν (mit sich im Zweifel sein), πρίν τις ἧκε τετρωμένος εἰς τὴν γαστέρα καὶ εἶπε πάντα τὰ γεγενημένα.

γ) Die **konjunktivischen** Zeitsätze, meist im Aorist, **immer mit ἄν**, durch **μή** verneint, bezeichnen ein wiederholt vorkommendes Geschehen der Gegenwart oder ein erwartetes Ereignis der Zukunft (*Iterativfall* der *Gegenwart* und *futurischer* Fall). Die einleitenden Konjunktionen verbinden sich mit ἄν zu **ὅταν, ὁπόταν, ἐπάν, ἐπειδάν**. Vgl. die Bedingungssätze, § 170.

1. Περιμένετε, ἔστ' ἂν ἐγὼ ἔλθω. 2. Ἐπειδὰν οὖν ἄρξωνται (angefangen haben) τῆς θεωρίας (Festgesandtschaft nach Delos), νόμος ἐστὶν Ἀθηναίοις, ἐν τῷ χρόνῳ τούτῳ δημοσίᾳ μηδένα ἀποκτιννύναι, πρὶν ἂν εἰς Δῆλόν τε ἀφίκηται τὸ πλοῖον καὶ πάλιν δεῦρο. 3. Ἐγώ, πρὶν ἂν μάθω (gelernt habe) τοῦτο, ἑκὼν εἶναι (§ 145, 3 A.) οὐκ ἀποδειλιάσω (sich feig zurückziehen).

δ) Der **Infinitiv** (meist Aorist) bei **πρίν** drückt aus, daß die Handlung des Zeitsatzes noch nicht eingetreten war — und deshalb oft gar nicht mehr eintreten konnte —, als der Vorgang des Hauptsatzes sich vollzog. Bei Homer auch *πάρος mit Infinitiv.

1. Ἀπέδρασαν, πρὶν κριθῆναι. 2. Ὁ στρατηγὸς ἀπέλιπεν, πρὶν ἐν ἀσφαλεῖ εἶναι, τὸ στράτευμα. 3. Πρὶν γενέσθαι ἡμᾶς, ἦν ἡμῶν ἡ ψυχή.

Der **Indikativ** (bzw. **Konjunktiv mit ἄν**, meist Aorist) im **πρίν**-Satz macht deutlich, daß die Handlung vor dem Geschehen des Hauptsatzes sich vollzogen hatte oder haben mußte. Er steht daher mit zunehmender Häufigkeit **nach verneintem übergeordnetem Verbum**.

1. Πάντα ποιοῦντες (obwohl!) οὐκ ἐδύναντο σχεῖν τὸ τοῦ αἵματος ῥεῦμα, πρὶν ἐλιποψύχησεν (vgl. λείπω, ψυχή!). 2. Ὁ Κῦρος δεῖται Ἀριστίππου (Freund des jüngeren Kyros) μὴ πρόσθεν καταλῦσαι (§ 107, 2) πρὸς τοὺς ἀντιστασιώτας, πρὶν ἂν αὐτῷ συμβουλεύσηται.

Anm. Die Gleichzeitigkeit zweier Vorgänge drücken auch aus:

οὐκ ἔφθην (mit Partizip) . . – καί	kaum . . . ., da (§ 152 β)
ἅμα . . . . – καί	zugleich als . . ., da
ἤδη . . . . – καί	schon . . . . . ., da

1. Οἱ Λακεδαιμόνιοι οὐκ ἔφθασαν πυθόμενοι τὸν περὶ τὴν Ἀττικὴν πόλεμον καὶ ἧκον ἡμῖν ἀμυνοῦντες. 2. Ἅμα ταῦτ' ἔλεγε καὶ ἀπῄει. 3. Ἤδη ἦν μεσημβρία καὶ ἦλθεν ὁ ἄγγελος. Dafür auch — μέν — δέ. Ἑσπέρα μὲν ἦν, ἧκε δ' ἀγγέλλων τις ὡς τοὺς πρυτάνεις.

ε) Der **Optativ** (verneint durch **μή**) steht im Zeitsatz fast nur im **Wiederholungsfall der Vergangenheit** (§ 134), seltener in potentialem Sinn.

Περιεμένομεν ἑκάστοτε, ἕως ἀνοιχθείη τὸ δεσμωτήριον· ἐπειδὴ δ' ἀνοιχθείη, εἰσῇμεν παρὰ τὸν Σωκράτη.

2. DIE ANGABE DES VERHÄLTNISSES VON „GRUND UND FOLGE"

α) Die begründenden Sätze (Kausalsätze) § 165

Die Kausalsätze (durch οὐ verneint) werden eingeleitet durch
ὅτι, διότι, ἐπεί, ὡς, ὅτε, ὁπότε[1]) weil, da, ἐπειδή da ja, ἐπείπερ weil ja (wirklich).

1. Ἐπεὶ (als, weil) δ' ἐπὶ τῇ τάφρῳ οὐκ ἐκώλυε βασιλεὺς τὸ Κύρου στράτευμα διαβαίνειν, ἔδοξε Κύρῳ ἀπεγνωκέναι τοῦ μάχεσθαι. 2. Ἐθαύμαζον οἱ Ἕλληνες, ὅτι (daß, weil) οὐδαμοῦ Κῦρος φαίνοιτο (opt. obl.). 3. Τίθημί σε ὁμολογοῦντα, ἐπειδὴ οὐκ ἀποκρίνει.

β) Die Folgesätze (Konsekutivsätze) § 166

Die Folgesätze[2]) werden durch ὥστε *so daß* eingeleitet.

1. Der *Infinitiv* (Negation meist μή) bezeichnet die Folge als *möglich, gedacht, erstrebt*; der *Indikativ* (Negation οὐ) bezeichnet die Folge als im Einzelfall *wirklich eingetreten*.

1. Ὁ ἐξ ἀρχῆς ποιῶν ἀνθρώπους ἐπ' ὠφελείᾳ προσέθηκεν αὐτοῖς ὀφθαλμοὺς μέν, ὥστε ὁρᾶν τὰ ὁρατά, ὦτα δὲ ἀκούειν τὰ ἀκουστά. 2. Ηὑρίσκετο νεῦρα (Bogensehnen) πολλὰ (§ 12, 4) ἐν ταῖς κώμαις καὶ μόλυβδος (Blei), ὥστε χρῆσθαι εἰς τὰς σφενδόνας.
3. Ξενοφῶν ἐνάπτειν (anzünden) ἐκέλευε τὰς οἰκίας, αἳ ξύλιναι ἦσαν, ὥστε καὶ ταχὺ ἐκαίοντο. 4. Ἐπιπίπτει χιὼν ἄπλετος, ὥστε ἀπέκρυψε καὶ τὰ ὅπλα καὶ τοὺς ἀνθρώπους. 5. Ἦν ψῦχος (Kälte) οὕτως, ὥστε τὸ ὕδωρ, ὃ ἐφέροντο ἐπὶ δεῖπνον, ἐπήγνυτο καὶ τῶν Ἑλλήνων πολλῶν καὶ ῥῖνες ἀπεκαίοντο καὶ ὦτα. 6. Ἡ νόσος τοὺς Ἀθηναίους ἔφθειρε καὶ ἐν τῇ πόλει, ὥστε ἐλέχθη τοὺς Πελοποννησίους δείσαντας τὸ νόσημα θᾶσσον (schleunigst!) ἐκ τῆς γῆς ἐξελθεῖν.

---

[1]) Auch *weil* (< *der wîle*, mundartl. *derweil*), *da, denn* (< *dann*) dienten ursprünglich zur Angabe eines Zeitverhältnisses.
[2]) Der Folgesatz ist logisch nichts anderes als eine besondere Art des Vergleichssatzes. Während der Vergleichssatz zwei Vorgänge nebeneinander betrachtet, vergleicht der Folgesatz deren zeitliches Nacheinander und zugleich die dabei vorhandene ursächliche Beziehung von Grund und Folge.
Vergleichsasatz: *Wie die Arbeit, so der Lohn.*
Folgesatz: *Ich arbeite so, daß ich den gebührenden Lohn erhalte.*

Anm. 1. Ist der übergeordnete Satz, der ja den Grund für die Folge angibt, verneint oder auch nur dem Sinn nach negativ oder als Bedingung ausgesprochen, dann steht der Folgesatz im Infinitiv, da die Folge ja nicht sicher eintritt.

1. Οὐδεὶς πώποτε εἰς τοσοῦτον ἀναιδείας ἀφίκετο, ὥστε τοσοῦτόν τι τολμῆσαι (eig. „wie um so etwas zu wagen" = „so daß er ... gewagt hätte"). Vgl. dagegen: Εἰς τοῦτ' ἔχθρας ἐληλύθασιν, ὥστ' ἐν τοῖς καιροῖς ἐπιβουλεύουσιν ἡμῖν, ὥσπερ οἱ πολέμιοι. 2. Οὐκ ἔχομεν, ὥστε ἀγοράζειν (eig. „wie zum Kaufen [nötig wäre]"). 3. Ψυχρὸν ἦν τὸ ὕδωρ, ὥστε λούσασθαι („wie zum Baden [nötig wäre]" = „zu kalt"). 4. Ὀλίγοι ἐσμὲν ὡς (ὥστε) κρατῆσαι αὐτῶν (also „zu wenige"). 5. Νεώτερός ἐστιν ἢ ὥστε ταῦτ' εἰδέναι. (In diesen Sätzen schimmert die ursprüngliche Bedeutung eines Vergleichs noch durch.)

Anm. 2. Der Infinitiv steht nach ὥστε auch, wenn die mögliche Folge im allgemeinen wirklich eintritt.

1. Παυσανίας δυσπρόσοδόν τε αὐτὸν παρεῖχε καὶ τῇ ὀργῇ οὕτω χαλεπῇ ἐχρῆτο ἐς πάντας ὁμοίως, ὥστε μηδένα δύνασθαι προσιέναι. 2. Ἀνέστησαν Θρᾷκες καὶ πρὸς αὐλὸν ὠρχήσαντο σὺν τοῖς ὅπλοις, ὥστε ὄψιν καλὴν φαίνεσθαι.

2. *Infinitiv* und *verbum finitum* können bei ὥστε auch in **potentialer** oder **irrealer** Aussageweise auftreten. Dann steht ἄν beim Infinitiv und im Nebensatz.

1. Σωκράτης ἦν πόρρω τῆς ἡλικίας (§ 57, A. 2), ὥστ', εἰ καὶ μὴ τότε ἐτελεύτησεν, οὐκ ἂν πολλῷ ὕστερον τελευτῆσαι (unabh.: ἐτελεύτησεν ἄν). 2. Ὅπλα κατεσκεύαζον, ὥστε τὴν πόλιν ὄντως ἂν ἡγήσω πολέμου ἐργαστήριον εἶναι.

3. Auch der verselbständigte Folgesatz kann durch **ὥστε daher** eingeleitet werden.

Τὰ πολλὰ τῆς γῆς ὑπὸ Λακεδαιμονίων ἐτέμνετο· ὥστε πῶς ἂν δικαίως ὑπὲρ τῶν τότε τῇ πόλει γεγενημένων συμφορῶν ἐγὼ νυνὶ δίκην διδοίην;

4. Nach **ἐπὶ τούτῳ, ἐφ' ᾧ, ἐφ' ᾧτε** (§ 139 a, A.) *unter der Bedingung, daß* bezeichnet der Infinitiv den beabsichtigten Zweck, der Indikativ Futur die mit Sicherheit erwartete Folge.

1. Ἀφίεμέν σε ἐπὶ τούτῳ, ἐφ' ᾧτε μηκέτι φιλοσοφεῖν. 2. Ξενοφῶν διελέγετο τοῖς βαρβάροις δι' ἑρμηνέως περὶ σπονδῶν καὶ τοὺς νεκροὺς ἀπῄτει. Οἱ δὲ ἔφασαν ἀποδώσειν, ἐφ' ᾧ μὴ καίειν τὰς οἰκίας. 3. Οἱ ἐν Ἰθώμῃ δεκάτῳ ἔτει, ὡς οὐκέτι ἐδύναντο ἀντέχειν, ξυνέβησαν (übereinkommen) πρὸς τοὺς Λακεδαιμονίους, ἐφ' ᾧτε ἐξίασιν ἐκ Πελοποννήσου ὑπόσπονδοι. 4. Οἱ πάνυ πολλὰ χρήματα ἔχοντες πάντα μὲν πόνον, πάντα δὲ κίνδυνον ὑποδύονται, ἐφ' ᾧ πλείονα κτήσονται (unter der Bedingung, mit der Absicht).

5. Die *erstrebte* oder *mögliche Folge* wird, besonders nach τοσοῦτος, τοιοῦτος, auch durch **ὅσος** bzw. **οἷος mit Infinitiv** ausgedrückt. Ὅσος und οἷος stehen dann in dem Kasus, in dem τοσοῦτος, τοιοῦτος steht oder stehen müßte.

1. Οἱ Περσικοὶ νόμοι ἐπιμελοῦνται, ὅπως μὴ (§ 167) τοιοῦτοι ἔσονται οἱ πολῖται, οἷοι πονηροῦ τινος ἢ αἰσχροῦ ἔργου ἐφίεσθαι. 2. Ἡ Ἀττικὴ πέφυκεν, οἵα πλείστας προσόδους παρέχεσθαι. 3. Οὐκ ἦν ὥρα, οἵα τὸ πεδίον ἄρδειν (bewässern).

§ 167 γ) Die Zwecksätze (adverbialen Finalsätze)

1. Die Zwecksätze bezeichnen die subjektiv erstrebte Folge als Grund des Handelns[1]). Wegen der Absicht werden sie durch **μή** verneint. Sie werden eingeleitet durch

ἵνα, ὅπως (* ὄφρα) damit,   μή,   ἵνα μή,   ὅπως μή damit nicht.

Ihr Aussagemodus ist der **Konjunktiv** oder der **opt. obliquus** (§ 133). Bei ἵνα steht in finalem Sinn nie, bei ὅπως (und * ὄφρα) nur gelegentlich ἄν (* κε).

---

[1]) Vgl. *Warum lernst du? — Ich lerne, weil ich im Leben etwas leisten möchte = damit ich im Leben etwas leiste.*

1. Τὰ πλοῖα κατέκαυσαν, ἵνα μὴ Κῦρος διαβῇ τὸν ποταμόν. 2. Βασιλεὺς αἱρεῖται, οὐχ ἵνα ἑαυτοῦ καλῶς ἐπιμελῆται, ἀλλ' ἵνα καὶ οἱ ἑλόμενοι δι' αὐτὸν (§ 26 c) εὖ πράττωσιν. 3. Ὁ τῆς χώρας ἄρχων τοῖς Ἕλλησιν ἡγεμόνα πέμπει, ὅπως ἄγοι αὐτούς.

Anm. 1. Am gebräuchlichsten ist bei Homer ὄφρα, in der Tragödie ὡς, in Prosa ἵνα; nur bei Thukydides und Xenophon überwiegt ὅπως.

Anm. 2. Μή mit Konjunktiv drückte ursprünglich eine Warnung aus (§ 130, 4; § 163 β 3). Lehnt sich ein solcher Satz an ein Verbum an wie εὐλαβεῖσθαι, φυλάττεσθαι *sich in acht nehmen, sich hüten*, so wird μή als negative finale Konjunktion empfunden: *damit nicht, daß nicht* (Vgl. § 163 α). Φυλάττου· μὴ πέσῃς Gib acht! Fall nicht! = Gib acht, daß du nicht fällst! Hüte dich zu fallen! Ὅρα, μὴ σφαλῇς Gib acht! Täusch dich nicht! = Gib acht, daß du dich nicht täuschst!

Ἀλλὰ (§ 130, § 140 d) πρῶτον εὐλαβηθῶμέν τι πάθος μὴ πάθωμεν.

2. Nach Verben des **Strebens** bezeichnet

ὅπως mit **Indikativ Futur** das erstrebte Ziel, dessen Erreichung sicher erwartet wird,
ὅπως mit **Konjunktiv Aorist** (bzw. opt. obl.) das Streben, das Ziel zu erreichen.

φροντίζειν, προνοεῖν, ἐπιμελεῖσθαι, ὅπως (μή)	dafür sorgen, daß (nicht)
σπουδάζειν, προθυμεῖσθαι, ὅπως (μή)	darauf achten, daß (nicht)
παρασκευάζεσθαι, πράττειν, μηχανᾶσθαι, ὅπως (μή)	darauf hinarbeiten, daß (nicht)
πάντα ποιεῖν, ὅπως (μή)	alles tun, damit (nicht)

1. Τῶν νέων ἐστὶ πρῶτον ἐπιμεληθῆναι, ὅπως ἔσονται ὅτι ἄριστοι. 2. Κῦρος ἐπεμέλετο, ὅπως ἀσκοῖτο ἡ ἀρετή. 3. Σκόπει, ὅπως οἱ βέλτιστοι μὲν τὰς τιμὰς ἕξουσιν, οἱ δ' ἄλλοι μηδὲν ἀδικήσονται. 4. Πάντα ποιητέον, ὅπως μὴ ἐπὶ βασιλεῖ γενησόμεθα.

δ) Die Bedingungssätze (Konditionalsätze) § 168

Der Bedingungssatz bezeichnet zusammen mit dem Folgerungssatz das nur vorgestellte Verhältnis von Grund und Folge[1]).

Er war ursprünglich ein selbständiger Satz, der der daraus gezogenen Folgerung in der Regel vorausging. Die Bedingung kann auch in einem Adverbiale (z. B. mit ἄνευ) oder einem Partizip (§ 156) verständlich ausgedrückt sein.

1. Ἀδικεῖ τις ἑκών, ὀργὴν καὶ τιμωρίαν κατὰ τούτου· ἐξήμαρτέ τις ἄκων, συγγνώμην ἀντὶ τιμωρίας τούτῳ (eig.: εἰ ...). 2. * Τί βροτοῖς ἄνευ Διὸς τελεῖται (= wenn Gott nicht hilft); 3. * Οὐκ ἂν δύναιο μὴ καμὼν εὐδαιμονεῖν. 4. * Ὁ μὴ δαρεὶς ἄνθρωπος οὐ παιδεύεται.

Dem irrealen Bedingungssatz liegt häufig ein selbständiger Wunschsatz zugrunde. Das ist bei Homer noch deutlich erkennbar. Daher fehlt beim irrealen und schließlich auch beim potentialen Bedingungssatz ἄν (* κε). Aus dem gleichen Grund ist die Verneinung μή.

1. * Εἰ κεῖνόν (den Odysseus) γ' Ἰθάκηνδε ἰδοίατο νοστήσαντα, | πάντες κ' ἀρησαίατ' ἐλαφρότεροι (möglichst flink) πόδας (§ 41) εἶναι. 2. *Εἰ δέ που Αἴαντός γε βοὴν ἀγαθοῖο πυθοίμην· | ἄμφω κ' αὖτις ἰόντες ἐπιμνησαίμεθα χάρμης (würden wir beide uns wieder unserer Kampflust erinnern).

---

[1]) „Wenn ich arbeite, werde ich etwas erreichen." Die Folge tritt nur ein, wenn die vorgestellte Voraussetzung Wirklichkeit ist oder wird.

§ 169   Εἰ

Die Bedingungssätze werden durch **εἰ** *wenn* eingeleitet. Als Modus der Aussage steht **Indikativ** oder **Optativ**. Der *Folgerungssatz* (Hauptsatz) behält die Aussageweise der Hauptsätze bei, *unabhängig vom Bedingungssatz*.

Übersicht über die Modi der Aussage

im Bedingungssatz (Wenn-satz)		im Folgerungssatz (Hauptsatz)	
sachliche Bedingung (**realer** Fall)	εἰ mit Indikativ aller Zeiten	notwendige Folgerung	Ind. aller Zeiten
		mögliche Folgerung	Optativ + ἄν
		geforderte Folgerung	Aufforderung oder Wunsch (Imp., Konj., Opt.)
als möglich vorgestellte Bedingung (**potentialer** Fall)	εἰ mit Optativ	als möglich vorgestellte Folgerung **Potentialis**	Opt. + ἄν
als nicht verwirklicht vorgestellte, nur angenommene Bedingung (**irrealer** Fall)	εἰ mit { Imperfekt, Ind. Aorist	(immer auch) als nicht verwirklicht behauptete Folgerung **Irrealis**	Imperfekt + ἄν Ind. Aorist + ἄν
in der Vergangenheit wiederholt eingetretener Fall (**Iterativ d. Verg.**)	εἰ mit Optativ	wiederholt eingetretene Folgerung **Iterativ d. Verg.**	Imperfekt

1. Εἰ τοῦτο λέγεις, ἀγνοεῖς τὰ πράγματα. 2. Εἰ τοῦτο λέγεις, ἁμαρτάνοις ἄν. 3. Εἴ τις ἐμοὶ ἀπιστεῖ, τούτοις πιστεύοι. 4. Εἰ δοκεῖ, πλέωμεν. 5. Εἴ τις ἀπιστοίη, ἀνερωτῴη. 6. Εἰ ψεύδομαι, ἐξέλεγχε. 7. Εἴ τις ἔροιτο, ἀποκριναίμεθα ἄν. 8. Εἰ μὴ ἐκεῖνος ἀφείλετ' αὐτόν, ἀπώλετ' ἄν. 9. Ἦν τοῖς ὀφθαλμοῖς ἐπικούρημα (Hilfe) τῆς χιόνος, εἴ τις μέλαν τι ἔχων πρὸ τῶν ὀφθαλμῶν πορεύοιτο.

Anm. Potentialis und Irrealis sind bei Homer noch nicht unterschieden. *Οὐδ' εἴ μοι τόσα δοίη, ὅσα ψάμαθός τε κόνις τε, | οὐδέ κεν ὣς ἔτι θυμὸν ἐμὸν πείσει Ἀγαμέμνων (sagte Achill).

Häufige Verbindungen mit εἰ:

1. **εἰ μή** (= ἀλλ' ἤ) außer (vgl. *nisi*; nach verneintem Verbum)
 Ἡμῖν οὐδέν ἐστιν ἀγαθὸν ἄλλο, εἰ μὴ ὅπλα καὶ ἀρετή.
2. **εἰ δὲ μή** (ohne Verbum) widrigenfalls, sonst, andernfalls
 Ἐπίδειξον, ὅτι ψεύδομαι· εἰ δὲ μή, αὐτὸς ἀπόκριναι.
3. **εἰ μή —, ἀλλὰ — γε** wenn nicht —, so doch (wenigstens)
 Ἀρχέλαον τὸν Περδίκκου ὁρᾷς ἄρχοντα Μακεδονίας; — Εἰ δὲ μή, ἀλλ' ἀκούω γε.

4. **εἴτε — εἴτε** sei es daß — oder daß, ob — oder
Εἴ τίς μου λέγοντος ἐπιθυμεῖ ἀκούειν, εἴτε νεώτερος εἴτε πρεσβύτερος, οὐδενὶ πώποτε ἐφθόνησα (sagte Sokrates).

5. **εἰ μὴ ἄρα** (mit *Indikativ*, lat. *nisi forte*) außer etwa (daß)
Πῶς ἂν ὁ τοιοῦτος ἀνὴρ διαφθείροι τοὺς νέους; Εἰ μὴ ἄρα ἡ τῆς ἀρετῆς ἐπιμέλεια διαφθορά ἐστιν.

6. **εἴπερ** (mit *Indikativ*) wenn wirklich
1. Εἴπερ βούλει πυθέσθαι, ἐρώτα. 2. Εἴπερ ἡ ψυχὴ ἀθάνατος, ἐπιμελείας δεῖται.

7. *ὡς εἰ (mit Optativ oder formelhaft ohne Verbum) gleichsam (vgl. lat. *quasi*). Dafür in Prosa **ὥσπερ ἂν εἰ** wie wenn etwa (mit Optativ oder als Irrealis mit Imperfekt oder Ind. Aorist). Παραπλήσιον πάσχουσιν ὥσπερ ἂν εἴ τις ἵππον κτήσαιτο καλὸν κακῶς ἱππεύειν ἐπιστάμενος.

Ἐάν § 170

Mit εἰ verbindet sich ἄν in konjunktivischen Bedingungssätzen zu **ἐάν** (ἤν, ἄν, dicht. *εἴ κε, αἴ κε) *wenn allenfalls, wenn unter Umständen, für den Fall daß, immer wenn*. Ἐάν stellt ein wiederholt mögliches Geschehen der Gegenwart oder einen für die Zukunft erwogenen Fall als Bedingung hin, steht also im Wiederholungsfall der Gegenwart und im futurischen Fall. Dies gilt ebenso für die Zeitsätze und Relativsätze mit ἄν.

Übersicht über die Modi der Aussage

im konjunktivischen Bedingungssatz		im Folgerungssatz (Hauptsatz)	
in der Zukunft erwartetes Geschehen **futurischer Fall**	ἐάν mit Konj.	sich ergebende Folgerung oder geforderte Folgerung	Ind. Futur oder Modus einer Aufforderung (Imp., Konj.)
in der Gegenwart immer wieder mögliches Geschehen **Iterativ d. Geg.**	ἐάν mit Konj.	in der Gegenwart immer wieder eintretende Folgerung	(meist) Ind. Präsens oder Opt. + ἄν

1. Ἐὰν δύνωμαι, σαφέστερον ἐπιδείξω, ὃ λέγω (meine). 2. Πολλήν σοι χάριν ἕξω, ἐάν με ἐλέγξῃς (widerlegst). 3. Χρῶ τούτοις, ἐὰν δέῃ τι. 4. Μέγα νομίζομεν κέρδος, ἐὰν ἀλλήλοις ὠφέλιμοι γιγνώμεθα. 5. Ἐάν τις προστάτης πόλεως γιγνώσκῃ ὧν δεῖ καὶ ταῦτα πορίζεσθαι δύνηται, ἀγαθὸς ἂν εἴη προστάτης. 6. Ἐγώ σοι ὑπισχνοῦμαι, ἂν θεὸς εὖ διδῷ, βοηθήσειν σοι, ἢν δύνωμαι· ἢν δὲ μὴ δύνωμαι, ἀδύνατος ἂν φαινοίμην, οἶμαι, ἄδικος δ' οὐκ ἂν δικαίως κρινοίμην.

Anm. Dem Gebrauch von εἴτε — εἴτε entspricht ἐάντε — ἐάντε.
Ἐάντε νῦν ἐάντε αὖθις ζητήσητε ταῦτα, οὕτως εὑρήσετε.

§ 171 ε) Die Zugeständnissätze (Konzessivsätze)

Auch der Konzessivsatz bezeichnet zusammen mit dem Folgerungssatz ein *vorgestelltes* Verhältnis von Grund und Folge, jedoch in der Umkehrung: die Folge tritt *trotz* der bestehenden Voraussetzung nicht ein oder tritt *trotz* fehlender Voraussetzung ein[1].

Das konzessive Verhältnis kann auch durch — μέν — δέ oder durch ἀλλά am Anfang des zweiten Satzes ausgedrückt werden.

Der konzessive Nebensatz entspricht in Modus und Negation den Bedingungssätzen. Er wird eingeleitet durch

καὶ εἰ, καὶ ἐάν (κἄν)   auch wenn   οὐδ' εἰ, οὐδ' ἐάν   auch nicht wenn
εἰ καί, ἐάν καί   wenn auch[2]   εἰ καὶ μάλιστα   wie sehr auch

Zum übergeordneten Satz tritt häufig ὅμως *trotzdem, doch*. Über καίπερ mit Partizip s. § 157c.

1.* Γελᾷ δ' ὁ μῶρος, κἄν τι μὴ γελοῖον ᾖ. 2. Οὐδ' εἰ πάντες ἔλθοιεν Πέρσαι, πλήθει γε οὐχ ὑπερβαλοίμεθ' ἂν τοὺς πολεμίους. 3. Εὐλαβοῦ τὰς διαβολάς, κἂν ψευδεῖς ὦσιν. 4. Ἡγοῦμαι εἶναι ἀνδρὸς ἀγαθοῦ ὠφελεῖν τοὺς φίλους, καὶ εἰ μηδεὶς μέλλοι εἴσεσθαι. 5. Τὰ δίκαια πάντες, ἐὰν καὶ μὴ βούλωνται, αἰσχύνονται μὴ πράττειν. 6. Ὁ μὴ ἐπιστάμενος οὔτε στρατηγὸς οὔτε ἰατρός ἐστιν, οὐδ' ἐὰν ὑπὸ πάντων ἀνθρώπων (§ 12, 4, A. 2) αἱρεθῇ.

§ 172 c) Der Relativsatz

1. Der Relativsatz kann Subjekt, Attribut, Objekt oder Adverbiale des übergeordneten Satzes sein. Er wird eingeleitet

α) durch **ὅς, ἥ, ὅ** der, die, das; welcher, welche, welches

Zu Formeln erstarrt sind

ἐστὶν οἵ, εἰσὶν οἵ   = ἔνιοι   einige   (ἐστίν, auch ἔστιν, und εἰσίν bleiben dabei in der
ἐστὶν ὅτε, ἔσθ' ὅτε = ἐνίοτε   manchmal   Regel unverändert)
οὐκ ἔστιν ὅτε   = οὔποτε   nie

1. Ἐστὶν οὓς πολλὰ ἐδακρύσαμεν ἡμεῖς. 2. Στρατιὰν εἶχεν ἐκ τῶν ἐν Σικελίᾳ πόλεων ἐστὶν ὧν. 3. Τοῖς Ἀθηναίοις οἱ Λακεδαιμόνιοι ὕποπτοι ἐγένοντο ἐστὶν ἐν οἷς οὐ ποιοῦντες ἐκ τῶν συγκειμένων, ἃ εἴρητο. 4. Κλέαρχος ἐκόλαζεν ἰσχυρῶς καὶ ὀργῇ ἐνίοτε, ὡς καὶ αὐτῷ μεταμέλειν ἔσθ' ὅτε (manchmal). 5. Πελοποννήσιοι ᾤκισαν Ἰταλίας καὶ Σικελίας τὸ πλέον τῆς τε ἄλλης Ἑλλάδος ἐστὶν ἃ χωρία.

Anm. Ausdrücke der Ähnlichkeit verbinden sich mit ὅσπερ: ὁ αὐτός ὅσπερ, ἴσος ὅσπερ der nämliche, der ja (auch), der nämliche wie, ὅμοιος, παραπλήσιος ὅσπερ ähnlich wie, οὕτως ὥσπερ genauso wie.

1. Οἱ Λακεδαιμόνιοι παραπλησίαις ἀτυχίαις ἐχρήσαντο αἷσπερ ἡμεῖς. 2. Ἐγένετο οὕτως, ὥσπερ σὺ ἔλεγες.

β) durch **ὅσος** wie groß, wieviel, **οἷος** wie geartet, **ἡλίκος** wie groß, wie alt, wie bedeutend, **ὡς** wie, **οὗ** wo, **ὅτε** wann, **ὅθεν** woher, **οἷ** wohin

Merke: πάντες, ὅσοι alle, die. 1. Τοῦτον τὸν πόλεμον φεύγουσι πάντες, ὅσους ἐκπέμπετε, στρατηγοί. 2. Πάνθ', ὅσ' ἐβουλήθη, διαπέπρακται.

---

[1] Vgl.: Der Optimist sagt: „Auch wenn ich nichts lerne, erreiche ich mein Ziel." Der Pessimist sagt: „Auch wenn ich dauernd lerne, erreiche ich mein Ziel nicht."
[2] erst nachhomerisch.

γ) durch **ὅστις** (ὅς τις) wer auch immer, wer irgend

1. Ὅτῳ δοκεῖ ταῦτα, ἀράτω τὴν χεῖρα. 2. Ὑμεῖς ἕλοισθ', ὅ τι καὶ τῇ πόλει συνοίσειν μέλλει.

Formelhaft werden gebraucht

τίς ἐστιν ὅστις	wer?[1]	τίς ἐστιν ὅστις οὐ	jeder (= οὐδείς ἐστιν ὅστις οὐ)
οὐκ ἔστιν ὅστις	} niemand	οὐκ ἔστιν ὅπως	unmöglich
οὐδείς ἐστιν ὅστις		οὐκ ἔστιν ὅπως οὐ	auf jeden Fall

1.* Οὐκ ἔστιν οὐδείς, ὅστις οὐχ αὑτὸν φιλεῖ. 2. Τίς οὕτως εὐήθης ἐστίν, ὅστις ἀγνοεῖ τὸν ἐκεῖθεν πόλεμον δεῦρο ἥξοντα;

2. In Wechselbeziehung stehen als **pronomina „correlativa"**

οὗτος, ὅς (ὅσπερ)	der(jenige), der	οὕτως, ὥσπερ	so — wie
τοιοῦτος, οἷος	so — wie	τοσοῦτος, ὅσος	so groß (viel) — wie
τηλικοῦτος, ἡλίκος	so groß (alt, bedeutend) — wie	ὅσῳ — τοσούτῳ	je — desto
			mit Komparativ oder Superlativ

1. Ἐνίοτε (= ἔστιν ὅτε) συμβαίνει τι τοιοῦτον, οἷον καὶ τὰ νῦν. 2. Φίλιππον, ὦ ἄνδρες Ἀθηναῖοι, κατεστήσαμεν τηλικοῦτον, ἡλίκος οὐδείς πω βασιλεὺς γέγονεν Μακεδονίας. 3. Τοσούτῳ ἥδιον ζῶ, ὅσῳ πλείω κέκτημαι.

Aus τοιοῦτός εἰμι, οἷός τε (§ 139 a, A.) *ich bin ein solcher, der* (in der Lage ist) gewinnt οἷός τέ εἰμι die Bedeutung *ich kann.* Ἕως ἂν ἐμπνέω καὶ οἷός τε ὦ, οὐ μὴ (§ 163 β 2) παύσομαι φιλοσοφῶν (Sokrates zu seinen Richtern).

3. Der *Modus* der Relativsätze richtet sich nach dem Sinn der Aussage:

α) Die Modi der *Hauptsätze* (der Indikativ, der potentiale Optativ, der Optativ zum Ausdruck eines Wunsches, der Deliberativ sowie der Imperativ) werden bei ihrer Verwendung im Relativsatz nicht verändert. Doch wird der Potentialis auch ohne ἄν gebraucht.

1. Ἀνεπαύοντο, ὅπου ἐτύγχανον ἕκαστος (§ 8). 2. Τίς μισεῖν δύναιτ' ἄν, ὑφ' οὗ εἰδείη καλός τε καὶ ἀγαθὸς νομιζόμενος; 3. Οἱ πολέμιοι ἐξηκόντιζον τοῖς παλτοῖς καὶ ἄλλα δόρατα ἔχοντες παχέα μακρά, ὅσα ἀνὴρ ἂν φέροι μόλις, τούτοις ἐπειρῶντο ἀμύνασθαι ἐκ χειρός. 4. Οἶμαι ἡμᾶς τοιαῦτα παθεῖν, οἷα τοὺς ἐχθροὺς οἱ θεοὶ ποιήσειαν. 5. Οὐκ ἔχω, ὅ τι ποιῶ (tun soll). 6. Ἠπόρησαν οἱ Ἀθηναῖοι, ὅπῃ καθορμίσωνται (landen sollten). 7. Λέγουσιν ἄλλοι καὶ ἄλλους τινὰς πόρους (Hilfsmittel, Geldquellen), ὧν ἕλεσθ' ὅστις ὑμῖν συμφέρειν δοκεῖ.

β) Für die Modi der *Nebensätze* im Relativsatz gilt:

1. Relativsätze, die eine Begründung enthalten (*der ja = weil er ja*), stehen wie die Kausalsätze im Indikativ oder im potentialen Optativ mit ἄν und werden durch οὐ verneint.

1. Πῶς Σωκράτης τοὺς νέους διέφθειρεν (§ 116, A.), ὃς πάντων ἀνθρώπων (§ 12, 4, A. 2) ἐγκρατέστατος ἦν καὶ πρὸς πάντας πόνους (§ 41, A.) καρτερικώτατος (abgehärtet); 2. Οὐκ ἔστιν, ὅτου ἕνεκα βουλοίμεθ' ἂν τὴν βασιλέως χώραν κακῶς ποιεῖν.

2. Relativsätze, die eine *wirkliche Folge* bezeichnen, stehen im Indikativ oder im potentialen Optativ mit ἄν. Dies gilt besonders für die Umschreibung der Begriffe *keiner, auf keine Weise, unmöglich* und deren Gegenteil (s. § 172, 1 γ).

---

[1]) Vgl. frz.: *qu'est-ce que c'est que cela?*

1. Οὐκ ἔστιν ὅπως οὐκ ἐπιθήσεται ἡμῖν βασιλεύς. 2. Καὶ πεζὸς καὶ νῆες καὶ οὐδὲν ὅ τι οὐκ ἀπώλετο. 3. Τίς οὕτως ἰσχυρός, ὃς λιμῷ καὶ ῥίγει δύναιτ' ἂν μαχόμενος στρατεύεσθαι;

3. Relativsätze, die eine *beabsichtigte Folge* bezeichnen (*damit = so daß*), stehen im Indikativ Futur (§ 118) und werden durch μή verneint.

1. Ἱκανοί ἐσμεν ὑμῖν πέμψαι ἄνδρας, οἵτινες τὴν ὁδὸν ἡγήσονται (führen sollen). 2. Οἱ πολιτευόμενοι νόμους τίθενται, ἵνα μὴ ἀδικῶνται, καὶ ὅπλα κτῶνται, οἷς ἀμυνοῦνται τοὺς ἀδικοῦντας (damit sie sich wehren könnten gegen).

4. Relativsätze, die mit οἷος oder ὅσος eingeleitet sind und eine *mögliche Folge* ausdrücken stehen nach τοιοῦτος bzw. τοσοῦτος im Infinitiv (§ 166, 5).

Ἐγὼ ἀεὶ τοιοῦτός εἰμι, οἷος μηδενὶ ἄλλῳ πείθεσθαι ἢ τῷ λόγῳ.

5. Relativsätze, die eine wiederholte Handlung der Vergangenheit nennen, stehen im iterativen Optativ (ohne ἄν, § 134).

Πρὸς ᾧ εἴη ἔργῳ, τοῦτο ἔπραττεν.

6. Relativsätze, die eine Bedingung enthalten (*der = wenn er*), werden wie Bedingungssätze behandelt und durch μή verneint.

1. Ἃ μὴ οἶδα, οὐδὲ οἴομαι εἰδέναι. 2. Τῷ ἀνδρί, ὃν ἂν ἕλησθε, πείσομαι.

§ 173 Besonderheiten der Relativsätze

a) Das hinweisende Pronomen zum Relativsatz fehlt häufig.
Οἱ θεοί, οἷς ἂν ὦσιν ἵλεῳ, σημαίνουσιν.

b) Das Relativpronomen im Akkusativ gleicht sich gern dem Kasus seines unmittelbar vorausgehenden substantivischen Bezugswortes an, besonders wenn dies ohne Demonstrativ steht (**„Assimilation"** des Relativs).

1. Μέμνησθε τῶν ὅρκων, ὧν (statt οὕς) ὀμωμόκατε. 2. Οἱ Ἀθηναῖοι τὸν Περικλέα αἴτιον σφίσιν ἐνόμιζον πάντων, ὧν (statt ἅ) ἔπασχον.

c) Häufig tritt das Bezugswort aus dem Hauptsatz ohne Artikel an das Ende des Relativsatzes (**„Attraktion"** des Substantivs). Es steht dann im Kasus des Relativs.

1. Μέμνησθε ὧν ὀμωμόκατε ὅρκων. 2. Ἔσεσθε ἄνδρες ἄξιοι ἧς κέκτησθε ἐλευθερίας. 3. Εἰς ἣν ἀφίκοντο κώμην, μεγάλη ἦν (= ἡ κώμη, εἰς ἣν ...).

Anm. Attraktion mit Assimilation sind besonders häufig bei οἷος in unvollständigen Vergleichssätzen.
Ἡμεῖς ἔγνωμεν τοῖς οἵοις ἡμῖν τε καὶ ὑμῖν χαλεπὴν πολιτείαν εἶναι δημοκρατίαν.

d) Das Relativpronomen schließt einen Hauptsatz an den vorhergehenden an (**„relativer Satzanschluß"**, seltener als im Lateinischen).

1. Βουλοίμην ἂν Κῦρον λαθεῖν ἀπελθών· ὃ οὐ δυνατόν ἐστιν. 2. Καὶ μάρτυρας παρεσχόμην καὶ τεκμήρια. Ἃ χρὴ μεμνημένους ὑμᾶς διαγιγνώσκειν περὶ τοῦ πράγματος.

e) Das Relativpronomen gehört manchmal zu einem Nebensatz oder Infinitiv oder Partizip des Relativsatzes. Dadurch entsteht die **„Relativsatzverschränkung"**.

1. Ἄκουε, ἃ χρή σε δρᾶσαι. 2. Τοιοῦτος γίγνου περὶ τοὺς γονέας, οἵους ἂν εὔξαιο περὶ σεαυτὸν γενέσθαι τοὺς σεαυτοῦ γονέας. 3. Μὴ μισθώμεθα ἀνθρώπους, οἷς ὁπόταν τις διδῷ πλείονα μισθόν, ἐκείνοις ἐφ' ἡμᾶς ἀκολουθοῦσιν. 4. Τὰ ἐπιττήδεια ἐπέλιπεν, ἃ ἔχοντες ἦλθον.

f) Im *Ausruf* steht statt des Fragworts oft das *Relativ*.

1. Ὦ πάππε, ὅσα πράγματα (Schwierigkeiten) ἔχεις. 2. Οἷα ποιεῖς, ὦ ἑταῖρε.

Die abhängige Rede (Oratio obliqua) § 174

Die direkte Rede gibt eine Äußerung wörtlich wieder, die indirekte, abhängige Rede berichtet über sie. Dabei können sich, wie bei den abhängigen Sätzen überhaupt, Person und Modus ändern.

Tempus, Modus und Negation erscheinen wie bei den entsprechenden abhängigen Sätzen, denen ein Verbum wie *sagen* oder *meinen* übergeordnet ist. Die Nebensätze der direkten Rede können in der indirekten Rede unverändert bleiben. Ist ein Infinitiv übergeordnetes Verbum, so stehen meist auch die davon abhängigen Sätze, trotz einleitender Konjunktionen, im Infinitiv.

Oft geht der abhängige Bericht in die direkte Rede über, wie in der deutschen Umgangssprache. Längere indirekte Reden sind nicht häufig.

Direkt:

1. Ἀνταλκίδας ἔλεγεν· Εἰρήνης δεόμενος ἥκω τῇ πόλει πρὸς βασιλέα. Τῶν τε γὰρ ἐν τῇ Ἀσίᾳ Ἑλληνίδων πόλεων ἡμεῖς οἱ Λακεδαιμόνιοι βασιλεῖ οὐκ ἀντιποιοῦνται, τάς τε νήσους ἁπάσας καὶ τὰς ἄλλας πόλεις ἀρκεῖ ἡμῖν αὐτονόμους εἶναι.

2. Σπονδὰς ἐποιήσαντο Ἀθηναῖοι καὶ Ἀργεῖοι καὶ Μαντινῆς ἑκατὸν ἔτη κατὰ τάδε· Ἢν πολέμιοι ἴωσιν ἐς τὴν γῆν τὴν Ἀθηναίων, βοηθούντων Ἀργεῖοι καὶ Μαντινῆς Ἀθήναζε τρόπῳ ὁποίῳ ἂν δύνωνται ἰσχυροτάτῳ· ἢν δὲ δῃώσαντες οἴχωνται, πολεμία ἔστω αὕτη ἡ πόλις Ἀργείοις καὶ Μαντινεῦσι καὶ κακῶς πασχέτω ὑπὸ ἁπασῶν τῶν πόλεων τούτων· καταλύειν δὲ μὴ ἐξέστω τὸν πόλεμον πρὸς ταύτην τὴν πόλιν μηδεμιᾷ τῶν πόλεων, ἢν μὴ ἁπάσαις δοκῇ.

3. Σωκράτης ἐνέτυχέ μοι καὶ ἠρόμην αὐτόν· Ποῖ ἔρχῃ; Καὶ ἐκεῖνος εἶπεν, ὅτι ἐπὶ δεῖπνον εἰς Ἀγάθωνος. Ὁ μὲν οὖν Σωκράτης, ἑαυτῷ πως προσέχων τὸν νοῦν, κατὰ τὴν ὁδὸν ἐπορεύετο ὑπολειπόμενος, καὶ περιμένοντός μου ἐκέλευε προϊέναι εἰς τὸ πρόσθεν. Ἐπειδὴ δὲ ἐγενόμην ἐπὶ τῇ οἰκίᾳ τῇ Ἀγάθωνος, ἀνεῳγμένην καταλαμβάνω τὴν θύραν.

Indirekt:

Ἀνταλκίδας ἔλεγεν, ὅτι εἰρήνης δεόμενος ἥκοι τῇ πόλει πρὸς βασιλέα. Τῶν τε γὰρ ἐν τῇ Ἀσίᾳ Ἑλληνίδων πόλεων Λακεδαιμονίους βασιλεῖ οὐκ ἀντιποιεῖσθαι, τάς τε νήσους ἁπάσας καὶ τὰς ἄλλας πόλεις ἀρκεῖν σφίσιν αὐτονόμους εἶναι.

Σπονδὰς ἐποιήσαντο Ἀθηναῖοι καὶ Ἀργεῖοι καὶ Μαντινῆς ἑκατὸν ἔτη κατὰ τάδε· Ἢν πολέμιοι ἴωσιν ἐς τὴν γῆν τὴν Ἀθηναίων, βοηθεῖν Ἀργείους καὶ Μαντινέας Ἀθήναζε τρόπῳ ὁποίῳ ἂν δύνωνται ἰσχυροτάτῳ· ἢν δὲ δῃώσαντες οἴχωνται, πολεμίαν εἶναι ταύτην τὴν πόλιν Ἀργείοις καὶ Μαντινεῦσι καὶ κακῶς πάσχειν ὑπὸ ἁπασῶν τῶν πόλεων τούτων· καταλύειν δὲ μὴ ἐξεῖναι τὸν πόλεμον πρὸς ταύτην τὴν πόλιν μηδεμιᾷ τῶν πόλεων, ἢν μὴ ἁπάσαις δοκῇ.

Ἔφη οἱ Σωκράτη ἐντυχεῖν καὶ ἐρέσθαι αὐτόν, ὅποι ἴοι. Καὶ τὸν εἰπεῖν, ὅτι ἐπὶ δεῖπνον εἰς Ἀγάθωνος. Τὸν οὖν Σωκράτη, ἑαυτῷ πως προσέχοντα τὸν νοῦν, κατὰ τὴν ὁδὸν πορεύεσθαι ὑπολειπόμενον, καὶ περιμένοντος οὗ κελεύειν προϊέναι εἰς τὸ πρόσθεν. Ἐπειδὴ δὲ γενέσθαι ἐπὶ τῇ οἰκίᾳ τῇ Ἀγάθωνος ἀνεῳγμένην καταλαμβάνειν τὴν θύραν.

DIALEKTGRAMMATIK UND METRIK

METHODISCHE VORBEMERKUNGEN

Eine im wesentlichen auf Interpretation ausgerichtete Lektüre bedarf des Zurücktretens der rein grammatischen Belehrung. Die Dialektgrammatik soll daher nach Möglichkeit die bisher notwendigen mündlichen sprachlichen Erläuterungen während des Unterrichts ersetzen. So dient sie der Entlastung der Schüler von formalem Wissensballast. Sie ist ein reines Nachschlagewerk und darf keinesfalls als zusammenhängender Lernstoff betrachtet werden. Im übrigen aber ist ihre Verwendung eine dreifache:

1. Im *Unterricht* wird der Lehrer durch die Möglichkeit der Verweisung bzw. des Aufschlagens langer Erörterungen und zeitraubender Tafeldarstellungen enthoben.

2. In der *Vorbereitung* dient sie dem Schüler wie das Lexikon als Nachschlagewerk; in jenem findet er unbekannte Vokabeln, sie hilft ihm bei unbekannten Formen.

3. Im *Gruppenunterricht* ermöglicht sie das Zurücktreten des Lehrers, indem sie der Gruppe ein ausreichendes Handwerkszeug zur selbständigen Bewältigung der Aufgabe zur Verfügung stellt.

Die Hinweise auf die sprachlichen Erläuterungen des ersten Bandes sind bewußt auf die Fußnoten beschränkt. Sie sollen dem Lehrer die Möglichkeit der Orientierung über die Entstehung abweichender Dialektformen bieten.

DIE SPRACHE DER NICHTATTISCHEN SCHULSCHRIFTSTELLER

Vorbemerkung: Zur Formenlehre zitierte §, R, E beziehen sich auf den Teil I unserer Grammatik, die Laut- und Formenlehre von H. Zinsmeister; R = § 26 Die wichtigsten Lautgesetze, S. 33ff.; E = V. Teil, Sprachgesch. Erläuterungen, S. 200 ff. Hinweise auf den Teil II von Lindemann-Färber sind mit „s. o. §" gekennzeichnet.

A. Die Griechischen Dialekte

1. DAS IONISCHE § 175

Das **Ionische** gliedert sich in

das Ostionische: mittlere Westküste Kleinasiens (Milet, Ephesos) und vorgelagerte Inseln (Lemnos, Chios, Samos); die von diesem Gebiete aus gegründeten Kolonien in Thrakien, am Schwarzen Meer und in Unteritalien

das Inselionische: auf den Kykladen

das Westionische: Euboia (Chalkis, Eretria) und die von hier ausgehenden Kolonialgründungen in Großgriechenland (Kyme, Neapel) und auf der Chalkidike (Olynthos, Amphipolis).

Eine zur Sonderentwicklung fortschreitende Unterart des Ionischen ist das **Attische**.

Allen ionischen Dialekten sind folgende *Eigentümlichkeiten gemeinsam*:

Vokale:

1. Urgriechisches **ᾱ > η**[1]): δᾶμος > δῆμος, μάτηρ > μήτηρ, ἰάσασθαι > ἰήσασθαι.

2. Die **Metathesis quantitatum**[2]) wird ausnahmslos durchgeführt: λᾱός > *λήος > λεώς, ἦα (ich war) > ἔᾱ.

Anm. Wenn bei dieser Umwandlung auch die zweite Silbe als kurz erscheint, liegt Analogiebildung vor: βασιλῆος > βασιλέως > βασιλέος (nach G. -ος der kons. Dekl.), χρή ὄν > χρεών > χρεόν (nach ἑξόν, παρόν).

3. Beim Zusammentreffen von zwei langen Vokalen tritt **Vokalkürzung**[3]) des ersten ein: τῑμῶν (G. Pl. von τῑμή) > *τῑμήων > τῑμέων, ζωή (Leben) > ζοή.

4. Die **Kontraktion**[4]) im Wortinneren zusammentreffender Vokale findet schon früh statt.

Anm. ε + ε[5]) und ο + ο[6]) ergeben dabei geschlossene Längen, die in Inschriften mit dem gleichen Zeichen wie die Kürzen geschrieben werden: προσαιρέται (att. προσαιρεῖται), τρές (att. τρεῖς), Πειθός (att. Πειθοῦς); aber ε + ο und ε + ου (= ō) wird mit ευ[7]) bezeichnet: ἀργυρεῦν (att. ἀργυροῦν), φορευμένη (att. φορουμένη), δοκεῦσα (att. δοκοῦσα).

Konsonanten:

5. **ϝ** ist im An- und Inlaut schon um 800 v. Chr. geschwunden[8]), wie die dann eintretenden Elisionen bezeugen: χαῖρ' ἄναξ (< *ϝαναξ), κατ' οἶκον (< *ϝοικον), δούλι' ἔργα (< *ϝεργα).

6. Das **ν ἐφελκυστικόν**[9]) ist eine ionisch-attische Neuerung: D. Pl. -σιν, Verbalendungen -εν, (-*τιν >) -σιν, sowie εἴκοσιν; zu 3. Pers. Sg. Impf. ἦν (< ἦεν) statt des in anderen Dialekten üblichen ἦς s. E 107.

---

[1]) § 25; R 1; § 191 b. [2]) R 7; § 195. [3]) R 6; § 194c. [4]) R 8; § 196. [5]) E 8. [6]) E 11.
[7]) § 10 o; § 11; E 10. [8]) R 13; § 202. [9]) § 204, 2 A.

Deklination:
7. Die ι-Stämme[1]) (πόλις) bilden neben den in den übrigen Dialekten beibehaltenen i-Formen (G. πόλιος, D. πόλῑ < *πολιι) den neuen G. πόληος (> πόλεως) nach dem als Dativ gebrauchten Lokativ πόληι.
8. Zu den Genetiven ἡμέων, ὑμέων[2]) werden die Nom. ἡμεῖς, ὑμεῖς (nach Analogie zu den Adjektiven der -εσ- Stämme, z. B. σαφέων) und die Akk. ἡμέας, ὑμέας (att. ἡμᾶς, ὑμᾶς) neu gebildet.
9. Anstatt des älteren ἅτερος[3]) (in der att. Krasis ἅτερος = ὁ ἕτερος erhalten) findet sich ἕτερος.

Konjugation:
10. Eine ionische Neubildung ist die *Infinitiv*endung -ναι[4]): φάναι, ἱστάναι, διδόναι, δεικνύναι.

Partikeln:
11. ἄν statt des sonst üblichen κε(ν), κα.
12. Die auch in anderen Dialekten sich findenden Formen πρός und εἰ verdrängen älteres ποτί bzw. προτί und αἰ.

§ 176

Vom Attischen **unterscheidet** sich das Ionische hauptsächlich durch folgende Eigentümlichkeiten:

Vokale:
1. **Erhaltung** des aus ᾱ entstandenen η auch nach ε, ι, ρ, während es das Attische in diesen Fällen in ᾱ zurückverwandelt[5]): χώρη, att. χώρᾱ.
2. ε + ο, ε + ου erscheint als **ευ**, im Attischen als ου[6]).
3. Auf abweichende **Ablautstufen** gehen zurück:

    ᾰ: att. η, λάψομαι att. λήψομαι   ερ: att. ἀρ, ἔρσην att. ἄρρην (< ἄρσην)
    η: att. ᾱ, διπλήσιος att. διπλάσιος   λᾱ: att. λω, γλάσσα att. γλῶττα
    ᾰ: att. ε, τάμνω att. τέμνω   ω(< ωυ): att. αυ, τρῶμα att. τραῦμα.

4. **Ersatzdehnung** bei Schwund des ϝ nach ν, λ, ρ, δ, σ, wo es im Attischen spurlos ausfiel[7]):

   *ἐνϝεκα > ion. εἵνεκα att. ἕνεκα   *περϝατα > ion. πείρατα att. πέρατα
   *ξενϝος > ,,   ξεῖνος ,,   ξένος   *δορϝατα > ,,   δούρατα ,,   δόρατα
   *μονϝος > ,,   μοῦνος ,,   μόνος   *δεδϝοικα > ,,   δείδοικα ,,   δέδοικα
   *ὀλϝος >   ,,   οὖλος ,,   ὅλος   *ἰσϝος >   ,,   ἶσος ,,   ἴσος.
   *καλϝος > ,,   κᾱλός ,,   κᾱλός

Konsonanten:
5. **σσ** (< κι̯, χι̯) statt att. ττ[8]): φυλάσσω, θάσσων, γλῶσσα (auch γλάσσα); ferner τέσσαρες (< *τετϝαρες).
6. **σσ** (< τι̯, θι̯) statt att. σ[9]): μέσσος (< *μεθι̯ος).
7. **ρσ** statt att. (assimiliert >) ρρ[10]): θαρσέω, ἔρσην (s. o. 3).
8. Idg. **Labiovelare**[11]) entwickeln sich im Kleinasiatisch-Ionischen vor dunklem Vokal > **κ** (statt att. π): κῶς, κοῦ, κόθεν, ὁκοῖος, οὐδέκοτε.

Aspiration:
9. Das Ionische der Kykladen und auf Euboia hat den Hauchlaut erhalten, das Kleinasiatische hat ihn dagegen früh aufgegeben: ἱρός (att. ἱερός), Ἑρμῆς, κατ' ἕκαστον, ἀπίκετο.

Anm. Der Beweis liegt darin, daß auf Inschriften die erstgenannten Gebiete das Zeichen H für den Spiritus asper setzen, das Kleinasiatische aber H nur für ē verwendet[12]).

Deklination:
10. Der G. Sg. der männlichen ō/η-Stämme weist den Ausgang -εω (< *ηο < ᾱο) statt att. -ου auf: πολίτεω, βορέω (< *βορεηο).
11. Zur abweichenden Deklination der ι-Stämme s. o. § 175, 7.
12. μέγας und καρτερός bilden die lautgesetzlichen Komparative μέζων[13]), κρέσσων[14]).

Einzelwörter:
13. κεῖνος, ξυνός (att. κοινός), βόλομαι[15]), δέκνῡμι (att. δείκνῡμι[16]), γίνομαι, γινώσκω.

---
[1]) E 38. [2]) E 61. [3]) E 68. [4]) Ursprünglich nur -εναι; wenn diese Endung an einen auslautenden Stammvokal trat, wurde kontrahiert, z. B. στῆναι, woraus ein bloßes -ναι abgelöst wurde.
[5]) R 1; § 191 b. [6]) § 10 •; § 11; E 10; Beispiele s. o. § 175, 4 A. [7]) § 202, 2 β. [8]) R 21 g; § 211, 6.
[9]) R 21 e; § 211, 4; att. πλάττω (ion. πλάσσω < *πλαθι̯ω) ist Analogie zu ταράττω (< *ταραχι̯ω) u. ä.
[10]) § 212, 2 A. 2. [11]) § 207. [12]) § 7, 3; § 15. [13]) § 84 E; § 211, 7 A. 2; E 57.
[14]) § 85 E; § 211, 4 A.; E 58. [15]) E 11. [16]) E 8.

2. DAS ACHAIISCH-AIOLISCHE § 177

Aus dem altachaiischen Dialekt gingen an **Untergruppen** hervor:
1. Arkadisch, 2. Kyprisch, 3. Thessalisch (wo aber das vordringende Nordwestgriechische zahlreiche örtliche Differenzierungen bewirkte), 4. Boiotisch (mit starkem nordwestgriechischem Einschlag), 5. Aiolisch (auf Lesbos, einigen umgebenden kleineren Inseln, der benachbarten Küste des nördlichen Kleinasien und in den von dort aus gegründeten Kolonien).

Gemeinsame Spracheigentümlichkeiten sind:

Vokale:
1. **ορ, ρο** (zumeist < ṛ) für gemeingriechisches αρ, ρα: στροτός, βροχύς, ἐφθορκώς.
2. **ο** statt α
    a) in den Zusammensetzungen mit ἀνα-: ὀνέθηκε, ὀνέτροπε (att. ἀνέτραπε),
    b) in den Zahlwörtern ἔνοτος, δέκοτος (auch δέκο), ἑκοτόν[1]).

Anm. ὀνίᾱ (att. ἀνίᾱ Kummer) in den literarischen Texten (Sappho, Alkaios) ist wahrscheinlich durch falsche Analogiebildung in die Hss. eingedrungen.

3. **υ** statt o in ἀπυ- und ἄλλυ: ἀπυφύγῃ, ἀπυλιμπάνω (att. ἀπολείπω), ἄλλυι (Lokativ); vgl. auch lesbisch ὄνυμα, ὔσδος (att. ὄζος Zweig).
4. Die **Apokope** bei Präpositionen: κακχέω (att. καταχέω), καββάλλω (att. καταβάλλω), κὰγ γᾶν (att. κατὰ γῆν).

Konsonanten:
5. Idg. **Labiovelare**[2]) entwickeln sich vor hellen Vokalen zu π: πείσω, πεῖσαι (att. τείσω, τεῖσαι)

Konjugation:
6. Die **Verba contracta** bilden Formen nach der athematischen μι- Klasse: κάλημι (att. καλέω), κάλεντον (att. καλούντων), ὄρημι (att. ὁράω).
7. Der **Infinitivausgang** des Aor. Pass. lautet -θην bzw. -ην: στεφανώθην, ἐντάφην.

Partikeln:
8. **κε** statt att. ἄν, **πεδά**[3]) statt att. μετά.

Einzelwort:
9. πτόλις[4]) statt πόλις.

Die **nordachaiischen** Dialektgruppen (thessalisch-boiotisch-aiolisch) kennen folgende **Sonderbildungen**:

a) σλ, σμ, σν, νσ, λσ und ρι, νι werden **assimiliert**, eine Ersatzdehnung tritt also nicht ein.

*χεσλιοι	> χέλλιοι	att. χίλιοι[5])	*κρινσαι	> κρίνναι	att. κρῖναι
*ἄσμες	> ἄμμες	att. ἡμεῖς	*στελσαι	> στέλλαι	att. στεῖλαι
*ἐσμι	> ἔμμι	att. εἰμί	*ἀϝεριω	> ἀέρρω	att. (ἀείρω >) αἴρω
*σελασνᾱ	> σελάννᾱ	att. σελήνη	*φθεριω	> φθέρρω	att. φθείρω
*κλεϝεσνος	> κλέεννος	att. κλεινός	*κτενιω	> κτέννω	att. κτείνω
*μηνσος	> μῆννος	att. μηνός			

b) Der D. Pl. der kons. Deklination endigt auf **-εσσι**: παίδεσσι, ἄνδρεσσι.
c) Das Part. Perf. Pass. weist den Ausgang -ων mit präsentischer Flexion auf: γεγόνων, γεγόνοντος.
d) Die Entwicklung der idg. **Labiovelare** (s. o. 5) > π vor hellem Vokal findet weitere Verbreitung, πῆλε (att. τῆλε), πέσσαρες (att. τέτταρες; vgl. hom. πίσυρες), πέμπε (att. πέντε[6]).

Die Besonderheiten des Aiolischen, bes. des **Lesbischen** s. unten § 201.

---

[1]) Vielleicht Fernassimilation vom o der letzten Silbe her.   [2]) § 207.
[3]) Etymologisch nicht zu μετά gehörig.
[4]) Da das Wort schon in Linear B (Kreta) vorkommt, gehört die Form zum altgriechischen Bestand.
[5]) Ion. χείλιοι.   [6]) E 69, 1.

§ 178   3. DAS NORDWESTGRIECHISCH-DORISCHE

Das **Nordwestgriechische** wurde in Epirus, Akarnanien, Aitolien, in der Doris, in Delphi, Lokris, Phokis, ferner auf der Peloponnes in Elis und Achaia gesprochen.

Das **Dorische** ist der Dialekt Lakoniens und seiner Kolonien (Tarent, Herakleia), Messeniens, der Argolis mit Aigina, von Megara und Korinth nebst ihren Kolonien (Byzanz, Chalkedon, Korkyra, Syrakus), ferner der Inseln Kreta, Melos, Thera (mit Kyrene), Rhodos (mit seinen Kolonien Gela und Akragas), des südlichen Kleinasien mit den vorgelagerten Inseln (Kos, Knidos, Karpathos) und weiter Gebiete Siziliens, wo das vorher herrschende Ionische verdrängt wird.

In Boiotien und Thessalien mischen sich das ältere Achaiisch-Aiolische und das Dorische.

Kennzeichnend für die **beiden Dialektgruppen** ist das Festhalten am altertümlichen Sprachbestand.

Vokale:
1. Urgriechisch ᾱ bleibt unverändert: μάτηρ, δᾶμος, πολίτᾱς.
2. ἱαρός (oder ἰαρός) statt ἱερός.
3. **Kontraktion** von ᾱ + ο, ω > ᾱ: Ἀλκμᾶν (= Ἀλκμάων), πεινᾶντι (att. πεινῶντι).

Anm.: Daher endigt der G. Sg. der männlichen Substantiva der ᾱ-Dekl. auf -ᾱ (< ᾱο[1]) und der G. Pl. der ᾱ-Dekl. auf -ᾶν (< ἀων[2]): Εὐρώτᾱ, τᾶν πολιτᾶν, τᾶν δραχμᾶν.

Kontraktion von α + ε > η: ἐνίκη (att. ἐνίκᾱ), νίκῃ (att. νίκᾳ), σῡλῆν (att. σῡλᾶν); auch in der Krasis: κἤκ (= καὶ ἐκ), κἤν (= καὶ ἐν).
Kontraktion von ο + α > ᾱ in πρᾶτος (att. πρῶτος).

Konsonanten:
4. ϝ bleibt lange erhalten: ϝάναξ, γαιάϝοχος, λᾶϝός.
5. Die Lautgruppe **-τι** (-ντι) bleibt unverändert[3]): δίδωτι, ἀφίητι, φέροντι (att. φέρουσι), ϝίκατι (att. εἴκοσι), τριακάτιοι (att. τριακόσιοι).

Deklination:
6. Nach der idg. bzw. urgriech. Form lautet der Pl. des **Artikels** τοί, ταί[4]).
7. τύ du[5]), τῆνος (statt att. (ἐ)κεῖνος) < *τηνος (vgl. τῇ da).

Konjugation:
8. 1. Pl. **-μες** (statt -μεν[6]): εὑρίσκομες, ἐστάσαμες (att. ἐστήσαμεν), ἐτάμομες (att. ἐτέμομεν).
9. 3. Sg. Imperfekt ἦς (att. ἦν).
10. **Infinitivendung** -μεν der athematischen Verba und des Aor. Pass.: ἀναθέμεν, ἀποδόμεν, ἀποκριθῆμεν.

Partikeln:
11. **αἰ** (= εἰ), **κα** (= κε, att. ἄν).

Demgegenüber sind als **Neubildungen** zu betrachten:
12. die Ausgänge -έος, -έϝι, -έϝα der Substantiva auf -εύς anstelle des älteren -ῆος, -ῆϝι, -ῆϝα: βασιλέος.
13. das sog. *dorische Futur*[7]): πραξέω (dor. πραξίω), ἀποδειξέω (dor. -ίω).
14. der *gutturale* Stammcharakter der Verba auf -ζω im Aorist: κατασκευάξαι, ψαφίξασθαι[8]).
15. die *Apokope* der Präpositionen ἀνά und παρά vor allen Konsonanten sowie von κατά und ποτί vor dentalem Anlaut: ἂμ πεδίον, πὰρ ποταμῷ, κὰτ τό, πὸτ τόν.

Betonung:
Für die dorische Dialektgruppe hat die antike Grammatik Besonderheiten der Akzentuierung festgestellt, deren verpflichtende Regelmäßigkeit und deren Geltungsbereich allerdings aus der schriftlichen Überlieferung nicht eindeutig belegt werden kann.

Danach steht im Dorischen der *Akzent dem Wortende näher* als im Attischen und zwar erscheinen:

Paroxytona statt Proparoxytona: ἄνθρωποι, ἄγγελοι, ἐλάβον   Oxytona statt Paroxytona: φρατήρ
Paroxytona statt Properispomena: αἶγες, χεῖρες, ἄμυναι   Oxytona statt Perispomena: παίς, ναύς, καλώς
Perispomena statt Paroxytona: παιδῶν, τουτῶν, οὑτῶς, ἀλλᾶ (att. ἄλλη), ἁμᾶ (att. ἅμα).

Von den zahlreichen **Sonderbildungen,** die das **Lakonische** aus der Gruppe der dorischen Dialekte herausheben, sind die wesentlichsten:

a) ε vor dunklem Vokal > ι, wenn ι, σ, σι ausgefallen ist: τειχίων (< *τειχεσων, att. τειχῶν), ἐπαινίω; ein Wandel von εο > ιω liegt vor in ἀδικίωμες, ὑμνίωμες (ion. ἀδικέομεν, ὑμνέομεν).

---

[1]) § 39 A. 2.   [2]) § 196 b 2.   [3]) § 210; E 69,1 (εἴκοσι); E 75,2.   [4]) E 21,1.   [5]) E 61.   [6]) E 75,2.
[7]) § 135, 1 A. 2; E 84,3.   [8]) Vielleicht Analogiebildungen zu σφάξαι, ἁρπάξαι.

b) Bei **Ersatzdehnung** von ε und ο und bei **Kontraktion** von ε + ε und ο + ο, ε + ο erscheint η bzw. ω: ἦμεν (< *ἐσ-μεν, att. εἶναι), ἔμηνα (= ἔμεινα), ἔχωσα (= ἔχουσα), τὼς ξένως (= τοὺς ξένους), δραμῆται (= δραμεῖται), φίλη (= φίλει), εὐχαριστῶμες (= εὐχαριστοῦμεν).

Anm. Daher lautet der Infinitiv des Präs. und des starken Aor. Akt. der thematischen Verba auf -ην (Themavokal ε + εν: ἔχην, γαμῆν, ἰδῆν) und der G. Sg. der o-Dekl. auf -ω (πολέμω, στρατᾱγῶ < *πολεμοο, *στρατᾱγοο).

c) Aus dz (< δι, γι) entwickelt sich über zd ein Laut, der mit **σδ** wiedergegeben wird: γυμνάσδομαι, κιθαρίσδην (= κιθαρίζειν).

d) Schreibungen wie τέθριπποι, ποθ' ἡμᾶς bekunden, daß in älterer Zeit **θ** als *Aspirata* gesprochen wurde. Aber schon im 5./4. Jh. trat der Wandel zu einem *Spiranten* ein, der als σ geschrieben wurde: ἀνέσηκε (= ἀνέθηκε), ἔλσῃ, περὶ τῶ σιῶ σύματος (= τοῦ θεοῦ θύματος).

B. Die Literatursprachen §179

Einer schriftlich fixierten Literatur begegnen wir zuerst im achaiisch-aiolischen und ionischen Siedlungsraum; bald darauf wird auch der dorische Dialekt literaturbildend. Das Attische findet sich schon in der Dichtung Solons, aber erst von den Perserkriegen an nimmt sein Einfluß in steigendem Maße zu.

Für die einzelnen literarischen Gattungen bestimmt das Dialektgebiet ihres erstmaligen Erscheinens das sprachliche Gepräge. Da sie aber bald über diesen geographischen Raum hinauswachsen, lösen sie sich insofern vom Idiom des Ursprungsortes, als die Dialektfärbung nun für die Einzelgattung fest bleibt und nicht mehr von der Heimat des Verfassers oder dessen jeweiligem Aufenthalt abhängt. Diese Gattungsdialekte werden beibehalten, auch wenn die gesprochene Mundart sich geschichtlich weiter entwickelt: so entstehen *Literaturdialekte* als Kunstprodukte, erlernt, weitergegeben und nachgeahmt, aber nirgends mehr wirklich gesprochen.

I. DICHTUNG

a) Die episch-ionische Dichtung §180

Die Sprachform der sog. **Homerischen Epen** ist eine Kunstschöpfung, ruhend auf dem **Ionischen**, durchsetzt von älterem **aiolischem** Sprachgut. Als die alten Epen gesammelt und geordnet wurden, ersetzte man gelegentlich nicht mehr ganz verständliche Bildungen durch moderne Formen; daraus erklärt sich der freilich seltene, stets sekundäre attische Einschlag.

Die uns vorliegenden späten Handschriften der epischen Dichtungen sind aber auch durch Umbildungen entstellt, zurückzuführen auf mehrfache *Umschrift* in neue Alphabete bis in die byzantinische Zeit. So veranlaßte z. B. die neue Schreibung ει statt ē ab 5. Jh.[1]) Verwechslungen mit η: εἷος statt ἧος, θείω statt θήω, εἵαται statt ἧαται; oder es wird ει und ι vertauscht, weil im Spätgriechischen beides als i gesprochen wurde[2]): τίσω statt τείσω, διϊπετής statt διειπετής, οἰκτείρω statt οἰκτίρω.

In der Sprache *Hesiods*, dessen Vater aus dem aiolischen Kyme stammte und der selbst in Boiotien lebte, finden sich neben stärkeren Aiolismen (z. B. αἴνημι neben αἰνέω) auch noch dorische Eigenheiten (G. Pl. der a-Dekl. auf -ᾶν, Akk. Pl. auf -ᾰς trotz *ανς; ἦν „sie waren").

Die aus Distichen bestehende **Elegie** weist neben der epischen Sprachform nur spärliche Spuren des persönlichen Dialekts der Verfasser auf (bei *Kallinos* (c. 700), *Mimnermos* (c. 600), *Xenophanes* (c. 565—476) ionische Wörter; bei *Tyrtaios* (c. 650), *Theognis* (c. 500) dorische Formen, z. B. A. Pl. δημότᾱς, G. Sg. Εὐρώτᾱ; bei *Solon* stärkere attische Färbung, wie ἡμετέρᾱ, ῥᾴδιον, εὐνομίᾱ, πλουτοῦσιν neben νοεύμεν). Die stammesmäßigen Sprachunterschiede treten naturgemäß bei **Epigrammen** auf Gräbern, Weihgeschenken u. dgl. zahlreicher hervor.

Die der subjektiven Aussage dienenden Dichtungsarten des **Iambos** und **Trochaios** wurden vor allem von *Archilochos* (c. 650), *Semonides* von Amorgos (c. 600) und *Hipponax* (c. 540) im ionischen Sprachraum entwickelt; so verbindet sich dieser Dialekt mit der auch in diesen Gattungen vorherrschenden epischen Sprache. *Solon* (c. 600) allerdings nimmt seine attische Heimatmundart zur Grundlage, auf die spärliche Ionismen (δουλίη, τρομεύμενος) und epische Formen als Zitate oder aus metrischen Gründen aufgesetzt sind (μοῦνος, νόος, δῆιος, ἔερδον). *Herondas* (c. 275), der sich in Versmaß und Sprachform Hipponax zum Vorbild nimmt, schreibt in seinen Mimiamben ein Ionisch, dessen Kenntnis er der älteren Literatur verdankt.

---

[1]) E 8. [2]) § 8; E 8.

§ 181　　　　　　　　　　Lautlehre

I. VOKALE

1. *Vom Attischen abweichend* steht das ionische **η** statt ᾱ[1]): Τροίη, ῥηίδιος, πρήσσω, ἰήσομαι; ferner findet sich

   η statt ε : ἱερήιον　　　　　ου statt ο : μοῦνος[2])
   ει statt ε : ξεῖνος[2])　　　αι statt α : αἰεί (< *αἰϝεσι), αἰετός (<*αἰϝετος[3])

2. Die **Kontraktion** tritt häufig noch **nicht** ein: ἄστεα, θεάων, νόον, νέεσθαι; ε + ο, ου wird zumeist durch ευ bezeichnet[4]): ἐμεῦ, φιλεῦντες, δατεῦντο.
   Dihairesis ist die Unterlassung der diphthongischen Verbindung zweier Vokale: πάϊς (< *παϝις), ὄϊς (vgl. ὄϝις argiv.), ᾽Ατρεΐδης (< *᾽Ατρεϝιδης), μένεϊ (< *μενεσι).

3. **Apokope** ist das Fehlen des Schlußvokals bei ἄρα, ἀνά, κατά, παρά, ἀπό vor Konsonanten; dabei kann der nunmehr schließende Konsonant assimiliert werden[5]): ἀμβαίνω, ἂμ πεδίον, ἀγκρεμάσας, ἀλλύουσα, κάββαλε, κάππεσε, κὰγ γόνυ, κὰκ κεφαλῆς, καδδῦσαι, κάλλιπε, καννεύσᾱς, κὰρ ῥόον, πὰρ ποσσί, ἀππέμψει.

4. Zu **Elision** s. R 10, § 198; **Aphairesis** § 198; **Krasis** R 9, § 197; **Synizesis** § 197, A. 3.
5. Zu **Metathesis quantitatum** s. R 7, § 195; ferner o. § 175, 2.
6. Zur **metrischen Dehnung** s. u. § 210.

§ 182　　　　　　　　　　II. KONSONANTEN

1. **T-Laut vor σ** kann, statt auszufallen, assimiliert werden[6]): ποσσί < *ποδσι;
   σ vor σ kann erhalten bleiben[6]): γένεσσιν, ἔσσομαι, ἐγέλασσα.

2. **K- und T-Laut vor μ** unterliegt keiner Veränderung (durch Assimilation und Analogie[7]): ἀκαχμένος, ἴδμεν, κεκορυθμένος.

3. **Liquidae und σ** finden sich in manchen Wörtern doppelt und einfach: ᾽Αχι(λ)λεύς, ἔ(λ)λαβε, ἵ(σ)σᾱσιν, ᾽Οδυ(σ)σεύς; merke auch ὅ(τ)τι, ὅ(π)πως, ὁ(π)ποῖος, ἔδδεισεν[8]).

4. Zur Einschaltung von **Übergangslauten** (ἄμβροτος, μέμβλωκα) s. § 215.

5. **Liquida nach muta** kann hinter den folgenden Vokal treten: τέτρατος - τέταρτος, κραδίη-καρδίη, ἔπραθον - πέρθω[9]).

6. Zum Nachweis des anlautenden **ϝ** in der epischen Sprache s. § 202, 2 A. Im Inlaut ist ϝ zumeist geschwunden[10]); doch findet sich unter dem Einfluß des Aiol. auch ϝ > υ (z. B. ἔχευα < *ἔχεϝα), besonders in der Verbindung ϝρ > υρ: ἀπούρᾱς < *ἀπο-ϝρᾱς, ταλαύρινος <*ταλαϝρινος; vgl. u. § 201, 5 A. 2.

---

1) R 1; § 191 b.　　2) § 202,2 β; § 200; R 11; ferner o. § 176,4.　　3) R 13 b u. 12; § 202, 2 α u. 202, 1 α.
4) § 10 o; § 11; E 10; ferner o. § 175, 4 A.　　5) R 23; § 213.
6) Eine Vereinfachung wie im Attischen muß also nicht eintreten; vgl. R 22 d, e; § 212,2 c, d.
7) 213, 1 e A. u. 2 b A.; E 96.
8) Die Verdoppelungen sind zumeist Assimilationen: *ἐσλαβε, *ἐδϝεισεν; nach ἔλλαβε wurden dann auch ἔλλαθον, ἔλλιπον, ἔμμαθον gebildet.
9) Es handelt sich dabei zumeist um die *liquida sonans* ṛ > αρ oder ρα; s. R 2, § 191 d.　　10) R 13, § 202, 2.

Formenlehre §183

I. NOMEN
1. SUBSTANTIVA
a-Deklination[1])

1. Der N.Sg. der Substantiva auf ᾱ endet stets auf -η[2]): Τροίη, βίη; selbst einige Substantiva auf ᾰ schließen sich an: ἀληθείη.

   Anm. Ausnahmen auf ᾱ sind einige Eigennamen (Ναυσικάᾱ) und θεά.

   Der N.Sg. einzelner Mask. auf ης kann auf -ᾰ enden: ἱππότα, αἰχμητά, ἱππηλάτα.[3])

   Anm. εὐρύοπα (Κρονίδην) ist zunächst Akk. zu *εὐρύοψ; diese Form wurde dann in Analogie zu μητίετα u.ä. auch als Nom. (und Vok.) gebraucht.

2. Der G.Sg. der Mask. endet auf -ᾱο, -εω̰ (<*ηο[4], mit Synizese) und -ω (nach Vokalen): Ἀτρεΐδᾱο, Ἀτρεΐδεω̰, Ἑρμείω.

   Anm. Diese Bildung findet sich schon in Linear B; im Gegensatz zur bisher geltenden Erklärung der Übertragung aus der o-Deklination geht sie vielleicht auf eine idg. Pronominalendung -*sο zurück[5]).

3. V.Sg. auf -ᾰ (statt des Nom. als Vok.) findet sich in νύμφᾰ (vgl. auch πάππᾰ, δολομῆτᾰ).

4. Der G.Pl. aller α-Stämme endet (anschließend an pronominales τάων < *τᾱσων[6]) auf -ᾱων, -έω̰ν (< *ηων[4], mit Synizese) und -ῶν (bes. nach Vokalen): θεάων, ναυτέω̰ν, παλαιῶν, παρηῶν.

5. Der D.Pl. hat (nach οισιν gebildet[6]) die Endungen -ῃσιν, -ῃς, selten -αις: σφετέρῃσιν ἀτασθαλίῃσιν, πέτρῃς πρὸς μεγάλῃσιν, πάσαις, θεῇσιν = θεῇς = θεαῖς.

6. Kontrahierte Formen beschränken sich auf Ἑρμῆς, Ἑρμῆ, Ἑρμῆν; sonst unterbleibt die Kontraktion[7]): Ἀθηναίη, γαῖα, Ἑρμείας.

o-Deklination[8]) §184

1. Der G.Sg. endet auf -οιο[9]), -οο und -ου: Ἡελίοιο, Αἰόλοο, δήμοο, δόμου ὑψηλοῖο.

2. Als V.Sg. dient auch der N.: καὶ σύ, φίλος.

3. Der D.Pl. endet auf -οισιν[10]) neben οις: μετὰ οἷσι φίλοισιν.

4. G. und D.Dual enden auf -οιιν[11]): ὀφθαλμοῖιν, ὤμοιιν.

5. Kontrahierte Formen fehlen außer νοῦς neben νόος.

6. Ebenso fehlt die sog. „attische" Deklination; Eigennamen wie Ἀγέλεως, Πηνέλεως, Ἀναβησίνεως erklären sich durch Metathesis quantitatum[12]) von -λᾱος, -νᾱος.

   Anm. ἀγήρως und ὑψίκερως sind alte Ablautbildungen zu γῆρας und κέρας.

---

[1]) § 36 ff.; E 25.   [2]) R 1; § 191 b.
[3]) Das ᾰ ist auf eine sonst unbekannte Nominativendung idg. *ə zurückzuführen; die frühere Erklärung einer Analogiebildung und Übertragung von Vokativen wie νύμφᾰ (s. u. 3) lehnt Schwyzer I 560 ab.
[4]) R 7; § 39 A. 2; § 195.   [5]) nach H. Geiß, Glotta 1956, p. 142.   [6]) E 21,2; E 25,2.   [7]) E 27.
[8]) § 33 ff.; E 21; E 22.
[9]) beeinflußt durch die pronominale Deklination des Artikels: *τοσιο > τοῖο > *τοο > τοῦ (E 21,1).
[10]) eigentlich Lokativendung (E 21,2).   [11]) E 70.   [12]) R 7; § 195.

§ 185 Dritte Deklination[1])

1. G. und D. Dual enden auf -οιιν[2]): ποδοῖιν, Σειρήνοιιν.

2. Der D. Pl. zeigt die Ausgänge -εσ(σ)ιν (aiolisch, s. o. § 177 b) und -σιν, das bei σ- und T-Stämmen -σσιν[3]) ergibt; jedoch ist auch die Vereinfachung möglich: μνηστήρεσσιν, μνηστῆρσιν; πόδεσσιν, ποσσίν und ποσίν.

3. T-Stämme auf -ις und -υς bilden den A. Sg. (ohne Rücksicht auf die Betonung) auf -ν und -α: ὄπιν — ὄπιδα, κόρυν — κόρυθα.

4. σ-Stämme bleiben zumeist unkontrahiert: ἄλγεα; im G. Sg. der εσ-Stämme findet sich die Schreibung ευ = εο: θέρευς[4]), im D. Sg. der ασ-Stämme αι < α + ι: δέπαι, σέλαι.
Einige ασ-Stämme bilden N. und A. Pl. auf -ᾰ: γέρᾰ, κρέᾰ[5]). Analogiebildung zur εσ-Klasse weist οὖδας in den Formen οὔδεος, οὔδεϊ auf.

5. Die Verwandtschaftsbezeichnungen auf -ηρ bilden die Voll- neben der Schwundstufe[6]): θυγατέρες : θύγατρες, πατέρος : πατρός; ἀνέρος : ἀνδρός.

6. ι-Stämme[7]) bilden nebeneinander Formen mit der Schwundstufe ι und mit der Voll- (bzw Dehn-)stufe ει(ηι): πόλις, πόλιος, πόλῖ (<*πολιι), πόλιν; πόλιες, πολίων, πολίεσ(σ)ιν, πόλιας und πολῖς (< *πολινς); daneben πόληος, πόληϊ und πόλει; N. πόληες, A. πόληας und πόλεις.

7. ἄστυ ist noch nicht an πόλις angeglichen: ἄστεος, ἄστεϊ; Pl. ἄστεα.

8. ϝ-Stämme auf -εύς zeigen vor vokalischer Endung die Dehnstufe ηϝ[8]): βασιλῆος, βασιλῆα; βασιλῆες, βασιλήων, βασιλῆας.

Anm. Eigennamen kennen daneben auch die ε-Formen: Ὀδυσσέος (Ὀδυσεύς), Ὀδυσεῖ, Ὀδυσσέα.

9. Die ῡ-Stämme bilden den D. Pl. auf -ύεσσιν und -ῠσιν, den A. Pl. auf -υας und -ῡς: νεκύεσσιν : νέκυσιν, ἰχθύσιν; νέκυας : νέκῡς.

10. ἠώς[9]): G. ἠόος, D. ἠόι, A. ἠόα; ebenso αἰδώς, ἱδρώς.

§ 186 Wichtigste Anomala

1. Ἀίδης nach der ᾱ-Dekl.; daneben G. Ἄιδος, D. Ἄιδι. — 2. ἀλκή: D. ἀλκί. — 3. ἄναξ: V. ἄνα[10]). — 4. τὸ ἄορ: A. Pl. ἄορας. — 5. Ἄρης: G. Ἄρηος, Ἄρεος; D. Ἄρηι, Ἀρεΐ, Ἄρῃ; A. Ἄρηα, Ἄρην; V. Ἄρες, Ἄρες. — 6. βοῦς: Sg. A. βοῦν, βῶν[11]); Pl. D. βόεσσιν, βουσίν; A. βόας, βοῦς. — 7. γέλως: D. γέλῳ, A. γέλω. — 8. γόνυ: G. γουνός, γούνατος; Pl. N. A. γοῦνα, γούνατα; G. γούνων; D. γούνεσσιν, γούνασ(σ)ιν[12]). — 9. ὁ δεσμός: N. Pl. δεσμοί, δέσματα. — 10. δόρυ: Sg. G. δουρός, δούρατος; D. δουρί; Pl.N.A. δοῦρα, δούρατα; G. δούρων; D. δούρεσσι, δούρασι[4]). — 11. δῶμα: Kurzform δῶ[13]). — 12. ἔρως, N. ἔρος D. ἔρῳ, A. ἔρον. — 13. Ζεύς: neben Διός usw. auch Ζηνός, Ζηνί, Ζῆνα u. Ζῆν[14]). — 14. ἡνίοχος: A. Sg. ἡνίοχον, ἡνιοχῆα; N. Pl. ἡνίοχοι, ἡνιοχῆες. — 15. ἥρως: D. Sg. ἥρωι, ἥρῳ. — 16. θηρητήρ: A. Pl. θηρητῆρας, θηρήτορας. — 17. ἰωή: A. Sg. ἰωκα. — 18. τὸ κάρη: G. Sg. κάρητος, καρήατος, κρᾱτός, κράατος usw. (A. Sg. auch κρᾶτα). — 19. ἡ κέλευθος: N. Pl. κέλευθοι, κέλευθα. — 20. τὸ κρῖ: N. Pl. κρῖθαί. — 21. Κρονίων: G. Sg. Κρονίονος, Κρονίωνος. — 22. λᾶας: G. Sg. λᾶος usw. V. λᾶε. — 23. ὁ λῑς (Leu): A. Sg. λῖν[15]), D. Pl. λίεσσιν. — 24. μάστιξ: D. Sg. μάστιγι, μάστῑ[16]); A. Sg. μάστιγα, μάστιν. — 25. ὁ μηρός: N. Pl. μηροί, μῆρα, μηρία. — 26. Μίνως: A. Μίνωα, Μίνων. — 27. νηῦς: Sg. G. νηός, νεός; D. νηί; A. νῆα, νέα; Pl. N. νῆες, νέες; G. νηῶν, νεῶν; D. νήεσσιν, νέεσσιν, νηυσίν; A. νῆας, νέας; Instr. ναῦφιν. — 28. ὁ ὄχος: Pl. N. ὄχοι, τὰ ὄχεα; G. ὀχέων; D. ὀχέεσσι; Instr. ὀχεσφιν. — 29. Πάτροκλος: G. Πατρόκλοιο

---

[1]) § 42ff.; E 28.   [2]) E 70.   [3]) R 22 d, e; § 212, 2 c, d.   [4]) s. o. § 175, 4 A.
[5]) Trotz α + α; Analogiebildung zum unkontrahierten Neutr. Pl. auf -ᾰ.   [6]) § 51; E 34.   [7]) § 57; E 38.
[8]) E 39.   [9]) § 54, 2 A.; E 24, 2   [10]) § 47, 6; R 18; § 209, 2.   [11]) idg. Form *$g_{u}o[u]m$.
[12]) § 202, 2 β + R 11; § 200.   [13]) δῶ < *$dō[m]$, δῶμα < *$dōm\m$.   [14]) E 42, 3; vgl. lat. diem.
[15]) vgl. ις: A. Sg. ἴν (lat. vīs, vim).   [16]) von einem N. μάστις.

Πατρόκλου, Πατροκλέεος usw. – 30. πατροφόνος: A. Sg. πατροφονῆα. – 31. ἡ πλευρά: N. Pl. πλευραί, τὰ πλευρά. – 32. πρόσωπον: D. Pl. προσώπασι; A. Pl. πρόσωπα, προσώπατα. – 33. Σαρπηδών: G. Σαρπηδόνος, Σαρπήδοντος usw. – 34. σπέος: Sg. G. σπέεος, D. σπέεϊ, A. σπέος; D. Pl. σπέεσι, σπεέεσσι. – 35. υἱός: G. υἱοῦ, υἱέος, υἱὸς usw.; D. Pl. υἱοῖσιν, υἱάσιν. – 36. ὑσμίνη: D. Sg. ὑσμίνῃ, ὑσμῖνι. – 37. φύλαξ: A. Pl. φύλακας, φυλακούς. – 38. χείρ: D. Sg. χειρί, χερί; D. Pl. χείρεσσιν, χερσίν. – 39. χρώς: G. χροός, χρωτός usw.

Alte Adverbialsuffixe § 187

1. Zu -θι, -ι „wo?", -θεν „woher?", -σε, -δε, -ζε „wohin?" s. § 88, 1 d und 2.

   Anm. Manchmal geht die lokale Bedeutung in die temporale über: ἠῶθι πρό, βουλυτόνδε.

2. -φιν: instr.: ἶφι, κρατερῆφι βίηφι — lok.: ὄρεσφι, κλισίηφι — temp.: ἅμ' ἠόι φαινομένηφι — separativ: ἀπὸ ναῦφι, ἐξ εὐνῆφιν.

2. ADJEKTIVA § 188

1. Abweichend vom Attischen bilden manche *zusammengesetzten* Adjektiva der o-Dekl. eine *Femininform:* ἀγακλειτή, ἀριγνώτη, ἀριζήλη; ἀβρότη, ἀθανάτη, ἀδμήτη, ἀσβέστη, ἀπειρεσίη; ἐυξέστη; ἀντιθέη, ἀμφιβρότη, ἀμφιελίσση, ἀμφιρύτη, εἰναλίη, ἐννυχίη, ἐπικαρσίη, ὑποδεξίη; αὐτομάτη, δουρικτήτη, πολυμνήστη, πολυφόρβη, ἱππηλασίη u. ä.
   Andrerseits werden dreiendige Adjektiva manchmal *zweiendig* gebraucht: πικρὸς ὀδμή, πολιὸς ἅλς, ἄγριος αἴξ, κλυτὸς Ἀμφιτρίτη, ἡδὺς ἀυτμή, θῆλυς ἐέρση, ὀλοώτατος ὀδμή, πουλὺν ἐφ' ὑγρήν, ἐν ὑλήεντι Ζακύνθῳ, ἐς Πύλον ἠμαθόεντα.

2. Adjektiva auf -υς enden im Fem. auf -εῖα, -έα, -έη: ἡδεῖα, ὠκέα, βαθέη; εὐρύς bildet den A. Sg. Mask. εὐρύν und εὐρέα.

3. πολύς weist in allen Formen des Mask. und Neutr. die Stämme πολυ- und πολλο- nebeneinander auf: πολύς — πολλός, πολέες, πολεῖς — πολλοί, πολέεσσιν (πολέ(σ)ιν) — πολλοῖσιν, πολέας, πολῦς (πολεῖς) — πολλούς.

4. Die Adjektive auf -εος und -οος werden nicht kontrahiert, sind aber häufig mit Synizese zu lesen; bei den Adjektiven auf -εντ- finden sich die Kontraktionen τῑμῆς[1]), τῑμῆντα.

5. Zusammengesetzte Adjektiva, deren zweiter Bestandteil ein Substantiv ist, weisen die Flexion dieses Substantivs auf: κλυτοτέχνην, Ἑλλάδα καλλιγύναικα, ἐρυσάρματας ἵππους.

6. Sonderbildungen: αἰπύς: αἰπεῖα, αἰπή; δῖος: δῖα[2]); ἐρίηρος: Pl. ἐρίηρες; θαλερός: θάλεια, θαλερή; θαμέες: θαμειαί; θοῦρος: θοῦρις; πίων: πίειρα; πρέσβυς: πρέσβα; πρόφρων: πρόφρασσα[3]); ταρφέες: ταρφειαί.

7. Komparation:

   a) Adjektiva auf -ος bilden zuweilen trotz langer vorhergehender Silbe -ωτερος, -ωτατος: κακοξεινώτερος, ὀϊζῡρώτατος, λᾱρώτατος.

   b) Die Komparation auf -ῑων, -ιστος[4]) ist häufiger als im Attischen: γλυκίων, φιλίων, οἴκτιστος, ὤκιστος, ἐλέγχιστος.

---

[1]) Das ει in τῑμήεις (< *τῑμη-εντς) ist Ersatzdehnung, also ē (E 8); daher ist in der Kontraktion kein ι enthalten.
[2]) < *διϝια.
[3]) < *προφρυτια; das an -φρον angefügte τ in Analogie zu Dialektbildungen wie ἑκών: ἕκασσα (< *ϝεκυτια).
[4]) § 84; E 57.

c) Vom Attischen abweichende Komparationsformen[1]):

ἀγαθός	ἀρείων, λωίων, λωίτερος	κάρτιστος
	φέρτερος, βέλτερος	φέρτατος, φέριστος
κακός	κακώτερος, χερείων	
	χερειότερος, χειρότερος	
βραχύς	βράσσων[2])	
μακρός	μάσσων[2])	μήκιστος
βραδύς		βάρδιστος
παχύς	πάσσων[2])	πάχιστος
ῥηίδιος	ῥηίτερος	ῥηίτατος, ῥήιστος
μέσος		μέσσατος

d) Auch von Substantiven werden Komparationsformen gebildet: βασιλεύτερος — βασιλεύτατος, κερδίων, ῥίγιον, κύντερος — κύντατος, μυχοίτατος.

e) Komparationsendung ohne komparative Bedeutung weisen auf ἀγρότερος, ὀρέστερος, θηλύτερος[3]).

8. Der Elativ wird häufig durch die Vorsilben ἀρι-, ἐρι-, δα-, ζα- (<δια-), ἀγα- bezeichnet: ἀρίγνωτος, ἐριβῶλαξ, δάσκιος, ζάθεος, ἀγακλυτός.

§ 189   3. NUMERALIA

Vom Attischen abweichende Formen:

1. εἷς, μία, ἕν: Fem. ἴα, ἰῆς, ἰῇ, ἴαν; D. Sg. Neutr. ἰῷ[4]) — δύο: δύω (indekl.), δοιώ und δοιοί, δοιαί, δοιά — τέσσαρες: D. Pl. τέτρασιν — πίσυρες[5]) — δώδεκα: δυώδεκα, δυοκαίδεκα — εἴκοσι: ἐείκοσι(ν)[6]) — ἐνενήκοντα: ἐννήκοντα[7]) — χίλιοι: ἐννεάχῑλοι, δεκάχῑλοι.

2. Ordnungszahlen: πρώτιστος, δεύτατος, τρίτατος, τέτρατος, ἑβδόματος, ὀγδόατος, εἴνατος[8]).

3. δίχα — διχθά, τρίχα — τριχθά, τετραχθά, πένταχα, ἕπταχα.

§ 190   4. PRONOMINA

Pronomen personale

		1. Person	2. Person	3. Person
Sg.	N.	ἐγώ, ἐγών	σύ, τύνη	—
	G.	ἐμέο, ἐμεῖο, ἐμεῦ, ἐμέθεν	σέο, σεῖο, σεῦ, σέθεν[9])	ἕο, εἷο, εὗ, ἕθεν
	D.	ἐμοί	σοί, τοί, τεΐν	ἑοῖ, οἷ
	A.	ἐμέ	σέ	ἕ, ἑέ, μίν

---

[1]) § 85; E 58.   [2]) <*βραχιων, *μακιων, *παχιων (R 21 g; § 211, 6).
[3]) -τερος bezeichnet hier die Gegenüberstellung von zwei gegensätzlichen Begriffen (z. B. Flachland : Berg).
[4]) Diese aiolischen Formen gehören zu einem Demonstrativum *ĕ-, i- (lat. is, ea, id) „nur die".
[5]) aiolisch § 207 A. 2; E 69, 1.   [6]) < *ἐϝείκοσι, ἐϝίκοσι; E 69, 1.   [7]) < *ἐνϝα-; E 69, 1 + 2.
[8]) < *ἐνϝατος; E 69, 2; 202, 2 β.
[9]) „τεοῖο (Θ 37, 468) im Werte des G. Sg. des Personalpronomens der 2. Pers. scheint Gen. des Possessivs wie lat. meī, suī (purgandī causā) und steht kaum für ein altes *τεεῖο" (Schwyzer I 609).

Du. N. A.	νῶι, νώ (Akk.)	σφῶι, σφώ	σφωέ (Akk.)
G. D.	νῶιν	σφῶιν, σφῷν	σφωίν
Pl. N.	ἡμεῖς, ἄμμες	ὑμεῖς, ὔμμες	—
G.	ἡμέων, ἡμείων	ὑμέων, ὑμείων	σφείων, σφέων, σφῶν
D.	ἡμῖν, ἥμιν, ἦμιν, ἄμμι(ν)	ὑμῖν, ὕμιν, ὔμμι(ν)	σφίσι(ν), σφί(ν)
A.	ἡμέας, ἥμεας, ἧμας, ἄμμε	ὑμέας, ὔμμε	σφέας, σφάς, σφέ (μίν Neutr.)

Anm. 1. *Enklitisch* sind die Formen μευ, μοι, με von ἐγώ, ferner alle einsilbigen Formen (außer σύ, σοί, νώ, σφώ, σφῶν), die 3. Pl. (außer σφῶν und σφείων), die Gen. σέο, σέθεν, ἕο, ἕθεν.
2. Eigene *Reflexiva* bildet die epische Sprache nicht; sie verwendet die Personalia, denen manchmal αὐτός beigefügt wird: αὐτόν μιν, ὑμέων αὐτῶν.

Pronomen possessivum

Sg.	ἐμός	σός, τεός	ὅς, ἑός
Du.	νωίτερος	σφωίτερος	—
Pl.	ἡμέτερος, ἁμός	ὑμέτερος, ὑμός	σφέτερος, σφός

Anm. 1. Bei Körperteilen und Verwandtschaftsbezeichnungen vertritt vielfach φίλος das Possessivum.
2. Zum reflexiven Gebrauch kann αὐτός im Gen. beigefügt werden: κλέος ἐμὸν αὐτοῦ, τὰ σὰ αὐτῆς ἔργα

Pronomen demonstrativum

1. Das epische Demonstrativpronomen ist der spätere attische Artikel[1]) ὁ, ἡ, τό mit den vom Attischen abweichenden Nebenformen:

	Sg. Mask.	Pl.	Fem.	Pl.	Sg. Neutr.	Pl.
N.	ὅς[2])	τοί		ταί		
G.	τοῖο			τάων	τοῖο	
D.		τοῖσι(ν)		τῇσι(ν), τῇς		τοῖσι(ν)
Du. G. D.		τοῖιν				

Adverb: τώς, ὥς, ὡς; ein alter Instrumentalis ist τῶ so, dann, deshalb, darum.
2. τόσος auch mit σσ: τόσσος, τοσσόσδε.
3. Neben ἐκεῖνος steht das häufigere κεῖνος (Ortsadv. κεῖθι, κεῖθεν, κεῖσε).
4. Von ὅδε lautet der D. Pl. τοῖσδε und τοῖσδεσ(σ)ι(ν).

Pronomen relativum[3])

1. ὅς, ἥ, ὅ mit den vom Attischen abweichenden Nebenformen: Mask. G. Sg. ὅο[4]), D. Pl. οἷσι(ν) — ᾗσι(ν).
2. Als Relativpronomen wird auch das akzentuierte Demonstrativum (Artikel) gebraucht: Sg. ὅ, ἥ, τό; Pl. τοί, ταί, τά.

---
[1]) § 94; E 21.
[2]) ὅς(<*so-s: E 21,1), eine sigmatische Bildung zu ὁ, ist etym. zu trennen vom Relativum ὅς (<*i̯o-s: E 65).
[3]) § 99; E 65.
[4]) Der G. Sg. Fem. ἕης (Π 208) ist wahrscheinlich eine Mißbildung nach dem G. Sg. Fem. des Possessivpronomens ἧς bzw. ἑῆς.

3. Das verallgemeinernde Relativum weist vom Attischen ὅστις abweichende Formen auf:
Sg. N. ὅτις — ὅττι[1])   G. ὅττεο, ὅτ(τ)ευ   D. ὅτεῳ   A. ὅτινα — ὅττι
Pl. N. ἅσσα   G. ὅτεων   D. ὀτέοισι(ν)   A. ὅτινας — ἅσσα

4. Zum Relativpronomen kann nachgestelltes τε treten (vgl. o. § 139 a A.): ὅς τε, ὅσος τε.

5. Neben ὅσος, ὁπόσος und ὁποῖος finden sich ὅσσος, ὁπ(π)ό(σ)σος, ὁππoῖος.

6. ὅ und ὅ τε werden auch als Konjunktionen gebraucht: daß, weil (s. o. § 161,1).

7. Adverb: ὥς, hinter dem zugehörigen Substantiv mit Akzent: θεὸς ὥς.

Pronomen interrogativum und indefinitum[2])

1. τίς und τις weisen an Nebenformen auf:
   τίς: G. Sg. τέο, τεῦ; G. Pl. τέων
   τις: G. Sg. τεο, τευ; D. Sg. τεῳ, τῳ; A. Pl. Neutr. ἄσσα

2. Das indirekte Interrogativum = verallg. Relativum s. o. ὅστις

3. οὐδείς, μηδείς bilden nur οὐδενί, οὐδέν, μηδέν; dafür sonst οὔ τις, μή τις.

4. Verallgemeinernd ist τίς τε mancher.

II. VERBUM

§ 191   1. ENDUNGEN[3])

Die epische Sprache weist folgende vom Attischen **abweichenden Verbalausgänge** auf:

1. Präsens (und Aor. II) Aktiv

μι   1. Sg. Konj. bei Verben auf ω: κτείνωμι, ἐθέλωμι, εἴπωμι
σθα[4])   2. Sg. Ind. bei Verben auf μι: τίθησθα, φῇσθα
   2. Sg. Konj. und Opt. bei Verben auf ω: ἐθέλησθα, εἴπησθα, προφύγοισθα
σι   als 2. Sg. Ind. erhalten in ἐσσί (att. εἶ)
σι (< τι[5])   3. Sg. Konj. bei Verben auf ω: ἐθέλησι, εἴπησι(ν)
σι (< ντι[6])   3. Pl. Ind. bei Verben auf μι: τίθεισι (<*τιθεντι), ἵεισι (<*ἱεντι)[7]

2. Nebentempora Aktiv (und Aor. Pass.)

ν (< ντ[8])   3. Pl. mit Kürzung des Stammvokals[9]) statt späterem -σαν: ἤγερθεν, ἔφανεν, ἵεν, ἔβαν (att. ἠγέρθησαν usw.).
εα[10])   1. Sg. Plqu.: πεποίθεα, ἠνώγεα
εεν (ειν)   3. Sg. Plqu.: ᾔδεεν, βεβλήκειν, δεδειπνήκειν.

3. Imperativ Aktiv:

θι[11])   2. Sg. δίδωθι, ἴληθι, κλῦθι, ἄνωχθι (ἄνωγα), ἔσθι (ἔδω).

---

[1]) <*ίοδ + τι; danach dann ὅττεο und ὅττευ.   [2]) E 66; E 67.   [3]) § 116; E 75.
[4]) Die Endung -θα des Perf. Akt. (vgl. *ϝοιδ-θα > οἶσθα) trat im Att. an präteritale Formen (ἔφησθα), im Aiol. und in der epischen Sprache an beliebige Ind., Konj., Optat.; vgl. E 107; E 113.
[5]) R 20; § 210.   [6]) R 20; § 210; R 11; § 212, 2 e; mit Ersatzdehnung.
[7]) nach ἱστᾶσι auch τιθεῖσι, ἱεῖσι akzentuiert.   [8]) R 18; § 209, 2.   [9]) R 5; § 194 b.   [10]) <*-e-s-ṃ (E 89; E 113).
[11]) E 104, 4.

4. Infinitiv Aktiv (und Aor. Pass.)

έμεν(αι), μεν(αι)¹) βασιλευέμεναι, κελευσέμεναι, γεγωνέμεν, πεπληγέμεν, ἐλθέμεν(αι), ἴδμεν(αι), τεθνάμεναι, ἔμμεν(αι), μιγήμεναι, ἀεικισθήμεναι
έειν²)   Aor. II ἰδέειν, θανέειν.

5. Medium (und Passiv)

μεσθα³)   1. Pl. ἱκόμεσθα
αται, ατο⁴)   3. Pl. Ind. Perf. und Plqu. (selten Präs. u. Impf.); Optativ: τετάχαται, τετράφατο (τρέπω), κεκλίατο, ἧατο; εἰρύαται, ῥύατο; δαινύατο, πειθοίατο, γενοίατο. In ἐρρά-δ-αται (ῥαίνω), ἐληλά-δ-ατο (ἐλαύνω) ist das δ in Analogie zu δ-Stämmen eingedrungen (ἐρηρέδ-αται von ἐρείδω).
εαι, ηαι, εο, αο   können ohne Verschmelzung bleiben: λιλαίεαι, νεμεσήσεαι, πίθηαι, ἴδηαι, ἵκεο (ἵκευ), ἔρχεο (ἔρχευ), ὠδύσαο, μάρναο; auch βέβληαι, μέμνηαι (2. Sg. Perf. Med. Pass. mit Ausfall des σ; vgl. ebenso ἔσσυο).

6. Dual⁵):
τον, σθον   bisweilen als 3. Pers. für -την, -σθην in Nebentempora: διώκετον, ἐτεύχετον, θωρήσσεσθον.

2. MODUSZEICHEN § 192

1. Im Konjunktiv stehen häufig die alten **kurzvokalischen**⁶) **Formen**: θήομεν, εἴδετε, ἴομεν, ἀντήσομεν, ταρπήομεν, γείνεαι, πεποίθομεν.

2. Formen mit Stammcharakter ι und υ kontrahieren im Opt. Stammauslaut und Modusvokal: φθίμην (< *φθιιμην), φθῖτο; δύῃ (< *δυιη), δῦμεν; δαινῦτο (< *δαινυιτο).

3. Charaktervokale fehlen häufig im Dual und Pl. der Wurzelperfekte: αι in εἰλήλουθμεν, ἄνωγμεν, ἔικτον, πέπασθε (<* πεπν̥θτε zu πάσχω <* πυ̥θσκω), ἐγρήγορθε; ε in ἐπέπιθμεν.

3. AUGMENT § 193

1. Die Setzung des Augments ist *nicht* verpflichtend: πάθεν – ἔπαθον, εἶδον – ἴδον, ἔσαν (= εἶσαν). Iterative auf -σκον führen kein Augment (außer ἔφασκον, ἐμισγέσκοντο, παρέβασκε).

2. Ursprünglich erschien das Augment in zwei verschiedenen Formen: ē und ĕ. So finden sich bei Verben mit anlautendem ϝ nebeneinander η und ε.

η: ἀπηύρᾱ (<* -ηϝρᾱ; dazu Part. ἀπούρᾱς <* ἀποϝρᾱς), ἠείδη (<* ἠϝειδ- zu οἶδα)
ε: ἔειπες, ἐέλπετο, ἐέλπει, ἐεοίκει, ἐέοργει, ἐέικτο⁷).

---

¹) (ε)μεν ist alter suffixloser Lokativ, (ε)μεναι dazu der alte Dativ (E 76); in Formen wie φορήμεναι, φορῆναι, κιχῆναι ist ein aiol. *φόρημι, *κίχημι vorauszusetzen.
²) Wahrscheinlich kontaminiert aus *ἰδέεν und ἰδεῖν; vgl. Präs. φορέειν.
³) Vielleicht alter Herkunft (vgl. Schwyzer I 670, 2 a).
⁴) < ν̥ται, ν̥το bei den konsonantischen Stämmen (E 75, 3), wobei die schließende Muta aspiriert wurde; die Endungen αται, ατο wurden dann analog auch auf Vokalstämme übertragen.
⁵) Vgl. § 190; vereinzelt auch 1. Person in περιδώμεθον Ψ 485.
⁶) E 74. ἀνέσει (σ 265) ist kurzvok. Konj. Aor. zu ἀνέζειν (nicht mit ἀνίημι zusammenzubringen).
⁷) < * ἐϝεϝολπει, * ἐϝεϝοικει, * ἐϝεϝοργει, * ἐϝεϝικτο; die Formen der Überlieferung ἐώλπει, ἐώκει, ἐώργει, ἥικτο verdunkeln den ursprünglichen Lautbestand.

3. Verba mit ursprünglich doppelkonsonantischem Anlaut behalten diesen bei: ἐρρίγηοα (* σρῑγ-), ἔσσευα (*σσευ-<* $q̑i̯eu$-); vgl. den ähnlichen Vorgang in der Perfektbildung (daher ohne Reduplikation): ἔσσυται, ἔμμορε (* σμερ-¹).

4. In ἕηκα (ἵημι) ist die Aspiration aus dem Präsens eingedrungen; so auch ἕεσσατο (ἕννῡμι, Wurzel * ϝεσ-).

§ 194   4. REDUPLIKATION

1. Neben der Perfekt- und Präsensreduplikation (τίθημι, δαιδάλλω, ἰάχω) finden sich **reduplizierte Aoriste** (zumeist Aor. II): ἐκλελάθοιτο, ἀμπεπαλών, δέδαεν, τεταγών, ἀραρών; auch mit Augment: ἔπεφνον (* φεν- : φόνος), ἐκέκλετο, ὤρορεν; und redupl. Future: πεπιθήσει (πειθ-), πεφιδήσεται (φειδ-), κεχαρήσεται, πεφήσεται (zu φαίνω²).

2. Ursprünglich mit ϝ und σ anlautende Stämme verlieren bei der Reduplikation diese Konsonanten ohne Kontraktion: ἔοργα (* ϝεργ-), ἔολπα (* ϝελπ-), ἔερτο (εἴρω „reihe"<* σεριω).

3. Reduplikation mit ει erklärt sich zumeist aus Ersatzdehnung: εἵμαρται (<* σεσμαρται), εἰρύαται (<* ϝεϝρυαται).

4. Die sog. „attische" Reduplikation findet sich im Perfekt und Aorist³) ἀλάλημαι, ἀρηρώς, ὀρωρέχαται (ὀρέγω).— ἤραρεν, ὤρορεν.

5. Binnenreduplikation zeigen ἐρύκακε (ἐρύκω) und ἠνίπαπε (ἐνίπτω).

6. Der idg. Reduplikationsvokal ē ist erhalten in δηδέχαται, δήδεκτο, δηδισκόμενος (begrüßen).

7. Ohne Reduplikation werden gebildet ἔρχατο (εἴργω) sowie die Perfekta aller mit ρ anlautenden Stämme⁴).

§ 195   5. TEMPUSBILDUNG

1. Futur Aktiv und Medium

   a) σ-Futur von Verba liquida: φύρσω, θέρσομαι.

   b) T- und σ-Stämme bilden das Futur mit σσ⁵): φράσσεται, αἰδέσσομαι; doch kann der Doppelkonsonant vereinfacht werden. Analog findet sich σσ auch bei Verba vocalia: τανύσσω.

   c) Mehrsilbige Verba auf -ίζω kennen kein „attisches" Futur⁶): ξεινίζω — ξεινίσσω.

   d) Vereinzelt ist ἐσσεῖται (εἰμί), sigmatisch mit Kontraktion⁷).

   e) Wie εἶμι sind νέομαι (werde heimkehren) und δήω (werde finden) futurisch gebrauchte Präsentien; dagegen sind πίομαι, βέομαι, ἔδομαι, κατακείομεν ursprünglich kurzvokalische Konjunktive⁸).

---

¹) Vielleicht kein Perfekt, sondern Aor. wie ἔμολον, ἔθορον.   ²) Wurzel *$bh\bar{a}$-.
³) Im Präsens vgl. ἀκ-αχίζω : ἄχομαι.
⁴) Da zumeist auf σρ-, ϝρ- u. ä. Doppelkonsonanten zurückgehend. Ausnahme: ῥερυπωμένος, dessen etymologische Herkunft ungeklärt ist.
⁵) R 22 d + e; § 212,2 c + d.   ⁶) E 84, 2.   ⁷) Vgl. das sog. „dorische" Futur E 84, 3.
⁸) § 189 A. 9; E 74.

2. Aorist Aktiv und Medium
   a) σ-Aor. der Verba liquida: ἔφθερσα, ἔκελσα.
   b) T- und σ-Stämme bilden den Aor. mit σσ[1]): ἐφράσσατο, προερέσσαμεν, ἐτέλεσσα.
   c) Asigmatischer Aor. der ϝ-Stämme: ἔκηα, ἔχεα und ἔχευα, ἔσσευα, ἠλευάμην.
   d) Wurzelaoriste sind häufiger als im Attischen: ἐγήρᾱ, οὖτα (οὐτάζω), ἔκτᾰ (κτείνω), ἀπηύρᾱ, ἐπέπλως, κλῦθι, ἔβλητο, λύντο, λέκτο (λέχομαι), ὦρτο, ἐϋκτίμενος.
   e) Mit Schwundstufe gebildet sind die sog. synkopierten Aoriste: ἐκέκλετο (κέλομαι), ἀγρόμενος (ἀγείρω), ἔπλετο (πέλομαι).
   f) Der sog. Aoristus mixtus (angeblich Mischung von Aor. I und II) ist ein Futur (Imperativ) oder eine Weiterbildung desselben (δύσετο occasurus erat): ἄξετε, οἴσετε, ὄρσεο, βήσετο (ἷξε ist sekundär als Aor. gekennzeichnetes ἷκε).

3. Perfekt und Plusquamperfekt Aktiv
   a) Perfekt mit Tempuscharakter κ kennen nur die Verba vocalia; κ ist aber zumeist auf den Sing. beschränkt: βέβηκα - βέβαμεν, τέθνηκα - τέθναμεν; doch auch πεφύκασιν neben πεφύᾱσιν.
   b) Die Aspiration der K- und P-Stämme fehlt: ἔρρῑγα, κεκοπώς; ebenso das κ der verba liquida und der T-Stämme: ἄρηρα (ἀραρίσκω), ὄδωδα (ὄζω).
   c) Auch vokalische Perfekt-Wurzeln bilden Perfektformen (bes. das Partizip) ohne Tempuscharakter: βεβαώς, κεκμηώς, κεκορηώς (κορέννῡμι), κεχαρηώς, τετληώς.
   d) Wurzelperfekte haben im Sing. die Vollstufe (z. T. mit o-Ablaut), im Dual und Pl. die Schwundstufe: (δείδοικα[2]) - δείδιμεν, γέγονα - γέγαμεν, πέποιθα - ἐπέπιθμεν; durch Analogie dringt die Schwundstufe auch in den Sing. ein: δείδια.
   e) Vor der Endung -υῖα des Part. Fem. wird die vorausgehende lange Silbe durch Ablaut gekürzt: ἀρηρώς - ἀραρυῖα, τεθηλώς - τεθαλυῖα, πεπονθώς - πεπαθυῖα[3]), εἰδώς - ἰδυῖα.
   f) Einzelne als Präsens aufgefaßte alte Perfektstämme bilden auch ein Part. Präs. und ein Imperfekt: κεκλήγοντες, ἄνωγον, ἐγέγωνεν, ἐμέμηκον.

4. Perfekt und Plusquamperfekt Medium und Passiv
   Einzelne Verba bilden das Perf. Med. mit Schwundstufe: πεφυγμένος, τέτυγμαι (τεύχω), λέλασται (ληθ-).

5. Aorist Passiv
   a) Der Konj. der Mediopassiva hat meist *langen* Stammvokal; im Pl. stehen dabei die *kurzen* Modusvokale: δαμήω — δαμήετε, μιγήῃς — μιγέωμεν (< *μιγηομεν). (Dies gilt auch für die Wurzelaoriste: θήω — θήῃς — θέωμεν (< θήομεν), δώῃ — δώωμεν, γνώῃς — γνώομεν).
   b) Die jüngere Passivbildung auf -θην kennt nur Konjunktive mit Metathesis quantitatum oder Kontraktion: νεμεσσηθέωμεν (< -θήομεν), χολωθῇς.
   c) Das Fut. Pass. auf -θήσομαι fehlt; dafür steht Fut. Med. oder Perfektfutur: τετελεσμένον ἔσται.

6. Iterativa
   a) Thematische Verba fügen -σκον und -σκόμην an den Präsens- oder Aor.-Stamm mit den Themavokalen ε bzw. α: ἔχεσκον, φιλέεσκον, ἔλεσκον, ἀποκινήσασκε, εἴξασκε, ἐλάσασκεν.

---

[1]) R 22 d + e; § 212, 2 c + d.   [2]) < *δεδϝοικα (§ 202, 2 β).   [3]) < *πεπυθυῖα.

b) Athematische Verba fügen diese Ausgänge unmittelbar an den Stamm: ἵστασκον, δόσκον, παρακέσκετο (κεῖμαι), ζωννύσκετο.

Anm. 1. Verba auf άω bilden -άασκον neben -ᾱσκον: γοάασκεν, ἰσχανάασκον, εἴασκον, νῑκάσκομεν; hierher gehören auch ἰσάσκετο, ῥίπτασκον, κρύπτασκε (zu ἰσάζω, ῥιπτάζω, κρυπτάζω).
2. Verba auf έω kennen -έεσκον neben -εσκον: καλέεσκε—καλέσκετο.
3. Von Verben auf όω kommt nur σώεσκον vor.

§ 196   6. VERBA CONTRACTA

Verba contracta bilden ihre Formen

a) unkontrahiert

Anm. Einige Verba auf άω bilden Imperfekte nach der ε-Klasse: ἤντεον, μενοίνεον, ὁμοκλέομεν.

b) kontrahiert

Anm. 1. ε + ο, ε + ου werden häufig mit ευ bezeichnet[1]): ἱκνεύμεσθα, πωλεύμενος, γεγώνευν, οἰχνεῦσι, εἰσιχνεῦσαν.
2. In der Verbindung ε + εαι, ε + εο ist Kontraktion der beiden ersten Vokale möglich: νεῖαι, μυθεῖαι, αἰδεῖο; doch kann auch ein Vokal ausfallen: μυθέαι, ἀποαιρέο.

c) zerdehnt: Statt der durch Kontraktion zu erwartenden Vokale ᾱ und ω treten bei den Verben auf άω zwei Vokale auf, und zwar αᾱ statt ᾱ: ὁράασθαι, ἰσχανάᾳς (< ἰσχανάεις); οω, ωο, ωω statt ω: κομόωντες, ὁρόωτε (< ὁράοιτε), μνωόμενος, δρώοιμι, ἡβώωσα. Die Verba auf όω bilden dabei Analogieformen zur α-Klasse: ἀρόωσι, ἱδρώοντας.

Anm. Zur Erklärung der „epischen Zerdehnung" nimmt man entweder eine assimilierende Vorstufe der Kontraktion oder eine nachträgliche Zerlegung des Kontraktionsprodukts an; vielleicht ist die zerlegte Form nur eine Schreibart um die überlange Dauer des kontrahierten Vokals zu bezeichnen.

Sonderbildungen von Verben auf άω:

Bei προσαυδήτην, συναντήτην, φοιτήτην, σῡλήτην sind aiolische Formen auf -μι anzusetzen: *αὔδημι usw.; ebenso ist ὄρηαι zu erklären.

§ 197   7. VERBA AUF μι

Erläuterungen zur Tabelle:

[1]) s. o. § 191 Endungen 1-5 — [2]) Alte aiolische Formen *ἴης, *τίθη, *δίδω usw. sind nach Pl. 3 aiol. τίθεισι, ἵεισι, *δίδοισι (< *-εντι bzw. -οντι) zu ἵεις, τίθει, δίδοι geworden; als man später nach att. ἰᾶσι, ἱστᾶσι in der Homerüberlieferung τιθεῖσι[2]) akzentuierte, las man auch ἱεῖς, τιθεῖ, διδοῖ; *δίδοισι wurde an das ionische διδοῦσι angeglichen. Auch in den Imperfekten finden sich Varianten mit η bzw. ω neben ει und ου. — [3]) διδοῦναι ist Analogieform zum Aor. δοῦναι; ebenso sind die redupl. Futur-Formen Analogiebildungen zum Präsens. — [4]) Alte augmentierte Form, wobei die Aspiration aus dem Präsens übernommen ist. — [5]) Analogieformen zum Sg. Aor. Aktiv. — [6]) Zum Konj. Aor. s. o. § 195, 5 Tempusbildung Aor. Pass. Die ει-Formen der Überlieferung (θείω usw.) sind Versuche, jüngere, gesprochene, aber metrisch unpassende Bildungen (θῶ) dem Metrum anzupassen, wobei η durch geschlossenes ē (geschrieben im 5. Jhdt. ει) wiedergegeben wurde. θείομεν, στέωμεν ist Metathesis quant., ἀφέῃ Kürzung des langen Vokals vor langem Vokal[3]), στήωσι, δώωσιν vielleicht nur Schreibung der Überlieferung statt der kurzvokalischen Konjunktive στήῳσι, δώωσιν. — [7]) τιθήμεναι, τιθήμενον sind Analogiebildungen zu τίθημι aus metrischen Gründen, vielleicht beeinflußt durch den Inf. Aor. Pass. ὁμοιωθήμεναι u. ä.

---

[1]) s. o. § 175, 4 A.
[2]) Auch ῥηγνῦσι P 751 (<*ῥηγνυντι nach ῥήγνυμεν, -τε) ist nach ἱστᾶσι akzentuiert.
[3]) Vgl. auch die Variante ἑστεώς (neben ἑστᾶώς) <*-ᾱϝώς; ferner προθέουσι A 291, das nach Schwyzer als kurzvokalischer Konj. Aor. zu aiol. προθ-ίημι (= προσίημι) zu fassen ist.

Abweichend vom attischen Sprachgebrauch finden sich folgende Formen:

			τίθημι	ἵημι	δίδωμι	ἵστημι
Aktiv	Präsens	Ind. Sg. 2	τίθησθα[1])	ἵεις[2])	δίδωσθα[1]), δίδοις[2])	
		3	τίθει[2])	ἵει[2])	δίδοι[2])	
		Pl. 3	τίθεισι[2])	ἵεισι[2])	δίδουσιν[2])	
		Konj. Sg. 3		μεθίῃσι[1])		
		Imp. Sg. 2			δίδωθι[1])	καθίστᾱ
		Inf.	τιθήμεναι[7])	ἱέμεν(αι)[1])	διδοῦναι[3])	
	Imperf.	Sg. 1		(προΐην[2])		
		2			(ἐδίδως[2])	
		Pl. 3		ἵεν[1])		
	Futur	Ind. Pl. 1			διδώσομεν[3])	
		Inf.	θησέμεναι[1])	μεθησέμεν(αι)[1])	δωσέμεν(αι)[1]), διδώσειν[3])	
	Aorist	Ind. Sg. 1		ἕηκα[4])		Wurzel-Aor. intrans.
		3		ἕηκεν[4])		
		Pl. 1		ἐνήκαμεν[5])		
		3	ἔθηκαν[5])	ἧκαν[5])	ἔδωκαν[5])	ἔσταν[1])
		Konj.[6]) Sg. 1	θήω	ἐφήω		
		2	θήῃς			στήῃς
		3	θήῃ	ἀνήῃ, ἀφέῃ[6]), ᾗσι	δώῃ(σιν)[1]), δῴσι	στήῃ
		Pl. 1	θήομεν, θέωμεν		δώομεν	στήομεν, στέωμεν
		3			δώωσιν[6])	στήωσιν[6])
		Inf.	θέμεν(αι)[1])	ἕμεν(αι)[1])	δόμεν(αι)[1])	στήμεναι[1])
	Perfekt	Inf.				ἑστάμεν(αι)[1])
		Part.				ἑσταώς
Medium	Präs.	Part.	τιθήμενον[7])			
	Fut. Imp.	Pl. 1	(ἐ)τιθέμεσθα[1])			
		Ind. Sg. 2	ὑποθήσεαι[1])			
	Aorist	Ind. Sg. 2	ἔνθεο[1])			
		Sg. 3	θήκατο[5])			
		Konj. Sg. 1	ἀποθήομαι[6])			
		Imp. Sg. 2	θέο, ὑπόθευ[1])			

133

εἰμί

	Ind.	Konj.	Opt.	Imperfekt	Futur	Inf.
Sg. 1.		ἔω		ἦα, ἔα, ἔον	ἔ(σ)σομαι	ἔμ(μ)εν(αι)
2.	ἐσσί, εἶς		ἔοις	ἔησθα	ἔ(σ)σεαι	Part.
3.		ἔῃ(σιν), ᾖσιν	ἔοι	ἦεν, ἔεν, ἤην	ἔ(σ)σεται, ἐσσεῖται	ἐών, ἐοῦσα, ἐόν
Pl. 1.	εἰμέν			ἐσόμεσθα		Imperativ
3.	ἔᾱσιν	ἔωσιν		ἔσαν	ἔ(σ)σονται	2. Sg. ἔσσο

Erläuterungen: Die meisten Formen sind normale Bildungen aus der idg. Wurzel *es- (vgl. § 162; E 107) — εἶς: neben *es-si stand schon idg. *esi > εἶ, an das die Sekundärendung -s gefügt wurde. — ἔᾱσιν: zu *ἦαν (erant) wird ein primäres *ἤαντι gebildet, das über *ἤανσι > ἔᾱσι führt. — ἔοις, ἔοι und ἔον sind (aiol.) thematische Bildungen (vgl. φέροι, ἔφερον). — ἔσσο ist wie ἔσσομαι eine mediale Form. — ἦα<*esm̥, mit Metath. quant.> ἔᾱ; für ἔεν (augmentloses ἤεν < *ἦσ-εντ, also eigentlich Pl.) bietet die Überlieferung ἔην, das wie ἔησθα augmentierte Bildung zu ἦν bzw. ἦσθα darstellt (vgl. ἔηκα: ἦκα); ἤην ist neuerliche Augmentierung nach ἦσαν: ἔσαν. — ἐσσεῖται: sog:. „dorisches" Futur (vgl. § 135, 1 A. 2; E 84, 3).

εἶμι

	Ind.	Konj.	Opt.	Imperfekt	Inf.	Futur
Sg. 1.				ἤια, ἤιον	ἴμεν(αι)	εἴσομαι
2.	εἶσθα	ἴῃσθα				
3.		ἴῃσιν	ἰείη	ἤιεν, ᾖεν, ἴεν,	Part.	Aorist
Pl. 1.		ἴομεν		ἤομεν	(κιών, κιοῦσα, κιόν)	(ἐ)εισάμην
2.						
3.				ἤισαν, ἴσαν, ἤιον		

Erläuterungen: Zur Wurzel ει/ι, zu den Normalformen und zum Eindringen thematischer Bildungen s. § 161 und E 106. — ἤια usw. wohl metrisch zerdehnte Neubildungen aus ᾖα (dazu § 161 Erl.). — ἴομεν kurzvokalischer Konj.; am Versanfang ἴομεν – 3. Sg. Opt. wäre *ἴη, woraus, analog zu εἶμι, εἴη (ζ 496, Ω 139) und weiter nach den Formen mit ι- ἰείη gebildet wird (Schwyzer). — εἴσομαι, (ἐ)εισάμην gehören zur Wz. *ϝει- (vgl. ἵεμαι) „(vorwärts) streben". — κίω (vgl. lat. cieo, citō) „ich gehe" bildet das Partizip analog zu ἰών, sonst jedoch regelmäßige Formen.

φημί

Präs.: Ind. Sg. 2 φῇσθα   Konj. Sg. 3 φήῃ, φῇσιν

Impf.: Sg. 2 ἔφης, φῆς   Pl. 3 ἔφαν, φάν

Anm. 1. ἦ „sprach er" ist aus einem athematischen *ἦκ-τ (< *ἤγ-τ) entstanden und gehört zu lat. aiō (<*agi̯ō).
2. Das häufig gebrauchte Medium bildet 2. Pers. Imp. Präs. φάο.

Erläuterungen: Zu den Normalbildungen der Wurzel φη/φᾰ s. § 160, E 104, 4.

κεῖμαι

Präs.: Ind. Pl. 3 κείαται, κέαται, κέονται; Konj. Sg. 3 κεῖται   Impf.: Pl. 3 κείατο, κέατο

Erläuterungen: In κέαται, κέατο (s. o. § 191, 5), κέονται ist intervokalisches ι geschwunden; κέονται ist mit Themavokal gebildet, κεῖται (< *κεῖεται) ist kurzvokalischer Konj., daneben als Variante κῆται (<*κειηται).

ἧμαι

Präs.: Ind. Sg. 3 ἧσται Pl. 3 ἧαται, ἕαται   Impf.: Sg. 3 ἧστο Pl. 3 ἧατο, ἕατο

Erläuterungen: Zu den Normalbildungen der Wurzel ἡ(σ)- s. § 164; E 109. — ἧαται, ἧατο erscheinen in der Überlieferung mit ει geschrieben (εἵατο, aber καθῆατο Λ 76; s. o. § 180); zu ἕαται, ἕατο s. u. § 207, 1 b β.

οἶδα¹)

Präs.: Ind. Sg. 2 οἶδας; Pl. 1 ἴδμεν 3 ἴσσᾱσιν;   Konj. Pl. 1 εἴδομεν 2 εἴδετε
Inf. ἴδμεν(αι);   Part. Fem. ἰδυῖα
Impf.: Sg. 1 ᾔδεα 2 εἴδησθα, ἠείδεις 3 ᾔδη, ἠείδη, ᾔδεεν, ἠείδει; Pl. 3 ἴσαν
Futur: Inf. εἰδησέμεν

Erläuterungen: Die kurzvokalischen Konjunktive εἴδομεν, εἴδετε setzen die Wurzel εἰδ- voraus; daher ist wohl auch im Sg. εἴδω, εἴδης, εἴδη, im Pl. εἴδωσιν zu akzentuieren; die Konjunktive εἰδέω (π 236) und ἰδέω (Ξ 235) lassen sich durch εἴδω ersetzen. — Zu ἰδυῖα s. o. § 195, 3 e. — Zum Sg. des Imperfekts s. E 113. εἴδησθα (τ 93, überliefert auch ᾔδησθα, οἴδησθα) zu aiol. *εἴδημι.

III. PARTIKELN

1. ADVERBIA § 198

1. Statt des Adverbs steht häufig Neutrum (Sg. oder Pl.) des Adjektivs: καλὸν ἀείδειν; οὐκέτι καλὰ ἀλάλησαι (vgl. o. § 36).

2. Zu Adverbien erstarrte Kasusformen:
Nominativ auf ς: ἅλις, ἀτρέμας — Genetiv auf ου, ης: αὐτοῦ, ἑξείης — Dativ auf ῳ, ῃ: κύκλῳ, βίῃ — Akkusativ auf ον, ην, ιν: δηρόν, δήν, πάλιν — Lokativ auf ι: οἴκοι, ὕψι — Ablativ auf ω, ως (mit lokaler und instrumentaler Bedeutung:) ὀπί(σ)σω, ἄλλως, τῷ (deshalb), τῶς (dann, so).

Anm. Neben -ι auch -εί: αὐτονυχεί, τριστοιχεί (wohl im Anschluß an Lokaladverbien wie ἐκεῖ).

3. Eigentümliche Adverbialbildungen:
auf ξ: λάξ, ὀδάξ, πύξ — auf α : λίγα, σάφα, τάχα, ὦκα, ῥέα und ῥῆα — auf δην: ἐπιτροχάδην — auf δον: κρυφηδόν — auf τί: ἀναιμωτί, μελεϊστί.

4. Merke: ἄγχι — ἆσσον²) — ἄγχιστα.

2. PRÄPOSITIONEN § 199

1. Epische Nebenformen für ἐν: ἐνί, εἰν, εἰνί — für παρά: παραί — für πρός: προτί, ποτί — für ὑπέρ: ὑπείρ.

Erläuterungen: Das ει in εἰν, εἰνί, ὑπείρ ist metrische Dehnung; auch παραί ist metrisch bedingt. — προτί und ποτί sind etymologisch verschieden: προτί < *pro-ti „gegen"; ποτί (arkad., kypr. πός, vgl. lat. post < *pos-ti) „an, bei"; πρός ist Mischung aus προτί und πός.

---

¹) § 169 c; E 113.   ²) < *ἄγχιον (E 57).

135

2. Stehen Präpositionen hinter dem zugehörigen Substantiv, so ziehen zweisilbige Präpositionen den Akzent nach vorne (Anastrophe): κτεάτεσσιν ἑοῖς ἔπι, δήμῳ ἔνι Τρώων. Diese Verschiebung tritt nicht ein, wenn die Präposition elidiert wird: κρᾶτὸς ἀπ' ἀθανάτοιο. Keine Anastrophe bilden ferner ἀνά, ἀντί, διά, παραί, ὑπείρ, εἰνί.

Anm. Einsilbige nachgestellte Präpositionen akzentuiert die Überlieferung nur am Versende (z. B. κακῶν ἒξ Ξ 472), moderne Ausgaben aber auch im Versinnern.

3. Merke: ἔνι, ἔπι, μέτα, πάρα = ἔνεστι (ἔνεισι), ἔπεστι, μέτεστι, πάρεστι; ἄνα = ἀνάστηθι.

4. Zur Verwendung der Präpositionen als ursprüngliche Adverbien und zu der häufig noch nicht eingetretenen Verbindung von Präposition und Verbum zu einem Kompositum (**Tmesis**) s. o. § 87.

§ 200   IV. ZUR EPISCHEN SYNTAX

Vgl. o. Kongruenz (Neutr. Pl. als Subjekt) § 6 A. 3: Genetiv des Bereichs § 57 A. 1; Dativus loci § 81; Akk. der Richtung § 38 A., καθ' ὅλον καὶ κατὰ μέρος § 44, 3 A. 1; Vokativ (Nom. als Vok. § 184, 2; vgl. auch Ζεῦ πάτερ Ἠέλιός τε; περίφρων Εὐρύκλεια); Genus des Verbums (Med. statt Pass.) § 111 A.; Gleichsetzung von erfüllbaren und unerfüllbaren Wünschen § 131, von Potentialis und Irrealis § 169 A., von Futur und Konjunktiv § 129 A.; Infinitivus finalis § 145, Infinitiv als Befehl § 135 A. 2, (auch als Wunsch: Ζεῦ ἄνα, Τηλέμαχόν μοι ἐν ἀνδράσιν ὄλβιον εἶναι), Infinitiv im Ausruf § 150 A.

Der Gebrauch von ἄν (κεν)

Ἄν (κεν) kann, abweichend vom attischen Gebrauch, **stehen**:

1. beim Konjunktiv zur Bezeichnung des zukünftigen Geschehens: καὶ δέ κέ τοι εἴπῃσι (wird sagen),
2. beim Indikativ Futur: οὐδέ κέ τις θάνατον ἀλύξει,
3. in Finalsätzen mit ὄφρα, ὡς: ὄφρ' ἂν ἑλοίμην δῶρα; σαώτερος ὥς κε νέηαι,
4. in potentialen Bedingungssätzen: εἰ τούτω (diese beiden) κε λάβοιμεν, ἀροίμεθά κε κλέος ἐσθλόν.

Ἄν (κεν) kann, abweichend vom attischen Gebrauch, **fehlen**:

1. beim Potentialis: ῥῆα θεός γ' ἐθέλων καὶ τηλόθεν ἄνδρα σαώσαι,
2. beim Irrealis (selten): ἔνθα με κῦμ' ἀπόερσε (hätte weggefegt),
3. im futurischen Fall und beim Iterativ der Gegenwart in Konditional-, Relativ- und Temporalsätzen: εἰ δ' αὖ τις ῥαίῃσι θεῶν, τλήσομαι; Ζεὺς ἀνθρώπους ἐφορᾷ, ὅς τις ἁμάρτῃ; οὐ καταδυσόμεθα εἰς Ἀίδαο δόμους, πρὶν μόρσιμον ἦμαρ ἐπέλθῃ; hierher gehört auch der (iterative) Konjunktiv in Gleichnissen: ὡς δ' ὅτε κινήσῃ Ζέφυρος βαθὺ λήιον.

Ἄν (κεν) können in einem Satze wiederholt werden oder nebeneinander stehen: ὄφρ' ἂν μέν κεν ὁρᾷ Ἀγαμέμνονα (auch in der Prosa möglich).

b) Das aiolisch-lesbische Sololied § 201

Das monodische, von der Lyra begleitete Sololied wurde um 600 v. Chr. von *Alkaios* und *Sappho* auf der Insel Lesbos auf seinen Höhepunkt geführt; ihren Dichtungen liegt der aiolische Heimatdialekt zugrunde, der uns auch durch Inschriften bekannt ist.

Besondere Kennzeichen sind

a) die **Barytonese,** d. h. das von den hellenistischen Grammatikern beobachtete Betonungsgesetz, daß der Akzent nach vorne gerückt wird: πόταμος, σόφος, θῦμος, 'Αχίλληος; ausgenommen sind Präpositionen und Konjunktionen; einsilbige langvokalische Wörter erhalten den Zirkumflex, da stets die erste More betont ist (vgl. § 19): Ζεῦς (doch A. Pl. ταίς, τοίς).

b) die **Psilose,** d. h. das Fehlen des Hauchlauts: ἔτ' ἴκει (= ἔτι ἴκει), κώττι (= καὶ ὅτι), οὐκ οὕτως.

Außer den gemeinsamen Eigentümlichkeiten des Achaiisch-Aiolischen (s. o. § 177) weist **das Lesbische** hauptsächlich folgende Besonderheiten auf:

Vokale:

1. Kontraktion:

ε + ε > η : ἦχε (att. εἶχε), τρῆς (< τρέες)

ο + ο > ω : Πείθως (att. Πειθοῦς), 'Αλεξάνδρω (att. -δρου)

ᾱ + ο, ω > ᾱ : τᾶν (< τάων), Ποσείδᾶν (= Ποσειδάων)

Beachte den Ausgang -ην (<*εεν) des Infinitiv Präs. und Aor. II Akt. der themat. Konjugation (κόπτην, πάθην), den G. Sg. der o-Dekl. (ποτάμω), den G. Sg. der männl. Subst. und den G. Pl. aller Subst. der a-Dekl. ('Ερμαγόρᾱ < ᾱο, παίσᾱν τᾶν μερίμνᾱν).

2. Ersatzdehnung:

α, ε, ο, ω + ν(τ)σ > αις, εις, οις, ωις: παῖσα, Μοῖσα (att. Μοῦσα), γράφωισι (att. γράφωσι < *γραφωντι); τίθεις und εἶς (= εἷς) haben demnach echten Diphthong (nicht zu verwechseln mit der attischen Bezeichnung für ē in der Schrift).

Beachte den A. Pl. der a- und o-Dekl.: πόλλαις θύραις, τοῖς ποτάμοις; den N. Sg. und D. Pl. der ντ-Stämme: ἐλέφαις, ἀκούσαις (att. ἀκούσᾱς), παῖς (att. πᾶς), παῖσα (att. πᾶσα), ἀπέοισα (att. -ουσα), παῖσι (att. πᾶσι).; die 3. Pl. auf *-ντι: φαῖσι (att. φᾱσίν), ἔχοισι (att. ἔχουσι), πίμπλεισι.

3. Die Diphthonge αι, οι und ει verlieren vor Vokal (also mit zwisc. envokalischem ι) häufig das ι: βέβαος (att. βέβαιος), ποήσασθαι, ἰρέας (att. ἱερείας).

4. Antevokalisches ρι > ρι̯ > ρρ: πέρροχος (= περίοχος); dabei kann sich vor dem ρ, wenn ein Konsonant vorausgeht, ein ε entwickeln: Περράμω (att. Πριάμου).

Konsonanten:

5. ϝ im *Anlaut* bezeugen die scheinbaren Hiate (ὑπὸ ἔργον, γλῶσσα ἔαγε), die daneben auftretende Elision bekundet das allmähliche Verstummen (τάδ' εἴπην, θέοισ' οἰνοχόησαι).

Anm. 1. In lesbischen Texten schreiben die Grammatiker ursprüngliches ϝρ im Anlaut als βρ: βράδινος, βρήτωρ.
2. *Inlautendes* ϝ zwischen Vokalen schwindet zumeist; es wird aber gelegentlich zu υ < ϝϝ, das durch Assimilation entstanden ist (ναῦος „Tempel"<*ναϝϝος<*νασϝος; εὔαδε<*ἔϝϝαδε<*ἔσϝαδε zu ἀνδάνω; αὔερυσαν<*ἄϝϝ-), ferner in δεύω, χεύω u. ä.

6. ζα- < δια-: ζάβαις (= διαβάς), ζά (= διά).
7. Statt ζ < ᾱd, δι̯, γι̯ wird **σδ** geschrieben: πέσδων (att. πεζῶν), ὔσδος (att. ὄζος), φροντίσδω, κατισδάνει (att. καθιζάνει).
8. σσ < σ + σ wird nicht vereinfacht: ἔσσονται, ὀμόσσαντες, μέσσος (<*μεθι̯ος), στήθεσσι.

Deklination (vgl. auch oben § 177 b):
9. Der Dat. Pl. endet in der a- und o-Dekl. (außer beim Artikel, der beide Bildungen kennt) auf die vollen σι-Formen: πολίταισι, ἄλλοισι; in der konsonant. Dekl. auf -εσσι: Μακεδόνεσσι, χρημάτεσσι.
10. Der Pl. des pers. Pron. 1. 2. lautet: N. ἄμμες, ὔμμες; D. ἄμμι(ν), ἄμμεσι, ὔμμι(ν); A. ἄμμε, ὔμμε.

Konjugation (vgl. auch oben § 177):
11. Zur präsentischen Flexion des Part. Perfekt s. o. § 177 c; präsentisch gebildet ist auch der Infinitiv τεθνάκην.

Adverbia:
12. Bildung auf -τα: ὅτα, πότα, ἄλλοτα; auf -υι: τυῖδε (hierher), πήλυι (von ferne), ἄλλυι (anderswo).

Einzelwörter:
13. ὐπά (= ὑπό), πεδά (= μετά), κε (= ἄν), αἰ (= εἰ).

Der Einfluß der epischen Sprache ist gering: G. Sg. der o-Dekl. auf -οιο, der Maskulina der a-Dekl. auf ᾱο, Fehlen des Augments.
Das Sololied hat sich nicht, wie die übrigen Gattungen, eine feste Kunstsprache geschaffen. Der Ioner *Anakreon* aus Teos (um 550) und die Boioterin *Korinna* aus Tanagra (c. 500) dichten im heimischen Dialekt.

§ 202   c) Dichtung in dorischer Sprachform

Das *getanzte* Chorlied, gesungen bei religiösen und weltlichen Festen, zuerst entwickelt in der dorischen Adelskultur von Sparta, Korinth, Argos und Theben, erhält sein sprachliches Gepräge durch das peloponnesische **Dorisch**, durchsetzt mit epischen Flexionsformen und versehen mit spärlichen Aiolismen.
Alkman (um 625) zeigt in seinen Chören dorisch-lakonische Grundhaltung mit zahlreichen epischen Bestandteilen (Dat. auf -οισι, -εσσι, Ὀδυσσῆος, ἄν für κα) und einen gewissen aiolischen Einschlag vom Melos her (z. B. φέροισα). *Stesichoros* von Himera (640 – 555) und *Ibykos* von Rhegion (um 525) aus ionischem Kolonialland gewähren dem epischen Einfluß mehr Raum. Bei den beiden Chorlyrikern der ionischen Insel Keos, *Simonides* (556 – 448) und *Bakchylides* (505 – 450) beschränkt sich das Dorische auf grundsätzliche Charakteristika (ᾱ statt η, G. Sg. der Mask. und G. Pl. der a-Dekl. auf -ᾱ bzw. -ᾶν), wogegen über den epischen Einfluß hinaus die Ionismen zunehmen. *Pindar* aus Theben (514 – 442) stammt aus einem Gebiet, in dem ein stark aiolisch durchsetztes Dorisch gesprochen wurde; demgemäß treten neben dem epischen Einfluß die alten Dorismen des Chorliedes wieder stärker hervor. Der boiotische Lokaldialekt dagegen hat fast keine Spuren hinterlassen (einigemal ἐν mit Akk., Akk. Pl. der o-Dekl. auf -ος, πέρ statt περί vor Vokal). — Zum Chorlied in der Tragödie und zur sizilischen Komödie s. u. § 203.
Theokrit (um 300), nach ihm *Bion* und *Moschos* dichten in einer Art Kunstdorisch, doch ist auch hier epischer, ja aiolischer Einfluß zu spüren. Manche Besonderheiten sind wohl lokal (Sizilien); so z. B. A. Pl. der o-Dekl. auf -ος, Kontrakta auf -εω statt -αω (ὁρέω), Infinitive auf -εν (statt -ειν), Präs. Ind. 2. Sg. auf -ες (συρίσδες = συρίζεις), ferner ἦνθον (= ἦλθον), ἐντί = ἐστί.

d) Das attische Drama § 203

Die **Tragödie** ist zusammengewachsen aus dem *dorischen Chorlied* und dem *ionischen Iambos* (bzw. *Trochaios*, s. o. § 202 und 180). Doch sind diese Dialektgrundlagen zurückgetreten hinter dem **Attischen,** das in Sprech- wie Gesangspartien des Dramas den Grundton abgibt.

Neben dem dominierenden Attisch tritt am stärksten der *epische Einfluß* hervor, veranlaßt wohl durch die Gleichheit der mythischen Stoffe. Dieser zeigt sich gelegentlich
1. in dem Unterlassen der Kontraktion,
2. in der Ersatzdehnung ει und ου vor νϝ und ρϝ (ξεῖνος, μοῦνος, κούρη),
3. in der metrischen Dehnung (εἰνάλιος, οὐλόμενος),
4. in epischen Flexionsformen (-οιο, -εσσι, ἀνέρες, Ζηνός),
5. in Pronominalformen: ἐμέθεν, σέθεν, ἕθεν, ὕμμε u. ä.; im Gebrauch des Artikels im Sinne des Relativums,
6. in Verbalbildungen wie -μεσθα; ἔβαν, ἔμιχθεν; ἤλυθον; κέκλετο, ἐπιπλόμενος; im Fehlen des Augments,
7. in Einzelwörtern: ποτί, ἀτάρ, ῥα, ἠδέ, αἰέν u. a.

Die *dorische Färbung der Chorlieder* beschränkt sich zumeist auf: ᾱ statt η; -ᾱ < ᾱο im G. Sg. der Mask. und -ᾶν < ᾱων im G. Pl. der a-Dekl.; Apokope von ἀνά und παρά; νιν = αὐτόν.

Anm. Einige dorische Formen sind (selten) auch in die Dialogpartien eingedrungen, zumeist aus metrischen Gründen (z. B. Ἀθάνᾱ statt Ἀθηναίη, νᾱός statt νεώς).

Die alte **Komödie** hält sich in ihrer sizilischen Form (*Epicharmos* 550–460, *Sophron* c. 450) an den dorischen Dialekt der Umgangssprache von Syrakus, bereichert durch lokale Eigentümlichkeiten. Die ältere attische Komödie (*Aristophanes* 445–386) schenkt uns ein lebendiges Bild der attischen Alltagssprache, aber auch interessante Einzelheiten der gesprochenen Dialekte von Megara, Boiotien, Lakonien usw., wenn zur Erhöhung der komischen Wirkung „Ausländer" auftreten. In Parodien, Zitaten und in Chorliedern wird auch die Sprachform der Tragödie übernommen.

II. PROSA § 204

Die ältesten griechischen Prosaschriften entstehen auf *ionischem* Gebiet in der Philosophie (Schule von Milet), in der Geschichtsschreibung (*Herodot* und seine Vorgänger, z. B. *Hekataios*) und in der Medizin (*Hippokrates*). Unter dem Namen des *Pythagoras* (6. Jh.) und seiner Anhänger (*Philolaos* c. 430, *Archytas* c. 380, *Timaios* c. 400) sind eine Reihe von Schriften erhalten, deren Echtheit im einzelnen zu untersuchen ist. Die Überlieferung stellt in der Sprache ein künstlich zurechtgemachtes *Dorisch* dar, dem ionische und aiolische Formen beigemischt sind. *Archimedes* aus Syrakus (287-212) ist der Vertreter des jüngeren sizilischen *Dorismus*. Vom Hellenismus an herrscht in aller Prosa *die Koine* (s. u. § 209), von der sich nur aus antiquarischer Spielerei im 2./3. Jh. n. Chr. bescheiden eine übertreibende Wiederbelebung des Ionischen differenziert. — Zur *attischen* Prosa s. u. § 208.

a) Die ionische Sprachform Herodots

Daß die Sprachform des herodotischen Geschichtswerks nicht einfach mit dem zu seiner Zeit gesprochenen milesischen Dialekt, auch nicht mit dem geschriebenen Ionisch seiner Vorgänger (z. B. Hekataios) gleichzusetzen ist, wußte schon die antike Grammatik, die sie als λέξις μεμειγμένη oder ποικίλη charakterisierte. Offenbar hat Herodot eine bewußte Stilisierung versucht, einerseits durch weitgehende Übernahme des epischen Sprachgebrauchs, andererseits durch eine künstliche „altertümliche" Färbung. Diese zeigt sich nicht nur in der Vorliebe für alte und ungewöhnliche Wörter (νηός, πολιήτης u. ä.) sondern auch in der Bildung von Formen, die zu seiner Zeit längst verändert sind; so beweisen z. B. die Inschriften, daß gerade im Ionischen um 500 v. Chr. die Kontraktion voll durchgeführt war, während Herodot sie zumeist unterläßt.

Doch ist es unmöglich, aus den uns überkommenen Handschriften den Sprachgebrauch des Herodot wirklich eindeutig festzustellen, weil wahrscheinlich schon im 4. Jh. Herausgeber den altertümlichen Charakter seiner Sprache noch künstlich, willkürlich und z. T. sogar falsch zu verstärken suchten. So ist anzunehmen, daß der Text mit der Abnahme der lebendigen Kenntnis des ionischen Dialekts in zunehmendem Maße verschlechtert wurde.

Die modernen Ausgaben unterscheiden sich daher stark voneinander durch das Ausmaß der Angleichung des handschriftlich überlieferten Textes an den durch Inschriften und andere Quellen bekannten zeitgenössischen Wort- und Formenbestand des milesisch-ionischen Dialekts.

Lautlehre

§ 205 I. VOKALE

1. **Abweichungen vom Attischen** im Vokalbestand:

ion.	att.	
ᾰ	ε	μέγαθος, τάμνω, τράπομαι, ἀπόδαρμα
ᾰ	ο	ἀρρωδέω
ᾰ	η	λάξομαι, ἀμφισβατέω, μεσαμβρίη
ε	ᾰ	ἔρσην (= ἄρρην), τέσσερες
ε	ει	δέξω (= δείξω), μέζων, κρέσσων, ἔωθα, ἐπιτήδεος, βαθέα (att. βαθεῖα)
ε	η	ἐσσοῦσθαι (= ἡττᾶσθαι)
η	ᾱ	νεηνίης, λίην, πρήσσω, διήκονος
η	ᾰ	διπλήσιος, πρύμνη
η	ω	Μαιῆτις, Ἀμπρακιήτης
ῐ	ε	ἱστίη (= ἑστίᾱ)
ῑ	ει	ἴκελος
ῐ	ευ	ἰθύς, ἰθύνω
ῐ	ιε	ἱρός, ἱρεύς, ἴρηξ (= ἱέρᾱξ)
ω	η	πτώσσω, ζώω (= ζήω)
ω	αυ	τρῶμα (< *τρωυμα¹; att. τραῦμα), θωμάζω
ω	ᾱ	θῶκος (< *θοϝακος; att. θᾶκος < *θαϝακος)
ω	ου	ὦν, γῶν
αι	α	αἰεί, αἰετός²)
ει	ε	ξεῖνος, εἴρομαι, εἵνεκεν, εἴνατος, ἤνεικα (att. ἤνεγκα), ἠνείχθην
ου	ο	γούνατα, μοῦνος, δούρατα, πρόσουρος, νοῦσος.

Erläuterungen: Sprachgeschichtlich liegen den Abweichungen sehr verschiedene Ursachen zugrunde; die wesentlichsten davon sind a) Wechsel von ᾱ und η (R 1): νεηνίης u.ä.; analog dazu auch πρύμνη (trotz ᾰ) — b) verschiedene qualitative und quantitative Ablautstufen: ἔρσην, τέσσερες, τάμνω, τράπω, ἀμφισβᾱτέω, λάξομαι, λελάβηκα, πτώσσω, θῶκος, θωμάζω (<*θωυμάζω), τρῶμα, ἴκελος (zu εικ-), ἱερός : ἰαρός : ἱρός = er : r̥ : r — c) Vokalassimilation: ἱστίη : att. ἑστίᾱ, während in ἀρρωδέω (att. ὀρρωδῶ), μέγαθος die ursprüngliche Wortform gegenüber der Assimilation im Attischen vorliegt — d) ει und ου statt ε, ο sind zumeist Ersatzdehnungen unter dem Einfluß ehemaliger ϝ-Verbindung: εἵνεκα <*ἐνϝεκα, μοῦνος < *μονϝος³); doch kann auch Übernahme aus der epischen Sprache (metrische Dehnung) der Anlaß sein: οὔνομα — e) Zwischenvokalisches ι ist (wegen folgendem ϝ) erhalten in αἰεί, αἰετός (urspr. *αιϝ-), dagegen ausgefallen in ἐπιτήδεος u.ä. — f) zu μέζων, κρέσσων s. § 84 E; § 211,7 A.2; E 57 u. § 85 E, § 211, 4 A.; E 58. — g) völlig verschiedene Stämme liegen vor in ἤνεικα (ἐν-εικ- zu ἴκω „komme"): att. ἤνεγκον; ἰθύς : att. εὐθύνω — h) Einzelfälle: μεσαμβρίη (ἡμέρᾱ) zeigt Vokalkürzung vor Liquida + Konsonant — δέκνῡμι, δέξω ist Mischung zwischen δείκνῡμι und der Wurzel *dek (aufnehmen, begrüßen, vgl. homer. δηδέχαται, δοκεύω) — ἐσσοῦσθαι gehört zu *ἕσσων, das nach κρέσσων statt ἥσσων gebildet ist.

2. Die **Kontraktion** von Vokalen unterbleibt in der hs. Überlieferung zumeist in der Deklination und Konjugation. Dagegen wird ε + ο > ευ⁴) (ποιεῦντες, κομιεύμεθα, πλεῦνες = πλέονες, σευ = σου) und ο + η > ω in ὀγδώκοντα, βωθέω, ferner in Formen von βοάω und νοέω (βῶσαι, ἐννώσᾱς).

Anm. Hyphairesis, d.i. Ausdrängung eines ε, findet statt in Gruppen von drei Vokalen: φοβέαι < *φοβέεαι, ἐξηγέο <*ἐξηγέεο, ποιέεσκον <*ποιέεεσκον, ἐνδέα <*ἐνδεέα. — Beachte auch δημιοργός <*δημιοϝεργος und ὀρτή (= ἑορτή).

¹) S. o. § 176, 3. ²) S. o. § 181, 1.
³) Im Attischen fällt dabei ϝ zumeist ohne Nachwirkung aus; vgl. § 202, 2β. ⁴) S. o. § 175, 4 A.

3. **Dihairesis** findet sich in

a) ηι < ει : βασιληίη, μαντήιον, ἀνδρήιος.

Anm. Ausgenommen sind die Proparoxytona auf -εια, -ειον (βασίλεια, προάστειον) und einige Eigennamen (Δαρεῖος, Ἀργεῖος).

b) ηι < η : δηιόω, Θρηικίη, ῥηίδιος, χρηίζω.

c) ωι < ῳ : πατρώιος, ἡρώιον, πρώιος.

Anm. Ausgenommen sind ζῷον, ᾠόν, Τρῳάς, Ἀχελῷος, Κῷος.

4. **Krasis** findet sich wie im Attischen (τἆλλα, τἀνθρώπου, κἀμοί, κἀκεῖνος), aber auch in ionischer Form (ὡνήρ, ὧλλοι, τὠληθές, ὦναξ, besonders in ἑωυτοῦ (< ἕο αὐτοῦ), σεωυτοῦ, ὡυτός (< ὁ αὐτός).

II. KONSONANTEN

1. *Abweichend vom Attischen* steht

ion. **κ** statt **π** (durch Entwicklung der Labiovelare) in fragenden und unbestimmten Pronomina und Adverbien, ferner beim verallgemeinernden Relativum: κοῖος, κότερος, κῶς, κοτέ, ὁκόσος, ὁκοῖος, ferner in οὔκοτε, οὔκω[1]).

ion. **σσ** statt **ττ**: γλῶσσα, τάσσω, ἐλάσσων[2]).

Anm. Beachte ferner die Unterlassung der Assimilation bzw. der analogischen Umbildung in ἔρσην (att. ἄρρην) und ἴδμεν (s. o. § 176, 7; 182, 2).

2. Die **Aspiration**[3]) unterbleibt in unseren Hdss. in αὖτις, δέκομαι, οὐκί, in Elisionen (ἀπ' οὗ, μετ' ἅ) und Wortfügungen (ἀπικνέεσθαι, ὑπιστάναι, μετείς), und bei οὐκ (οὐκ ὁρέω). Eine Vertauschung von Tenuis und Aspirata findet sich in ἐνθαῦτα, ἐνθεῦτεν, ὁ κιθών.

3. Das **ν-ἐφελκυστικόν** wird in den Hss. nur in geringem Umfang gesetzt.

Formenlehre

I. NOMEN § 206

1. SUBSTANTIVA

a-Deklination

1. Substantiva auf ᾱ weisen in allen Kasus des Sg., solche auf ᾰ im G. und D. das ionische η[4]) statt ᾱ auf: χώρη, μοίρης.

2. Der G. Pl. endet auf -έων (<*ηων < ᾱων): γνωμέων, αὐτέων; Kontraktion zu -ῶν ist nur nach Vokal statthaft.[5])

Anm. Ausgenommen sind die Fem. der nicht endbetonten Adjektiva, Partizipien und Pronomina auf -ος, -η, -ον, deren G. Pl. wie im Attischen dem Mask. angeglichen ist: φίλων, ἁλισκομένων, τούτων.

3. Der D. Pl. endet auf -ῃσι: γνώμῃσι, αὐτῇσι[6]).

4. Die Mask. auf -ης (< ᾱς) bilden den G. Sg. auf -εω[7]): Μίδεω, πολίτεω (nach Vokal ist auch Kontraktion statthaft).

Anm. Eigennamen auf -ης können den A. Sg. nach der konsonantischen Dekl. bilden: Ξέρξεα.

5. Kontrahierte Formen finden sich nicht: μνέαι (att. μναῖ), συκέην, χρυσέη.

---

[1]) S. o. § 176, 8; ferner § 207, bes. A. 2.   [2]) S. o. § 176, 5; ferner § 211, 4 und 6.   [3]) S. o. § 176, 9.
[4]) S. o. § 175, 1.   [5]) S. o. § 183, 4.   [6]) S. o. § 183, 5; ferner E 25, 2 u. 21, 2   [7]) S. o. § 183, 2.

o-Deklination

1. Der D. Pl. endet auf -οισι: λόγοισι, καλοῖσι[1]).
2. Kontrahierte Formen fehlen: πλόος, ὀστέον, χρύσεος.
3. Die sog. attische Dekl. beschränkt sich auf Eigennamen (zumeist auf -λεως < *ληος < λᾱος) Μενέλεως, Μίνως, Ἄθως; sonst finden sich die Formen vor Eintritt der Metath. quant. (ληός, νηός) oder solche mit ο statt att. ω (λαγός, πλέος, ἵλεος; -γαιος statt att. -γεως in ὑπόγαιος, μελάγγαιος).

Dritte Deklination

1. Die Kontraktion unterbleibt bei den Wörtern auf -εύς, -ος, -ης, -υς: βασιλέος, βασιλέι, βασιλέες; γένεος, γένεα; Ἀστυάγεος, ἀληθέα; πήχεϊ, ἄστεα, βαθέα.

    Anm. Zu den Eigennamen auf -ης als Beispiel Θεμιστοκλέης, Θεμιστοκλέος, Θεμιστοκλέι, Θεμιστοκλέα, Θεμιστοκλέες.

2. Die ι-Stämme führen die Schwundstufe ι durch: πόλιος, πόλῑ (< *πολιι, neben πόλει), πόλιες, πόλισι, πόλῑς (< *πολινς[2], neben πόλιας); ebenso flektieren alle Eigennamen auf -ις (auch die mit dem att. G. -ιδος): Θέτις, Θέτιος; Σάρδιες, A. Σάρδῑς (ausgenommen Ἄρτεμις, ferner ἔρις, χάρις).
3. Eigennamen auf -ώ bilden den A. Sg. auf -οῦν: Ἰοῦν, Σαπφοῦν.
4. Voller -ασ-Stamm ist nur γῆρας; alle anderen Neutra auf -ας treten in die -εσ-Klasse über: κέρας, G. κέρεος; γέρας, G. γέρεος.

Wichtigste Anomala und Heteroklita

1. νηῦς, νεός, νηΐ, νέα; νέες, νεῶν, νηυσί, νέας. 2. ἥρως: A. Sg. ἥρωα neben ἥρων. 3. φύλαξ, φύλακος und φύλακος, φυλάκου 4. δένδρον, δένδρου neben δένδρεον, δενδρέου; aber auch δένδρος, δένδρεος.

2. ADJEKTIVA

1. Neben πολύς (πολύ) erscheint πολλός (πολλόν); der Komparativ kennt Formen mit ευ = εο: πλεῦν, πλεῦνος, πλεῦνα, πλεῦνες, πλεύνων, πλεῦνας.
2. σῶς bildet Neutr. Sg. σόον; Mask. Pl. σόοι, G. σόων.

3. PRONOMINA
Personalpronomen

Vom attischen Formenbestand weichen ab:

	Sg. 1. Pers.	Pl.	Sg. 2. Pers.	Pl.	Sg. 3. Pers.	Pl.
G.	ἐμέο, ἐμεῦ	ἡμέων	σέο, σεῦ	ὑμέων	ἕο, εὑ	σφέων
D.			τοι		οἱ	σφίσι, σφι
A.		ἡμέας		ὑμέας	μιν	σφέας, Neutr. σφέα

---
[1]) S. o. § 184, 3; ferner E 22, 2. [2]) E 38.

Anm. 1. Das *Pronomen reflexivum* lautet ἐμεωυτοῦ, σεωυτοῦ, ἑωυτοῦ (vgl. E 62, Reflexivum).

Anm. 2. In der 3. Pers. wird neben ἑωυτοῦ usw. auch das nichtreflexive Pronomen reflexiv gebraucht; σφίσι ist nur reflexiv, σφι nur nichtreflexiv.

Anm. 3. Der A. Pl. σφε dient für alle Genera.

Relativpronomen

1. Die Kasus obliqui beginnen (wie der Artikel) mit τ: τοῦ, τῆς usw[1]).

Anm. Nach ἐν, ἐξ, ἐς als Zeitangaben und nach ἄχρι, μέχρι, ἕως, ferner nach apostrophierten Präpositionen stehen die vokalisch anlautenden Formen: ἐξ οὗ, παρ' ἥν.

2. Zu ὅστις s. u. das Interrogativpronomen (Neutr. Pl. ἄσσα).

Interrogativ-(Indefinit-)pronomen

1. Vom Attischen τίς, τις weicht ab[2]):

    S. G. τέο, τεῦ (τεο, τευ)   D. τέῳ (τεῳ)   Pl. G. τέων (τεων)   D. τέοισι (τεοισι)

2. Entsprechend wird ὅστις flektiert.

II. VERBUM § 207

1. ENDUNGEN[3])

a) **Aktiv**

Das Plqu. endet auf -εα, -εας, -εε: ἐώθεα, ἐώθεας, ἐώθεε.

b) **Medium (Passiv)**

α) Ohne Verschmelzung bleiben
-εαι: 2. Sg. Ind. Präs.: βουλεύεαι
-εο: 2. Sg. Impf. und Aor. II: εἴρεο, ἐγένεο, ἐπίκεο — 2. Sg. Imp. Präs.: ἔπεο
-αο: 2. Sg. Aor. I Med.: ἐβουλεύσαο.

β) Anstatt -νται und -ντο stehen -αται und -ατο in der
    3. Pl. Ind. Perf. und Plqu. bei Verba muta (wobei der schließende Konsonant der P- und K-Stämme außer bei ἀπίκαται aspiriert wird): τετρίφαται, ἐτετάχατο, παρεσκευάδατο; und bei Verba pura (wobei der schließende Stammvokal verkürzt wird): ἡγέαται, προκέατο, κατέαται (= κάθηνται);
    3. Pl. der Optative: βουλοίατο, γευσαίατο;
    3. Pl. Präs. und Impf. der μι-Verba (wobei der Stammauslaut ᾱ > η > ε wird): ἱστέαται, ἐδυνέατο, τιθέαται, ἐκδιδόαται.

c) **Passiv**

Der Konjunktiv des Aor. I, des Aor. der Mediopassiva (und der aktiven Wurzelaoriste) wird unkontrahiert mit kurzem Stammauslaut (dabei ᾱ > η > ε) gebildet: αἱρεθέω, προσθέω, βέω (ἔβην), ἐξαναστέωμεν.

Anm. Kontrahiert sind -ῇς, -ῇ der 2. und 3. Pers. Sg.: νικηθῇς, φανῇ, ἐκβῇ.

---
[1]) S. o. § 190 Pron. rel. 2.   [2]) S. o. § 190 Pron. interrog.   [3]) S. o. 191, 2 u. 5.

2. AUGMENT UND REDUPLIKATION

1. Das Augment fehlt regelmäßig bei den Iterativformen auf -σκον; sonst fehlt häufig das temporale Augment, vor allem in eigentümlich ionischen Wörtern (ἀγινέω, ἐσσόομαι), in epischen Formen (ἄνωγα), in Verben mit αι, αυ, ει, ευ, οι im Anlaut, ferner bei ἐάω, ἐργάζομαι.

2. Verba, die im Attischen doppelt augmentieren, führen das Augment meist nur einfach: ὥρων = ἑώρων.

3. Auch das Redupl.-ε des Perfekts kann fehlen: ἁρμοσμένος, ἐώθεα, οἰκώς (= ἐοικώς).

4. Merke: ἔκτημαι (= κέκτημαι); ἀραίρηκα (= ᾕρηκα).

3. VERBA CONTRACTA

α) -έω

1. Die Kontraktion findet zumeist nicht statt; Ausnahme δεῖ und δεῖν (jedoch Impf. ἔδεε).

2. In Verben mit Vokal vor -έω, nämlich in ἀγνοέω, διανοέομαι, θηέομαι[1]), νοέω, ποιέω, wird, um den Zusammenstoß mehrerer Vokale zu verhindern, ε + ο und ε + ου zu ευ zusammengezogen: ποιεῦμεν, ποιεῦσι. Diese Regel gilt auch für das sog. attische Futur der Dentalstämme auf -ίζω: κομιέει — κομιεύμεθα.

3. Das Futur der Verba liquida bleibt unkontrahiert: ὑπομενέουσι.

4. Die Ausgänge -έεαι, -έεο werden zu -έαι, -έο verkürzt: φοβέαι, φοβέο (s. o. § 196, b A. 2; 205, 2 A.).

β) -άω[2])

1. Bei unkontrahierten Formen, deren Ausgang mit einem ο-Laut beginnt, wandelt sich der Stammesauslaut ᾱ über η > ε; also ὁρέω, φοιτέουσι, ὁρέων, φοιτέοντες usw. Verba, bei welchen dem -άω ein Vokal vorausgeht, ziehen dabei ε + ο (ου) > ευ zusammen (s. o. -έω 2): ἀνιεῦνται (aber auch εἰρώτευν, εἰρωτεῦντες).

Anm. In der 2. Sg. Imperativ Präs. und Imperfekt Med.-Pass. wird -αου immer > ω kontrahiert: μηχανῶ.

2. χράω und χράομαι (att. χρῆω, χρῆομαι) bilden die Formen wie alle Verba auf -αω: χρέομαι, χρᾶται, ἐχρέοντο[3]).

3. κλάω, ψάω, σμάω, ἐάω, βιάομαι, ἰάομαι kontrahieren alle Formen wie im Attischen.

4. Die weiteren Tempora werden stets mit dem Stammauslaut η (< ᾱ) gebildet: βιηθῆναι, πειρήσασθαι.

γ) -όω[2])

Verba, bei welchen dem -όω ein Vokal vorausgeht, können in Formen, deren Ausgang mit ο oder ου beginnt, (wie die Verba auf -άω) in die ε-Klasse übertreten; ε + ο (ου) wird > ευ zusammengezogen: ἀξιεύμενος, ἐδικαιεῦντο.

---

[1]) = θεάομαι, s. u. unter -άω.
[2]) Bei den Verben auf -άω und -όω gehen die modernen Ausgaben in der Aufnahme der abweichenden Formen der Überlieferung und in der Angleichung an eine ionische Sprachnorm weit auseinander.
[3]) Die mit -ε- gebildeten Formen finden sich auch mit ω geschrieben: χρῶνται, χρεώμενος, ἐχρῶντο.

4. VERBA AUF μι

1. Vom Attischen weichen ab

Sg. 2. Präs. Ind.   τιθεῖς   ἵεις   διδοῖς   ἱστᾷς[1])
3. Präs. Ind.   τιθεῖ   ἵει   διδοῖ   ἱστᾷ[1])
Pl. 3. Präs. Ind.   τιθεῖσι   ἱεῖσι   διδοῦσι   ἀνιστέᾶσι[2]), ἀπολλῦσι

2. Das Imperfekt von τίθημι lautet im Sg. ἐτίθεα[3]), ἐτίθεες, ἐτίθεε, von ἵστημι neben 3. Sg. ἵστη auch ἵστᾱ[1]).

3. Im Ind. Aor. werden auch die Pluralformen des Aktivs und das Medium mit -κα- gebildet: ἐδώκαμεν, ὑπεθήκατο.

4. Zu ἀνίημι findet sich 3. Pl. Perf. ἀνέωνται[4]), zu μετ-ίημι ein Part. Perf. Pass. μεμετ-ιμένος[5]).

5. Die Verba auf -νῦμι bilden vielfach Formen nach der ω-Konjugation: δεικνύουσι, ἀπολλύεις, ζευγνύων.

εἰμί[6])

Ind. Sg. 2 εἶς   Pl. 1 εἰμέν   Part. ἐών, ἐοῦσα, ἐόν   Adv. ἐόντως
Konj. Sg. 1 ἔω   Pl. 3 ἔωσι   Opt. Sg. 3 ἔοι
Impf. Sg. 1 ἔᾱ   2 ἔᾱς   Pl. 2 ἔᾱτε   3 ἔσκον

εἶμι

Impf. Sg. 1 ἤια   3 ἤιε   Pl. 3 ἤισαν

οἶδα

Ind. Sg. 2 οἶδας   Pl. 1 ἴδμεν, οἴδαμεν   3 οἴδᾱσι   Konj. εἰδέω usw.
Impf. Sg. 1 ᾔδεα   3 ᾔδεε   Pl. 2 ᾐδέατε   3 ᾔδεσαν

b) Die attische Prosa   § 208

Im 5. Jh. geht allmählich die Vorherrschaft auf das *Attische* über; zwar bedienen sich noch die letzten Vorsokratiker (z. B. *Anaxagoras*) und die bedeutendsten Sophisten (*Prodikos*) des überkommenen Ionischen, aber mit *Sokrates* und *Platon* siegt Attika in der Philosophie. An *Thukydides* hält sich die folgende Geschichtschreibung (*Xenophon* s. u., *Ephoros*, *Theopomp*); nur wer die unmittelbare Nachfolge zu Herodot betont, wie *Ktesias* in den Persika oder viel später *Arrian* (c. 130 n. Chr.) in der Indike, schreibt ionisch. Die *Kunstrhetorik* kleidet sich von Anfang an in attisches Gewand. Mit *Isokrates* und *Demosthenes* erreicht die attische Kunstprosa ihren Höhepunkt; der Philosoph *Aristoteles* bildet den Übergang zur Koiné.

Thukydides ist der Vertreter des Altattischen; so finden sich bei ihm immer ξύν und ἐς, κλῄω (statt κλείω), μόλις (statt μόγις), ferner die Akzente ἐρῆμος, ἑτοῖμος, ὁμοῖος, τροπαῖον u. ä. Ionischer Einfluß liegt noch vor in den Konsonantenverbindungen σσ statt att. ττ und ρσ statt att. ρρ: τάσσω, φυλάσσω, θάλασσα, κρείσσων, θαρσέω, θάρσος, ταρσός; ionisch ist auch die Dekl. ionischer Eigennamen: N. Ἐφύρη, G. Πύθεω, Τήρεω, Ἀφύτιος, Γοάξιος. Auffallend häufig ist -ως im Komparativ der Adverbien: μειζόνως, χαλεπωτέρως u. ä.

Die attische Sprache *Xenophons* ist mit Dorismen und Ionismen durchsetzt, was sich aus seinem Lebenslauf erklärt. Dorisch sind neben Fachausdrücken des Staats- und Heerwesens (λοχᾱγός u.ä.) auch Einzelwörter (πέπᾱμαι) und -wortformen (Fut. παιξοῦνται); ionischen Einfluß zeigen Formen wie σφάζω (= σφάττω), ὀρέω (= ὁρῶν) und Einzelwörter (z.B. γειτονεύειν, περιέπειν).

---

[1]) Analog zu Verben auf -άω.   [2]) Diese Form wie das Perf. ἀνεστέᾱσιν sind nach dem Med. ἱστέαται (s. o. § 207 b β) gebildet.   [3]) Zu ἐτίθεε wird analog nach Plqu. ᾔδεε : ᾔδεα ein ἐτίθεα gebildet.
[4]) Ablaut η (Präs.) : ω (Perf.); vgl. ῥήγνυμι: ἔρρωγα.
[5]) Also in der Zusammensetzung nicht mehr verstanden; dagegen findet sich das regelmäßige ἀνειμένος.
[6]) Dazu und zu den folgenden Verben s. o. § 197.

Zu Beginn der Kaiserzeit führte das Studium der attischen Schriftsteller zu bewußter *attizistischer Nachahmung*, eingeleitet durch *Dionysios* von Halikarnaß (unter Augustus). Seit Hadrian übersteigert sich der Attizismus; man schrieb ττ, ρσ, ἐς und ξύν, gebrauchte tote Formen (z. B. Dual) und glaubte durch solche Äußerlichkeiten es den Großen der attischen Literatur gleichzutun. So entfernte sich zeitweilig die künstliche Gelehrtenliteratur von der gebildeten Umgangssprache und ihren literarischen Vertretern. Aber selbst Gegner der antiquarischen Richtung, wie z. B. *Plutarch* (46-120) und *Lukian* (120-180), können sich ihrem Einfluß nicht völlig entziehen.

§ 209   c) Die hellenistische Gemeinsprache

Die seit Alexander sich über den ganzen Orient ausbreitende hellenistische Kultur machte das *Attische zur Grundlage* der sog. κοινή (γλῶσσα). Aber auch die übrigen Dialekte gewannen einigen Einfluß; Züge, die dem Attischen allein gegenüber allen anderen Mundarten eigen waren, wurden ausgemerzt (z. B. att. φυλάττω > φυλάσσω; Wegfall der „att." Deklination). Besonders gut hielten sich dagegen Eigentümlichkeiten, die dem Attischen mit dem Ionischen gemeinsam waren. Die starke Völkermischung einerseits, andrerseits das politische Übergewicht der Römer ließ manches *Fremdwort* in den Wortbestand eindringen, besonders lateinische Heeres-, Wirtschafts- und Verwaltungsausdrücke (z. B. λεγιών, πραιτώριον, κολωνία, μόδιος, δηνάριον); im Alten und Neuen Testament finden sich natürlich zahlreiche Semitismen (ἀμήν, Σαβαώθ, σάββατον u. ä.).

Die *Umgangssprache* entwickelt sich lebendig fort; die hauptsächlichen Eigentümlichkeiten sind:

Vokale:
1. Einige Vokale nähern sich in der Aussprache einander so sehr, daß sie auch in der Schreibung angeglichen werden, wie Inschriften und Papyri bekunden:
   ι, ει, η, ῃ (gesprochen als ī): ἵρως (= ἥρως), ἐτίμεισεν (ἐτίμησεν), Κυρήνιος (Quirinus); dabei wurde ιει über ιι > ῑ (geschrieben als ει): ὑγεῖα, ταμεῖον, πεῖν (= πιεῖν).
   οι, υ (gespr. ü, später ebenfalls i): ὔκος (= οἶκος).
   αι, ε (gespr. e): χέρυ (= χαίροι).
2. Schwund des ι in den Langvokalen ᾳ und ῳ: πολλοὶ χωρὶς τοῦ ι γράφουσι τὰς δοτικάς (Dative; Strabo XIV 41, 648).

   Anm. Das Lateinische übernimmt daher in älteren Lehnwörtern den Diphthong (*tragoedia* τραγῳδίᾱ, *Thraex* Θρᾷξ), in späteren setzt es den einfachen Vokal (*odēum* ᾠδεῖον, *melodia* μελῳδίᾱ, *Thrax*).

Konsonanten:
3. In der Auseinandersetzung der Dialekte setzen sich in der hellenistischen Koiné durch: 1. σσ statt att. ττ: γλῶσσα, πράσσω. 2. γίνεσθαι, γινώσκω[1]). 3. ρσ statt att. ρρ: ἄρσην, θαρσεῖν.
   Anm. ρρ < ρσ vor Vokal liegt vor in βορρᾶς[2]).
4. Die Psilose ist im Vordringen: κατ' ἕκαστον, κατ' ἡμῶν.

Deklination:
1. Der G. und D. Sg. der Substantiva der a-Dekl. auf -ρᾰ endet auf -ρης, -ρῃ: μαχαίρης, ἀρούρῃ.
2. Die „attische" Dekl. verschwindet; die Wörter werden durch andere Formen (λᾱός, νᾱός, ἐπίγαιος) oder andere Wörter ersetzt (πλήρης statt πλέως, αὐγή statt ἕως); ἵλεως hält sich länger, ist aber schließlich indeklinabel.
3. Der V. von θεός lautet auch ὦ θεέ.
4. In der konsonantischen Deklination zeigen sich Angleichungen unter den Kasusformen:
   Nom.: ἡ ὠδίν, ἡ Σαλαμίν, ἡ ἀκτίν; Akk.: χάριτα, ἰχθύας, βότρυας, βόας, πλείους (= Nom.); sogar τοὺς λέγοντες statt λέγοντας.
   Handschriftlich überliefert ist sogar das Eindringen der a-Dekl. in den A. Sg. der kons. Dekl.: γυνέκαν (= γυναῖκα), χεῖραν, θυγατέραν, ὑγιῆν.
5. Metaplasmen (Änderung des Genus) sind: ἡ λιμός, ὁ πολιτάρχης (statt -αρχος; aber nicht in Eigennamen, z. B. Ἀρίσταρχος), τὸ ἔλεος, τὸ σκότος, τὸ πλοῦτος.
6. In der Komparation finden sich vulgäre Neubildungen wie ἐλαχιστότερος, μειζότερος, διπλότερος.
7. Der G. Pl. ἑαυτῶν gilt für alle drei Personen. Im Sg. bieten verschiedene Hss. des Neuen Testaments an einigen Stellen ἑαυτοῦ für ἐμαυτοῦ, σεαυτοῦ.

Konjugation:
Endungen
1. Eindringen des Aor. I in den Aor. II: εἶπα, ἤνεγκα[3]), ἔβαλαν, εἴδαμεν, ἐξείλατο, ἐλθάτω, εὑράμενος.

[1]) § 213, 1 b A.; s. o. §. 176, 13.   [2]) § 40; E 27.   [3]) Schon in alter Zeit, vgl. § 189 Nr. 102 A. 3 und 114 A. 3.

2. Die Endung -σαν 3. Pers. Pl. breitet sich weiter aus: ἀφείλεσαν, παρελάβοσαν, ἐθορυβοῦσαν (= ἐθορύβουν), εὕροισαν (= εὕροιεν).
3. Vom Aorist aus dringt -αν (statt -ᾱσι) in die 3. Pers. Pl. des Perfekts ein: πέφρῑκαν, ἑώρᾱκαν, ἔγνωκαν, γέγοναν.
4. Das Plqu. hat auch im Pl. -ει- (vom Sg. aus eingedrungen): ᾔδειτε, πεποιήκεισαν (ohne Augment, s. u.).
5. Im Med.-Pass. bleibt -σαι in der 2. Pers. Sg. erhalten: φάγεσαι (Futur) καὶ πίεσαι.

Augment
Das syllabische Augment fehlt häufig im Plqu., auch das temporale kann fehlen, bes. in der att. Reduplikation. Andererseits ist die Vorliebe für η als Augmentvokal bemerkenswert: ἤμελλον, ἤθελον, ἠβουλήθην, ἠδυνήθην werden bevorzugt.

Tempusbildung
1. Von den Verba pura behält kurzen Vokal φορέω (ἐφορέσαμεν); πεινάω bildet πεινάσω, ἐπείνᾱσα.
2. Von den Verben auf -ζω haben abweichend vom Attischen παίζειν und νυστάζειν gutturalen, σαλπίζειν dentalen Charakter.
3. Die Verba liquida auf -αίνειν, -αίρειν, -άλλειν bilden den Aor. I auf -ᾱνα, -ᾱρα, -ᾱλα ohne Rücksicht auf den vorausgehenden Laut (ἐσήμᾱνα, ἐκάθᾱρα, ἀνεθάλατε).
4. Das „attische" Futur fehlt im allgemeinen; καλέω und τελέω bilden καλέσω, τελέσω.
5. Im Aktiv wird häufig der Aor. I für oder neben dem Aor. II des Attischen gebraucht; im Pass. oft der Aor. II bevorzugt: ἐπ-άξᾱς, συνάξαντες; ἡμάρτησα, ἔκραξα – ἠγγέλην, ἡρπάγην, ἐτάγην.

Genera
1. Das mediale Futur aktiver Verba nimmt ab: γελάσω, ἁμαρτήσω, βλέψω, ῥεύσω, σπουδάσω.
2. Deponentia bevorzugen den passiven Aorist: ἐγενήθην, ἐγαμήθην, ἀπεκρίθην; umgekehrt heißt es ἀπηρνησάμην.

Verba contracta
Die Verba auf -οῦν treten zurück, ihr Konjunktiv wird dem Indikativ angeglichen: ζηλοῦτε (= ζηλῶτε). Auf -ᾶν enden auch πεινᾶν, διψᾶν. Im allgemeinen ist eine Vermischung von -άω und -έω festzustellen: ἠρώτουν, ἐλεᾷ. Bei den einsilbigen Verbalstämmen auf -έω unterbleibt auch die Kontraktion zu ει: ἐδέετο, πνέει.

Verba auf -μι
1. Der Übergang in die ω-Klasse wird häufiger: ἐτίθουν, δεικνύεις, ὀμνύετε, sogar ἱστάνειν.
2. In den Plur. des Ind. Aor. Akt. dringt das κ des Sg. ein: ἐθήκαμεν, ἐδώκαμεν, ἥκαμεν.
3. Der Konj. Aor. von ἔδωκα geht in die Flexion der Verba auf -οῦν über: δοῖς, δοῖ.
4. Zu τίθεσθαι lautet das Perf. τέθειμαι, wozu ein Perf. Akt. τέθεικα gebildet wird.
5. Zu ἀφίεσθαι findet sich als Perfekt ἀφέωνται.[1])
6. Von εἰμί lautet die 1. Pers. Impf. ἤμην, dazu im Pl. ἤμεθα; οἶδα kennt den Pl. οἴδαμεν, -ατε, -ᾱσιν.

Syntax:
An syntaktischen Merkmalen fallen besonders auf: das *Verschwinden des Duals*, die *Zunahme* im Gebrauch *der Präpositionen* anstelle der reinen Kasus, das *Zurücktreten des Dativs* (deshalb auch εἰς mit Akk. statt ἐν mit Dat.).
Bei den *Tempora* wird das Perfekt neben dem Aorist für die historische Erzählung gebraucht; dafür wird das präsentische Perfekt im Med.-Pass. umschrieben: γεγραμμένον ἐστίν.
Von den *Modi* wird der *Konjunktiv* zur Vermeidung der Verwechslung mit dem Indikativ in gleichen Formen beim Gebrauch im Hauptsatz durch Imperative und Partikeln gestützt (δεῦρο, ἄφες, ἄγε, φέρε), auch ἵνα wird so gebraucht: ἡ γυνὴ ἵνα φοβῆται τὸν ἄνδρα. Der *Optativ tritt* immer mehr *zurück* und wird durch den Konjunktiv verdrängt als Modus obliquus und im Wunschsatz (δῴη κύριος ὑμῖν, καὶ εὕρητε ἀνάπαυσιν); im Iterativ steht der Indikativ (ὅπου ἂν ἐπορεύετο, im Potentialis indikativische Umschreibung (πῶς δύναμαί σε ἐπιλαθεῖν; ἐβουλόμην ἀκοῦσαι).
Der *Infinitiv* wird in Aussagesätzen durch ὅτι, ὡς verdrängt, auch bei Verben des Glaubens (μὴ νομίσητε, ὅτι ἦλθον καταλῦσαι τὸν νόμον); die übrigen Infinitive (nicht nur bei finalem Sinn) ersetzt mehr und mehr ein Satz mit ἵνα (οὐ χρείαν εἶχεν, ἵνα τις μαρτυρήσῃ – αὕτη γάρ ἐστιν ἡ ἀγάπη τοῦ θεοῦ, ἵνα τὰς ἐντολὰς αὐτοῦ τηρῶμεν – οὕτω μωρὸς ἦν, ἵνα μὴ ἴδῃ). Andrerseits greift der substantivierte Infinitiv um sich, besonders der finale und konsekutive Infinitiv mit τοῦ: μετέβη ἐκεῖθεν τοῦ διδάσκειν, ἐξῆλθεν ὁ σπείρων τοῦ σπείρειν.
Das *Partizip* löst sich vom syntaktischen Zusammenhang: ἀπεστάλκαμέν σοι γυναῖκα φέρουσί σοι τὴν ἐπιστολήν – στὰς ὁ ἀπόστολος ἔμπροσθεν τοῦ βασιλέως λέγει αὐτῷ ὁ βασιλεύς.
Die *Reaktion des „Attizismus"* hat dieser Entwicklung gegenüber die Literatursprache immer wieder auf das reine Attisch zurückzubringen gesucht. Die schriftlichen Erzeugnisse aber, die nicht „Literatur" sein wollten, wie Briefe, Eingaben u. ä., hielten sich natürlicherweise mehr an die Umgangssprache. Auch die frühchristliche Literatur, herausgewachsen aus dem Volke und für dieses eigentlich bestimmt, weist zahlreiche Merkmale der Koiné auf. Dies erklärt die eigentümliche Sprachfärbung vor allem des **Neuen Testaments**.

---
[1]) S. o. § 207, 4 (Verba auf -μι) A. 4.

§ 210 ABRISS DER VERSLEHRE

Vorbemerkung: Berücksichtigt sind nur die normalen Versformen und auch diese nur, soweit sie in der gebräuchlichen Schullektüre auftreten.

Grundbegriffe der Prosodie

Die griechische Metrik ist **quantitierend,** d. h. sie beruht auf dem geregelten Wechsel von langen und kurzen Silben.

Eine Silbe ist **lang**

a) von *Natur* (φύσει), wenn ihr Vokal lang oder ein Diphthong ist,

b) durch *Satzung* (θέσει), wenn auf ihren kurzen Vokal zwei Konsonanten oder ein Doppelkonsonant (ζ, ξ, ψ) folgen (Positionslängung).

Anm. 1. Muta + Liquida wirkt im Wortinnern häufig wie *ein* Konsonant (πᾰ-τρός)
2. Media + μ (ν) wirkt stets zweikonsonantisch, Media + λ zumeist.
3. Anlautende Muta + Liquida (außer Media + λ, μ, ν) wirkt in der Tragödie stets einkonsonantisch.
4. ϝ, λ, μ, ν, ρ, σ wirken im Epos häufig doppelkonsonantisch.

Eine Silbe ist **kurz,** wenn ihr Vokal kurz ist und keiner Positionslängung unterliegt.

Anm. Für das Epos ist zu beachten:
1. Auslautender langer Vokal oder Diphthong kann vor vokalischem Anlaut gekürzt werden (μοῖ ἔννεπε).
2. Bei einer Folge von 4 Kürzen kann eine gedehnt werden (metrische Dehnung, z. B. ἀθάνατος, ὑπεὶρ ἅλα); auch Formen wie οὔνομα, Οὔλυμπος sind auf metrischen Zwang zurückzuführen.

Der **Hiat** (χασμῳδίᾱ), d. h. das Zusammentreffen von Vokalen in der Wortfuge, wird zumeist vermieden

1. durch *Elision* (R 10; § 198), d. h. Wegfall des auslautenden Vokals,
2. durch *Aphairesis*, d. h. Wegfall des anlautenden Vokals (§ 198),
3. durch *Krasis*, d. h. Verschmelzung beider Vokale (R 9; § 197),
4. durch *Synizese*, d. h. Zusammenlesung beider Vokale zu **einer** Silbe (§ 197 A. 3; auch im Wortinnern möglich).

Ein **Vers** (στίχος) ist eine geregelte abgeschlossene Folge von Längen (—) und Kürzen (⌣); an bestimmten Versstellen kann Länge oder Kürze stehen (syllaba anceps ⌣̱ oder ⌣̄), so häufig am Versschluß (⌣̱).

Der Vers ist entweder selbst eine unzerlegbare Einheit oder er besteht aus kleineren Einheiten (**Metren**); in letzterem Falle ist er nach deren Anzahl benannt (Dimeter usw. bis Hexameter). Er heißt **akatalektisch,** wenn das Schlußmetrum unverkürzt, **katalektisch,** wenn es verkürzt ist; ist der Verseingang verkürzt, so heißt er **akephal.**

Längere Verse werden zum leichteren Vortrag in Abschnitte gegliedert
a) durch die **Caesur** (|), wenn das einschneidende Wortende in ein Metrum eingreift,
b) durch die **Dihairesis** (||), wenn es zwischen zwei Metren fällt:

— ⏑ ⏑ — ⏑ ⏑ — ⏑| ⏑ — ⏑ ⏑ ||— ⏑ ⏑ — ⏑̆

ἄνδρα μοι ἔννεπε, Μοῦσα, πολύτροπον, ὃς μάλα πολλά

Daktylische Verse § 211

Grundform des daktylischen Metrums: [— ⏑ ⏑]
Je zwei Kürzen können durch eine Länge ersetzt werden, so daß folgende Möglichkeiten erscheinen: — ⏝⏝, also neben dem Dactylus der Spondeus.

1. Der katalektische daktylische **Hexameter**

$$\underline{1}\,\smile\smile\;\underline{2}\,|\,\smile\smile\;\underline{3}\,|\,\smile\,|\,\smile\;\underline{4}\,|\,\smile\smile\;||\,\underline{5}\,\smile\smile\;\underline{6}\,\cdot$$

ist der Vers des Epos und der religiösen Dichtung. Ersatz durch Spondeus ist im fünften Metrum verhältnismäßig selten (στίχος σπονδειάζων = versus spondiacus).
Die gewöhnlichen *Caesuren* liegen a) nach der 3. Länge (nach dem fünften Halbmetrum = πενθημιμερής τομή), b) nach der ersten Kürze des 3. Metrums (κατὰ τρίτον τροχαῖον), c) nach der 4. Länge (dem siebten Halbmetrum = ἐφθημιμερής τομή), meist in Verbindung mit einer Caesur nach der 2. Länge (dem dritten Halbmetrum = τριθημιμερής τομή). d) Die häufigste *Dihairesis* tritt nach dem 4. Metrum ein (bukolische Dihairesis).

2. Der daktylische **Pentameter**

— ⏑ ⏑ — ⏑ ⏑ — || — ⏑ ⏑ — ⏑ ⏑ ⏑̆

ist das Grundmaß der Elegie und des Epigramms; er kommt nur mit dem Hexameter zum *Distichon* verbunden vor. Er besteht aus zwei durch Wortschluß getrennten Hälften (Hemiepes, ἡμιεπές), von denen nur die vordere Spondeen zuläßt.

3. Der akatalektische daktylische **Dimeter**

— ⏑ ⏑ — ⏑ ⏑

findet sich in lyrischen Partien (auch im Drama). Da er in Verbindung mit Dimetern anderer Maße vorkommt, sind je zwei Daktylen zu einem Metrum zu vereinigen.

4. Der **Adoneus**,

— ⏑ ⏑ — ⏑̆

benannt nach dem Klageruf ὢ τὸν Ἄδωνιν, schließt zumeist eine Versgruppe ab.

Anapästische Verse § 212

Grundform des anapästischen Metrums: [⏑ ⏑ —]
Die zwei Kürzen können durch eine Länge ersetzt werden (Spondeus), die Länge ist in zwei Kürzen auflösbar; es erscheinen also folgende Möglichkeiten: ⏝⏝ ⏝⏝.

1. Der akatalektische anapästische **Dimeter**

$$\cup\cup-\cup\cup-\;\|\;\cup\cup-\cup\cup\overset{\smile}{-}$$

besteht aus zwei durch Dihairesis geschiedenen Hälften, in denen je zwei Anapäste zu einem Metrum zusammengefaßt sind. Die letzte Länge (Schlußanceps) ist nicht auflösbar.

2. Der **Paroimiacus** (Sprichwortvers),

$$\cup\cup-\cup\cup-\cup\cup-\overset{\smile}{-}$$

ein katalektischer Dimeter ohne Dihairesis; er schließt gewöhnlich längere Anapästreihen ab.

Anm. In alter Verwendung als Sprichwortvers, auch als Tanzvers (dann **Enhoplios** „Waffentanzmaß" genannt), kennt der Paroimiacus die Unterdrückung von Kürzen; nur die *vier* Längen sind fest. So bekommt der Vers mannigfache Formen, z.B. ἀεργοῖς αἰὲν ἑορτά $\cup\_\overset{1}{\_}\_\overset{2}{\_}\cup\cup\overset{3}{\_}\overset{4}{\smile}$; ἐγένοντο καὶ φίλοι ἐχθροί $\cup\cup\overset{1}{\_}\cup\overset{2}{\_}\cup\cup\overset{3}{\_}\overset{4}{\smile}$ u.ä.

3. Der **Prosodiacus** (Prozessionsvers)

$$\cup\cup-\cup\cup-\cup\cup-$$

weist die Freiheiten des Paroimiacus auf, dessen katalektische Form er darstellt.

§ 213   Iambische Verse

Grundform des iambischen Metrums[1]): $\boxed{\smile-\cup-}$

Die Längen können in zwei Kürzen aufgelöst werden; es ergeben sich also folgende Möglichkeiten: $\smile\overset{\smile\smile}{}\cup\overset{\smile\smile}{}$. Ferner können in lyrischen Partien eine oder beide Kürzen unterdrückt werden, so daß dem $\smile--\cup-$ **Iambus**

auch $---\cup-$ **Creticus**

oder $\cup---$ **Bakcheus**

oder $----$ **Molossus** (mit langer erster Silbe),

schließlich $---$ **Spondeus**

gleichwertig zur Seite stehen. In allen diesen Formen ist die Auflösung der Längen in zwei Kürzen statthaft.

1. Der akatalektische iambische **Trimeter**

$$\overset{1}{\smile}-\cup-\;\overset{2}{\smile}|-\cup|-\;\overset{3}{\smile}-\cup\overset{\smile}{-}$$
 a b

ist der Dialogvers des Dramas. Seine *Caesuren* liegen a) nach der 2. anceps, b) nach der Kürze des 2. Metrums.

Anm.: 1. Im Eingang, bei Eigennamen auch im Versinnern, kann $\cup-$ durch $\cup\cup-$ ersetzt werden.
2. Wortschluß nach langem Eingang des 3. Metrums ist in der Tragödie unstatthaft, es sei denn, daß dieses schließende Wort mit dem folgenden eine syntaktische Einheit bildet (*Porson's*[2] *Gesetz*).
3. Endet das 3. Metrum auf Spondeus, so entsteht der **Hinkiambus** (ἴαμβος σκάζων oder χωλός):
$\smile-\cup-\;\smile-\cup-\;\smile--\overset{\smile}{-}$

2. Der akatalektische iambische **Dimeter**

$$\smile-\cup-\;\smile-\cup\overset{\smile}{-}$$

---

[1]) Das iambische Metrum $\smile--\cup-$ kann nicht weiter zerlegt werden; die deutsche (wie die lateinische) Metrik kennt auch $\cup-$ als iambischen Versfuß.
[2]) Porson lebte 1759—1808; Einheiten sind z.B. einsilbige Präpositionen oder Artikel + Substantiv.

Trochäische Verse § 214

Grundform des trochäischen Metrums[1]): $\boxed{— \cup — \asymp}$

Die Längen sind in zwei Kürzen auflösbar; es ergeben sich folgende Möglichkeiten: $\cup\cup\ \cup\ \cup\cup\ \asymp$. Ferner können in lyrischen Partien eine oder beide Kürzen unterdrückt werden (wenn auch seltener als im Iambus), so daß dem Trochäus $—\cup—\asymp$ auch **Creticus** $—\cup—$, Palimbakcheus $——\cup$, Molossus $———$ und Spondeus $——$ gleichwertig zur Seite stehen; Auflösung der Längen in zwei Kürzen ist dabei statthaft.

Anm. Die durch Kürzenunterdrückung entstehenden Formen sind äußerlich die gleichen wie beim Iambus; zu welchem Versgeschlecht sie gehören, läßt sich nur nach der Umgebung entscheiden.

1. Der akatalektische trochäische **Dimeter**

   $—\cup—\asymp\quad —\cup—\asymp$

2. Der katalektische trochäische **Tetrameter**

   $—\cup—\asymp\quad —\cup—\asymp \parallel —\cup—\asymp\quad —\cup—\overset{\cdot}{\cup}$

   wird durch Dihairesis streng in zwei Hälften geteilt.

3. Lyrische trochäische Sonderformen sind

   $—\cup—\cup\quad —\cup—$ das **Lekythion**
   $—\cup—\cup\quad —\overset{\cdot}{\cup}$ der **Ithyphallicus**

Anm. Im Ithyphallicus wird die Länge vor der Schlußanceps nie, die übrigen Längen werden nur selten aufgelöst.

Ioniker § 215

Grundformen: $\boxed{\begin{array}{l}\asymp——\cup\cup\quad \text{Ionicus a maiore}\\ \cup\cup—\asymp\quad \text{Ionicus a minore}\end{array}}$

Bei Ersatz der Kürzen durch eine Länge entsteht ein Molossus $———$, durch Unterdrückung von Kürzen der Bakcheus $\cup——$ oder der Spondeus $——$; auch der Creticus $—\cup—$ und der Anapästus $\cup\cup—$ gelten als gleichwertig. Ioniker werden in Dimetern und Trimetern zu längeren Systemen verbunden.

Die wichtigsten lyrischen Versmaße § 216

1. Der **choriambische Dimeter**

   wird gebildet durch die Verbindung des *Choriambus* ($—\cup\cup—$) mit einem zweiten oder mit einem iambischen, trochäischen, ionischen Metrum, auch mit vier Längen. Da Auflösung der Längen in zwei Kürzen, aber auch Unterdrückung der Kürzen möglich ist, sind zahlreiche Variationen möglich; kennzeichnend bleibt immer das Glied $—\cup\cup—$.

   Grundformen:
   $—\cup\cup—\quad —\cup\cup—\qquad \asymp——\asymp\quad —\cup\cup—$
   $—\cup\cup—\quad \cup\cup—\cup\qquad —\cup\cup—\quad ——\cup\cup$
   $—\cup\cup—\quad ———\qquad ——\cup\cup\quad —\cup\cup—$
   $\qquad\qquad —\cup\cup—\quad ———$

---

[1]) Auch das trochäische Metrum $—\cup—\asymp$ ist unzerlegbar; nur die deutsche (und lateinische) Metrik kennt $—\cup$ als trochäischen Fuß.

2. Der **Glykoneus** und seine Abarten¹):

$\asymp \smile - \smile \smile - \smile \smile$ Glykoneus
$\asymp - \smile \smile - \smile \smile$ Telesilleion
$\asymp \smile - \smile \smile - \smile$ Pherekrateus
$\asymp \smile - \smile \smile - \smile \smile - \smile$ Hipponakteum
$- \smile \smile - \smile \smile - \smile \smile - \smile$ alkäischer 10-Silbler
$\asymp \smile - \smile \smile - \smile \smile - \smile \smile - \smile$ Phalaeceus

Glykoneus + Pherekrateus bilden das **Priapeum**.

Anm. Die beiden ersten Silben des Glykoneus (Pherekrateus, Hipponakteum, Phalaeceus) sind sehr frei; es finden sich sogar $- \smile \smile, \smile \smile \smile, \smile \smile -$ an ihrer Stelle. Die Längen des choriambischen Mittelstücks sind durch zwei Kürzen ersetzbar $\asymp \smile \smile \asymp$.

3. Der **Dochmius**²) und seine Verbindungen:

Da in der Grundform des Dochmius $- \smile - \smile -$ jede Länge durch zwei Kürzen, jede Kürze durch eine Länge und diese wieder durch zwei Kürzen ersetzt werden kann, ergibt sich eine Fülle von Möglichkeiten (über 30):

Doch finden in stärkerem Maße Verwendung meist folgende grundlegende Hauptformen, deren Längen dann aufgelöst werden können:

a) $\smile \asymp - \smile -$ b) $\asymp \smile \smile - \smile -$

Dochmische Verbindungen sind:

$\asymp \smile - \smile \smile - \| - \smile \smile - \smile$ **Asklepiadeus**¹) **minor**
$\asymp \smile - \smile \smile - \| - \smile \smile - \| - \smile \smile - \smile$ **Asklepiadeus maior.**

Die Dihairesen sind zumeist, aber nicht immer, eingehalten.

4. Das **Reizianum**³) und seine Verbindungen.

Grundform des Reizianum: $\asymp - \smile \smile - \smile$

Wird die Doppelkürze vereinfacht, so entsteht $\asymp - \smile - \smile$; Auflösungen der Längen in zwei Kürzen sind statthaft.

Verbindungen mit Reizianum:

Reizianum + Trochaeus $\smile - \smile - \smile - \smile$ alkäischer 9-Silbler
Reizianum + Dochmius $\smile - \smile - \smile \smile - \smile$ alkäischer 11-Silbler
Reizianum + Hemiepes $\smile - \smile - \smile \smile - \smile \smile - \smile$ **Iambelegus**
Hemiepes + Reizianum $- \smile \smile - \smile \smile - \smile - \smile - \smile$ **Elegiambus**
Hemiepes + Reizianum
 mit Auflösung $- \smile \smile - \smile \smile - \smile \smile - \smile$ **Praxilleion**⁴)
Hemiepes mit vorausgeschickter
Länge + Reizianum $- - \smile \smile - \smile \smile - \smile - \smile$ **Archebuleion**⁴)

¹) Genannt nach den Dichtern Glykon, Telesilla, Pherekrates, Hipponax, Phalaikos, Asklepiades.
²) Nach seiner Schwierigkeit „der Quere" genannt.
³) Entdeckt von F. W. Reiz (1733–90).   ⁴) Genannt nach der Dichterin Praxilla und dem Dichter Archebulos.

5. **Daktyloepitriten**

setzen sich zusammen aus dem **Hemiepes,** dem eine Anceps vorausgehen und folgen kann, (⏒) — ∪ ∪ — ∪ ∪ — (⏒) und dem **Epitrit** — ∪ — ⏓, der ebenfalls zu — ∪ — verkürzt werden kann.

Anm. Statt des Epitrit kann auch ein Iambus oder ein Choriambus eintreten.

ia	¯h	Ἰσμηνόν, ἢ χρυσαλάκατον Μελίαν	— — ∪ — — — ∪ ∪ — ∪ ∪ —
ia	¯h¯	ἢ Κάδμον ἢ Σπαρτῶν ἱερὸν γένος ἀνδρῶν	— — ∪ — — — ∪ ∪ — ∪ ∪ — —
	¯h¯	ἢ τὰν κυανάμπυκα Θήβαν	— — ∪ ∪ — ∪ ∪ — —
ep	h	ἢ τὸ πάντολμον σθένος Ἡρακλέος	— ∪ — — — ∪ ∪ — ∪ ∪ ⏑
ia	¯h¯	ἢ τὰν Διωνύσου πολυγαθέα τιμάν	— — ∪ — — — ∪ ∪ — ∪ ∪ — —
ep	h¯	ἢ γάμον λευκωλένου Ἁρμονίας ὑ-	— ∪ — — — ∪ ∪ — ∪ ∪ — —
ep		μνήσομεν	— ∪ —

(Pindar fr. 29).

Die Strophe § 217

1. Ein Vers kann beliebig oft wiederholt werden. In Gedichten ergeben sich folgende Möglichkeiten der Wiederholung:

   a) derselbe Vers wird *durchgängig wiederholt* (κατὰ στίχον), z. B. der daktylische Hexameter im Epos,

   b) zwei verschiedene, zu einer Einheit verbundene Verse wiederholen sich, z. B. das aus Hexameter und Pentameter bestehende Distichon in der Elegie,

   c) mehrere verschiedene Verse oder Versgruppen werden zu einer *Strophe* vereinigt, die sich als solche wiederholt (respondiert) und durch Pause von der folgenden abgesetzt ist.

Gedichte, die aus einem System von Versen bestehen, ohne daß eine Responsion eintritt, heißen *astrophisch*.

2. Die wichtigsten lyrischen Strophen sind

   a) die **sapphische Strophe,** bestehend aus dem dreimal wiederholten katalektischen choriambischen Trimeter, abgeschlossen durch den Adoneus

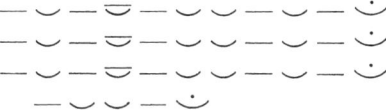

   b) die **alkäische Strophe,** bestehend aus zwei alkäischen 11-Silblern, einem 9- und einem 10-Silbler

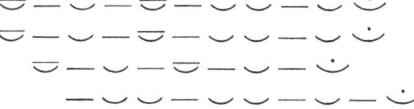

3. In der *Chorlyrik* und im Drama folgt auf die **Strophe** zumeist eine respondierende **Antistrophe,** worauf eine **Epodos** mit selbständigerem Versbau den Abschluß bildet. Auch dieses ganze System kann als solches mehrfach wiederholt werden.

§ 218 Prosarhythmus

Die rhetorische Kunstprosa versucht durch rhythmischen Bau die Wirkung der Sprache zu steigern.

Grundgesetze dieser Rhythmisierung sind:
1. die Hiatvermeidung (außer bei kurzen Formwörtern wie καί, ἤ, εἰ u.ä. und beim Artikel),
2. die Vermeidung von Anklängen an Rhythmen und Verse der Dichtung,
3. die Hervorhebung der Glieder- und Periodenschlüsse durch Klauseln.

Die häufigsten **Klauseln** sind

Doppelcreticus — ∪ — — ∪ ⌣, vertretbar durch
        Molossus   — ∪ — — — —, — — — — ∪ ⌣
        Choriambus   — ∪ — — ∪ ∪ ⌣, — ∪ ∪ — — ⌣
        mit Katalexe — ∪ — — ⌣, — — — — — ⌣, — ∪ ∪ — — ⌣

Ditrochaeus[1]) — ∪ — ⌣

Hypodochmius[2]) — ∪ — ∪ ⌣

---

[1]) Die Prosa rechnet nach dem trochäischen Fuß — ∪.   [2]) Eigentlich die Grundform des Dochmius.

MASSE, GEWICHTE, MÜNZEN, ZEITRECHNUNG

I. MASSE §219

1. LÄNGENMASSE

στάδιον	πλέθρον	ὄργυια	πῆχυς	πούς	δάκτυλος
1	6	100	400	600	9600
	1	16,6	66,6	100	1600
		1	4	6	96
			1	1,5	24
				1	16
178,6 m	29,6 m	1,78 m	44,4 cm	29,6 cm	1,85 cm

Anm. Die angegebenen modernen Umrechnungen bieten nur Annäherungswerte; denn es gab kein gemeingriechisches Grundmaß. So war der olympische Fuß 32,05 cm, der aiginetische 33,3 cm, der samische 35 cm, der athenische 29,57 cm. Danach änderten sich auch die übrigen Werte: das olympische Stadion war also 192 m, das aiginetisch-attische 164 m, das hellenistisch-römische 185 m.

Weitere Längenmaße sind:

1 κόνδυλος	= 2 δάκτυλοι	= 3,7 cm	1 πυγμή	= 1,12 πόδες	= 34,7 cm
1 παλα(ι)στή[1])	= 4 ,,	= 7,4 cm	1 πυγών	= 1,25 ,,	= 37,0 cm
1 διχάς[2])	= 8 ,,	= 14,8 cm	1 βῆμα	= 2,5 ,,	= 0,74 m
1 λιχάς	= 10 ,,	= 18,5 cm	1 ξύλον	= 4,5 ,,	= 1,34 m
1 ὀρθόδωρον	= 11 ,,	= 20,4 cm	1 κάλαμος[3])	= 10 ,,	= 2,96 m
1 σπιθαμή	= 12 ,,	= 22,2 cm	1 ἄμμα	= 60 ,,	= 17,76 m

1 δίαυλος	= 2 στάδια	= 355 m
1 ἱππικόν	= 4 ,,	= 710 m
1 δόλιχος	= 12 ,,	= 2150 m
1 **παρασάγγης** = 30	,,	= **5,5 km**

2. FLÄCHENMASSE

πλέθρον	ἄρουρα	ἄκαινα	πούς
1	4	100	10000
	1	25	2500
		1	100
			1
876 qm	219 qm	8,76 qm	0,087 qm

[1]) = δῶρον, δοχμή, δακτυλοδοχμή.   [2]) = ἡμιπόδιον.   [3]) = ἄκαινα, δεκάπους.

3. HOHLMASSE

a) für Flüssigkeiten

μετρητής[1])	χοῦς	κοτύλη[2])	κύαθος	κοχλιάριον
1	12	144	864	8640
	1	12	72	720
		1	6	60
			1	10
39 l	3,3 l	0,27 l	0,045 l	0,0045 l

Weitere Flüssigkeitsmaße:

1 χήμη   = 2 κοχλιάρια = $^1/_{100}$ l   1 ὀξύβαφον = 1,5 κύαθοι = $^1/_{16}$ l
1 μύστρον = 2,5   „   = $^1/_{80}$ l   1 τέταρτον[3]) = 3   „   = $^1/_{8}$ l
1 κόγχη   = 5   „   = $^1/_{40}$ l   1 ξέστης   = 12   „   = $^1/_{2}$ l

b) für Trockenes

μέδιμνος	χοῖνιξ	ξέστης	κοτύλη	κύαθος
1	48	96	192	1152
	1	2	4	24
		1	2	12
			1	6
52 l	1,09 l	0,54 l	0,27 l	0,045 l

Weitere Maße für Trockenes

1 κοχλιάριον = 0,1 κύαθοι = $^1/_{200}$ l   1 ἡμίεκτον   = 16 κοτύλαι = 4 $^1/_{3}$ l
1 ὀξύβαφον   = 1,5   „   = $^1/_{16}$ l   1 ἑκτεύς (μόδιος) = 32   „   = 8 $^3/_{4}$ l

Anm. 1. χοῖνιξ galt als das Tagesmaß an Weizen für einen Mann, μέδιμνος als die Getreidemenge, die ein Erwachsener tragen kann. Der μέδιμνος hatte in Sparta 71,16—77,88 l.

2. Die Hohlmaße sind natürlich in ihrer Größe und im Verhältnis zueinander nach Ort und Zeit sehr veränderlich. Die obigen Zahlen entsprechen dem „älteren attischen System".

§ 220 II. GEWICHTE UND MÜNZEN

τάλαντον	μνᾶ	δραχμή	ὀβολός	χαλκοῦς
1	60	6000	36 000	288 000
	1	100	600	4800
		1	6	48
			1	8
26,2 kg	436 gr	4,36 gr	0,73 gr	0,09 gr

[1]) ἀμφορεύς μετρητής. [2]) = ἡμίνα. [3]) = ἡμικοτύλιον.

Anm.

1) **Münzen** sind nach den *Gewichtsbezeichnungen* benannt; der χαλκοῦς ist aus Kupfer, ὀβολός und δραχμή aus Silber; μνᾶ und τάλαντον waren nicht ausgeprägt, sondern nur Wertbestimmungen. *Goldmünzen* werden als solche ausdrücklich bezeichnet; sie sind 10—13 mal soviel wert als die entsprechende Silbermünze.

2) **Umrechnungen** in moderne Währungen sind wertlos, weil ja dabei die in alter wie moderner Zeit variable Kaufkraft zu berücksichtigen wäre. Will man umrechnen, so ist für das Gewicht der jeweilige Goldpreis zugrundezulegen; das Ergebnis wird für Silbermünzen durch 10—13 dividiert[1]).

Weitere Münzen:

1 λεπτόν	= 1/7 χαλκοῖ	1 διώβολον	= 2 ὀβολοί	1 δίδραχμον	= 2 δραχμαί
1 δίχαλκον	= 2 „	1 τριώβολον	= 3 „	1 τετράδραχμον	= 4 „
1 ἡμιωβόλιον	= 4 „	1 τετρώβολον	= 4 „	1 σίγλος[2]) (pers.)	= 1,25 „

Das euboiische Talent war im Seehandel gebräuchlich und deswegen als attisches Münztalent der Währung Athens zugrunde gelegt.

Goldmünzen waren der στατήρ = **δαρεικός** = 20 δραχμαί (Silber) und der κυζικηνός = 28 δραχμαί (Silber).

Münz- und Gewichtssysteme sind natürlich *zeitgebunden* und *lokal* verschieden; so bestanden die unterschiedlichsten Währungen und Gewichte neben- und nacheinander. Die führenden unter ihnen standen etwa in folgendem Verhältnis:

aiginetisches Talent 37 kg : attisches Markttalent 36 kg : euboiisches Talent 26 kg.

III. ZEITRECHNUNG § 221

Die Zeitrechnung (Chronologie) ist in Griechenland, das ja nie eine politische Einheit bildete, lokal sehr verschieden. In Athen rechnete man nach Archonten (in offiziellen Urkunden nach Prytanien), in Sparta nach den Königen, in Argos nach den Herapriesterinnen, in Milet nach den Stephanephoren, in den hellenistischen Monarchien nach dem Herrschern u. ä. mehr. So war es für die Geschichtsschreibung von entscheidender Bedeutung, daß nach dem Vorgange des Timaios vom 3. Jh. an die **Olympiade** als Maß wenigstens der historischen Wissenschaft zugrundegelegt wurde. Im folgenden sind die attischen Verhältnisse geschildert.

Der **Tag** (ἡμέρα) wurde eingeteilt[3]) in: πρῴ (Sonnenaufgang —10 Uhr), ἀμφὶ ἀγορὰν πλήθουσαν (10—12 Uhr), μεσημβρία (12—2 Uhr), δείλη (2 Uhr—Sonnenuntergang). Die Nacht (νύξ) hatte 3 Abschnitte: ἑσπέρα, μέσαι νύκτες, ὄρθρος.

Der **Monat** (μείς, μήν) war ein Mondmonat von 29 oder 30 Tagen. Er zerfiel in 3 Dekaden; die Tage hießen:

1. νουμηνία (Neumond)
2. -10. δευτέρα - δεκάτη (ἱσταμένου sc. μηνός)
11. -19.[4]) πρώτη ἐπὶ δέκα - ἐνάτη ἐπὶ δέκα
20. εἰκάς
21. -29. vorwärtsgezählt δευτέρα - ἐνάτη μετ' εἰκάδα
      rückwärtsgezählt δεκάτη - δευτέρα φθίνοντος (sc. μηνός)
30. ἕνη καὶ νέα (sc. σελήνη = der alte und neue Mond[5])

Das **Jahr** bestand aus 12 Monaten und zählte 354 Tage; da es um 11 Tage zu kurz war, schaltete man in größeren Zeitabschnitten einen Monat (μὴν ἐμβολιμαῖος, ἐμβόλιμος) von 29—30 Tagen ein, so daß ein Schaltjahr 383—384 Tage zählte[6]).

---

[1]) 1955 wäre 1 ὀβολός 0,32 DM, 1 δραχμή 1,80 DM, 1 μνᾶ 192 DM, 1 τάλαντον 11525 DM, 1 δαρεικός 38 DM.
[2]) = (hebr.) schekel.   [3]) Die Stundeneinteilung kennt erst die alexandrinische Zeit.
[4]) Auch die Weiterzählungen ἑνδεκάτη, δωδεκάτη, πεντεκαιδεκάτη, ὀκτωκαιδεκάτη finden sich.
[5]) Auch τριακάς.
[6]) Der Schaltjahrzyklus war 8-jährig, wobei das 3., 5. und 8. Jahr ein Schaltjahr war; unter Perikles ersann der Astronom Meton einen 19-jährigen Zyklus mit 7 eingefügten Schaltjahren.

Das attische Jahr begann mit dem ersten Neumond nach der Sommersonnenwende, also Mitte Juli. Die Monate (und ihre bedeutenderen Festtage) waren:

Juli-August	Ἑκατομβαιών	(11.—16. Olympia, 24.—29. große Panathenäen)
Aug.-September	Μεταγειτνιών	(7. Karneen)
Sept.-Oktober	Βοηδρομιών	(3. Eleutherien, 16.—25. große Eleusinien)
Okt.-November	Πυανεψιών	(10.—14. Thesmophorien, 27.—29. Apaturien)
Nov.-Dezember	Μαιμακτεριών	
Dez.-Januar	Ποσειδεών	(6. kleine Dionysien)
Jan.-Februar	Γαμηλιών	(8.—11. Lenäen)
Febr.-März	Ἀνθεστηριών	(11.—13. Anthesterien, 19.—21. kleine Eleusinien = Mysterien)
März-April	Ἐλαφηβολιών	(8.—13. große Dionysien)
April-Mai	Μουνιχιών	(6. Delphinien)
Mai-Juni	Θαργηλιών	(7. Daphnephorien, 25. Plynterien)
Juni-Juli	Σκιροφοριών	

In Schaltjahren wurde nach dem Ποσειδεών ein zweiter eingefügt.

Anm. Die Olympiadenzählung der Historiographie beginnt mit dem Epochenjahr 776 v. Chr.; eine Olympiade umfaßt 4 Jahre.

Umrechnungsformeln:

a) 776—[(Olympiadenzahl—1) × 4 + (Einzeljahr—1)] = Jahr v. Chr.
b) (776—Jahr v. Chr.) : 4 + 1 = Olympiadenzahl; Divisionsrest + 1 = Einzeljahr.

Beispiele:

Welches Jahr v. Chr. ist Ol. 107,4?
Formel a: 776 — [(107—1) × 4 + (4—1)] = 776 — (424 + 3) = 776 — 427 = **349 v. Chr.**

Welche Olympiade ist 349 v. Chr.?
Formel b: (776—349) : 4 + 1 = 427 : 4 + 1 = 106 (Rest 3) + 1 = 107
  Rest 3 + 1 = 4 **also Olympiade 107,4.**

VERZEICHNIS

der in den §§ 1—174 verwendeten grammatisch-syntaktischen Begriffe.
Die Zahlen bezeichnen die Nummer und Unterabteilung der §§.

Abhängige Rede 174
Abhängigkeit 60
Ablativ, abl. Gen. 59ff.; abl. pretii 66
Absicht 162β
Abstammung 47β
Adjektiv 9a; 22
Adverbiale 1; 3; 29; 107
Affektausbruch 119,2
Akkusativ 30ff.; Akk. des Ergebnisses 35; der Hinsicht 40ff.; 112; acc. limitationis, Graecus 40; acc. absolutus 158; a.c.i. 148; 149
Aktionsart 115
Aktiv 108
Alternativaufforderung, -frage verneint 137d,f
Antwort 136, 2a, A. 2
Aorist, effektiver 119; gnomischer 116; 119,3d; ingressiver 119; prophetischer 116,3; 119,3a; Indikativ 119; 122ff.; 131
Apposition 10; 13e, A. 3; 18; 20e
Artikel 14ff.
Aspekt 115
Assimilation des Modus 127,5; 134,5
Assimilation des Relativs 173b
Attraktion des Substantivs in den Relativsatz 173c
Attribut 1; 9ff.; 12,4, A. 1; 14; 22; 25; 27; Genetivattribut 11; 13
Bedingungssätze 168 ff.
Befürchtung 163; verselbständigte Befürchtungssätze 163β
begründende Sätze 165
besitzanzeigendes Pronomen 24

Beteuerungen 131, A. 1
Bindewörter 139ff.
Dativ 71ff.; als Prädikatsnomen 84γ; dat. auctoris 80,2; causae 83; comitativus 84; commodi 80,3; discriminis 86; ethicus 80,1; instrumentalis 84; loci 81; temporis 82
Deliberativ 130,3; 133β
Demonstrativpronomen 23
Eigennamen 18; 19
Eintritt eines Ereignisses oder Ergebnisses 119; 151
figura etymologica 36; 42[1]
Folgesätze 166
Fortdauer einer Handlung 119; 151
Frage, dir. u. indir. 136; ohne ἐστίν 5; Fragepronomen 20c
Futur 118; futur. Fall 164; 170
Genetiv 46ff.; Genetivattribut 13; gen. absolutus 155; causae 56; 68; comparationis 62; copiae 13δ; 52; criminis 69; explicativus 13δ, A. 3; Gen. der Herkunft 13b; 47β; 60; gen. inopiae 53; loci 57; materiae 13d; originis 13b; 47β; 60; partitivus 11β; 13e; 48; possessivus 13b; 47α; pretii 13c; 66; 67; qualitatis 13c; 47γ; separationis 61; temporis 58; totius 11β; 13e; 48; Gen. d. Zugehörigkeit 13α; 47b
genus verbi 108ff.
Gleichzeitigkeit 120; 151; 156[1]
hinweisendes Pronomen 23
Imperativ 135
Imperfekt 122ff.; 131

Indefinitpronomen 27
Indikativ 121 ff.
Infinitiv 143 ff.; verneint 137; subst. 150; bei ὅσος u. οἷος 166, 5; bei πρίν 164δ
Iterativ der Gegenwart 164; 170
Iterativ der Verg. 124; 134; 169; Übersicht S. 77
Kausalsätze 165
Konditionalsätze 168
Kongruenz 6
Konjunktiv 118, A. 3; 128 ff.; exhortativer 130,2; prohibitiver 130,4; prospektiver 129; voluntativer 130; dafür Optativ 133; nach Verben des Fürchtens 163; im Zeitsatz 164; im Zwecksatz 167; im Bedingungssatz 170
Konsekutivsätze 166
Konzessivsätze 171
Lebensweisheiten 119,3 d
Medium 109 ff.; akkusativisches 110,1; dativisches 110,2; dynamisches 109,3; genetivisches 110, A. 1; kausatives 109,4, reziprokes 109,2
militärischer Sprachgebrauch 2; 107,2
Modi 121 ff.; Übersicht S. 77
Modusverschiebung 160
Negation 137; Häufung von Negationen 137, V
Objekt 1; 3; 29; 31 ff.; 48 ff.; 72; 107; 112
Optativ 131 ff.; opt. obliquus 133; 136; 137; 162; 163; 167; opt. iterativus 134; 164ε; 169; Übersicht S. 77
oratio obliqua 174
Ortsadverbien 57, 1, A. 2; 87
Partizip 151 ff., Part. Futur 118, A. 2; 161, 2 c; part. absol., coniunctum 155
Passiv 2; 111 ff.
Perfektfutur 117
Perfektstamm 117
Perfektvergangenheit 117
Personenverschiebung 136; 160
Possessivpronomen 16; 24; 26 a, d
Potentialis 2; der Gegenwart 132; der Vergangenheit 119, 3 d, A.; 123α
Prädikat 3; 6; 107
Prädikatsattribut 1; 12; 25
Prädikatsnomen 1; 4; 7; 8; 17; 29; 37; 47; 84γ; beim Infinitiv 144; 148, 3

Präpositionalausdruck 22 d
Präpositionen Einführung; 9 c; 87 ff.
Präsens 116
Prolepsis 160
Pronomen 1; 2, A. 1; 9; 14; 20; 23; 24; 26; 27; pron. correlat. 172, 2
Raummaß 13 c; 47 γ
Reflexivpronomen 11 b 1, A.; 26; beim Infinitiv 143
relativer Satzanschluß 173 d
Relativsätze 172
Relativsatzverschränkung 173 e
Schattierungswörter 138; 142
selbst 25
Sentenzen ohne ἐστίν 5
stamm- oder sinnverwandtes Substantiv 42; 43 c; 83
Subjekt 1; 2
Subjektsinfinitiv 148, 3 b
Substantivierung 22
σχῆμα κατὰ σύνεσιν 8
Tatsache 162 α
Tempus 115 ff.
unerfüllte Forderung 127, 4, 5
unpersönliche Ausdrücke 2; 5; 127; 148, 3 b
Verbaladjektiv 159; ohne ἐστίν 5
Vermutung 162 β
Verneinung 137
Vollzugsstufe 115; 135; 152
Vorzeitigkeit 120; 151; 156[1]
Wahlfrage 136, 2
Wahrnehmung m. Part. 152δ; 162γ
Wertmaß 13 c
Wiederholungsfall der Verg. 119, 3 d, A.; 124; 134; 164ε
Wunsch 127, 5; 131; unerfüllbar gedacht d. Verg. 119, 3 d, A.; 126
Zahlenangaben, ungefähre, als Subjekt 2, A. 2
Zeitmaß 13 c; 47γ
Zeitsätze 164
Zeitstufe 115
Zeitverhältnis 120; 151
Zugeständnissätze 171
Zwecksätze 167.

VERZEICHNIS

der in den §§ 1—174 behandelten griechischen Wörter
Die Zahlen bezeichnen die §§ und die Unterabteilungen

ἀγάλλεσθαι 83
ἀγανακτεῖν 83; 152γ
ἀγαπᾶν 83 u. A. 1; 152γ
ἄγασθαι 68 u. A. 1
ἀγγέλλειν 147, 1
ἄγειν 107, 2; ἄγε(δή) 130; 135; ἄγων 84βΑ.1; 157c,A.
ἀγνοεῖν 152δ
ἀγοράζειν 66
ἀγορεύειν 147, 1
ἀγύμναστος 61 γ, A.
ἀγωνίζεσθαι (ἀγῶνα) 42, A. 2; 109, 2
ἀδικεῖν 31 u. A. 2; 152γ
Ἀθήνησι 81
αἰδεῖσθαι 32; 146, 1; 153
αἴρειν 107, 2
αἱρεῖν 69; 152 ε
αἱρεῖσθαι 4; 37; 145, 1
αἰσθάνεσθαι 54; 109, 1; 152δ; 154
αἰσχρὸν ἦν 137 VI, A. 2
αἰσχύνεσθαι 32; 83, A. 1; 146, 1
αἰτεῖν 44, 1; 146, 2
αἰτεῖσθαι 44, 1
αἰτιᾶσθαι 69
αἴτιος 69
ἀκολουθεῖν 75
ἀκούειν 54; 154; (εὖ, κακῶς) 113
ἀκρατής 65
ἀκροᾶσθαι 54; 109, 1; 154

ἄκρος 12, 1
ἄκων 12, 5
ἀλγεῖν 41
ἀλείφεσθαι 110 a
ἀλέξειν 31, A. 1
ἀληθές 40
ἁλίσκεσθαι 152 ε
ἀλλά 140
ἀλλάττειν 66
ἄλλεσθαι 36; 109,1
ἄλλη 85
ἀλλήλων 26 c, A. 3
ἄλλος 28; 62β; ἄλλο τι (ἤ) 136,2 οἱ ἄλλοι, τὰ ἄλλα 22 α
ἀλλότριος 62 β
ἅμα 90, A. 1 u. 2; 157 a; 164δ, A.
ἁμαρτάνειν 36; 42, A. 2; 49; 152γ
ἀμελεῖν 56
ἁμιλλᾶσθαι 77; 109,2
ἀμνημονεῖν 55
ἀμνήμων 55
ἄμοιρος 48
ἀμύνειν 31, A. 1; 74
ἀμύνεσθαι 31, A. 1; 110, A. 1
ἀμφί 104
ἀμφιεννύναι 44,2
ἀμφισβητεῖν 69, A. 2; 137V; 163 α
ἀμφότερος, ἄμφω 20 b
ἄν 142 m
ἀνά 97

ἀναγκάζειν 146,2
ἀναμιμνήσκειν 44, 3; 55; Med. 55
ἀνδάνειν 72
ἀνεπιστήμων 54
ἄνευ 95 b 3
ἀνέχεσθαι 152γ, δ
ἀνιᾶσθαι 83
ἀντέχεσθαι 49
ἀντί 91
ἀντιλαμβάνεσθαι 49
ἀντιλέγειν 73; 137 V
ἀντιπέρα 95 a 8
ἀντιποιεῖσθαι 50; 69, A. 2; 77
ἄξιος 66; m. Inf. 145,5
ἀξιοῦν 66; 123; 146,2; 147,2, A.
ἀπαγορεύειν 73; 107,4; 137 V; 152γ
ἀπαθής 61 γ, A.
ἄπαις 61 γ, A.
ἀπαιτεῖν 44,1
ἀπαιτεῖσθαι 112,1
ἀπαλλάττειν 61 α
ἀπαμείβεσθαι 32, A.
ἀπαντᾶν 77
ἀπειλεῖσθαι 112,3
ἀπεῖναι 61 β
ἀπείργειν 61 α
ἄπειρος 54
ἀπέχειν 38; 61β; 107,4; Med. 61 β

ἀπέχεσθαι 137 V
ἀπεχθάνεσθαι 77
ἀπό 94
ἀπογιγνώσκειν 61 β
ἀποδεικνύναι 37; Pass. 4
ἀποδίδοσθαι 66; 110, A. 1
ἀποδιδράσκειν 32
ἀποθνῄσκειν 113
ἀποκείρεσθαι 112,2
ἀποκόπτεσθαι 112,2
ἀποκρύπτεσθαι 44,3
ἀπολαύειν 51
ἀπολύειν 61 α; 69
ἀποπτύειν (ἀπέπτυσα) 119,2
ἀπορεῖν 53
ἀποστερεῖν 44,2; 61 α
ἀποσυλᾶν 44,2
ἀποτρέπειν 61 α
ἀποτυγχάνειν 49
ἀποφαίνειν 37; 152 ε
ἀποφαίνεσθαι 110, A. 1
ἀποφεύγειν 69; 113
ἄπρακτος 12,5
ἀπρεπής 75
ἅπτεσθαι 49
ἀπωθεῖσθαι 110, A. 1
ἆρα 142 a
ἄρα 136,2
ἀρέσκειν 72
ἀρήγειν 74
ἀριθμεῖσθαι m. Gen. 47 α
ἀριθμόν 40
ἀριστερᾶς 57, A. 3
ἀριστεύειν 62 γ
ἀρνεῖσθαι 137 VI
ἄρχειν 65
ἄρχεσθαι 65, A.; 152 a; ἀρχόμενος 157 a
ἀσθενεῖν 42
ἄσμενος 12,5
ἀσπίς 14
ἀστράπτει 2 b
ἅτε 157 b
ἄτεκνος 61 γ, A.
ἀτελής 61 γ, A.

ἄτερ 95 b 1
ἄτιμος 61 γ, A.
αὖ 140 e
αὐδᾶν 32, A.
αὖθις, αὖτις, αὖτε, αὐτάρ, ἀτάρ 140 e
αὐτίκα 157 a
αὐτόματος 12,5
αὐτός 17 b; 25 f.; 75; 84, A.2
αὐτοῦ 57, A. 3
ἀφαιρεῖσθαι 44,2; 112,1
ἀφειδεῖν 53
ἄφθονος 12,4
ἀφικνεῖσθαι 145,2
ἄφιλος 61 γ, A.
ἀφιστάναι 61 α
ἀφ' οὗ 164 α
ἀφροντιστεῖν 56
ἄχθεσθαι 83; 152 γ
ἄχρι 95 c 1; ἄχρι οὗ 164 α

βάθος 40
βαίνειν 145,2
βάρβαρος 14
βαρύνεσθαι 83
βασιλεύειν 65
βία 85
βιάζεσθαι 109, 1
βλαβερός 74
βλάπτειν 31
βλέπειν 36
βοηθεῖν 74
βούλεσθαι 146,2; βούλει, βούλεσθε 130,3; βουλοίμην ἄν 123; 132; ἐβουλόμην (ἄν) 123; βουλόμενος 12,5; 13 e; δ 22 b
βουλεύειν 109,3; Med. 109,3; 146,2
βροντᾷ 2 b

γαμεῖν, γαμεῖσθαι 77
γάρ 141
γε 142 h
γελᾶν (ἐγέλασα) 119,2
γέμειν 52 a

γεμίζειν 52 b
γενναῖος 41
γένος 21 c; 40
γεύειν, γεύεσθαι 51; 109,1, A.
γίγνεσθαι 4; 47 α; 60; 74
γιγνώσκειν 146,2; 152 δ; ἔγνω ἄν 123
γλίχεσθαι 50
γνώμη 85; γνώμην 40
γράφεσθαι 43; 69
γυμνός 61 γ
γυμνοῦν 61 α

δαίεσθαι 44,3, A.
δακρύειν 33
δανείζειν u. Med. 109,4
δαπανᾶν 60
δέ 140 c
δεδιέναι 32; 163 α
δεῖ 2 c; 53 u. A. 1 (δέω); (πολλοῦ) 145,3; δέον 158; δεῖσθαι 53 u. A. 2; 146,2
δεικνύναι 152 ε
δείλης 58
δειλός 42
δεῖν (binden) 60
δεινός m. Inf. 145,5
δεῖνα, ὁ 22 c
Δελφοῖς 81
δεξιᾶς 57, A. 3
δέος ἐστί 163 α
δέρκεσθαι 36
δεῦρο 130, 1
δεύτερος 62 α
δέχεσθαι 66; 145,1
δή 157 a; δῆθεν, δῆτα, δήπου 142
δηλοῦν 152 ε
δῆμος = δημοκρατία 21 d
δημοσίᾳ 85
διά 98
διαβαίνειν 34
διάγειν 107,2; 152 α
διαγίγνεσθαι 152 α
διαδιδόναι 74
διαδικάζεσθαι 109,2

διαιρεῖσθαι 44,3, A.
διαλέγεσθαι 77; 109,2
διαλλάττειν u. Med. 77
διανέμειν 74
διαπράττεσθαι 146,3
διαπρεπής 62 β
διατελεῖν 152 α
διαφέρειν 41; 62 γ
διαφέρεσθαι 69, A. 1; 77
διαφθείρεσθαι 112,2
διάφορος 62 β
διδάσκειν 44,3; 146,3; 112,1
διδόναι (δεξιάν) 21 d; 37; 145,1
διέχειν 61 β
δικάζειν u. Med. 109,4
δίκαιος m. Inf. 145,5
δίκη 85; δίκην 40
διότι 165
δίχα 95 b 1
διψῆν 50
διώκειν 43; 69; Pass. 113
δοκεῖ μοι 146,2
δοκεῖν 4; 145,3, A.; 147,2; δόξαν, δεδογμένον 158
δουλεύειν 42, A. 2; 74
δρᾶν 31¹
δρόμῳ 85
δύνασθαι 137 VI, A. 2; 146,3

ἐάν 170; ἐάν καί 171; ἐάντε-ἐάντε 140 b; 170 A.
ἐᾶν 146,2
ἐγκαλεῖν 73
ἐγκρατής 65
ἐθέλειν 123; 146,2
ἐθίζειν 146,3
εἰ 161,5; 169; (ob), εἰ — ἤ 136, 2 b; 137 b, A. εἰ γάρ 126, 131; εἰ μή, εἰ δὲ μή, εἰ μή—ἀλλά..γε,εἰ μὴ ἄρα 169
εἰδέναι 146,3; 152 δ
εἴθε 126, 131
εἰκάζειν 75; 147,2
εἰ καὶ (μάλιστα) 171
εἴκειν 61 β; 75

εἰκῇ 85
εἶναι 3; 47, α, β, γ; 60; 74; 145,2
εἰπεῖν 32, A.
εἴπερ 169
εἴργειν 61 α
εἰς, ἐς 96
εἰσάγειν 69
εἰσβάλλειν 107,2
εἰσπράττειν 44,1
εἴσω 95 a 1
εἶτα 157 a
εἴτε—εἴτε 136, 2b; 140b; 169
εἰωθέναι 146,3
ἐκ, ἐξ 93
ἑκάς 95 b 1
ἑκάτερος 20 b
ἐκβάλλειν 61 α
ἐκδύειν 44,2
ἐκεῖνος 2, A. 1; 20 a; 23,2
ἐκλείπειν 107,4
ἐκπίπτειν 113
ἐκπλήττεσθαι 32
ἐκτός 95 a 2
ἑκών 12,5
ἑκὼν εἶναι 145,3, A.
ἐλαττοῦσθαι 62 γ
ἐλαύνειν 107,2
ἐλεεῖν 33; 68
ἐλεύθερος 61 γ
Ἐλευσῖνι 81
ἐμβάλλειν 76; 107,2
ἐμμένειν 76
ἐμόν ἐστιν 47 α
ἔμπειρος 54,1
ἐμπιμπλάναι 52 b
ἐμποδών εἶναι 137 VI
ἐμποιεῖν 76
ἔμπροσθεν 95 a 3
ἐν 89; ἐν ᾧ 82; 164α; ἐν ὅσῳ 164α
ἐναντίος 12,1; 62 β; 74
ἐναντιοῦσθαι 69, A. 2; 77; 137 VI
ἐνδιδόναι 107,4
ἔνδον 95 a 1

ἐνδύειν 44,2; Med. 110, 1, 2
ἕνεκα 95 d 3
ἔνερθε 95 a 6
ἐνέχεσθαι 76
ἐνθυμεῖσθαι 163 α
ἐνοχλεῖν 74
ἔνοχος 69
ἐνταῦθα 57, A. 2; 157 a
ἐν τοῖς (m. Sup.) 15; 89 a
ἐντός 95 a 1
ἐντρέπεσθαι 56
ἐντυγχάνειν 49¹; 76; 78
ἐξ 93; ἐξ οὗ 164 α
ἐξαρτᾶσθαι 60
ἐξελέγχειν 152 ε
ἔξεστι 2c; 74; ἐξόν 158
ἐξετάζειν 44,1 u. A. 1
ἐξιέναι 107,2
ἐξικνεῖσθαι 49
ἐξιστάναι 61 α
ἔξοχος 62 β
ἔξω 95 a 2
ἐοικέναι 75
ἐπαγγέλλεσθαι 73
ἐπαινεῖν 68; (ἐπῄνεσα) 119,2
ἐπαίρεσθαι 83
ἐπακούειν 54, A. 2
ἐπεί 161,6; 164α; 165
ἐπειδή 164α; 165
ἐπείπερ 165
ἔπειτα 157 a
ἐπέρχεσθαι 76
ἕπεσθαι 75
ἐπί 101
ἐπιβουλεύειν 76; Pass. 112,3
ἐπιδεικνύναι 152 ε
ἐπιδιδόναι 107,4
ἐπιθυμεῖν 50; 146,2
ἐπικαλεῖν 73
ἐπιλανθάνεσθαι 55
ἐπιλείπειν 107,4
ἐπιμελεῖσθαι 56; 167,2
ἐπιμέλεσθαι 56
ἐπινικίοις 82
ἐπιορκεῖν 33, A.
ἐπίστασθαι 146,3

163

ἐπιστήμων 54
ἐπιτάττειν 73; 146,2
ἐπιτήδειος 72
ἐπιτιθέναι 76
ἐπιτίθεσθαι 76
ἐπιτιμᾶν 73
ἐρᾶν 50
ἐργάζεσθαι 31¹; 109,1
ἔργῳ 85
ἔρημος 61γ
ἐρίζειν 77
ἐρωτᾶν 44,1 u. A. 1
ἑσπέρας
ἑσπέριος 12,2
ἔστε 164α
ἐστὶν οἵ; ἐστὶν ὅτε 172,1α
ἔσχατος 12,3
ἕτερος 62β
ἕτοιμος m. Inf. 145,5
ἔτι 142
εὐδαιμονίζειν 68
εὐεργετεῖν 31; Pass. 31, A. 2
εὐθύς 95 c 1; 157a; εὐθεῖαν 38
εὐλαβεῖσθαι 32; 137 VI
εὖ λέγειν 31; Pass. 113
εὐνοεῖν 72
εὔνους 72
εὖ ποιεῖν 31; Pass. 31, A.2; 113
εὐπορεῖν 52a
εὖ πράττειν 31¹
εὐπρεπής 75
εὖρος 40
εὑρίσκειν 152δ
εὖτε 164α
εὐφρονεῖν 72
εὔχεσθαι 72; 146,2
ἐφεστάναι 76
ἐφίεσθαι 50
ἐφικνεῖσθαι 49
ἐφιστάναι 76
ἐφ' ᾧ(τε) 166,4
ἔχειν 37; (Med. 49); 107,4; 145,1; 146,3
ἐχθρός 72
ἔχων 84, 1β, A.1; 157c, A.
ἕως 164α

ζηλοῦν 32

ἤ, ἤ – ἤ 140a
ἤ – ἠέ (ἦε, ἤ) 136,2 b
ἦ, ἦ μήν 142 d, f
ἡγεῖσθαι 37; 47β; 65; ἡγήσω ἄν 123
ἥδεσθαι 83; 152γ
ἤδη – καί 164δ, A.
ἡλίκος 172,1γ
ἡμέρας (Akk.) 39; (Gen.) 58
ἥμισυς 13ε, A. 2
ἦμος 164α
ἡνίκα 164α
ἡσυχῇ 85
ἥσυχος 12,5
ἡττᾶσθαι 62γ; 152γ

θαρρεῖν 32
θᾶσσον (schleunigst) 62α, A. 2; 145,3, A. Satz 3
θαυμάζειν 68 u. A. 1; (ἐθαύμασα) 119,2
θεραπεύειν (θεραπείαν) 43; (θεραπεία) 42¹
Θεσμοφορίοις 82
θηρεύειν 32
θιγγάνειν 49
θρηνεῖν 33
θύειν (θυσίας) 42, A. 2
θύεσθαι 110,2
θύρασι 81, A. 1

ἰδίᾳ 85
ἰδιώτης 54
ἰέναι (εἰς χεῖρας) 77; ἴθι(δή) 135
ἰέναι u. Med. 109, 1, A.
ἱκανός m. Inf. 145,5
ἱκετεύειν 33
ἵνα 161,3; 167,1
ἵππος, ἡ 14
'Ισθμοῖ 81
ἴσος 75
ἵστασθαι 110, 1, 2
ἱστορεῖν 147,1

καθαίρειν 61α
καθαρός 61γ
καθιστάναι 37; Med. 4
καί, καί – καί 139 b
καί(περ) 142; 157c
καὶ – δέ 140 c
καὶ μήν, καίτοι 142
καιρός ἐστιν 145,4
κακόνους 72
κακουργεῖν, κακῶς λέγειν, κακῶς ποιεῖν 31
καλεῖν 2d; 37; καλεῖσθαι 4; m. Gen. 47 α, β
καλός m. Inf. 145,5
κάμνειν 41; 42; 152 γ
καρτερεῖν 33; 152 α
κατά 99
καταγελᾶν 64; καταγελᾶσθαι 112,3
καταγιγνώσκειν 64
καταδικάζειν 64
καταλαμβάνειν 152 ε
καταλείπειν 145,1
καταλείπεσθαι 62γ
καταλύειν 61α; 107,2
καταντικρύ 95
καταπλήττεσθαι 32
καταρᾶσθαι 73
καταστρέφεσθαι 110, 2
καταφρονεῖν 64; καταφρονεῖσθαι 112,3
καταψηφίζεσθαι 64; 112,3
κατηγορεῖν 64
κατόπιν 95
κελεύειν 31, A. 1; 44,1 u. A. 1; 146,2
κενός 61γ
κήδεσθαι 56
κηρύττειν 2a; 73
κινδυνεύειν 147,2
κίνδυνός ἐστιν 163α
κλαίειν (ἔκλαυσα) 119,2
κλίνεσθαι 110, 1
κοινός 75
κοινωνεῖν 48
κολακεύειν 31

κομιδῇ 85
κρατεῖν 65
κραυγῇ 85
κρεμαννύναι 60
κρίνειν 37; 69; Pass. 4
κρύπτειν 44,3
κρύφα 95 d 1
κύκλῳ 81, A. 2
κύριος 65
κωλύειν 61 α; 137 VI; 146,2

λαβών 84, A. 1; 157 c, A.
λαγχάνειν 49¹
λάθρα 95 d 1
λαμβάνειν (m. Akk.) 37;
 (m. Gen.) 49; 60; 66; 145,1
λανθάνειν 32; 152 β
λέγειν 2 d; 37; 147,1; Pass. 4
λείπεσθαι 62 γ
λήγειν 61 β; 152 α
λόγῳ 85
λοιδορεῖν 31, A. 1; Med.
 31, A. 1; 73
λοιπήν 38
λύεσθαι 110, 1, 2
λυπεῖσθαι 83; 152 γ
λυσιτελεῖν 31, A. 1; 74
λυσιτελής 74

μάλιστα (Antw.) 136, 2,
 A. 2
μᾶλλον δέ 140 c
μανθάνειν 54, A. 1; 146, 3;
 153
Μαραθῶνι 81
μάτην 40
μάχεσθαι 77; 109,2
μέγεθος 21 c
μέγιστον, τό 40
μειοῦσθαι 62 γ
μέλει 56; 72
μελετᾶν 146,3
μέλλειν 146,1; 146,3 A.; τά
 μέλλοντα 22 b
μεμνῆσθαι 55; 152 γ
μέμφεσθαι 31; 68; 73

μέν — δέ 140 c; ὁ μέν — ὁ δέ 15
μένειν 33; 107,3
μέντοι 142 c
μέρος 40
μέσος 12,1
μεστοῦν 52
μετά 102
μεταβάλλειν 107,4
μεταδιδόναι 48
μεταλαμβάνειν 48
μεταμέλει 56; 72; μεταμέλε-
 σθαι 152 γ
μεταξύ 95 a 5; 157 a
μέτεστί μοι 48
μετέχειν 48
μετέωρος 12,1
μέτοχος 48
μέχρι 95 c 1; μέχρι οὗ 164 α
μή 137 II, III, IV
μή, μή οὐ, οὐ μή, ὅπως μή
 163 β
μηδαμῶς, μηδαμῇ, μηδα-
 μοῦ, μηδέπω, μηδέποτε,
 μηκέτι, μήπω 137 III
μηδέ 137 IV; 140 c
Μῆδος, ὁ 14
μῆκος 40
μήν 142 d, f
μήτε — μήτε 137 III
μηχανᾶσθαι 167,2
μικροῦ 122,1
μιμεῖσθαι 32
μισθοῦν u. Med. 66
μνήμων 55
μνησικακεῖν 55; 68; 72
μόνος 12,4
μοχθηρός 41
μυθολογεῖν 147,1
μυστερίοις 82

ναί 136, 2, A. 2
ναυαρχεῖν 65
ναυμαχεῖν 42; 77
νέμειν 44,3, A.
νέρθε 95 a 6
νή (Δία) 142 e

νικᾶν 33; 42; (μάχην,
 Πύθια) 43
νίφει 2 b
νομίζειν (m. Akk.) 37;
 (m. Gen.) 47 α; m. Inf.
 147,2; Pass. 4
νοσεῖν (νόσον) 42
νόσφι 95 b 1
νύκτα 39; νυκτός 58

ὁ, ἡ, τό 23,1
ὅδε 20 a; 23,2
ὁδῷ 81, A. 2
ὄζειν 36; 54
ὅθεν, οἵ 172, 1 β
οἴεσθαι 2 d; 147,2; ᾤμην,
 ᾤετο ἄν 123
οἰκεῖν 33
οἰκεῖος 75
οἴκοι 81, A. 1
οἰκτίρειν 68
οἰμώζειν (ᾤμωξα) 119,2
οἷον, οἷα δή 157 b
οἷόν τε εἶναι 137 VI A. 2;
 οἷόν τε ὄν 158
οἷος 5; 166,5; 172, 1 β
οἴχεσθαι 152 β
ὀκνεῖν 146,1
ὀλίγοι, οἱ 22 α
ὀλίγου 122,1
ὀλιγωρεῖν 56
ὅλος 12,4
ὀλοφύρεσθαι 68
ὁμιλεῖν 77
ὀμνύναι 33; 147,1
ὅμοιος 75
ὁμολογεῖν 73; 147,1
ὅμορος 75
ὅμως 157 c
ὀνειδίζειν 31, A. 1; 68; 73
ὀνινάναι 31; 109,1 A.
ὀνίνασθαι 51; 109,1 A.;
 152 γ
ὄνομα 40
ὀνομάζειν 37; Pass. 4
τῷ ὄντι 85

ὁπηνίκα 164α
ὄπισθεν 95 a 4
ὁπότε 164α; 165
ὅπως 167,1; 172,1γ
ὅπως μή 163 β 3
ὁρᾶν 163α
ὀργίζεσθαι 68; 72; 152γ
ὀρέγεσθαι 50
ὄρθριος 12,2
ὁρίζειν u. Med. 109,3, A.
ὀρφανός 61γ
ὅς 172,1α
ὅσιος 75
ὅσος 5; 166,5; 172,1β
ὅστις 172,1γ
ὅσῳ — τοσούτῳ 172,2
ὅτε 164α; 172,1β; 165
ὅτι 161,1; 162α; 165
ὀτρύνειν 145,2
οὗ 172,1β
οὐ 137 I, III
οὐδαμοῦ 57, A. 2
οὐδαμῶς, οὐ δῆτα, οὔ 136,2, A. 2
οὐδαμῶς, οὐδαμῇ, οὐδαμοῦ, οὐδέπω, οὐδέποτε, οὐκέτι, οὔπω, οὔτε — οὔτε 137 III
οὐδέ 137 III, IV; 140
οὐδ' εἰ (ἐάν) 171
οὐδείς 137 III
οὐδέν 40
οὐ μὴν ἀλλά 140 d; 142 d
οὐ μόνον — ἀλλὰ καί 139 b
οὖν 142 b
οὗτοι 142 c
οὗτος 20a; 23,2; τοῦτο 40
οὕτως 157α
ὄφρα 161,4; 167,1

παῖδες καὶ γυναῖκες 21 d
παννύχιος 12,2
πάντα 40
πανταχοῦ 57, A. 2 u. 3
πάντως δήπου 136,2, A. 2
πάνυ μὲν οὖν 136,2 A. 2

παρά 103
παραβαίνειν 34
παραγγέλλειν 73
παραδιδόναι 74
παραινεῖν 73; 146,2
παρακελεύεσθαι 31, A. 1; 73
παραμελεῖν 56
παράπαν 40
παραπλήσιος 75
παρασκευάζεσθαι 110, 1; 146,3; 167,2
παρελαύνειν 34
παρέχειν 37; 74; 145,1
παρίστασθαι 75
παρόν 158
πᾶς 12,4 u. A.
πάσχειν 31, A. 2
παύειν 61α; Med. 61β; 152α
πεζῇ 85
πεζός, ὁ 14
πείθεσθαι 73
πεινῆν 50
πειρᾶσθαι 49; 146,3
πελάζειν 75
πέμπειν 145,2; (πομπήν) 42, A. 2
πενθεῖν 33
περ 142
πέρα 95 a 7
περί 104
περιγίγνεσθαι 63
περιεῖναι 63
περιίστασθαι 34
περιορᾶν 152δ
περιπλεῖν 34
πεφυκέναι 4; (m. Gen.) 47 β; (m. Inf.) 145,2
πιστεύεσθαι 112,3
πλήθειν, πληθύειν 52 a
πλῆθος 21 c; 40
πλήν 95 b 4
πληροῦν 52 b
πλησιάζειν 75
πλείονες, οἱ 22 a
πλουτεῖν 52 a

πνεῖν 36
ποθεῖν 33
ποῖ 81, A. 1
ποιεῖν 37; 146,3; (καλῶς) 152γ; 152 e, A. 2; 167,2
ποιεῖσθαι m. Gen. 47 α; 67; (σπονδάς) 77
πολεμεῖν 77; Pass. 112,3; (πόλεμον) 42, A. 2
πολιτεύειν u. Med. 109,3
πολλά 22 a; πολύ 40
πολλαχοῦ 57, A. 3
πολλήν 38
πολλοί, οἱ 22 a
πολύς 12,4
πόρρω, πορρωτάτω, πορρωτέρω 95 b 5
ποτέ 142 k
πότερον — ἤ 136,2 b
ποῦ m. Gen. 57, A. 2
πράττειν 167,2
πράττεσθαι 44,1
πρέπει 2 c; 75
πρεσβεύειν 35
πρίασθαι 66
πρίν 164α, δ
πρό 92
προαιρεῖσθαι 63
προεστάναι 63
προέχειν 63; 107,4
προθυμεῖσθαι 146,1; 167,2
προϊστάναι 63
προκρίνειν 63
προνοεῖν 56; 167,2
πρός 105
προσαγορεύειν 73
προσβάλλειν 76
προσεῖναι 76
προσέχειν 76; 107,2
προσήκει 75
πρόσθεν 95 a 3
προσκυνεῖν 31
προσποιεῖν 76
προστατεῖν, προστατεύειν 63
προστάττειν 73

προστυγχάνειν 49¹
προσφάναι 32, A.
πρόσω 95 b 5
προτεραίᾳ 62α; 82
πρότερος 12,3; 62α
προτιμᾶν 63
πρὸ τοῦ 15
προφάσει 85; πρόφασιν 40
πρωτεύειν 62γ
πρῶτος 12,3
Πυθοῖ 81
πυνθάνεσθαι 54; 109, 1; 152δ
πωλεῖν 66

δεῖν 36

σαλπίζειν (ἐσάλπιγξε) 2 a
σείειν (ἔσεισε) 2 b
σημαίνειν (ἐσήμηνε) 2 b
σιγᾶν 33
σιγῇ, σιωπῇ 85
σκοπεῖν 163 α; Med. 109, 3, A.
σκοταῖος 12,2
σπένδεσθαι 77
σπεύδειν 33
σπουδάζειν 146,3; 167,2
σπουδῇ 85
στέργειν 83 u. A. 1
στεφανοῦσθαι 110, 1
στοχάζεσθαι 50
στρατεύειν u. Med. 109,3
στρατοπεδεύεσθαι 110, 1
στυγνός m. Inf. 145, 5
συγγενής 78
συγγνώμων 54; 72; 78
συγχωρεῖν 78; 146,2
συμβάλλειν 107,4; u. Med. 109,3, A.
συμβουλεύειν 73; 109,3; 146,2
συμβουλεύεσθαι 78; 109,3
σύμμαχος 78
συμμειγνύναι 78; 107,4
σύμπαν 40

συμφέρειν 31, A. 1; 74
σύμφορος 78
σύν 90
συνάπτειν 78
συνειδέναι 78; 152δ
συνεῖναι 78
συνεργός 78
συνεχής 78
συντίθεσθαι 78
συντυγχάνειν 49¹; 78
σφάλλεσθαι 49; 61β
σφόδρα γε 136,2, A. 2
σχολή ἐστιν 145,4

τἆλλα 40
ταμιεύειν u. Med. 109,3
ταράττειν 35
ταύτῃ 85
τε 139 a
τελευταῖος 12,3; τελευτῶν 157 a
τελευτᾶν 107,2
τέμνειν 35; 44,3, A.
τῆλε, τηλοῦ 95 b 1
τηλικόσδε,τηλικοῦτος 20α,A.
τί (χρῆμα); τι 40
τί δέ; τί γάρ; τί οὖν 136,2, A. 1
τιθέναι m. Akk. 37; m. Gen. 47α; Med. 110α u. A. 1
τιμᾶν 66; 69; Med. 66
τιμωρεῖν 31, A. 1; 74
τιμωρεῖσθαι 31, A. 1; 110α
τίνειν u. Med. 69; 109,4; Med. 110α
τις 2; τις, τι 27
τὸ ἐπ᾽ ἐμοί (εἶναι) 122,1; 145,3, A.
τοι, τοίνυν, τοίγαρ, τοιγάρτοι, τοιγαροῦν 142
τοιόσδε, τοσόσδε 20 a A.
τοιοῦτος, τοσοῦτος 20 a, A.; 166,5
τὸ κατ᾽ ἐκείνους εἶναι 145, 3, A.
τολμᾶν 146,1

τὸ μή (m. Inf.) 137 VI, A. 3; 150
τὸ νῦν εἶναι 145,3, A.
τότε 157 a
τοὐναντίον 17 b; 40
τόφρα 161, 4
τοῦ μή (m. Inf.). 70; 150
τριταῖος 12, 2
τυγχάνειν 49; 152β; ὁ τυχών 22 b
τυραννεῖν 65

ὑβρίζειν 31 u. A. 2; 36; (ὕβριν) 43
ὑγιαίνειν (m. Akk.) 41
ὕει 2 b
ὑπάγειν 69
ὑπαίθριος 12, 1
ὑπαίτιος 69
ὑπακούειν 54, A. 2
ὑπάρχειν 4; 74
ὑπείκειν 61 β; 75
ὑπέρ 100
ὑπερβαίνειν 34
ὑπερέχειν 63
ὑπεύθυνος 69
ὑπηρετεῖν 74
ὑπισχνεῖσθαι 73; 147, 1
ὑπό 106
ὑπόδικος 69
ὑποδύεσθαι 34
ὑπολαμβάνειν 147, 2; Pass. 4
ὑπομένειν 34
ὑπομιμνήσκειν 44, 3; 55
ὑποπτεύειν 147, 2; 163α
ὑπόσπονδος 12, 5
ὑποστρέφειν 107, 2
ὑποχωρεῖν 75, A.
ὕπτιος 12, 1
ὑστεραίᾳ 62α; 82
ὑστερεῖν, ὑστερίζειν 62γ
ὕστερος, ὕστατος 12, 3; ὕστερος m. Gen. 62α
ὑφίεσθαι 53
ὑφίστασθαι 34
ὕψι 81, A. 1; ὕψος 40

167

φαίνειν 152ε; φαίνεσθαι 4; 147,2
φάναι 147,2; (φασίν) 2d
φανερός ἐστιν 152β
φείδεσθαι 53
φέρε (δή) 130; 135
φέρειν (χαλεπῶς) 83; 152γ; (φόρον) 42, A. 2
φεύγειν 32; 69; 113
φθάνειν 32; 152β; οὐκ ἔφθην (m. Part.) — καί 164δ, A.
φθέγγεσθαι 36
φιλεῖν 146, 3
φίλος 72
φοβεῖσθαι 32; 146, 1; 163α
φοβερός 74
φόβος ἐστίν 163α
φρονεῖν 36
φροντίζειν 56; 163α; 167,2

φυλάττειν (φυλακάς) 42, A. 2
φυλάττεσθαι 32; 137 VI
φῦναι 4
φωνεῖν 32, A.
φωρᾶν 152 ε

χαίρειν 83; 152γ
χαλεπαίνειν 72
χαλεπός 74
χαμαί 81, A. 1
χαρίζεσθαι 74
χάριν 40; 95 d 2
χειμῶνα 39
χειροτονεῖν 37
χρή 2c; 148, 3b; χρῆν(Orakel geben)109,4;(=ἐχρῆν)127
χρῆσθαι 84γ; 109, 4; χρώμενος 157c, A.
χρόνον 39; χρόνῳ 82, A.
χωλός (m. Akk.) 41

χωρίζειν 61α
χωρίς 95 b 2

ψαύειν 49
ψέγειν 31
ψεύδεσθαι 49; 61β
ψηφίζειν u. Med. 109, 1, A.
ψιλός 61γ

ὠκύς (m. Akk.) 41
ὠνεῖσθαι 66
ὤνιος 66
ὡς 157b; 161,2; 162α; 164α; 165; 172β; οὐδ'ὥς 23; 140c
ὡς δ' αὕτως, ὡσαύτως 23
ὡς τάχιστα 164α
ὥστε 161, 2 f.
ὠφελεῖν 31
ὠφέλιμος 74
ὤφελον 126

REGISTER ZUR DIALEKTGRAMMATIK

a) SACHREGISTER

Adjektiv 188; 206,2
-ος, -η, -ον 188,1
-εος, -οος 188,4
-υς, -εια, -υ 188,2
πολύς 188,3; 206,2
Komparation 176,12; 188,7; 209,6
Elativ 188,8
Adverb
 aiolisch-lesbisch 201,12
 episch 198
 -θι, -θεν, -σε, -δε, -ζε 187,1
 -φιν 187,2
Akzent
 aiolisch 201 a
 dorisch 178
Artikel 178,6; 190 (pron.rel.); 203,5
Aspiration 176,9; 178 d; 193,4; 195,3 b; 201 b; 205 II 2; 209,4

Dehnung (metrische) 181,6; 203,3
Dialekte
 Aiolisch 177; 180; 201
 Arkadisch 177
 Attisch 176; 203; 208
 Boiotisch 177; 178
 Dorisch 178; 202; 203
 Ionisch 175; 180; 204
 Koiné 204; 208; 209
 Kyprisch 177
 Lakonisch 178
 Lesbisch 201
 Nordwestgriechisch 178
 Thessalisch 177; 178

Konsonanten
 βρ < ϝρ 201,5 A. 1
 δδ < δι, γι 178, c
 ϝ 175,5; 176,4; 178,4; 182,6; 193,2; 201,5; 203,2;
 ζα < δια 201,6
 ν ἐφελκ. 175,6; 205 II 3
 ρε > ρρ 209,3 A.
 ρι > ρρ (aiol.) 201,4
 ρσ (att. ρρ) 176,7; 209,3
 σ:θ 178, c
 σ (Verdoppelg.) 182,3
 σδ = ζ 201,7

σσ < κι, χι (att. ττ) 176,5; 201,8; 205 II 1; 209,3
σσ < τι, θι (att. σ) 176,6; 201,8
-τι 178,5
K-Laut + μ 182,2
Labiovelare 176,8; 177,5; 177 d; 205 II 1
Liquida 182,3; + muta 182,5
T-Laut + σ 182,1; + μ 182,2
Übergangslaute 182,4

Linear B 177,9; 183,2 A.
Literaturdialekte
 Alkaios 201
 Alkman 202
 Anakreon 201
 Anaxagoras 208
 Archilochos 180
 Aristophanes 203
 Aristoteles 208
 Arrian 204
 Bakchylides 202
 Bion 202
 Demosthenes 208
 Dionys v. Hal. 208
 Ephoros 208
 Epicharm 203
 Hekataios 204
 Herodot 204—207
 Herondas 180
 Hesiod 180
 Hippokrates 204
 Hipponax 180
 Homer 180—200
 Ibykos 202
 Kallinos 180
 Korinna 201
 Ktesias 208
 Mimnermos 180
 Moschos 202
 Neues Testament 209
 Pindar 202
 Platon 208
 Pythagoras 204
 Sappho 201
 Semonides 180
 Simonides 202

Sokrates 208
Solon 179; 180
Sophron 203
Stesichoros 202
Theognis 180
Theokrit 202
Theopomp 208
Thukydides 208
Tyrtaios 180
Xenophanes 180
Xenophon 208

Bukolik 202
Chorlied 202
Elegie 180
Epigramm 180
Epos 180—200
Iambos 180; 203
Komödie 203
Melos 201
Mimiamben 180
Tragödie 203
Trochaios 180; 203

Präpositionen (episch) 199
Pronomen 175,8; 178,7; 190; 201,10; 203,5; 206,3; 209,7

Substantiv
 a-Dekl. 176,10; 183; 206,1
 o-Dekl. 178, b A.; 184; 206,1
 Kons. Dekl. 185; 206,1
 -ϝευς 175,2; 178,12; 185,8; 206,1
 -ηρ (Verwandtschaft) 185,5
 -ώ 185,10; 206,1
 -ασ- Stämme 185,4; 206,1
 -εσ- Stämme 185,4; 206,1
 i- Stämme 175,7; 176,11; 185,6; 206,1
 σ- Stämme 185,2; 185,4
 T- Stämme 185,2; 185,3
 ū- Stämme 185,9; 206,1
 Endungen
  a-Dekl.
   N. Sg. -η (statt ᾱ) 183,1; 206,1; (statt ᾰ) 183,1

169

-ᾰ (statt ᾱς, ης) 183,1
G. Sg. -ᾱ 178,3; 180;
 201,1 A.; 202; 203,4
 -ᾱο 178,3; 183,2; 201
 -εω 176,10; 183,2; 206,1
 -ω 183,2
V. Sg. -ᾰ 183,3
G. Pl. -ᾱν 178,3; 180;
 201,1A.; 202; 203,4
 -άων 183,4
 -εων 183,4; 206,1
 -ῶν 183,4; 206,1
D. Pl. -ησ(ιν) 183,5;
 201,9; 206,1
A. Pl. -ᾱς 180,
 -αις 202,2 A.
Kontraktion 183,6; 206,1
o-Dekl.
G. Sg. -οιο 184,1; 201;
 203,4
 -οο 184,1
 -ω 178b A.; 201,1 A.
V. Sg. -ος 184,2
D. Pl. -οισιν 184,3; 201,9;
 202; 206,1
A. Pl. -ος 202
 -οις 201,2 A.
Dual 184,4
Kontraktion 184,5; 206,1
att. Dekl. 184,6; 206,1; 209,2
Kons. Dekl.
N. Sg. -ιν 209,4
 -αις 201,2 A.
A. Sg. -αν 209,4
D. Pl. -εσσι 177 b; 185,2;
 201,9; 202; 203,4
 -σιν 185,2
Dual 185,1
Kontraktion 206,1

Syntax
 episch 200
 hellenistisch 209

Tmesis 199,4

Verbum
 Augment 193; 201; 203,6;
 207,2; 209
 Charaktervokal 192,3
 Endungen
 -αν (statt -ᾱσι) 209,3
 -αο 191,5; 207,1bα
 -αται, -ατο 191,5; 207,1bβ
 -εα 191,2; 207,1a
 -εαι 191,5; 207,1bα
 -εας 207,1a
 -εεν 191,2; 207,1a
 -ειμεν, -ειτε, -εισαν 209,4
 -εο 191,5; 207,1bα
 -ες 202
 -ηαι 191,5
 -θι 191,3
 -μεθον 191,5 A.

-μες 178,8
-μεσθα 191,5; 203,6
-μι (bei them. Verben) 177,6;
 191,1
-ν (< ντ) 191,2; 203,6
-σαι 209,5
-σαν 209,2
-σθα 191,1
-σθον 191,6
-σι 191,1
-σι (< τι) 178,5; 191,1
 σι (< ντι) 178,5; 191,1;
 201,2 A.
-τον 191,6
Infinitiv
 -εειν 191,5
 -εν 202
 -εμεναι 191,4
 -εναι 175,10
 -θην (-ην) pass. 177,7
 -ην 178,bA.; 201,1; 201,11
 -μεν 178,10; 191,4
 -μεναι 191,4
 -ναι 175,10
Iterativ 193,1; 195,6
Modi
 Konj. (kurzvok.) 192,1;
 195,1e; 197 (κεῖμαι)
 Opt. 192,2
Reduplikation 194; 207,2
Stämme
 Verba contracta 177,6; 196; 209
 -άω 195,6 A. 1; 196; 202;
 207,3 β
 -έω 195,6 A. 2; 207,3 α
 -όω 195,6 A. 3; 207,3 γ
 F-Stämme 195,2c
 -ζω 178,14; 195,1c; 209,2
 σ-Stämme 195,1b; 195,2b
 T-Stämme 195,1b; 195,2b
 Verba liquida 195,1a; 195,2a;
 209,3
 -μι 197; 207,4; 209
Tempusbildung
 Futur 195,1; attisch 195,1c;
 209,4; dorisch 178,13;
 195,1d; redupl. 194,1;
 Fut. Pass. 195,5c
 Aorist 195,2; 209,1; asig-
 matisch 195,2c; redupl.
 194,1; mixtus 195,2f;
 synkop. 195,2e; 203,6;
 Wurzelaor. 195,2d; Aor.
 Pass. 195a, b; 207,1c
 Perfekt 195,3; Part. Perf.
 177c; 195,3e, f; 210,11;
 Wurzelperf. 195,3d;
 Perf. Pass. 195,4
Vokale
 Ablaut 176,3
 Aphairesis 181,4
 Apokope 177,4; 178,15; 181,3;
 203,4

Dihairesis 181,2; 205 I 3
Elision 181,4
Ersatzdehnung 176,4; 177a;
 178b; 201,2; 203,2
Hyphairesis 196b A. 2;
 205 I 2 A.; 207,3α
Krasis 181,4; 185,5; 205 I 4
Kontraktion 175,4; 181,2;
 188,4; 201,1; 203,1; 204;
 205 I 2
 ε + εαι, ε + εο 196bA. 2
 ᾱ < ᾰ + ο, ᾱ + ω 178,3;
 201,1
 ᾱ < ο + α 178,3
 ευ < ε + ο, ε + ου 175,4;
 176,2; 181,2; 185,4;
 196,bA. 1; 205 I 2;
 206,2; 207,3
 η < α + ε 178,3
 η < ε + ε 178b; 201,1
 ω < ο + ο, ε + ο 178b;
 201,1
 ω < ο + η 205 I 2
Metathesis quant. 175,2; 181,5;
 195,5b
Vokalwandel
 ᾱ:η 175,1; 176,1; 178,1;
 181,1; 203; 205 I 1
 ᾰ:η 176,3; 205 I 1
 ᾰ:ε 176,3; 205 I 1
 ᾰ:ο 205 I 1
 λᾰ:λω 176,3
 αι:ᾰ 181,1; 205 I 1
 αυ:ω 176,3; 205 I 1
 αι, οι, ει > α, ο, ε (aiol.) 201,3
 ᾳ, ῳ > ᾱ, ω 209,2
 αι, ε = e 209,1
 αρ, ρα : ορ, ρο 177,1
 ε:ει 176,4; 205 I 1
 ε:η 205 I 1
 ει = ē 180
 ει = ī 180, 209,1
 ει:η 176,4; 180; 181,1; 205
 η:ᾱ 176,3; 205 I 1
 η:ε 181,1
 η:ω 205 I 1
 ῑ:ῑ 176,3
 ῑ:ευ 205 I 1
 ῑ:ιε 205 I 1
 ι:ε 178a; 205 I 1
 ι:ει 205 I 1
 ιω:εο 178a
 ι, ει, η, ῃ = ī 209,1
 ο:α 177,2
 ου:ο 176,4; 181,1; 205 I 1
 οι, υ = ü 209,1
 υ:ο 177,3
 ω:ᾱ 205 I 1
 ω:η 205 I 1
 ω:ου 205 I 1
Vokalkürzung 175,3; 207,1c

Zahlwörter 189

b) WORTREGISTER

ἀγα- 188,8
ἀγήρως 184 A.
ἀγρότερος 188,7 e
αἰ 175,12; 178,11; 201,13
'Αίδης 186,1
αἰεί 181; 203,7; 205,1
αἰετός 181; 205,1
*αἴνημι 180
αἰπεῖα 188,6
ἀλκί 186,2
ἄλλυι 201,12
ἄμμες 190; 201, 10
ἄνα (V. v. ἄναξ) 186,3
ἄνα (= ἀνάστηθι) 199,3
ἄνωγον 195,3 f
ἄνωχθι 191,3
ἄορας 186,4
ἀποδειξίω 178,13
ἀπολλῦσι 207,4
ἀπούρας 193,2
ἀπυ- (= ἀπο-) 177,3
ἀραίρηκα 207,2
Ἄρης 186,5
ἀρι- 188,8
ἄστυ 185,7
ἅτερος 179,9
*αὔδημι 196
αὐτονυχεί 198 A.
ἀφέωνται 209

βασιλέος 175,2 A; 178,12; 206
βασιληος 185,8
βέομαι 195,1 e
βέω 207,1 c
βόλομαι 176,13
βορέω 176,10
βορρᾶς 209
βοῦς (Dekl.) 186,6
βράσσων 188,7 c
βωθέω 205,2

γέλως (Dekl.) 186,7
γέρα 185,4
γέρεος 206
γίνεσθαι 176,13; 209
γινώσκω 176,13; 209
γλάσσα 176,3
γόνυ (Dekl.) 186,8; 205,1

δα- 188,8
δείδια, δείδοικα 195,3 d; 176,4
δεικνύουσι 207,4
δέκνυμι 176,13
δένδρεον 206
δέπαι 185,4
δέσματα 186,9
δηδέκτο 194,6
δηδέχαται 194,6; 205 E. h
δηδισκόμενος 194,6
δῖα 188,6

δίδωμι 197
διειπετής 180
δόρυ (Dekl.) 176,4; 186,10; 205,1
δῶ 186,11

ἔαται 197
ἔβαν 191,2; 203,6
ἐείκοσιν 189
ἐέικτο 193,2
ἐεοίκει 193,2
ἐεόλπει 193,2
ἐέοργει 193,2
ἔης 190
ἔικτον 192,3
εἰμί 175,2; 177 a; 178 b; 180; 195,1 d; 197; 207,5; 209
εἶμι 197; 207,5
εἵνεκεν 176,4; 205,1
εἷς (= εἷς) 201,2
ἔκτημαι 207,2
ἐληλάδατο 191,5
ἔμμορε 193,2
ἔνι 199,3
ἐντί (= ἐστί) 202
ἔπι 199,3
ἐρηρέδαται 191,5
ἐρι- 188,8
ἔρος 186,12
ἐρράδαται 191,5
ἔρσην 176,3 u. 7; 205 II 1 A.
ἐρύκακε 194,5
ἔσηκε (= ἔθηκε) 178 d
ἔσθι (ἔδω) 191,3
ἔσαν (= εἶσαν) 193,1
ἐσσοῦσθαι 205,1
εὔαδε 201,5 A. 2
εὐρέα 188,2
εὐρύοπα 183,1 A.
ἑωυτοῦ 205,4; 206

ϝίκατι 178,4

ζα- = δια- 201,6
Ζῆν 186,13

ἦ (φημί) 197
ἦμαι 197
ἡμάρτησα 209
ἦνθον (= ἦλθον) 202
ἠνίπαπε 194,5
ἡνιοχῆες 186,14
ἠώς 185,10
ἥρως (Dekl.) 186,15
ἠρώτουν 209

θάλεια 188,6
θαμειαί 188,6
θηέομαι 207,3 α
θηλύτερος 188,7 e
θηρητήρ 186,16
θωμάζω 205,1

ἴα 189
ἱαρός, ἱρός, ἱρός 176,9; 178,2; 205,1
ἵημι 191,1; 191,2; 197
ἵστημι 197; 207,1 b β; 207,4
ἱστίη 205,1
ἰῶκα 186,14

κα 175,11; 178,11; 202
κάλημι 177,6
κάρη (Dekl.) 186,18
κατακείομεν 195,1 e
κε(ν) 175,11; 177,8; 200; 201,13
κεῖμαι 197; 207 II 1 b β
κέλευθα 186,19
κέρεος 206
κόθεν 176,8
κρέα 185,4
κρέσσων 176,12; 205,1
κρῖ 186,20
κῶς 176,8; 205 II 1

λᾶας (Dekl.) 186,22
λάξομαι 205,1
λάψομαι 176,3
λίς (λίεσσιν) 186,23

μάσσων 188,7 c
μάστι 186,24
μέζων 176,12; 205,1
μειζόνως 208
μειζότερος 209
μεμετιμένος 207,4
μέσσος 176,6; 201,8
μέτα 199,3
μηρός 186,25
μοῦνος 176,4; 181; 203,2; 205,1

νέκυσιν, νέκυς 185,9
νέομαι 195,1 e
νηῦς (Dekl.) 186,27; 206
νυστάζειν 209

ξεῖνος 176,4; 181; 203,2; 205,1
ξυνός 176,13

οἶδα 195,3 e; 197; 207,5; 209
οἰκώς 207,2
ὀν- (= ἀν-) 177,2
ὄνυμα 177,3
ὅο (οὗ) 190
ὀρέστερος 188,7 e
ὀρέω 207,3 β
ὄρημι 177,6; 196
οὔδεος 185,4
οὖλος (= ὅλος) 176,4
ὄχος (Dekl.) 186,26

171

παίζειν 209
παιξοῦνται 208
παῖς (= πᾶς) 201,2 A.
πάρα 199,3
πάσσων 188,7c
πατροφονῆα 186,30
πεδά 177,8; 201,13
πείρατα 176,4
πέμπε 177d
πεπαθυῖα 195,3 e
πέπαμαι 208
πέπασθε (πάσχω) 192,3
πέρροχος 201,4
πήλυι 201,12
πίειρα 188,6
πίσυρες 177d; 189
πλέος 206
πλευρά 186,31
πόλις (πόλιος, πόλι, πόλις; πόληος) 175,7; 185,6; 206
πολύς (Dekl.) 188,3; 206
ποτί, προτί 175,12; 199,1; 203,7
πραξίω 178,13
πρᾶτος 178,3
πρέσβα 188,6
πρήσσω 181; 205,1
προθέουσι 197 A. 2

προσώπατα 186,32
πρόφρασσα 188,6
πτόλις 177,9

ῥηγνῦσι 197 A. 1

σαλπίζειν 209
σέλαι 185,4
σελάννα 177a
σιός (= θεός) 178d
σκευάξαι 178,14
σπέος (Dekl.) 186,34
στροτός 177,1
συρίσδες 203
σῶς 206

τάμνω 176,3; 205,1
ταρφειαί 188,6
τεθνάκην 201,11
τεοῖο 190 (Fußnote)
τῆνος 178,7
τίθημι 180; 191,1; 192,1; 195,5 a; 197; 201,1; 209
τιμῆς (= τιμήεις) 188,4
τριστοιχεί 198
τρῶμα 176,3; 205,1
τυῖδε 201,12
τῶ, τώς 190

ὐγεῖα 209
υἱός (Dekl.) 186,35
ὖκος (= οἶκος) 209
ὔμμες 190; 201,10; 203,4
ὐπά 201,13
ὔσδος 177,3; 201,7
ὐσμῖνι 186,36
ὐψίκερως 184 A.

φαῖσι (= φασίν) 201,2 A.
φημί 197
φίλος 190
-φιν 187
φύλαξ (Dekl.) 186,37; 206

χείρ (Dekl.) 186,38
χίλιοι, χέλλιοι, χείλιοι 177a; 189
χράομαι 207,3 β
χρεόν 175,2 A.
χρώς (Dekl.) 186,38

ψᾱφίξασθαι 178,14

ὤν 205,1
ὦναξ 205,4
ὠνήρ 205,4

REGISTER ZUR VERSLEHRE

Adoneus 211; 217
akatalektisch 210
akephal 210
alkäischer 9-Silbler 216; 217
alkäischer 10-Silbler 216; 217
alkäischer 11-Silbler 216; 217
Anapäst 212; 215
anceps 210; 214
Antistrophe 217
Aphairesis 210
Archebuleion 216
Asklepiadeus maior 216
Asklepiadeus minor 216
astrophisch 217

Bakcheus 213; 215

Caesur 210; 211; 213
Choriambus 216; 218
Creticus 213; 214; 215

Daktyloepitriten 216
Daktylus 211
Dihairesis 210; 211; 214
Ditrochaeus 218
Dochmius 216
Doppelcreticus 218

Elegiambus 216
Elision 210
Enhoplios 221
Epitrit 216
Epodos 217

Glykoneus 216

Hemiepes 216
Hiat 210; 218
Hinkiambus 213
Hipponakteum 216
Hypodochmius 218

Iambelegus 216
Iambus 213
Ioniker 215
Ithyphallikus 214

katalektisch 210
Klauseln 218
Krasis 210

Lekythion 214

Metrum 210
  Dimeter anap. 212; dakt. 211; choriamb. 216; iamb. 213; ion. 215; troch. 214
  Hexameter 211
  Pentameter 211
  Tetrameter troch. 214
  Trimeter iamb. 213; ion. 215
Molossus 213; 214; 215; 218

Palimbakcheus 214
Paroimiacus 212
Phalaeceus 216
Pherekrateus 216
Praxilleion 216
Priapeum 216
Prosodiacus 212

Reizianum 216

Spondeus 211; 212; 213; 214; 215
Strophe 217; alkaische 217; sapphische 217
Synizesis 210

Telesilleion 216
Trochaeus 214

Vers 210